Apontamentos de Aprendiz

COLEÇÃO SIGNOS/MÚSICA

DIRIGIDA POR

livio tragtenberg
gilberto mendes
augusto de campos
lauro machado coelho

SUPERVISÃO EDITORIAL
j. guinsburg

TRADUÇÃO
stella moutinho, caio pagano
e lídia bazarian

REVISÃO MUSICAL
livio tragtenberg

ASSISTENTE
daniele gugelmo

PROJETO GRÁFICO
lúcio gomes machado

REVISÃO DE PROVAS
afonso nunes lopes, sílvia dotta
e kiel pimenta

PRODUÇÃO
ricardo w. neves, sergio kon
lia n. marques e juliana sergio

APONTAMENTOS DE APRENDIZ

PIERRE BOULEZ

Textos Reunidos e Apresentados por
Paule Thévenin

Título do original francês
Relevés d'apprenti

Dados Internacionais de Catalogação na Publicação (CIP)
(Câmara Brasileira do Livro, SP, Brasil)

Boulez, Pierre
Apontamentos de aprendiz / Pierre Boulez ; [tradução Stella Moutinho, Caio Pagano e Lídia Bazarian]. – São Paulo : Perspectiva, 2008. – (Signos : Música ; 4 / dirigida por Livio Tragtenberg, Gilberto Mendes, Augusto de Campos, Lauro Machado Coelho)

Título original: Relevés d'apprenti.
1ª reimpr. da 1. ed. de 1995.
Bibliografia.
ISBN 978-85-273-0419-1

1. Música – História e crítica I. Tragtenberg, Livio. II. Mendes, Gilberto. III. Campos, Augusto de. IV. Machado Coelho, Lauro. V. Título. VI. Série.

08-01820 CDD-780.9

Índices para catálogo sistemático:
1. Música : Apreciação crítica 780.9
2. Música : História e crítica 780.9

1ª edição – 1ª reimpressão
[PPD]

EDITORA PERSPECTIVA LTDA.
Av. Brigadeiro Luís Antônio, 3025
01401-000 São Paulo SP Brasil
Telefax: (011) 3885-8388
www.editoraperspectiva.com.br

2020

SUMÁRIO

Mais Por Vontade, Menos Por Acaso

Como um Napoleão potencializado, Pierre Boulez escolhe o inimigo, define a estratégia, finca as balizas, parte para o campo de batalha, e, enquanto se defende do fogo inimigo, contabiliza as baixas e reavalia a estratégia inicial. ("Ah, as metáforas militares..." teria dito.)

Por trás do aprendiz, sob a pele do cordeiro: a pena do lobo. Assim que, debaixo dos *Apontamentos de Aprendiz*, se encontra o mais ferrenho polemista em sua campanha mais importante. Ou ainda, em sua batalha decisiva (o seu Waterloo...). Reunindo escritos entre 1948 e 1962, este livro cobre o período mais importante na afirmação estética-criativa da geração do pós-guerra. *Apontamentos*, mais que um livro demolidor, é um livro formador. Esse aspecto justifica plenamente sua publicação no Brasil e nos dias de hoje.

Nossa indigência mental e bibliográfica em termos de *pensar a música*, paisagem de terra arrasada intelectual, precisa de livros como este. Digo precisa, porque, definitivamente, é urgente uma luta corpo a corpo com o corpo mole da imprecisão do *achismo* pseudoliterário – e da falta de rigor.

Os efeitos de uma obra não são jamais uma consequência *simples* das condições de sua geração. Ao contrário, podemos dizer que uma obra tem por objeto secreto imaginar a geração dela mesma.*

Mas, sabemos, assim como da seca nordestina se beneficia uma indústria da seca, da mesma forma encontramos a indústria da desinformação ou da manipulação da informação, uma certa malta que celebra cadáveres empalhados como alternativa a um "momento pós-moderno", de "crise das vanguardas..." etc. Por trás desse despistamento, nossos supostos salvadores (ou guias...) querem nos fazer crer que, assim como as vanguardas são coisa do passado ("doença infantil da modernidade"), deve-se sepultar e rejeitar seu arsenal teórico-estético como se acorda de um pesadelo. (E por que não acrescentar a isso uma censura a um excesso de intelectualismo?).

* Textos retirados da marginália de "Introduction a la méthode de Leonard de Vinci" de Paul Valéry, Ed. Gallimard, 1957.

Enquanto nossos “novos” redentores acenam com os cadáveres fantasmagóricos de um pesadelo redimido, Pierre Boulez nos apresenta as provas (agora, passamos para as metáforas jurídicas…). Neste livro ele se ocupa de revolver a música europeia da primeira metade de século; assim, Debussy, Stravínski, Ravel, Schoenberg, Berg, Webern e Messiaen são analisados em profundidade. Rejeitando o olhar petrificante de Medusa estéril, essas análises podem ser consideradas – em mirada retrospectiva de quase 30 anos – como textos que exerceram uma influência modelar na análise musical contemporânea e que se afirmaram também tanto por sua importância estética como estratégica, de intervenção crítico-criativa no contexto em que vieram à luz.

Escreveria hoje em dia que o número de empregos possíveis de uma palavra por um indivíduo é mais importante que o número de palavras de que ele dispõe.

Essa capacidade de elaboração crítica, aliada a um coerente instrumental de estudo e percepção da técnica composicional, propicia ao leitor chaves seguras e importantes na aproximação a verdadeiros tabus da crítica e criação musical.

O estudo sobre a *Sagração da Primavera*, redigido em 1951, é hoje um parâmetro na análise musical, especialmente quanto à construção rítmica. Na época, cumpriu o importante papel de desmistificar uma supervalorização e, mesmo, uma redução a um certo exotismo colorístico da elaboração rítmica e da obra de Stravínski em geral.

Boulez contrapõe a conceitos como “selvagem” e “impulsivo”, de uma crítica que havia subtraído o cérebro de Stravínski, uma decupagem da construção musical, onde os elementos melódico-harmônicos em conjunção com as estruturas rítmicas apresentam-se em seu desenvolvimento constitutivo. Esse desenrolar fermentativo nos apresenta um compositor em que as preocupações com o tempo musical, a *durée* e seus desdobramentos ultrapassam em muito o efeito do prestidigitador.

No entanto a pluma de polemista direciona Boulez para os alvos móveis, porque vivos. Após um inventário sumário da segunda escola de Viena, sentencia: “Schoenberg está morto” (título de seu escrito polêmico de 1952)[1]; Alban Berg, “a última flor de estufa do pós-romantismo”, refém de

1. Na mesma época de publicação deste texto, discutia-se no Brasil em termos de nacionalismo *versus* dodecafonia, na verdade mais uma ressonância das discussões sobre arte moderna levantadas pela Semana de 22. Pode-se dizer hoje que, tendo em vista uma estreiteza na colocação das questões técnicas por ambos os lados, os resultados criativos sofreram de um academicismo contagiante. Os dodecafonistas, ao abandonar questões relativas a outros parâmetros do material (bem como situações específicas de nossa realidade musical), perpetraram um simulacro de renovação, mas cuja atividade, assim mesmo, serviu para criar espaços que foram ocupados pelos

um dilaceramento psicológico ("mestre da transição ínfima", segundo Theodor Adorno); e finalmente Anton Webern: limiar da região fértil.

Agora não se trata mais de um mecanismo. É um *outro mundo.*

Novamente vale acentuar a capacidade de Boulez para trabalhar sobre material quente e fresco.

Escrevendo sobre Berg apenas 13 anos após seu falecimento ("Incidências atuais sobre Berg" de 1948), Boulez exercita um rigor que exclui qualquer reativação pós-romântica de que Berg tem sido refém desde a muito. Sua obra, delicadamente complexa, é situada com impiedosa precisão no âmbito da escola de Viena e no contexto da música do pós-guerra.

Essa capacidade de responder imediatamente às questões de momento é justamente o que confere a esses textos sua atualidade. De um lado, como documento histórico e, de outro, como intervenção na evolução da crítica e análise musical. Talvez seja esse o aspecto mais interessante deste livro: a combinação de análises de obras de outros compositores ao lado de elaborações técnicas novas e próprias.

Especificamente quanto ao procedimento serial, de forma generalizada, e da música serial em particular (técnicas já adotadas em obras como a *Première Sonate*, *Sonatine pour flûte et piano*, contemporâneas à criação de alguns dos textos deste livro), Boulez nunca abandona uma postura crítica e autocrítica desmistificadora em relação à inserção desses procedimentos no processo criativo[2].

Mesmo em plena *Idade de Ouro* da música serial no continente europeu, nos anos 50, Boulez procurou criar "janelas" para a manipulação do princípio serial: *Troisième Sonate pour piano* (1957). Nela, a forma geral se articula a partir de formantes completos em si, que são sequenciados segundo possibilidades de partida[3]. Atento às especificidades da percepção sonora, Boulez serve-se de elementos de articulação que relativizem um certo absolutismo e fixidez presentes nas relações seriais, seja na sucessão simples dos eventos, como na combinação dos diferentes planos dos formantes do jogo musical.

A passagem do *menos* ao *mais* é espontânea. A passagem do *mais* ao *menos* é refletida, rara – esforço contra o costumeiro e a aparência de compreensão.

A evolução posterior desses procedimentos em suas composições conferiu cada vez mais importância aos mecanismos de *articulação*. Os formantes, a partir daí, ganharam características novas e polimorfas: móvel e fixo, aberto e fechado.

músicos na geração seguinte que finalmente levantariam questões importantes com reais desdobramentos criativos.

2. Como já se pode observar em seus outros livros já publicados no Brasil: *A Música Hoje* e *A Música Hoje* 2, ambos pela coleção Debates, Ed. Perspectiva.

3. Umberto Eco destaca que o procedimento serial coloca em jogo "a noção de polivalência que põe em crise os eixos cartesianos, bidimensionais." Umberto Eco, *A Estrutura Ausente*, São Paulo, Perspectiva, 1971, Col. Estudos, p. 306.

Agora não se trata mais de um mecanismo. É um outro mundo.

Sua composição recente *Répons* (obra em progresso, sendo sua primeira versão de 1981), aborda a questão da articulação e conexão sonora em diferentes níveis: construtivo, espacial, instrumental e timbrístico. O próprio título indica uma referência a um espaço musical essencialmente polifônico (também expressa, mais de uma vez neste livro, por sua admiração pela obra de Dufay e Machaut), ou seja: "para os procedimentos da música medieval. A palavra *Répons* faz referência direta a resposta agregada de um coro a uma voz solo (alternância entre jogo individual e coletivo)"[4].

Duração provém de *duro*. O que atribui, por outro lado, a certas imagens visuais, táteis, motrizes, ou às suas combinações, *valores* duplos.

Articulam-se na obra, três entidades distintas: um grupo instrumental de 24 músicos situado no centro da sala, um grupo de seis instrumentos solistas divididos espacialmente e, finalmente, um computador que transforma os sons dos instrumentos em tempo real e os espacializa.

O enfoque principal nesta obra se volta para a articulação do espaço--tempo sonoro. A colocação em relevo do plano da percepção determina as estratégias principais dos meios da composição, que obedecem assim a uma "caracterização global." Boulez recorre, então, ao que chama de *enveloppe* para delinear esse novo espaço sonoro: "onde a trajetória se torna mais importante que cada um de seus momentos."[5] Como se sabe, o envelope sonoro se refere a uma ou mais trajetórias (entendidas como direcionamento de um conjunto de fenômenos num espaço-tempo dado) que envolvem características próprias de um complexo sonoro composto por ataque, freqüências, timbre e ressonância (profundidade, espaço sonoro interno) ao longo de uma duração.

Mas, o melhor argumento é que, nove em dez vezes, toda grande novidade numa ordem se obtêm pela intrusão de meios e de noções que não estavam previstos.

Estamos, portanto, bem distantes do absolutismo da série de alturas da música dodecafônica e também da articulação por transposição de grupos do serialismo integral. Mas foi justamente a partir dessas pesquisas de linguagem, que se desenvolveram nos últimos quarenta anos, que foi possível integrar questões relativas à acústica e à psicoacústica de forma consistente no processo e projeto de composição contemporânea.

A passagem do menos ao mais é espontânea. A passagem do mais ao menos é refletida, rara – esforço contra o costumeiro e a aparência de compreensão.

Este é um livro essencial para a compreensão desse processo de evolução na linguagem. É o primeiro de uma sucessão de livros que continua com *Points de repère* (1985), *Jalons* (*Pour une décennie*) (1989), e outros livros de entrevista.

Ao longo desses escritos pode-se estabelecer uma visão comparativa em relação às obras criativas de diferentes períodos. As mudanças verificadas nas concepções boulezianas desde os fins dos anos 40 até hoje, descrevem um dos mais importantes percursos criativos da música deste século. Nelas, observa-se o desenvolvimento de questões tanto de morfologia da

4. *Répons – Boulez*, Actes Sud-Papiers, Diffusion PUF, 1988, p. 12.
5. "Le système et l'idée" em *Jalons* (*Pour une décennie*), Christian Bourgois Éditeur, 1989.

composição como de concepção do material sonoro, que extrapolam os âmbitos de sistemas e técnicas manipulativas.

Somente uma visão simplista (da qual não descartamos também uma dose de má-fé), poderia desconsiderar a importância cultural dos textos aqui reunidos, sob o argumento de uma pretensa obsolência. Seguindo tal distorção, estaríamos nos condenando ao oportunismo do momentâneo e novidadeiro, que contudo, sabemos, está tão em voga em certa "crítica" parlapatona.

"A ironia desenvolve em nós, primeiro uma espécie de prudência egoísta que nos imuniza contra qualquer exaltação comprometedora e contra os dilaceramentos do extremismo sentimental"[6].

Um artista moderno deve perder dois terços de seu tempo procurando ver o que é visível e, sobretudo, não vendo o que é invisível.

Se essa descrição pode se aplicar, em parte, ao estilo do texto bouleziano, iremos notar também, em alguns textos deste livro, uma ironia irascível e violenta, típicas do polemista militante que sucumbe às paixões de sua própria argumentação.

Robert Craft descreve um encontro ao final de um concerto conduzido por Boulez, em que ele e Stravínski teriam ouvido sua fórmula de sucesso como regente: "ser um Robespierre nos ensaios, e um Danton nos concertos". Ao que Craft completou: "Mas *ele* é Napoleônico"[7].

Livio Tragtenberg

I
Com Vistas a uma Estética Musical

O Momento de Johann Sebastian Bach

Parece que o mundo musical vive, desde 1920, dominado pela obsessão do "classicismo". "Estilo", "Objetividade": dois qualificativos que desempenham papel importante nesta aventura.

Pode-se dizer sem medo de engano, que existem, na verdade, duas tendências nesse "classicismo": uma que visa reencontrar a objetividade total na "música pura"; outra, mais válida, que se baseia em uma dialética histórica para caracterizar uma nova "universalidade" de estilo. Não estamos falando de certos recursos tão engenhosos quanto simplórios: já se viu apelar, como apoio à politonalidade, para alguns compassos de Johann Sebastian Bach; atualmente, certo compositor "mediterrâneo" parte em busca da *série de doze sons* no *Don Giovanni* de Mozart; outro – não mediterrâneo – analisa paralelamente uma exposição de Webern e uma exposição de Beethoven...

Toda e qualquer atividade musical procura exercer o controle através de uma segurança absoluta. A qual, de um campo a outro, se tratará por romantismo, vocábulo fortemente marcado pelo desprezo quando associado à ideia de instabilidade e desordem. Do lado neoclássico, atira-se sobre a experiência dodecafônica o anátema de tentativa ultraindividualista, última hipertrofia do wagnerismo; do lado dodecafônico, firmemente apoiado na evolução histórica, tratam o neoclassicismo como nostalgia do passado, e o pretenso retorno à "música pura" como uma ilusão notoriamente subjetivista.

Queremos testemunhos mais precisos? Basta-nos lembrar algumas frases de Stravínski: "Considero a música, por sua essência, como incapaz de *expressar* o que quer que seja: um sentimento, uma atitude, um estado psíquico, um fenômeno da natureza etc. A *expressão* nunca foi propriedade imanente da música [...]"; e ainda: "O fenômeno da música nos é dado apenas com o fim de instituir ordem nas coisas. Para se realizar, exige necessária e unicamente uma construção. Feita esta, atingida a ordem, tudo foi dito. Seria vão procurar ou esperar algo diferente". Obras como o *Con-*

certo para Violino ou o *Dumbarton Oaks Concerto* podem estabelecer um paralelismo com essas declarações.

Por outro lado, temos um texto de Berg que parafraseia Riemann a fim de reivindicar para Schoenberg um lugar simétrico ao de Bach:

[...] um dos grandes mestres de todos os tempos, um daqueles que não poderiam ser ultrapassados, porque neles se incorporam igualmente a sensibilidade e o conhecimento musical de uma época; um mestre que deve sua significação particular e sua grandeza sem par ao fato de que nele os dois gêneros de estilo, de duas épocas diferentes, florescem simultaneamente, e de tal modo que ele se erige entre os dois como marco poderoso, participando de maneira gigantesca de ambos os mundos.

Bach pertence tanto ao período anterior da música polifônica, do estilo contrapontístico e "imitativo", quanto ao período da música harmônica [...]	Schoenberg pertence tanto ao período anterior do estilo harmônico, como ao que se reinicia com ele, da música polifônica, de estilo contrapontístico e "imitativo" [...]

[...] e também a esse sistema que, agora e pela primeira vez, se constitui para substituir:

Os modos antigos pelas tonalidades modernas.	As tonalidades maiores e menores pelas séries de doze sons.

Ele vive numa época de transição, isto é, em um tempo em que o estilo antigo ainda não deixou de existir enquanto o estilo novo, encontrando-se apenas nos primeiros estágios de desenvolvimento, traz ainda as marcas do inacabado. Seu gênio reúne as particularidades dos dois gêneros de estilo [...]

De modo mais preciso, encontramos, na obra de Berg, o coral variado do *Concerto para Violino e Orquestra*, o coral variado de *Lulu*, a grande passacale de *Wozzeck*. Mais feliz teria sido Webern ao realizar a orquestração magnífica da grande fuga a seis vozes da *Oferenda Musical*, se não tivesse a segui-lo numerosos discípulos da "escola dodecafônica", os quais, por sua vez, se acreditavam obrigados a ataviar Bach ou Mozart com ouropéis pouco saudáveis, embora, às vezes, engenhosos. Contudo, a comovente e inimitável homenagem de Webern foi esse *Quarteto*, cuja série se baseia nas quatro notas: B-A-C-H.

É possível designar, entre essas duas posições voluntárias, a meio-caminho, o lugar bem empírico de um Bartók, cuja chacona da *Sonata para Violino Solo* é cheia de reminiscências respeitosas para com seu ilustre antecessor? O lugar não menos empírico de um Hindemith, que fez outrora muitos adeptos? Lembraremos que tal herança pesou fortemente sobre Roussel? Vamos esquecer, enfim, a inesperada aproximação entre Bach e o *jazz* por parte de um pianista-compositor que conheceu sua hora de celebridade sincopada?

Observemos que, se essa tendência comum é no sentido da segurança, a posição neoclássica e a dodecafônica resultam de passos essencialmente diferentes; a primeira se baseia numa estética de reconstituição, a outra obedece a uma dialética de evolução. *A priori*, esta última teria direito a toda nossa simpatia... Mas, subversivamente, não acreditamos cegamente numa nova linguagem "coletiva"; os fenômenos de *revolução* nos parecem, no mínimo, ilusórios.

Porque a grande justificativa desses passos estetizantes e historicizantes reside, acima de tudo, em um retorno da linguagem à sua "universalidade" perdida, no limiar do século XIX, por culpa de Beethoven, principalmente. De fato, Boris Schloezer nos diz: "O estilo morreu desde o começo do século XIX", e ele entende por "estilo" o "resultado de certo modo coletivo, em que se cristalizam determinadas maneiras de pensar, de sentir, de agir pertencentes a um século, a uma nação, mesmo a um grupo, se este resultado consegue impor seu espírito a uma sociedade". Acreditamos que todos estarão de acordo com essas premissas. A partir desse ponto, porém, os mais violentos mal-entendidos dominam o assunto.

Entretanto, é preciso entender o que se chama de "universalidade" de um estilo. Tomemos a definição neoclássica encontrada em *Stravínski*, de Paul Collaer, a nosso ver o compêndio mais completo acerca dessa época, inenarravelmente desconexo, que se estende de 1920 a 1930. O autor nos fala de *Pulcinella*, partitura que, como se sabe, foi escrita "segundo Pergolese":

> De agora em diante, um estilo clássico, inteiramente renovado, ativo e vivo, é conferido à música [...]. O caráter particular de *Sacre* e de *Noces* não permitia nenhum "seguimento". Já a universalidade da linguagem de *Pulcinella* permite que seja assimilada por outros [...] A partir de *Pulcinella*, pode-se dizer de Stravínski o que é verdadeiro para Mozart: que sua personalidade não é devida aos elementos de seu estilo, mas antes à execução, à maneira de tratar esses elementos.

Mais adiante Paul Collaer diz ainda:

> Sua música vai se fazer mais e mais abstrata. Ela dispensa todo pretexto inicial, por mais longínquo que seja. É de uma pureza absoluta, e seu espírito não é comparável senão ao das *Invenções* e das *Suítes* de Bach.

Eis, efetivamente, uma definição "obra-primesca" da universalidade de um estilo. Mas, prudentemente, não se demonstra a necessidade de tal universalidade. Porque, além de algumas considerações sobre a "concepção positiva, realista da arte", própria de uma geração do pós-guerra, as pessoas se limitam a dizer que Stravínski, retornando ao espírito clássico, "acrescenta o último elo que irá fechar o ciclo da evolução, sempre a mesma dentro das particularidades de cada século". Não se poderia tentar encontrar uma explicação menos convencionalmente fraca?

Estaríamos inclinados a pensar que essa *volta* tem causas tanto técnicas quanto estéticas. Num estudo precedente[1] dissemos que a falibilidade de Stravínski residia na inconsequência – ou seja, inconsistência – de seu vocabulário; tendo esgotado certo número de expedientes destinados a remediar o desabamento tonal, ele se encontrou "desprevenido"*, já que não surgiu uma nova sintaxe. É geralmente nessas épocas de desorientação que se constatam as imensas nostalgias de paraísos perdidos – digamos, mais prosaicamente, de comodidades salutares. Incapaz de chegar por si mesmo à coerência de uma linguagem que não seja a tonal, com medo dessa impotência, Stravínski interrompe a luta tão mal começada e transporta seus expedientes, convertidos em jogos arbitrários e gratuitos destinados ao deleite de um ouvido já "pervertido", para um vocabulário pelo qual não se responsabiliza. Digamos que faz uma "transferência". Seria preciso acrescentar que um tal disfarce pode ser encontrado em instrumentações que tanto são variadas quanto destituídas de valor – mas que são, quase sempre, impecavelmente realizadas? Não abordamos, até agora, senão a impotência do vocabulário. Mas convém acrescentar que Stravínski, até então, não sabia propriamente "compor": as grandes obras como *Sacre* ou *Noces* armam-se por justaposição, por repetição, ou por superposições sucessivas. Talvez tenha sido a necessidade de uma arquitetura de imbricação (e não de justaposição), de uma arquitetura-função, o motivo que o levou a descobrir as virtudes formais do classicismo, em outras palavras, a forma ternária, a forma sonata e todo o repertório bem conhecido da escolástica musical. Acrescentemos que, se tais arquiteturas eram funcionais nas obras em que se inscreviam, seu emprego *a posteriori* lhes retira todo vestígio de qualquer necessidade, evidentemente.

Serão essas carências técnicas suficientes para explicar as declarações que citamos mais acima sobre a "música pura"? Não parece: é antes evidente que quase todas as obras de Stravínski – em todo caso as obras maiores – até o período neoclássico se prendem a um espetáculo, ou, pelo menos, a um texto literário. E quando se constata a instabilidade de tendências manifestada em *Petrouchka*, *Sacre*, *Rossignol*, *Noces*, *Histoire du*

1. Em "Trajetórias".
* No texto francês: *fort dépourvu*, parodiando a fábula de La Fontaine *La cigale et la fourmi* (N. dos T.).

Soldat, compreende-se que a ilusão da "música pura" tenha aparecido como único apoio a uma atividade daí por diante planificada. As declarações contínuas sobre a incapacidade da música de expressar algo, o desejo de se referir constantemente à abstração, à construção em si, ao jogo de formas, não seriam uma espécie de reação de despeito face a uma série de obras que não foram capazes senão de "expressar", e do modo mais extremado?

Reação cuja anterioridade técnica ou estética, como se pode supor, é bem difícil de discernir. Mas o mais divertido nessa aventura é terem tomado Bach por modelo *ès musiques pures**, no sentido mais restrito desta expressão. Porque é preciso não esquecer que Bach escreveu também as *Paixões*. E, por outro lado, seus contemporâneos – em cujo testemunho podemos confiar por terem eles uma noção da sensibilidade musical daquela época[2] – reprovavam nele a violência dos sentimentos, os excessos de seu gênio "gótico". Agora é nossa vez de citarmos Johann Gotthilf Ziegler, que escrevia em 1746: "Para a execução do coral, meu mestre, o Mestre-de--capela Bach, ainda vivo, me ensinou que não executasse os corais simplesmente tais como o são, mas a partir do sentimento indicado pelo texto". Enquanto isso, diríamos que nos parece estreito – se não errôneo ou mal compreendido – pensar em Bach apenas como um produto particularmente equilibrado do formalismo: porque nos parece evidente que não é só a beleza formal que gera a emoção – mesmo nas *Variações Mizler*, ou na *Arte da Fuga*. Se não nos agradam as interpretações muito fantasistas de Pirro e de Schweitzer sobre um Bach desmedidamente expressionista e simbolista, não podemos também subscrever uma concepção ultra-racionalista. De resto, o problema da "forma" foi claramente avaliado por Boris de Schloezer numa passagem – a nosso ver extremamente importante – de sua *Introduction à Jean Sébastien Bach*, onde ele demonstra o quanto é vã uma objetividade formal.

A literatura musical nos oferece muitos exemplos de obras em que os meios empregados habitualmente pelos compositores para dar lógica e coerência a suas produções, para unir-lhes as diferentes fases de modo que se afigurem necessárias e para que sua unidade seja de fácil percepção – obras onde esses meios, a meu ver, se revelam inoperantes.

Desse modo, portanto, uma obra bem organizada [...] não é necessariamente bem composta, isto é, conforme as regras do gênero; e, por outro lado, uma obra corretamente

* Em matéria de músicas puras (a preposição ès é usada modernamente em francês em expressões como: *Docteur* ès *sciences*; *licence* ès *lettres* – doutor em ciências; licença em letras) (N. dos T.).

2. O que não significa que damos a essas *impressões* o caráter de um julgamento de valor.

composta, até mesmo composta com habilidade (pelo emprego judicioso dos processos destinados a reforçar a unidade de composição), não é necessariamente bem organizada. Acontece, às vezes, que a perfeição da forma concreta exige do artista o sacrifício de um esquema e o obriga a renunciar à simetria, a retomada periódica de motivos e outros artifícios do gênero. Se ele se recusa, por timidez, rotina, respeito à tradição, falta de confiança em seu poder criador [...] ele chega a uma concepção escolar da forma que, por não distinguir entre forma e fórmula, entre organização e composição, trata a forma como coisa inerte, como um mundo indiferente àquilo que nele se introduz. Daí tantas obras fragmentariamente significativas; tocantes, mas nas quais o pensamento musical *está* em desacordo com a construção [...] Nesse caso, a análise, dita temática, não é mais que um engodo.

Se fizemos uma citação tão longa de Boris de Schloezer, foi porque esse texto parece o melhor requisitório contra os neoclássicos e também contra os "discípulos" dodecafonistas, que se entregam com exaustiva confiança ao refúgio de uma forma particularmente inconsequente.

Mas, antes de abordar o problema do "classicismo dodecafônico", precisaríamos examinar se a posição de Berg que coloca em paralelo Bach e Schoenberg – ponto de vista retomado por René Leibowitz em *Introduction à la musique de douze sons* –, se essa posição é válida simplesmente do ponto de vista histórico. (Porque acreditamos ser perfeitamente ilusória se se trata do indivíduo Bach em relação ao indivíduo Schoenberg.) Haveria uma tendência a nos fazer crer que a posição de Bach, entre o mundo modal e o mundo tonal, é idêntica à de Schoenberg entre a concepção tonal e a dodecafônica; assim como se encontram em Bach algumas referências aos modos, se observaria em Schoenberg a tentativa da síntese da tonalidade e do dodecafonismo. Pode-se discernir rapidamente o que essa visão do espírito tem de sedutora, de tranquilizadora e de bastante falsa.

Quando Bach chega ao mundo musical, a linguagem tonal já está completamente constituída; Buxtehude, Pachelbel, Kuhnau, na Alemanha, são seus precursores diretos; na Itália, Corelli e sobretudo Vivaldi; Bach não traz a esse instrumento de trabalho nenhum elemento novo, mas ele o eleva a seu rendimento máximo. Se ele se prende ao Renascimento, é através de seu gosto por uma polifonia complexa, não por qualquer elemento da morfologia ou da sintaxe daquele período. Ele não vive – embora assim se leia em Riemann – numa "época de transição", a menos que se considere – e assim se costuma fazer – só as funções harmônicas como o desabrochar próprio da linguagem tonal. (Isso não explica, absolutamente, Mozart e Beethoven contrapontistas; mas consideram-se seus esforços como intermitências destruidoras – o que resolveria os fenômenos descontínuos por colocações entre parênteses abusivamente arbitrarias.) É justamente porque Bach se serve de uma organização sintática e morfológica não transitória, e sim perfeitamente estabelecida – as obras teóricas de

Rameau são sua transcrição contemporânea – que ele pode dedicar todos os cuidados às possibilidades de rendimento contidas nessa organização. *O Cravo bem Temperado* e seus prelúdios e fugas sobre os doze semitons, assim como, aliás, a obra de Bach em geral, podem ser considerados não tanto um manifesto de conquista, mas um manifesto de *extensão* – de ocupação, diríamos, se esta palavra não estivesse tão desgastada. Porque, se as formas de que se serviram seus predecessores: prelúdio, fuga, coral, recitativo, ária etc., colocaram em evidência uma estruturação própria à tonalidade (em particular às relações tônica-dominante, dominante-tônica; modulações para o tom relativo e para os tons vizinhos; empréstimos à subdominante), Bach traz a essa estruturação um aperfeiçoamento definido e um alargamento que vão desempenhar papel preponderante na estabilização das formas musicais. (O próprio bitematismo está incluído ali: *Sonatas em Trio* e grandes *Prelúdios* para órgão.) Só as últimas obras de Beethoven colocam novamente em questão essa herança; e ainda assim não tiveram consequências imediatas.

Schoenberg, ao contrário, é o próprio exemplo da busca de uma linguagem. Aparecendo num período de desagregação, leva esta desagregação a sua extrema consequência: a "suspensão" da linguagem tonal. Essa expressão – que empresto de René Leibowitz – parece-me, com efeito, mais conveniente do que linguagem "atonal", porque ela marca o desejo inicial de Schoenberg de "evitar" a tonalidade, em oposição à segunda fase de seu pensamento, que é construtora. A obra de Schoenberg se situa assim sobre duas vertentes separadas por sete anos de silêncio. O que não significa evidentemente que não haja ligação entre estas duas vertentes, como muitos espíritos bem intencionados querem deixar supor. Ao contrário da obra de Bach, a de Schoenberg parte em busca de uma nova constituição do mundo sonoro; acreditamos que é aí que está sua principal e única virtude. Descoberta importante entre as que ocorreram na história da evolução morfológica da música. Porque a verdadeira medida do fenômeno Schoenberg não é, talvez, o fato de ter ele realizado, por meio da série de doze sons, uma organização racional do cromatismo; mas é, antes, a nosso ver, o fato de ter ele instituído o próprio princípio serial; princípio que – assim nos inclinamos a pensar – poderá reger um mundo sonoro de intervalos mais complexos do que o semitom. Da mesma maneira que os modos e as tonalidades engendravam não apenas as morfologias musicais, mas, a partir delas, a sintaxe e as formas, também o princípio serial encerra novas morfologias e ainda – igualmente a partir dessa nova repartição do espaço sonoro onde a noção de som em si vem ocupar um lugar preponderante – uma sintaxe renovada e novas formas específicas. É preciso confessar que não encontramos em Schoenberg uma tal consciência do princípio serial gerador de FUNÇÕES seriais propriamente ditas, senão em estado embrionário (por exemplo, o emprego das quatro variações possíveis de uma série; o emprego de regiões comuns às séries; a organização no interior da série de espaços privilegiados); em Berg, aliás, essa consciência não aparece senão raramente e entre os exemplos mais marcantes desse espírito podemos citar *o Allegro misterioso da Suite Lírica* e as metamorfoses da série inicial de *Lulu*. (Isto não é uma acusação, mas uma constatação.) Para compensar, em Webern, a EVIDÊNCIA SONORA é atingida pela geração da estrutura a partir do material. Estamos falando do fato de que a arquitetura da obra deriva diretamente da disposição da série. Em outras palavras – esquematicamente –, enquanto Berg e Schoenberg limitam de certo modo o papel da escrita serial ao plano semântico de linguagem – a invenção de elementos que serão combinados por uma retórica não serial –, em Webern, o papel dessa escrita se estende ao plano da própria retórica. É, portanto, com Webern que irrompem na sensibilidade adquirida os primeiros elementos de uma forma de pensamento musical irredutível aos esquemas fundamentais dos universos sonoros que o precederam. Parece bem que se trata de uma convulsão comparável àquela que teria ocorrido na passagem da monodia para a polifonia, ou seja, de uma concepção radicalmente nova do espaço sonoro utilizável. Enquanto a melodia era o elemento fundamental no próprio interior da polifonia, pode-se dizer que agora é o próprio elemento polifônico que, com o sistema serial, torna-se o elemento de base. Com efeito, a uma ordenação que deve levar em conta as relações harmônicas (verticais) para organizar os elementos monódicos (horizontais), segue-se um universo cujas leis de estrutura estão baseadas nas relações entre as polifonias concebidas como distribuições de sons bem definidas pelo espaço sonoro utilizável: resultando um modo de pensar que transcende às noções de vertical e de horizontal. É muito importante observar que Webern se preocupa, desde as suas obras não seriais, com o emprego funcional dos intervalos (*Bagatelles* para quarteto de cordas), enquanto em Schoenberg o princípio dodecafônico parece vir mais de uma ultratematização (terceira peça do *opus* 23). Note-se o que estes dois caminhos têm de essencialmente antinômico, e como, depois de se confrontarem a própria série, eles não podem senão divergir no interior da nova organização. Aliás, Webern, devido a um desejo bem determinado de pureza rigorosa e de modéstia tática, não tentará nunca – como tentaram Schoenberg, decepcionando, e Berg, usando artifícios – a síntese aleatória da linguagem tonal e do princípio serial, este prestando contas àquele. Logo, é preciso insistir que a significação da obra de Webern e a sua razão de ser histórica – independentemente de seu valor intrínseco indiscutível – residem no fato de ter ele introduzido uma nova abordagem de "ser" musical.

Torna-se evidente que o paralelo entre Bach e Schoenberg é destituído de sentido real. Se é cabível estabelecer uma comparação, será apenas com Webern. Considerando suas posições respectivas – um com relação à linguagem tonal, o outro quanto à linguagem serial – poder-se-ia dizer que estão colocados simetricamente; vamos, mesmo, pedir emprestado à geometria o termo "antiparalelo", para definir mais exatamente as relações que podem ser concebidas entre Bach e Webern. O primeiro tem principalmente uma atividade de extensão, conforme observamos acima; o segundo se entrega essencialmente à conquista de um mundo novo.

Que, na hora atual, alguém tenha podido empreender semelhante aventura, leva-nos a refletir sobre a verdadeira razão de obras que aceitam de pronto manter, como única justificação, um modo de pensar transmitido e recebido com uma submissão *a priori* resignada; aceitam a qualquer preço e confiam num acaso feliz. Além do legado técnico deixado por Webern, é preciso levar em conta essa vontade reforçada de instaurar uma ordem musical sempre em aberto; e disto não parecem se aperceber os "discípulos" dodecafonistas "classicizantes" nem os "neoclassicizantes". Pedimos licença para usar estes vocábulos tão pouco harmoniosos – pois essas tendências, inspiradas, tanto uma quanto outra, pelo prazer do confortável, não merecem designações mais agradáveis.

O fenômeno comum a estas duas tendências é, efetivamente, essa espécie de nostalgia alimentada com respeito a uma linguagem "universal". Nostalgia de uma ordem diferente, já que – como observamos no começo deste artigo – uma leva à reconstituição enganosa e a outra a um paralelismo arbitrário. Ora, uma linguagem "universal" pode ser estabelecida agora?

Por meio do "neoclassicismo"? Quase não há necessidade de negar, se levarmos em conta que o jogo assim estabelecido é totalmente gratuito, sendo evidente que não há necessidade histórica. Os assustadores assaltos – assustadores e assustados –, feitos de Bach a Tchaikóvski, de Pergolese a Mendelssohn, de Beethoven aos Polifonistas do Renascimento, marcam etapas de um fracasso eclético e miserável, sem que por isso o mínimo embrião de linguagem tenha podido surgir. Preguiça intelectual, fruição tomada como um fim em si – ou, se quisermos, um hedonismo tristonho –, não são os meios sérios para uma tal pesquisa, convenhamos. O resultado foi o que se esperava.

Muito mais difícil de detectar é o aspecto de "classicismo" dodecafônico. Vamos tentar analisá-lo no comportamento de Berg e de Schoenberg. Falamos há pouco, referindo-nos a Webern, de uma modéstia tática; e nós a entendíamos com relação à complexidade da obra; quer dizer, para poder pensar os problemas da escrita polifônica a partir dos princípios seriais, Webern se viu obrigado a "limitar", de certa maneira, os problemas de estrutura e de invenção (duração relativamente curta das obras, simplicidade – relativa – do material musical, clareza da arquitetura; à medida que vai executando seu empreendimento, emprega material mais rico, retórica mais complexa; as proporções tornam-se mais vastas). Berg e Schoenberg, em compensação, a partir do momento em que se estabeleceram os princípios seriais, passaram imediatamente a edificar obras musicais de complexidade pelo menos igual as obras precedentes. Este fato levou-os, naturalmente, a se apoiarem em princípios de composição anteriores aos da técnica serial (forma sonata, rondo, ou formas pré-clássicas: giga, passacale coral etc.). A escrita serial passa a ser considerada como consolidação e codificação do cromatismo, e como meio passível de unir as diferentes partes do discurso musical por uma espécie de mínimo denominador comum. De certo modo, o princípio da escrita serial está a serviço de um pensamento musical que não rejeita a mentalidade anterior, da qual nasceu. (O caso-limite é, evidentemente, a linguagem tonal reconstituída no interior da série.) Aí existe uma ardilosa imbricação de presunção e timidez. Presunção, é claro, pelo desembaraço com que, utilizando uma linguagem cujos meios de articulação ainda estavam mal definidos, tentava-se a grande forma com toda sua complexidade. E não menor timidez, pela falta de confiança nas propriedades específicas dessa linguagem, à qual se dava um suporte preestabelecido e que era extrínseco a elas. (Observa-se em Berg, a intenção de opor uma estrutura serial propriamente dita a uma estrutura não serial. Como no terceiro movimento da *Suíte Lírica* que é formado por uma estrutura não serial – *Trio Estático* – ladeada por duas estruturas seriais: *Allegro misterioso* e seu retrógrado. O quinto movimento tem, igualmente, como base, a mesma oposição em sentido contrário. Isto chega, mesmo, a se generalizar aos próprios movimentos: segundo e quarto movimentos não seriais, primeiro e sexto seriais. A ambiguidade será levada ao ponto de se escreverem variações dodecafônicas em torno de temas pertencentes à mais franca tonalidade. Assim, no *opus* 29 de Schoenberg, o terceiro movimento gira em torno de uma melodia popular; ao longo do *Concerto para Violino* de Berg, encontramos igualmente um tema popular amalgamado ao *Scherzo*, e variações dodecafônicas sobre um coral de Bach. A manifestação mais extremada desse estado de espírito é a tentativa de reintegrar as funções tonais no interior da técnica dodecafônica, tal como já dissemos acima. O mesmo *Concerto para Violino e Orquestra* de Berg, por exemplo, se baseia numa oscilação característica de um tom menor para seu relativo maior (sol menor-si bemol maior). Desde seu período "americano", Schoenberg mostra-se instável, hesitante entre um maior ou menor desejo de dodecafonismo puro e uma tendência à tonalidade, confessada com maior ou menor grau de franqueza.

Comparar essa posição pouco firme com o que se poderia encontrar de reminiscências modais na música de Bach parece-nos, pelo menos, exagerado. Porque o emprego, por parte de Bach, de certos *cantus firmus* gregorianos (os três primeiros corais do *Dogma em Música*, por exemplo) não tem uma importância comparável à hesitação de Schoenberg. As funções tonais nesses corais estão estabelecidas com firmeza e vão mesmo ao encontro do modo virtualmente contido no *cantus firmus*. Os puristas do modal, no princípio do século – Vincent d'Indy e Maurice Emmanuel, entre outros –, observaram o fato com maior ou menor acrimônia: todas as notas do modo que não fazem parte do tom correspondente são tratadas como *modulações*. Isto mostra justamente com que força Bach impôs as funções tonais, já que elas destruíram as características do cantochão; no polo oposto, estão os caminhos seguidos por certas obras dodecafônicas de Schoenberg, uma vez que elas levam em conta procedimentos da escrita tonal, que se impõem ao princípio serial. A linguagem tonal de Bach corrói as funções modais; a linguagem dodecafônica de Schoenberg é corroída pelas funções tonais. Encontra-se aqui mais uma vez o antiparalelismo de situação que assinalamos há pouco. Aqui vemos igualmente a mistura de presunção e timidez com relação ao princípio serial que preside a essas sínteses ecléticas; uma estranha necessidade, em todo caso, de se garantir, quanto ao potencial da nova linguagem, provando-se que ela é capaz de dar conta do mundo que acaba de ser abandonado.

Não temos a intenção de discutir a psicologia que se encontra nas origens de tal necessidade. Vamos nos limitar apenas a constatar que uma tal persistência de antigos hábitos de pensar inserida em novos meios de expressão é característica de uma atitude de transição; e que, associada aos compositores que encarnam esta transição, essa atitude está fadada a desaparecer tão logo a situação se torne mais clara. Com efeito, é lógico que a uma morfologia nova correspondam uma sintaxe, uma retórica e uma sensibilidade novas. Um "classicismo dodecafônico" é, portanto, impensável e traz em si o próprio fracasso, fruto da incoerência.

É preciso esquecer até mesmo a imagem do passado para que isso aconteça? Pensamos, ao contrário, que a obra que se revelou necessária é rica tanto por sua realização, quanto pelo que de eventual ela possa encerrar. Assim será nossa visão de Bach; certos traços dele nos são particularmente caros – não queremos dar a essa preferência um valor de critério – e caros porque nos parecem mais atuais do que outros.

Antes de tudo, nossa predileção se manifesta pela contribuição que sua escrita trouxe ao fenômeno arquitetural. (Um século de romantismo nos desviou deste problema, e o próprio Debussy não é exceção – e como! – quanto a essa falta de interesse.) Realmente, em Bach pode-se considerar os cânones, as imitações, não como um simples artifício de escrita, mas como geradores da estrutura: as variações para órgão sobre o coral *Von Himmel Hoch* – chamadas *Variações Mizler* – são o exemplo mais característico. A progressão na complexidade da escrita canônica, a progressão no número de partes reais, a dificuldade crescente dos cânones, o processo de aumentação, ou seja, a progressão no ritmo, enfim, a renovação na disposição dos cânones dentro de uma mesma variação e sua disposição em *estretos* definem a arquitetura desse coral. Vê-se, portanto, o rigor e a necessidade com que essas variações se encadeiam uma na outra, e isto unicamente graças à escrita e a uma estrutura superposta da qual se pode abstrair o esquema.

Gostaríamos de destacar igualmente o coral *Vor Deinen Thron tret'ich hiermit*, coral ditado por Bach poucos dias antes de sua morte. Todo mundo já chamou a atenção para sua excepcional riqueza contrapontística. Não foi indicado, talvez com a devida clareza, que a estrutura da melodia coral dá origem à estrutura do próprio coral. Ele se compõe, de fato, de quatro *sequências* – desenvolvimentos que correspondem aos quatro membros de frase da melodia. Observemos que essas quatros sequências não utilizam respectivamente como elemento contrapontístico senão o fragmento do coral que figura em cada uma delas, e que, assim, estamos diante de uma técnica toda especial do desenvolvimento, reforçada pela escrita: técnica que rejeita toda figura inútil, mas serve-se exclusivamente – graças aos múltiplos recursos do contraponto: *imitações*, *inversões*, *alimentações* – da frase que desenvolve; basta dizer que todo automatismo passa a ser excluído. Resumindo, aqui o "tema" gera todas as figuras sonoras de seu desenvolvimento e a sua própria arquitetura, sendo que esta deriva daquelas.

Pensamos haver definido, por meio desses dois corais, o que nos parecia necessário buscar na obra de Bach, isto é, uma técnica da forma, poderosamente unitária, de relação *uterina* entre a própria escrita e a arquitetura. A forma é essencialmente variável e reformula-se a questão a cada obra. (Lembremos, a propósito, uma constatação feita já muitas vezes de que mesmo as formas fixas em Bach se apresentam sob aspectos extremamente diversos: nenhuma fuga, por exemplo, tem exatamente o mesmo plano.)

Desejaríamos assinalar um aspecto de Bach que salta particularmente aos olhos, e que encontramos descrito de maneira magistral em *Jean--Sébastien Bach* de François Florand:

> Para construir um desenvolvimento, Bach é levado a preferir um meio que consiste em desenvolver o concerto das vozes sem sair da tessitura que lhes foi fixada desde o início,

como que mantendo-as à força nos mesmos limites – não mais que uma oitava para cada parte – e trazendo uma progressão vinda toda da própria corrente melódica, mais ou menos como um rio que veríamos crescer sem causa aparente, nem afluentes, nem geleiras, nem temporais, mas pela contribuição única de misteriosas fontes subterrâneas. É uma coisa diferente de uma simples estética de repetição à maneira oriental e hindu. É um procedimento muito particular de J. S. Bach, feito de acumulação interior de energia, de força emotiva, até um ponto em que o autor e o ouvinte ficam saturados, como que inebriados.

François Florand fala ainda de uma disposição à embriaguez musical que existe em Bach:

[...] não é preciso, acrescenta ele, buscar nada de brutal nem de grosseiro. Mas, enfim, chega um momento em que, à força de virar e revirar sem motivo, parece que a própria cabeça do autor está girando. *Es schwindelt...* E é este o ápice da obra.

Ele define essa "vertigem" musical como uma "fermentação interior da própria polifonia". Conclui esta análise lembrando que se deve ter em mente que o "delírio" de Bach é "lúcido, sua embriaguez consciente, suas abdicações deliberadas e sempre mantidas em segundo plano da consciência criadora por uma vontade e uma inteligência que não adormecem um segundo". (Acrescentamos que encontramos uma crispação igual em Webern quando ele se agarra, por pureza de escrita, a um mesmo registro de onde sua polifonia parece não poder escapar; a exposição do primeiro movimento da *Sinfonia*, *opus* 21, o segundo movimento das *Variações para Piano*, *opus* 27, a exposição do segundo movimento do *Quarteto para Cordas*, *opus* 28, são as mais explícitas neste sentido.)

Tais são, nessa obra de múltiplos aspectos, as nossas preferências. É, pois, impossível associar-se aos necróforos que se serviram de Bach como fiador de sua atividade de coveiros, e isto graças a mal-entendidos mais ou menos grosseiros. Como acreditar nesses profetas da "volta a" ou das "reativações" diversas, quando sua finalidade mais óbvia é a segurança, e seu móvel principal a falta de coragem? Se se deve rejeitar o neoclassicismo em nome de uma dialética histórica, não se pode tampouco, prendendo-se a ela, encorajar uma tendência a um novo estilo "coletivo", camuflagem habilmente instaurada de um academismo sem interesse. Quer queiram quer não, é impossível reintegrar o domínio coletivo próprio do que chamamos de estilo clássico, porque seria no mínimo ilógico fazer abstração do individualismo violento que despontou há mais de um século. Além disso, seguindo uma tal linha de conduta, considera-se apenas superficialmente os fenômenos de evolução, assimilando-os a uma continuidade de aquisições sucessivas que instauram uma tradição. Parece que não se toma consciência do fato da descontinuidade dessa evolução; no sentido de que a obra necessária, consolidadora dessa tradição em marcha, não é *previsível* por ela, e que ela se integra a essa tradição e se justifica *a posteriori.* (Webern não era previsível; para se poder viver de maneira útil depois dele, não se vai continuá-lo, vai-se esquartejá-lo. Os eventuais autores de gramáticas dodecafônicas feitas com base em sua obra terão que se ver com a própria impotência.) Em meio aos simulacros de lógica em que apodrecemos, de apriorismos destituídos de qualquer espírito crítico, de uma "tradição" puxada para um lado ou outro segundo a necessidade de todas as causas mais ou menos vergonhosas, em meio a essas atividades desprezíveis de pobres seres à cata de "autenticidade", devemos dar, enfim, seu potencial ao que Mallarmé chamava o "Acaso".

Porque, se devemos ao poeta a frase famosa "Não é com ideias que se fazem versos, mas com palavras", frase que – interpretada num sentido único – serviu de pretexto a fórmulas conciliadoras, isso não é uma razão para nos esquecermos de que:

*Toute pensée émet un coup de dés**

* Todo pensamento emite um lance de dados. (Trad. H. de Campos)

Os manifestos esclarecidos não podem, de modo algum, ter pretensões a serem objetos de alta dileção; quanto às profissões de fé, não teriam outro imperativo senão o de iludir aqueles que as abraçam.

A propósito de que este preâmbulo? A propósito das discussões atuais sobre música.

Em torno de que giram essas discussões? Em torno de artigos de fé. Crê-se ou não no "sistema". O comentário se desdobra; a "técnica" torna-se um para-vento, um abrigo desejado para se proteger de questões de abordagem mais delicada.

A palavra principal, em torno da qual se desenvolvem todas as escaramuças – que irrisão: dodecafonia; ela perfuma seu jardim de raízes gregas. Mas é muito vago; doze sons e um modo aproximativo de utilizá-los. Então, mais precisamente: a série.

O que é a dodecafonia? O que é a série? Temos explicações à vontade; dão-se exemplos; fazem-se aproximações com as definições clássicas do contraponto. E depois? Munidos dessa ficha policial podemos acrescentar: sinais particulares: nada...

Em nosso século de luzes – o que é... o que é... – não damos muito valor pela obra que irá nascer de afirmações perpétuas, de serenas comparações históricas ou de elucidações com tendências científicas.

E se "derramássemos os vapores poéticos", segundo a expressão de um velho e distinto humorista?...

*

*   *

Acredita-se, no entanto, que a música é feita de notas? Por certo... A arte dos sons... Mas já se discutiu longamente sobre a hierarquia nova entronizada por três vienenses de ilustre memória. Assim, gostaríamos de sair desse domínio especializado e de fazer gazeta, mesmo que tenhamos de ser repreendidos e que nos venham lembrar que não somos senão músicos, afinal de contas.

Nossa "arte" sofreu, portanto – começa-se a saber disto agora –, uma violenta perturbação técnica e uma minoria de consequências desta perturbação encontra-se em jogo atualmente. É preciso convir que a situação do compositor não é muito segura; os problemas se apresentam todos ao mesmo tempo de forma que não cabem delongas ou subterfúgios. A escrita propriamente dita, em seu estado mais elementar, ou seja, o mais difícil de vencer; a forma em que não se pode trapacear sem provocar uma catástrofe; e a realização instrumental, condição indispensável, se é que existe alguma.

Nestes três domínios, estando já definidas certas aquisições, parece que agora – depois delas e segundo elas – vemo-nos em face a novas exigências mais difíceis de assumir porque infinitamente mais sutis, ligadas à "técnica" de maneira menos vistosa e menos segura. Tudo isso não se passa de melhor forma no reino da série…

A pintura atual recusa o anedótico; de acordo. A música também; fraternalmente. Como evitar a monotonia esgotante dessas produções abstratas que pesam sobre a pintura e a música em nossos dias? Falta de personalidade? Certamente. É flagrante a encefalite dos sonâmbulos diante dos trampolins muito altos. Mas temos curiosidade em desmascarar esse maneirismo estéril. Os mestres escolhidos são excelentes; irrepreensíveis são as conclusões negativas deduzidas de seu contato; a boa vontade não falta, nem tampouco o desejo de agir corretamente.

Voltemos à música apenas… Precursor principalmente escolhido: Webern. Objeto essencial das investigações a seu respeito: a organização do material sonoro. A gente chega a certas conclusões, tem-se pressa em explorá-las, ampliando-as; a gente se atira freneticamente sobre a organização; a gente se sente no limiar de mundos inexplorados – a Terra Prometida ou Babel não seriam comparações fora de propósito. Webern só tinha organizado a altura; organiza-se o ritmo, o timbre, a dinâmica; tudo é pasto para essa monstruosa organização polivalente que precisa ser desmontada para não nos vermos condenados à surdez. Logo se verá que composição e organização não podem ser confundidas sob pena de inanição maníaca; o que ele, Webern, aliás nunca tinha pensado em fazer.

Entretanto, apesar dos excessos aritméticos, tinham sido adquiridas certas funções "pontuais" do som – empregamos este termo no sentido de encontro de diversas possibilidades funcionais em um ponto dado. O que tinha levado a esse estilo "pontual"? A recusa, justificável, do tematismo. Era, no entanto, dar uma solução um tanto simplista ao fenômeno da "composição" propriamente dita, essa de dar a uma simples hierarquia de posição o papel que antes cabia às relações temáticas. Estas relações são particularizantes, enquanto a hierarquia sonora, sozinha, é ineficiente ao máximo porque compreende todos os possíveis. Utilizada em seu estado bruto, essa hierarquia pode dar – se a utilização é passageira – a impressão de "não gravidade"; que alcançará seu valor pleno caso entre em oposição a outras estruturas dirigidas.

Esse estilo "pontual" apresentava outro inconveniente, e não dos menores. Os planos de estruturas se renovavam paralelamente de modo idêntico; a cada nova altura, nova duração dotada de nova intensidade. A variação perpétua – na superfície – gerava a ausência total de variação a um nível mais geral. Uma monotonia exasperante tomava posse da obra musical, pondo em jogo, a todo momento, todos os meios de renovação.

Entre parênteses, queremos assinalar que as séries aritméticas adotadas confiantemente não levavam em conta um fenômeno de percepção extremamente importante: muitos fenômenos aritméticos são percebidos logaritmicamente, enquanto os fenômenos logarítmicos podem ser percebidos aritmeticamente – entre os quais, os intervalos, as durações e as intensidades.

Sendo a anedota – o tema – recusada como referência a um método de composição que contradiz a hierarquia atual, de que modo – e sobre o quê? – um desenvolvimento vai se articular? Em geral sobre certas transformações de dados primitivos, transformações quantitativas ou qualitativas, já que a renovação dos meios empregados era constantemente exigida. Continua a questão: essas transformações são perceptíveis? Sempre a mesma briga, as mesmas dúvidas, desde a *Ars Nova* – passando pela *Arte da Fuga* – até os vienenses: as acusações de esoterismo levam a melhor. Entretanto, não convém ter olhos, na História da Música, apenas para certas obras rigorosas, em detrimento de todas as outras; seria alterar singularmente o equilíbrio da criação musical. O ascetismo não serviria, daí por diante, senão para mascarar ou desviar a Imaginação: piedosas muletas.

O grande esforço, no domínio que nos é próprio, é procurar, atualmente, uma dialética que se instaure a cada momento da composição entre a organização global rigorosa e uma estrutura momentânea submetida ao livre-arbítrio. Tomemos uma comparação acústica simples; o timbre de um som é principalmente devido à distribuição dos sons harmônicos: estes se repartem por grupos mais ou menos importantes segundo suas relações com o som fundamental em intensidade e altura; são os "formantes" de um timbre. Não poderíamos também encará-los como os "formantes" de uma obra? Ligados, por certo, à organização do universo sonoro próprio de uma obra, mas não dependendo dela? Nada seria menos parecido com o "tema", uma vez que o tema consiste em particularidades já integradas; entretanto esse "formante" – particularidades não integradas – seria responsável pela fisionomia da obra, por seu caráter único. Enquanto, entregando-se à organização, não se faz senão encontrar o acaso... pela lei dos grandes números.

Do mesmo modo que certos pintores não veem apenas na tela uma superfície plana a ser recoberta de signos não figurativos, mas se esforçam por descobrir uma nova noção que corresponda à "perspectiva" abolida, assim também a música se vê na obrigação de descobrir uma nova maneira de distribuir os desenvolvimentos de uma obra sem que, para isso, se procure apelar para as noções formais e para a "arquitetura" do passado.

Parênteses sobre esse assunto: as últimas obras de Debussy – pelo menos algumas dentre elas – seriam uma indicação quase mais digna de espanto, sobre tal orientação, do que, mesmo, as últimas obras de Webern.

Sobretudo que não se veja nessas pesquisas uma "volta" à perspectiva ou à arquitetura; queremos recorrer a noções inteiramente novas; os insucessos estrondosos do neoclassicismo nos alertaram com suficiente brutalidade para que não nos vejamos tentados a recomeçar semelhante brincadeira.

*

* *

Estas reflexões sobre a composição da obra musical nos fazem esperar uma nova poética, uma nova maneira de ouvir. É neste ponto exato que a música manifesta, talvez, seu maior atraso em relação à poesia, por exemplo. Nem Mallarmé – de *Un Coup de dés* – nem Joyce têm equivalentes na música de sua época. É possível, ou é absurdo, tomar assim pontos de comparação? (Se pensamos naquilo de que eles gostaram: Wagner para um; para outro a ópera italiana ou os cantos irlandeses...)

Sem querer recorrer muito estreitamente às investigações desses escritores, uma vez que elas têm a ver com a linguagem, não é ilusório adotá-las como referência na procura de uma nova poética musical.

Mesmo que elas recusem os esquemas formais clássicos, as obras contemporâneas mais essenciais não abandonam, por isso, uma noção geral de forma que não variou desde o advento tonal. Uma obra musical comporta uma série de movimentos separados; cada um deles é homogêneo quanto à sua estrutura, quanto a seu tempo; é um circuito fechado (característico do pensamento musical do Ocidente); o equilíbrio entre esses diferentes movimentos se estabelece graças a uma repartição dinâmica dos andamentos. A exceção do final da *Nona Sinfonia* – muitas vezes citado por d'Indy para apoiar seu sistema "cíclico": mas é antes de tudo uma citação! Os temas geradores de uma obra: *La Mer* de Debussy permanece um exemplo sutil; há, entretanto, integração desses temas geradores no tempo homogêneo de um movimento. Berg, enfim – *Wozzeck*, *Suite lyrique*, principalmente – manifesta a obsessão das citações de um movimento a outro; em *Wozzeck* elas são comandadas pela ação dramática; na *Suite lyrique* por uma espécie de gesto dramático imaginário.

Queremos sugerir apenas, por enquanto, uma obra musical em que essa divisão em movimentos homogêneos fosse abandonada em favor de uma repartição não homogênea de desenvolvimentos. Reclamemos para a música o direito ao parênteses e ao grifo...; uma noção de tempo descontínuo graças a estruturas que se entrelaçam em vez de ficarem isoladas e estanques; enfim, um tipo de desenvolvimento em que o circuito fechado não seja a única solução em vista.

Façamos votos para que a obra musical não seja uma sequência de compartimentos que devem ser visitados sem remissão, uns depois dos outros; mas procuremos pensá-la como um domínio em que, de algum modo, possamos escolher nossa própria direção.

Utopias? Deixem-nos realizar... apenas o necessário para pulverizar certos hábitos já velhos.

Quanto à gramática e ao pernosticismo, vamos nos abster deles de agora em diante – não é exasperante o proselitismo?

Corrupção nos Incensórios

Ouïs toute la lumière
Qu'y soufflera Debussy... *

Vamos desviar estes versos de seu sentido restrito ao *Prelúdio*: teremos o mais impressionante pronunciamento acerca do papel de Debussy na música de seu tempo. Talvez este ponto de vista esteja ligado a considerações extramusicais; com que fim assumimos a garantia dele? Não poderíamos deixar de mencionar, porém, que um dos impulsionadores de Debussy foi Mallarmé – fora do simbolismo –, e que algumas aquisições vertiginosas do poeta ainda não foram atingidas. Não podemos esquecer que o tempo de Debussy é também o de Cézanne, cuja envergadura exige até hoje prudência na avaliação – fora do impressionismo. Deveríamos, por estas razões, estabelecer o fato Debussy-Cézanne-Mallarmé como raiz de toda modernidade? Não fosse o caráter ligeiramente autárquico desta empresa, gostaríamos de recorrer a ela. Depois dessas figuras ilustres, outras apareceram e convulsionaram as artes de maneira mais espetacular.

A verdade – ou criação – contemporânea exigiu violência, quase demonstrações: choques de superfície necessários que modificaram profundamente certos aspectos depois retomados. Agora que surgiu uma configuração nova elaborada brutalmente, somos presa de estranhas surpresas quanto ao que resta e quanto à revolução; para começar fica-se cético em relação ao fato de que essas mutações bruscas e brutais nos tenham escamoteado mudanças menos sentidas no momento, porém mais profundas a longo alcance. O simbolismo é dissipado por Apollinaire e depois pela revolução surrealista; o cubismo desvenda Cézanne; o fagote de *Le Sacre* substitui a flauta do *Faune*, enquanto *Pelléas* emigra de Paris para Viena. No entanto, as fulgurações de *Un Coup de dés* fazem titubear certos rasgos surrealistas ainda tímidos; as *Montagnes de Sainte-Victoire* conservam um prestígio mais altivo e mais secreto do que a maioria das vicissitudes do

* Veja-se, na parte IV, "Notas para uma Enciclopédia Musical", o verbete *Debussy* (N. dos T.).

cubismo e da abstração; enfim, relaxada a barbárie agressiva e atenuados os paroxismos da hipnose, a ressonância que emana de *Jeux* ainda se nos aparece obstinadamente misteriosa.

O fenômeno Debussy-Cézanne-Mallarmé? Uma "luz" que recusa a refração através do prisma da simples análise. Encontram-se "fora". E o que nos ensinam? Talvez isto: que é preciso também sonhar a revolução, não apenas construí-la.

Contragolpe de certas conquistas no domínio da criação: as audácias desmedidas misturam-se a um conservadorismo estranho; inversamente, um conteúdo não tão rebelde fixa uma inovação que alguns lustros ainda separam da assimilação. Por felicidade, ou infelicidade, a história não é um tobogã bem lubrificado, não é tão espetacular quanto certas montanhas-russas instaladas, em ambientes poluídos, por amargos trabalhadores. Constatemos a descontinuidade dos indivíduos, assim como a das fases de uma evolução; pode acontecer que tal ponto de vista engendre a acidez, graças ao acaso; não importa, a descoberta não confunde sua fisionomia com a do crescimento ou do envelhecimento. Isto quer dizer que, a fim de demarcar a atualidade de Debussy, não vamos utilizar a abordagem morfológica, sem que haja nisto um paradoxo liberalmente colocado, uma repressão hábil, ou simples astúcia tática. Aliás, estamos suficientemente esmagados por estudos morfológicos de uma opacidade compacta há um bom número de anos; tem-se um componente, seleciona-se outro que se lhe acrescenta, propõe-se uma temática: acrescenta-se novamente, e resulta uma forma, acrescenta-se ainda uma vez mais, e tem-se uma estrutura. O que poderia dissolver a monotonia e a insipidez dessas reações em forma de hexaedros? *Ah! que vienne le temps...* *

Negativamente, Debussy? Este "músico francês" que pensam diminuir, numa dimensão que ele mesmo escolheu no meio-êxtase de um patriotismo guerreiro. Não sobram senão uma legião de ambições com sabor de cinza nacionalista, de onde o próprio semi-êxtase se evaporou; depois de Couperin e Rameau, os epígonos descobriram, de acordo com suas justas medidas e sua justa conveniência, Charpentier e Lalande. Recursos miseráveis! Ele não era, tampouco, um "impressionista", etiqueta lamentavelmente plantada em sua testa abaulada. O mal-entendido surgiu dos títulos, muitas vezes, e também do fato de que "Monsieur Croche falava de uma partitura de orquestra como se fosse um quadro": simples questão de antidiletante. Na verdade, a "impressão" se deixa expulsar pelo "cravo".

Em compensação, Debussy permanece esta força de resistência que se opõe à Schola. Ele é a favor de uma "alquimia sonora", e furiosamente

* Ah! que chegue o tempo... (N. dos T.)

contra a "ciência do castor". Esta posição conserva-se de uma atualidade que não foram capazes de desmentir nossos venerados *d'indouilles*, nossos *d'indouilles-witz* ou nossos *d'indouilles-mith**.

Um ensinamento mais sutil é delimitado exteriormente por esse fino pontilhado, ora em relevo, ora perfurado. Vamos procurar difundir essa sutileza dirigindo seu sopro em três direções: autodidatismo voluntário; modernidade; ruptura do cerco do Ocidente.

O autodidata é temível quando age nele – e por ele – uma vontade de poder incerta, fundamentada em lacunas e ignorância; este gênero de autodidata, original, descobre perpetuamente certos academismos simples, para seu próprio deleite. Mais do que um frescor ingênuo e saboroso na súbita prospecção do banal, essa busca comporta uma esterilidade à míngua de expedientes, uma invenção que esgota os artifícios, um fôlego anêmico. Não; Debussy *sabe*. Mas ao mesmo tempo ele recusa o conhecimento herdado e persegue um sonho de improvisação vitrificada. A ele repugnam esses mesquinhos jogos de construção que transformam o compositor num arquiteto infantil. Para ele, a forma nunca é *dada*; toda sua vida foi uma busca do inanalisável, de um desenvolvimento que, em sua própria maneira de ser, incorpora as surpresas da imaginação. Desconfia da arquitetura no sentido petrificado do termo; antes prefere as estruturas que mesclam rigor e livre-arbítrio. É por isto que, com ele, essas palavras, esses chavões, cujo ensino nos satura, tornam-se destituídos de sentido e de objeto; as categorias mentais comuns numa tradição esgotada não teriam aplicação em sua obra, mesmo tentando-se ajustá-las à custa de algumas torsões. É o que os Ubus, do alto de suas cátedras de aniversário, chamam corromper os costumes...

Os manes de Debussy devem ter bebido uma amarga cicuta ao assistir à feroz devassidão de "classicismo" que medrou depois de sua morte; todos os cravos mal temperados, sobre os quais se desencadeou uma orgia de fugas, de variações de sonatas e não sei mais o quê! – formas que se afirmava serem "construídas", sempre em relação ao maldito impressionismo. Nessa grande retirada dos candelabros da história, o próprio Debussy não tinha também erguido um instante uma duvidosa tocha pescada entre os acessórios de uma lassa juventude? Por certo existem traços de "pré-rafaelismo" nesse amor que o leva a se vincular a Villon e Charles d'Orléans; mas esse desvio *poético* não se liga em nada à epopeia dos construtores futuros. Não serão, seguramente, considerações de estilo que nos darão uma

* Referências irônicas a Vincent d'Indy, compositor e teórico francês, principal figura da *Schola Cantorum*, fundada em 1896 em Paris, e que desfrutou de grande prestígio nos meios musicais franceses no início do século (N. dos T.).

justificação para o *título*: *Hommage à Rameau*; quando muito, o conteúdo musical é “no estilo de uma Sarabanda, mas sem rigor”...

Foi preciso que o fato Debussy, incomensurável com qualquer academismo, incompatível com qualquer ordem não vivida, com qualquer regulamento que não fosse fruto do momento, permanecesse um corpo estranho à música do Ocidente para que ela ficasse tão impermeável em seus desenvolvimentos posteriores: um verdadeiro banho de mercúrio! Vê-se claramente o que provocou esse isolamento: Debussy recusa toda hierarquia que não esteja implicada no instante musical. Com ele, muitas vezes, o tempo musical muda de significação, sobretudo em suas últimas obras. Assim, criar sua técnica, criar seu vocabulário, criar sua forma, levaram-no a alterar profundamente noções que, até ele, tinham permanecido estáticas: o movimento, o instante fazem irrupção na música; não apenas a impressão do instante, do fugitivo, a que o reduziram; mas sim uma concepção irreversível, própria do tempo musical, e do universo musical de um modo geral. É que, na organização dos sons, essa concepção se traduz pela recusa das hierarquias harmônicas existentes como dados únicos dos fatos sonoros; as relações de objeto a objeto se estabelecem no contexto segundo funções não constantes. Quanto à escrita rítmica, ela participa igualmente de uma tal manifestação, de um tal desejo de variabilidade na concepção métrica, assim como a preocupação com o timbre adequado vai modificar profundamente a escrita instrumental, as combinações instrumentais, a sonoridade da orquestra. A coragem de ser voluntariamente autodidata obrigou Debussy a repensar os aspectos da criação musical; fazendo-o, ele realizou uma revolução radical, até mesmo espetacular. Os dois retratos de Monsieur Croche testemunham este feito; em tom negro: “Eles o saúdam com epítetos suntuosos e você não é senão esperto! Algo entre um macaco e um criado”; em tom claro: “É preciso buscar a disciplina na liberdade, e não em fórmulas de uma filosofia que se tornou caduca e que só serve para os fracos”. Erro que não perdoam os pesados construtores. Nada foi promulgado. Eis no entanto a mais fascinante quimera!

Outra quimera debussyana, não menos perturbadora: a modernidade, no sentido que Baudelaire dava a esta palavra. Este critério parece, talvez, estreito? “Como é estreita uma faca e, no entanto, a fruta que ela divide não poderá ser recomposta.” A evidência: depois da flauta do *Faune* ou do corne-inglês de *Nuages*, a música respira de outro modo. É também justo assinalar que com Mussorgski, principalmente o de *Chambre d'Enfants* e de *Mariage*, essa modernidade já tinha feito uma vigorosa irrupção. Em que consiste ela? É difícil responder com precisão. “A modernidade – diz Baudelaire – é o transitório, o fugitivo, o contingente, a metade da arte, enquanto a outra metade é o eterno e imutável.” Em Debussy ele está em íntima conexão com a forma de sua música, forma que ele associou ao momento, como já vimos. Aliás é curioso constatar como, a propósito de *Chambre d'Enfants*, ele se definiu a si mesmo com estranha precisão. Transcrevemos:

> Isso parece a arte de um selvagem curioso que estaria descobrindo a música a cada passo de sua emoção; nunca se trata de uma forma qualquer, ou quando muito, esta forma é tão múltipla que seria impossível aparentá-la às formas estabelecidas – se poderia dizer administrativas; isso se firma e se compõe através de pequenos toques sucessivos unidos por um laço misterioso e por um dom de luminosa clarividência.

Se desejássemos tentar reconhecer as fontes dessa modernidade em música, pondo-se de lado Mussorgski, seria preciso, sem dúvida, recorrer aos pintores e poetas cuja influência foi preponderante sobre o espírito em formação do jovem Debussy: Manet, Whistler, Verlaine... Faz sentido pensar que a música se salvou do envolvimento destruidor pós-wagneriano graças a suas irmãs mais ousadas ou mais experimentadas; a vitalidade da pintura e da poesia nesse período da vida intelectual francesa é responsável, de certo modo, pelo senso estético radicalmente novo da criação debussyana graças à qual os conflitos românticos são reabsorvidos: adereço único que impõe essa música, entre todas, como a revelação de uma sensibilidade desconhecida, "moderna", condição de todo desenvolvimento ulterior.

Como a ruptura do círculo do Ocidente se insere na renovação do mundo sonoro proposto por Debussy? Não se trata de um exotismo destinado a satisfazer, a baixo preço, nostalgias de pitoresco. Já se falou suficientemente sobre a impressão que causaram em Debussy o teatro anamita, as danças javanesas, a sonoridade do gamelão, no decurso da exposição de 1889. Paradoxalmente, é o choque de uma tradição codificada de modo diferente da ocidental, mas igualmente forte, que vai precipitar a ruptura da nova música com os elementos tradicionais europeus: pode-se perguntar se não foi a ignorância de que existiam outras convenções o que provocou uma tal impressão de liberdade. É verdade que as escalas sonoras se afirmavam mais ricas em particularidades que as europeias daquela época, e as estruturas rítmicas se revelavam de uma complexidade muito mais maleável; além disso, o poder acústico dos próprios instrumentos diferia totalmente dos nossos. Mas foi sobretudo a poética dessas músicas do Extremo-Oriente que impôs sua influência corrosiva. Todos se lembram aliás da aventura que ocorreu a Van Gogh com os pintores japoneses. No outro extremo desse circuito, não exclamava Paul Klee: "Seria preciso renascer e não saber nada, absolutamente nada, sobre a Europa"? E ainda mais, se pensamos em Claudel, vemos claro que a Europa está sufocada em limites desesperadamente estabilizados, que ela encara com ceticismo a supremacia de sua cultura. Desde então, esse contato com o Oriente não poderia ser circunscrito a uma questão banal de escalas exóticas ou de sonoridades rutilantes. Vem ao encontro, por um lado, ao sentido "moderno" que a estética adota, e por outro à busca de uma hierarquia constantemente revivificada.

Estes três fenômenos se conjugam estreitamente e dão a Debussy sua fisionomia insubstituível no limiar de todo movimento contemporâneo: flecha solitária. Debussy mantém-se como um dos músicos mais isolados que já existiram e sua época obrigou-o, às vezes, a soluções fugidias, felinas. Não obstante, por sua experiência incomunicável e sua reserva suntuosa, este único francês universal conserva um poder de sedução hermético e perturbador.

Movido por "esse desejo de ir sempre mais longe, que para ele substituía o pão e o vinho", ele corroeu antecipadamente toda tentativa de manter a ordem antiga como ponto de referência. Sim, devemos agradecer-lhe por ter sido um corruptor dos "bons costumes" musicais...

Não escreveu, a este respeito, "que é preciso repelir desdenhosamente a fumaça do incenso quando ela é má, e se preciso for, não será inútil cuspir no incensório"? Em resumo, na hora da opção e da confusão ele é um antepassado de primeira, excelente!

Alea

Pode-se observar, atualmente, em muitos compositores de nossa geração uma preocupação, para não dizer obsessão, com o acaso. Pelo menos que eu saiba, é a primeira vez que tal noção intervém na música ocidental, e esse fato merece que nos detenhamos nele porque é uma bifurcação importante demais na ideia da composição para ser subestimada ou recusada incondicionalmente.

*

* *

É possível alcançar as fontes dessa obsessão? Exteriormente, poder-se-ia sugerir causas diversas que não deixam de parecer sólidas e que variam segundo o temperamento de seus diferentes criadores. A forma mais elementar da transmutação do acaso estaria na adoção de uma filosofia colorida de orientalismo que encobrisse uma fraqueza fundamental na técnica da composição; seria um recurso contra a asfixia da invenção, recurso de veneno sutil que destrói qualquer embrião de artesanato; eu qualificaria esta experiência – se é que isso é experiência, o indivíduo não se sentindo responsável por sua obra, simplesmente se atirando por fraqueza inconfessada, por confusão e por alívio temporário em uma espécie de magia pueril – eu qualificaria então essa experiência de acaso por inadvertência. Em outras palavras, o acontecimento ocorre como pode, sem controle (ausência voluntária, embora não por mérito, mas por incapacidade), mas no interior de uma certa trama estabelecida de acontecimentos prováveis, porque sempre é preciso que o acaso disponha de algo eventual. Por que, então, escolher a trama tão meticulosamente, por que não abandoná-la à inadvertência? Eis o que nunca pude esclarecer. Faz-se um jogo meio aberto, mas tem-se o mérito de não se iludir. É um paraíso artificial gentilmente arranjado, onde acho que os sonhos não são nunca muito miraculosos; este gênero de narcótico protege, de fato, contra o aguilhão inflingido por qualquer invenção; pode-se constatar que é exageradamente calmante, algumas vezes intoxicante, e se assemelha ao que descrevem os aficcionados de haxixe. Paz para a alma desses seres angélicos! Temos a certeza de que não irão roubar o brilho alheio, já que dele não precisam. A inadvertência é engraçada no começo, mas a gente se cansa depressa tanto mais depressa quanto é certo que ela está condenada a não se repetir nunca. Então nossa preferência vai, sem sombra de dúvida, para a inadvertência natural, aquela que não precisa de *instrumentos* para se manifestar. A "não arte" e a "antiarte" se relacionam ainda com a "arte" e, dentro do esquema do que buscamos, aquilo que convencionamos chamar de "arte" não é, em absoluto, o centro de nossos esforços. Há vários lustros, já, que se tem achado amarga a Beleza... Associemos a essa noção perturbadora a "A-Beleza", a "Antibeleza" etc. etc., e vamos jogar nelas uma pá de cal. O Acaso fará o resto!

Existe, no entanto, uma forma mais venenosa e mais sutil de intoxicação. Já me referi a ela muitas vezes, pois esta forma tem vida rija e surge de novo cada vez que acreditamos ter conseguido vencê-la. A composição visa alcançar a mais perfeita, a mais macia, a mais intocável objetividade. E por que meios? A esquematização, simplesmente, substitui a invenção; a imaginação – subserviente – limita-se a dar origem a um mecanismo complexo e é este que se encarrega de engendrar as estruturas microscópicas e macroscópicas até chegar ao esgotamento das combinações possíveis, o que indica a conclusão da obra. Admirável segurança e poderoso sinal de alarme! Quanto à imaginação, trata de não intervir a meio-caminho: isto poderia perturbar o caráter absoluto do processo de desenvolvimento introduzindo o erro humano no desenrolar de um conjunto também perfeitamente deduzido: fetichismo do número que conduz ao fracasso puro e simples. Mergulhamos num desenvolvimento estatístico que não tem valor maior que qualquer outro. Em sua Objetividade Total, a obra representa um fragmento de acaso tão justificável (ou quase) quanto qualquer outro; depois voltaremos ao assunto. Percebe-se a diferença entre a forma descrita anteriormente e essa nova tentação igualmente perniciosa: aqui existe mais manha e a confissão espontânea de fraqueza se transforma em uma busca desesperadamente estéril da força combinatória, em uma recusa selvagem do arbitrário, este novo *diabolus in musica*. Chega-se ao paradoxo de que, quanto mais se foge, mais se encontra esse arbitrário tão odiado e repudiado. A objetividade se desfaz a cada momento diante de nossos olhos como se fosse uma frágil e irritante miragem que esgota e seca toda força viva; essas fatias de acaso são impróprias ao consumo e, antes de mais nada, a gente se pergunta *por que* seria preciso consumi-las!

Falindo essa objetividade declarada, atiraram-se, como condenados, à conquista do arbitrário. Foram buscar o diabo para trazê-lo de volta devidamente escoltado, aprisionado, acorrentado a uma obra que ele deve revivificar com a sua onipresença. O diabo precisa estar presente mesmo envergonhado ou deixará de existir. As pessoas se queixavam da falta de subjetividade? Vamos tê-la em cada nota, em cada estrutura; esta subjetividade ferozmente deslocada, desmembrada, espalhada, vai nos forçar a tomar partido, ouvinte hipócrita, a sermos tão subjetivos quanto o compositor. Quanto ao intérprete, cabe a ele transmitir os assaltos do demônio, comprometendo-nos assim; *intérprete-medium* que irá se constituir em alto oficiante desse sortilégio intelectual. – Como assim? muito menos chamuscado do que você – hipócrita – está inclinado a supor. A notação vai tornar-se suficientemente – e sutilmente – imprecisa para deixar passar entre suas grades – diagrama de hipótese – a escolha instantânea e versátil, volúvel do intérprete. *Vai-se poder* alongar esta pausa, *vai-se poder* suspender este som, *vai-se poder* acelerar, *vai-se poder*... a cada instante...; em resumo, optou-se por ser, daí em diante, meticuloso na imprecisão.

O leitor vê para onde voltamos? Sempre a uma recusa da escolha. A primeira concepção era puramente mecânica, automática, fetichista; a segunda ainda é fetichista, mas livramo-nos da escolha, não pelo número, mas pelo intérprete. Vai-se habilmente transferir a escolha ao intérprete. Assim estamos em segurança, estamos camuflados; não de modo muito hábil, já que o arbitrário, ou antes, um arbitrário à flor da pele, impõe sua presença. Que alívio! Afastou-se, ainda uma vez, a hora da escolha: uma subjetividade superficial foi enxertada na concepção agressiva da objetividade inicial. Não! O acaso é muito acanhado para ser diabólico...

Note-se, entre parênteses benignos, que certa maneira analítica valeu-se dos mesmos becos sem saída. Uma espécie de atestado estatístico de ar beatífico substituiu um meio de investigação mais inteligente e mais agudo. A pessoa se serve do próprio cérebro como se fosse uma célula fotoelétrica que seleciona os diversos componentes por especialidades: graças a uma formulação de intervalos ou figuras, observa-se que o *vice* vale tanto quanto o *versa*, lição bem pobre, convenhamos. Quanto à capacidade de optar do compositor, é escamoteada por uma ausência de virtuosidade de fazer pena. Como pode a análise limitar-se a um recenseamento vulgar, a um cadastro grosseiro? Apesar das melhores intenções e dos mais louváveis projetos, não consigo discernir o exato porquê desse temor ante o verdadeiro problema da composição. Talvez esse fenômeno se deva, também, a uma espécie de fetichismo da seleção numerativa, posição não somente ambígua, mas fora de prumo, por completo, quando se trata da investigação de uma obra que, estruturalmente, recusa esses processos, no fim de contas, excessivamente primários e grosseiros.

*

* *

Assim, em face do acaso por inadvertência, encontramos um acaso por automatismo, automatismo puro ou automatismo no qual se introduz uma ideia de bifurcação vigiada. Entretanto, a obsessão do *que pode* acontecer substituindo o que *deve* acontecer não é apenas causada pela fraqueza dos meios de composição adotados, nem apenas pelo desejo de introduzir a subjetividade do intérprete ou do ouvinte no interior da obra, criando, assim, para estes, uma escolha instantânea, constante e obrigatória. Poderíamos dar outras razões aparentes igualmente justificáveis. Para começar, no que diz respeito à estrutura da obra, a recusa de uma estrutura preestabelecida, a vontade legítima de construir uma espécie de labirinto com vários circuitos; por outro lado, o desejo de criar uma complexidade em movimento, renovada, especificamente característica da música executada, *interpretada*, por oposição à complexidade fixa e não renovável da máquina. É verdade que no universo musical, no qual toda noção de simetria tende a desaparecer, onde uma ideia de densidade variável ocupa um lugar cada vez mais primordial em todos os graus de construção – desde o material até a estrutura –, é lógico buscar uma forma que não se *fixe*, uma forma em evolução que, rebelde, recusa sua própria repetição; em resumo, uma virtualidade. Chegamos assim à ideia-força dessa pesquisa que pode, a meu ver, concentrar-se na necessidade de destruir toda estrutura imanente.

Como pôde esta necessidade ir progressivamente se precisando? Pois, classicamente, a composição é o resultado de uma escolha constante. Já frisei isso bastante? É o impulso de optar, indo de solução em solução no interior de certas tramas de possibilidades. O que existe de arbitrário no compositor intervém para tornar eficazes certas propostas de estrutura que ficariam amorfas até que, graças à sua elaboração, tenham adquirido um caráter de necessidade vivida. Porém, no correr dessa elaboração intervém, ainda e sempre, o acaso. Tal possibilidade é mais vantajosa que outra? Ela é porque você assim julgou nesse ponto de seu desenvolvimento. Segundo minha experiência, é impossível prever todos os meandros e todas as possibilidades contidas no material inicial. Por mais genial que seja o compositor em sua visão premonitória, em seu golpe de vista de avaliação – de perícia – parece-me, antes de tudo, que, mesmo assim, o ato de compor ficaria privado de sua mais eminente virtude: a surpresa. Imagina-se facilmente o tédio de uma onisciência e de uma onipotência que não deixariam nada para desvendar no percurso. A composição deve ocultar, a cada momento, uma surpresa e um "bel-prazer", apesar da racionalidade que, por outro lado, se impõe para se chegar a uma solidez convicta. Assim chego, por outra via, ao irracional: é deste modo que, à força de se interrogar introspectivamente, volta-se a essa obsessão dissimulada até dentro das normas mais rigorosas. Busca-se desesperadamente dominar um material por meio de esforço árduo, tenso, vigilante e por desespero o acaso subsiste, e se introduz por mil frestas impossíveis de calafetar... "E está bom assim!" Não obstante, o último ardil do compositor não seria *absorver* esse acaso? Por que não domesticar esse potencial e forçá-lo a dar-se conta e a prestar contas?

Introduzir o acaso na composição? Será loucura, ou, ainda, uma tentativa vã? Pode ser loucura, mas uma *loucura útil.* De qualquer modo, adotar o acaso por fraqueza, por facilidade, entregar-se a ele, é uma forma de renúncia que não se subscreve sem negar todas as prerrogativas e hierarquias envolvidas na obra criada. Como conciliar, então, composição e acaso?

*
* *

Como função da duração, do tempo físico de seu percurso, o desenvolvimento musical pode provocar a intervenção de "possibilidades" em vários estágios, em vários níveis da composição. Em suma, a resultante seria um encadeamento de eventos aleatórios de maior probabilidade dentro de uma certa duração, ela própria indeterminada. Isso pode parecer absurdo no contexto de nossa música ocidental, mas a música hindu, por exemplo, chega facilmente a esse gênero de problema e lhe dá uma solução cotidiana, por meio da combinação de uma espécie de "formante" estrutural com a improvisação instantânea. É evidente que ela induz, também, a um outro tipo de audição e que ela existe em ciclo aberto, enquanto nós concebemos a obra elaborada como um ciclo fechado de possibilidades.

Vejamos se, vencendo certas contradições, vamos conseguir absorver o acaso.

O nível mais elementar é aquele em que se dá uma certa liberdade ao executante. Não nos enganemos; quando utilizada sumariamente, ela não será senão uma espécie de *rubato* generalizado, um pouco mais orgânico do que antes (entendo um *rubato* que se possa estender às intensidades, aos registros e ao *andamento*, bem entendido). Se o intérprete pode modificar o texto à sua vontade, é preciso que esta modificação seja requerida por ele e não seja para ele uma sobrecarga. O texto musical deve conter, como uma filigrana, esta "possibilidade" para o intérprete. Se, por exemplo, numa certa sequência de sons, faço constar entre eles um número variável de pequenos valores, é evidente que a *duração* desses sons estará em constante mutabilidade pela introdução desses pequenos valores que provocam a cada vez uma interrupção, ou mais exatamente, uma ruptura de tensão diferente. Eles podem concorrer para dar uma impressão de tempo não homogêneo. Da mesma forma, se, numa sequência rápida de notas e de acordes de mesma duração rítmica e que necessita, em contrapartida, de deslocamentos variados (registros muito próximos ou muito afastados), densidades diferentes (agregados de dois a onze sons), de ataques e intensidades extremamente diferenciados, eu peço ao executante para adaptar seu *andamento* à dificuldade da execução, está claro que essa sequência não terá uma pulsação rítmica regular, mas que o ritmo será fisicamente ligado à diferenciação mecânica que exijo dele. Outro exemplo: posso pedir a um intérprete que não diminua a velocidade ou não acelere, mas que oscile em torno de um dado *andamento*, dentro de limites mais ou menos restritos. Posso ainda fazer depender certas cesuras de uma dinâmica, com certa liberdade, sem impor limites rígidos ao *ad libitum*. Introduzo, assim, por meio do texto, uma necessidade de acaso na interpretação: um acaso dirigido. Mas atenção: as palavras *rubato*, *ad libitum* não estão sendo empregadas aqui senão por comodidade de elocução, já que as noções inovadoras introduzidas na composição não têm nenhuma relação com os conceitos que esses vocábulos geralmente envolvem, conceitos ligados simplesmente à flexibilidade de articulação (pode-se acrescentar ainda a fermata – sobre a pausa ou sobre a nota – cujo uso mudou completamente de sentido). Apresentei aqui o caso de um único executante, mas pode-se imaginar o caleidoscópio que serão vários executantes ou vários grupos deles. Pois, então, vai se ter a oportunidade de se executar o jogo entre as duas dimensões do texto: uma rigorosa, outra interpretada. Aborda-se, assim, um domínio pragmático que merece ser examinado, já que a execução ou a regência de tais músicas apresenta problemas completamente inéditos (a notação participa também deste posicionamento); mas a experiência já deu provas de que as partituras concebidas por essa forma são realizáveis. Voltaremos ao assunto mais tarde; limitamomos agora ao aspecto "teórico" da questão.

Embora ligada ao texto musical essa "possibilidade", repetimos, se situa a um nível elementar. Ela já concede possibilidades apreciáveis para arejar, para liberar a interpretação; resolve, parece, o dilema da interpretação estrita e da interpretação liberal. Talvez agora o executante necessite de mais audácia do que antes para "afinar" com a invenção do compositor, mas – sem excessos de otimismo – podemos esperar bons resultados desta colaboração mais efetiva. É bom lembrar, porém, o quanto esta liberdade precisa ser dirigida, projetada, já que a imaginação "instantânea" é mais suscetível de falhas do que de iluminações; também esta liberdade não trabalha sobre a invenção propriamente dita, mas sobre o pragmatismo da invenção. Creio que todo mundo há de concordar com a prudência desta proposição.

A nível do emprego das próprias estruturas, creio que se pode logo *absorver* o acaso instaurando um certo automatismo de relação entre as diversas redes de probabilidades previamente estabelecidas. Mas pode-se objetar que isto está em contradição com minha proposta inicial onde eu recusava esse automatismo, essa objetividade como um fetichismo do número. Compreendo bem que esse automatismo não se deva estender a todo o pensamento criador, mas que dele possa fazer parte como meio particularmente eficaz, em dado momento da elaboração de uma obra. Não há nada igual para dar uma impressão de não direção, de não gravidade, para impor a sensação de um universo indiferenciado. No entanto, segundo esse automatismo seja mais ou menos preponderante, corresponderá uma solução de acaso mais ou menos moderada. A proliferação dessas estruturas automáticas deverá ser vigiada com atenção caso não se queira ver uma anarquia aparentemente ordenada corroendo completamente a composição e privando-a assim de todos os seus privilégios. Dado o rigor maior ou menor que se concede às redes de probabilidades, vai-se obter um encontro único ou encontros múltiplos em diversos graus, ou seja, uma oportunidade única ou múltipla. Como se pode traduzir isto na prática? Suponhamos que eu escolha séries de durações e séries de intensidades e que, um hipótese de ter fixado o resultado do encontro destas séries, eu queira uni-las a uma série de alturas. Se eu der à série de alturas registros determinados, é claro que haverá só uma solução para uma nota dada, quer dizer que esta nota ficará fixada inelutavelmente em seu registro (frequência absoluta), em sua intensidade, em sua duração: oportunidade única de encontro dessas três organizações sobre esse "ponto" sonoro. Mas suponhamos que, tendo conservado a mesma série de sons, não lhe impusemos um registro e que este tenha sido deixado à improvisação da escrita: teremos imediatamente uma "direita" de registros, lugar geométrico de todos os "pontos" que respondem às outras três características: à frequência relativa, genérica, à intensidade, à duração. Dando progressivamente à duração, a relatividade dos registros, e depois, também à intensidade, terei obtido um "plano", depois um "volume" determinado onde meu "ponto" sonoro irá encontrar sua justificação. Se adotei esta convenção geométrica foi apenas para ter um termo de comparação e não para recorrer a uma exata semelhança de situação. Para os diferentes conjuntos de características há, portanto, campos de encontro nos quais repousa a possibilidade do acontecimento musical definitivamente fixado.

Uma tal manipulação desses conjuntos exige uma total ausência de escolha no uso, uma vez que a escolha se insinua à medida que se multiplicam as probabilidades. Desse modo chega-se ao seguinte fenômeno: quanto menos se escolhe, tanto mais a possibilidade única depende do puro acaso do encontro dos objetos; quanto mais se escolhe, tanto mais o acontecimento depende do coeficiente de acaso implicado na subjetividade do compositor. O jogo mais ou menos frouxo dessa antinomia vai suscitar o interesse por uma passagem da obra composta desse modo.

*

* *

Sublinhamos bem que, no caso acima, tratava-se do estágio mais elementar do automatismo, voluntariamente sem orientação. Se desejamos integrar o acaso à noção de estrutura, ela própria dentro de um conjunto orientado, devemos então apelar para diferenciações mais sutis e introduzir noções como as de estrutura definida e indefinida, estrutura amorfa ou direcional, estrutura divergente e convergente. É inegável que o desenvolvimento da possibilidade na composição irá criar um universo nítidamente mais diferenciado do que antes, e irá marcar um desenvolvimento mais agudo de uma percepção renovada da forma. Num conjunto dirigido, essas diversas estruturas devem ser obrigatoriamente controladas por um "fraseado" geral, devem comportar sempre uma sigla inicial e um signo final, devem ainda apelar para certas espécies de "plataformas" de bifurcação; isto para evitar uma perda total do sentido global da forma e também para impedir que se caia numa improvisação determinada apenas pelo livre-arbítrio. Pois, como dissemos acima, a liberdade – ou libertação – do executante não muda absolutamente em nada a noção de estrutura, já que o que se faz não é senão um adiamento do problema, deixando as soluções sempre em aberto. Creio que se pode apresentar aqui uma objeção a meu ver justa: uma tal forma não iria encerrar o perigo da divisão por compartimentos? Não se vai cair num dos defeitos mais prejudiciais à composição propriamente dita, defeito que consiste na justaposição de "seções" centradas em si mesmas? O argumento se justifica apenas no caso em que não se pensa na forma geral, mas sim num desenvolvimento feito passo a passo. Como paliativo para esse desvanecimento da forma, deve-se recorrer a uma nova noção do desenvolvimento que seria essencialmente descontínua, mas de uma descontinuidade previsível e prevista; através da necessária introdução dos "formantes" de uma obra e do "fraseado" indispensável à inter-relação das estruturas de natureza diversa.

Conceberiam-se então, numa tal forma, pontos de junção, plataformas de bifurcação, espécie de elementos móveis suscetíveis de adaptação (com certas modificações que seriam eventualmente indicadas) às estruturas fixas arbitrariamente escolhidas e com a restrição de que, no "percurso" do desenvolvimento, um certo evento só possa ocorrer uma vez. Enfim, por oposição, e graças a uma ampliação dessa noção simples, do horizontal e do vertical, certas estruturas poderiam ser justapostas ou superpostas em parte ou totalmente – a partir de um ponto dado de junção, ou até ele – com o critério negativo ou positivo imposto à escrita pela necessidade ou ausência de superposição. Eis-nos assim de volta à exigência da escrita: na realidade, como vão se manifestar as exigências dessas estruturas na realização em si? Evidentemente isto vai se traduzir primeiro pelos timbres, mais facilmente captáveis de imediato; dando como referência grupos instrumentais ou, menos categoricamente, certas combinações instrumentais, pode-se esclarecer singularmente para o ouvinte o entrecruzamento e a multiplicidade dos desenvolvimentos; fazê-los aflorar muitas vezes à compreensão sensível seria um dos meios mais eficazes de dar-lhes vida. Mas se o desejo não é basear a composição no timbre – pode acontecer que prevaleça uma preocupação de monocromia – pode-se fazer intervir o *andamento*, fixo ou mutável, como característica predominante; de fato, a velocidade mais ou menos variável de uma estrutura contribui poderosamente para caracterizá-la. Acabo de abordar, em suma, dois fenômenos "envolventes", o timbre e o *andamento*. O terceiro fenômeno "envolvente" será igualmente o tipo de escrita; entendo por isto o aspecto exterior da própria escrita em sua concepção horizontal, vertical ou oblíqua. Assim realizada, envolvida por essas três características externas, uma estrutura deve responder à nomenclatura que desenvolvemos acima.

Falamos de estruturas definidas ou indefinidas, divergentes ou convergentes; estes termos caracterizam duas famílias que se opõem dialeticamente. Retomando a comparação que fizemos acima acerca das probabilidades de um "ponto" musical, poderemos estendê-la à própria estrutura. Vai-se do indefinido para o definido, do amorfo para o direcional, do divergente para o convergente, segundo o grau maior ou menor de automatismo que se deixa aos fatores de desenvolvimento, seguindo as negações que se opõem, em maior ou menor número, ao crescimento ilimitado de suas possibilidades; vai-se, assim, do jogo livre à mais estrita escolha, oposição clássica que sempre norteou o estilo severo em relação ao estilo livre. Se optei por esses diferentes termos, foi para marcar a importância que empresto não apenas à constituição interna de uma estrutura, mas igualmente a suas possibilidades de encadeamento, seja por isomorfismo ou polimorfismo, seja de núcleo em núcleo de desenvolvimento. É inegável que esses termos, mal ou bem, se aplicam à música e que, na falta de designações mais diretamente apropriadas – cabe à música do futuro descobri-las –, devemos nos contentar com um vocábulo cujas incidências científicas correm o risco de serem mal compreendidas por não se chegar a transpor sua significação. É preciso, no entanto, aceitar este risco provisório se quisermos esclarecer noções que não estão senão no alvorecer. Vê-se, desde logo, como os "formantes" da composição poderão unir, por famílias, esses diferentes tipos de estruturas, de modo mais intrínseco do que poderiam fazê-lo as circunstâncias "envolventes" de que falei há pouco; vê-se, também, como uma noção geral de fraseado pode prever, de certa maneira, a disposição e a agógica dessas estruturas na obra realizada. Partindo de uma sigla inicial, um princípio, e chegando a um signo exaustivo, conclusivo, a composição consegue pôr em jogo aquilo que procurávamos no começo de nosso trabalho: um "percurso" problemático, função do tempo – certo número de acontecimentos aleatórios inscritos numa duração móvel –, que tem no entanto uma lógica de desenvolvimento, um sentido global dirigido – onde as cesuras podem ser intercaladas: cesuras por silêncio ou planos – formas sonoras –, percurso que parte de um começo e chega a um fim. Respeitamos o que a obra ocidental tem de "acabado", o seu ciclo fechado, mas introduzimos a "possibilidade" da obra oriental, seu desenvolvimento aberto.

Entretanto, o que acabamos de descrever aplica-se a um espaço sonoro homogêneo nos timbres, no tempo, nos intervalos. Se buscamos atingir total variabilidade e total relatividade na estrutura, precisamos utilizar um espaço não homogêneo especialmente quanto ao tempo e aos seus intervalos. A música atual, em seu desenvolvimento, prova que recorre cada vez mais a noções variáveis em seus princípios, obedecendo a hierarquias em evolução. É por isto que já vimos a série de doze sons iguais ser substituída por blocos sonoros sempre com densidade desigual; e que vimos a métrica ser substituída pela série de durações e blocos rítmicos (células rítmicas ou superposições de durações diferentes); que vimos, enfim, a intensidade e o timbre não se contentarem mais com suas virtudes decorativas ou patéticas e adquirir, além desses privilégios conservados, uma importância funcional que reforça seus poderes e suas dimensões. Graças aos meios eletroacústicos e mesmo a diversos artesanatos instrumentais, podemos romper a homogeneidade do espaço sonoro pela repartição mutável de suas frequências, seja pela criação de diversas formas de temperamento, seja pela exclusão total do temperamento; assim também, o contínuo da máquina e o descontínuo próprio da pulsação interna do intérprete quebram, na própria base, a homogeneidade do tempo musical. Nossa finalidade aqui não é mostrar como se atinge esses espaços não homogêneos; contentamo-nos em observar o fato para que se possa apreender que incidências ele pode ter sobre a noção de estrutura: à qual ele impõe uma nova "possibilidade" em seu princípio, sem dúvida a mais discrepante.

O perigo dessas pesquisas, se elas se desviam, por fraqueza ou inadvertência, de sua verdadeira meta, consiste em que o compositor fuja ante sua própria responsabilidade, se furte à escolha inerente a toda criação. O *ossia*, mesmo num plano superior, não deveria ser a última palavra da invenção. Que se possa, em compensação, adaptar à composição a noção mais geral de permutação – permutação cujos limites são rigorosamente definidos pela restrição dos poderes imposta por sua autodeterminação – eis uma evolução lógica plenamente justificada, já que o mesmo princípio de organização governa tanto a morfologia como a retórica.

*

* *

Do ponto de vista prático da execução, quais as condições necessárias ao intérprete diante das dimensões inusitadas da obra criada num tal contexto estético e poético? É possível, ao menos, harmonizar a obra e o instrumentista? A obra e o regente que vai dirigi-la? Certamente que sim: os exemplos estão aí para prová-lo em obras que inauguram esse novo modo de ser musical. Se se trata de um único executante, não há dificuldades, a não ser o fato de que ele deve ter mais iniciativa própria do que anteriormente, já que esta iniciativa – esta colaboração – é exigida pelo compositor. Um certo número de signos, diferentes características tipográficas, conduzem o intérprete com segurança na escolha de como deve operar. (É bom lembrar que a escolha não é obrigatoriamente uma seleção, mas pode se limitar a uma liberdade variável no plano da execução.)

Quando há dois instrumentistas – pode tratar-se de dois pianos – o problema permanece praticamente o mesmo, com a adoção suplementar de sinais e de pontos de referência comuns. Se se apresenta a superposição de um *andamento* fixo para um piano e um *andamento* variável para o outro, um *accelerando*, por exemplo, é suficiente indicar os pontos de encontro – partida e chegada – das duas estruturas, pontos estes cujas coordenadas foram calculadas pelo compositor com a precisão maior ou menor exigida naquele momento dado. Pode acontecer que, tendo o compositor escolhido registros apropriados, as duas estruturas de tempo sejam totalmente independentes: ele vai se limitar então a indicar dentro de qual intervalo de tempo deseja que tais sequências sejam tocadas. A simples familiaridade com esses pontos de referência e esses sinais vence facilmente a impressão de "abandono" que o executante possa ter perante o parceiro, uma vez que não se sente ligado a ele por uma métrica estritamente sincrônica.

Enfim, quando uma música assim concebida deve ser regida, o papel do regente consiste, essencialmente, na emissão de sinais; uma convenção estabelecida com os músicos irá diversificar os sinais especializados para indicar a partida fora do *andamento* principal, a volta a esse *andamento* ou a coincidência periódica com ele. Se cabe aos músicos afastarem-se individualmente do *andamento* geral, um chefe único "centraliza" as indicações. Mas quando um grupo de músicos dentro da orquestra deve adotar um *andamento* variável, recorre-se a um primeiro instrumentista ou a um regente secundário que se orienta, para todas as flutuações, pelo regente principal. Esses problemas de execução em grupo, aliás, não são muito diferentes do que se encontra diariamente no teatro: sua solução é relativamente simples. O único obstáculo a ser vencido, desde o início, é conseguir que os músicos se sintam *livres* em relação ao regente, e não "abandonados" por ele; por conseguinte, é preciso dar a eles consciência de seu *andamento* individual em relação ao *andamento* individual de cada um dos outros, e assim as divergências se fundem num todo equilibrado.

*
* *

É certo que se pode ir, com uma segurança inalienável, "na direção de uma conjunção suprema com a probabilidade". A este respeito, não vão deixar de mover contra nós, mais uma vez, um processo pela "desumanização"...; as inépcias respeitáveis que circulam sobre isto são inesgotáveis de monotonia: elas podem se reduzir, todas, a uma concepção muito baixa do que se entende por "humano". Uma nostalgia preguiçosa, uma predileção pelos *pots-pouris*, muito deteriorados, que às vezes são batizados de sínteses, tais são os comportamentos forçados do "coração" de seus vigilantes detratores. Podemos retorquir, no nível mais elementar que, longe de negar, de aniquilar o intérprete, nós o recolocamos no circuito criador, ele a quem, desde longa data, se pedia, apenas, que tocasse o texto o mais "objetivamente" possível. O que estou dizendo? É mesmo uma glorificação do intérprete que alcançamos! E não de um intérprete-robô de impressionante precisão, mas de um intérprete interessado e livre em suas escolhas.

Quanto àqueles que se sentem inquietos com essa dinamite introduzida no seio da obra – esse acaso que não "compõe" – e nos fazem ver que a poética humana e o acaso não humano são inimigos inalienáveis, irredutíveis, e que seu amálgama não poderia dar um bom resultado, citaremos esta passagem de *Igitur*:

Resumindo, num ato em que o acaso *está* em jogo, é sempre ele que realiza sua própria Ideia afirmando-se ou negando-se. A afirmação e a negação fracassam diante de sua existência. Ele contém o Absurdo – dá-lhe implicação, mas em estado latente e impede-o de existir: e ao Infinito é permitido ser.

Talvez haja inconsciência – e insolência – em atacar esse périplo imerso na incerteza, mas não é este o único meio de *fixar o Infinito*? Pretensão inconfessada de quem quer que se recuse ao hedonismo puro e simples, ao artesanato limitado, num universo criador, oprimido, onerado por humildes artimanhas. Todo diletante se verá retalhado por uma responsabilidade fora desses embustes, todo trabalhador – horrível – será aniquilado por inanidade, pela vacuidade de seu trabalho. Afinal, não seria esse o único meio de matar *o Artista!*

Som e Verbo

Admite-se, geralmente, que a evolução da música apresenta um atraso sério em relação ao desenvolvimento dos outros meios de expressão; chega-se a estabelecer correspondências precisas para provar que este atraso pode ser localizado em um lapso de tempo definido. Se com a pintura as correspondências são forçosamente distantes, o caso é diferente com a poesia, já que esta tem muito de comum com a música ou, pelo menos, com um domínio da música, aquele que repousa no uso do elemento vocal. Pois, pondo de parte a continuidade do aspecto teatral, a música sempre se defrontou com a palavra. Tomando exemplos apenas em nossa tradição ocidental, mais próxima, podemos citar o cantochão, a polifonia medieval ou renascentista, a música de ópera e a música de igreja, enfim, a vasta literatura do *Lied*. Observou-se muitas vezes que, quando os músicos escolhiam seus textos, faziam mais pelo conteúdo do que pela qualidade do poema. Alguns não se sentiram embaraçados em atribuir esse desconhecimento da qualidade poética à falta de cultura, às vezes evidente; mas outros explicaram que as razões do músico na sua escolha de tal ou qual texto não tinham que coincidir forçosamente com o maior ou menor valor literário do texto em questão.

Meu propósito não é analisar as complexas relações dos valores musicais e dos valores poéticos entre si; queria simplesmente lembrar até que ponto certas formas de expressão unem intrinsecamente esses dois fenômenos: som e verbo. Isto significa que a evolução da linguagem corresponde a uma evolução similar na música? Não me parece possível afirmar que o problema se apresenta nos termos de um simples paralelismo. É quase supérfluo lembrar que a evolução musical compreende, antes de tudo, concepções técnicas e que ela traz consigo modificações importantes do vocabulário e da sintaxe, mutações muito mais radicais do que poderia jamais sofrer a linguagem; mas, inegavelmente, sobretudo desde o fim do século passado, as grandes correntes poéticas têm uma forte ressonância no desenvolvimento estético da música – a técnica musical é tão específica que afasta qualquer influência direta. Pode-se notar que os poetas que trabalharam com a própria linguagem poética são aqueles que, no músico, deixam marcas mais visíveis; evidentemente nos vêm à mente o nome de Mallarmé ao invés de Rimbaud, o de Joyce e não o de Kafka. Assim se poderia chegar a uma classificação – bastante vaga, na verdade – que separaria as influências precisas, dirigidas, das influências mais difusas, por osmose. Isto não significa que a primeira dessas categorias seja a mais importante ou tenha ação mais profunda que a outra: a maneira de agir é que é diferente. Em um caso, certas aquisições passam de uma forma de linguagem a outra sofrendo uma translação necessária; no outro caso a relação é infinitamente mais complexa e só poderia se estabelecer a partir de considerações estruturais de ordem geral ou dentro da mesma direção estética.

Estrutura, palavra de nossa época. Parece-me que, se deve haver uma conexão entre poesia e música, é a esta noção de estrutura que se deve recorrer para maior eficiência; desde as estruturas morfológicas, na base, até as estruturas de definição mais vastas. Se escolho um poema para fazer dele algo mais que o ponto de partida de uma ornamentação que irá tecer arabescos à sua volta, se escolho o poema para instaurá-lo como fonte de irrigação de minha música e criar assim um amálgama de tal natureza que o poema se torne "centro e ausência" do corpo sonoro, então não posso me limitar apenas às relações afetivas que as duas entidades mantêm entre si; então, impõe-se uma trama de conjunções que comporta, entre outras, as relações afetivas, mas que engloba, por outro lado, todos os mecanismos do poema, desde a sonoridade pura até sua ordenação inteligente.

Quando se encara a "realização em música" do poema – vamos nos situar fora do teatro –, coloca-se uma série de questões que se prendem à declamação, à prosódia. O poema vai ser cantado, "recitado", falado? Todos os meios vocais entram em jogo, e dessas diversas particularidades na emissão irá depender a transmissão, a inteligibilidade mais ou menos direta do texto. Sabe-se que, desde Schoenberg e *Pierrot lunaire*, esses problemas suscitaram grande interesse nos músicos, e não é necessário lembrar as controvérsias levantadas pelo *Sprechgesang*. Quanto ao reflexo do gênero: deve-se dar ao poema cantado uma prosódia que se aproxime o mais possível da poesia falada, de agora em diante não podemos senão considerá-lo bastante sumário. Um bom poema tem sonoridades próprias quando recitado; é inútil tentar encontrar, para concorrer, um meio perfeitamente adequado. Se canto o poema, entro numa *convenção*: é mais oportuno utilizar a convenção como tal, com suas leis específicas do que ignorá-la deliberadamente ou querer torcer ou falsificar para desviá-la de seus verdadeiros propósitos. O canto implica fazer-se o transporte das sonoridades do poema para intervalos e para uma rítmica que se afastam fundamentalmente dos intervalos e da rítmica da fala; ele não é o poder da dicção ampliado, é transmutação e – é preciso confessar – dilaceramento também. O poeta não irá reconhecer, com certeza, seu texto tratado dessa forma, visto que ele não o escreveu com esse fim; na melhor das hipóteses, e levando em conta a autonomia sempre presente em seu poema, ele irá reconhecer que, havendo necessidade de intervenção, esta seria necessariamente a que se impunha. Dessa extremidade da *convenção* pura até a da linguagem falada propriamente dita, estende-se uma gama de entonações muito rica que só agora começa a ser usada conscientemente; como dissemos acima, Schoenberg foi o iniciador desse processo. Desde então, o conhecimento dos teatros do Extremo-Oriente nos revelou até que ponto de perfeição a técnica podia ser levada na utilização dos recursos do meio vocal; com efeito, em Schoenberg e Berg certas questões não foram trazidas à luz, como a natureza e a velocidade da emissão vocal segundo os diferentes efeitos que se deseja obter, a duração de um som ou a tessitura que comportam os diversos modos de emissão: questões, todas, que não se pode resolver senão empiricamente. Temos a certeza de que uma nova técnica vocal há de se formar, na qual esses problemas serão abordados com precisão.

Mas, e a prosódia nessa aventura? Essa famosa prosódia que cada um se gaba de possuir melhor que a do vizinho? Deve-se colocar as acentuações e os movimentos da voz aproximando-se tanto quanto possível das inflexões faladas? Isto depende essencialmente da zona de emissão em que a obra se movimenta, e certas regras não podem ser transgredidas sem danos e, algumas vezes, sem cair no ridículo; é evidente que a pontuação – no sentido mais geral do termo – deve ser respeitada; senão, em vez de engrandecer a poesia e transmutá-la, irá devastá-la quer na substância, quer nas sonoridades. A partir daí, pode-se considerar a coincidência música-poema como uma espécie de função, tendo como variável o modo de emissão vocal adotado.

Assim estruturado o texto musical em seu relacionamento com o texto poético, surge o obstáculo de sua inteligibilidade. Vamos indagar sem rodeios: supondo-se que a interpretação seja perfeita, o fato de "não compreender nada" é sinal absoluto, incondicional de que a obra não é boa? Ao contrário desta opinião geralmente aceita, parece que é possível agir sobre a inteligibilidade de um texto "centro e ausência" da música. Se você quer entender, leia o texto!, ou que ele *seja falado*: não existe solução melhor. O trabalho mais sutil que agora se propõe implica o conhecimento já adquirido do poema. Recusando a "leitura em música", ou antes, a leitura com música, encontramos uma solução apenas aparente; o problema real é escamoteado porque recusamos, ainda aí, enfrentar uma *convenção* e as obrigações que ela traz consigo. Todos os argumentos a favor do "natural" não são senão tolices, já que o natural não vem ao caso (em todas as civilizações) quando se pretende amalgamar texto e música.

Mas então, dirão, se você faz questão, antes de tudo, de sonoridades, trabalhe sobre um texto cuja significação não tenha importância, ou mesmo sobre um texto sem significação, composto de onomatopeias ou de vocábulos imaginários, forjados especialmente para entrar no contexto musical; você não irá de encontro a contradições praticamente intransponíveis. É certo que a onomatopeia e a pulverização das palavras podem exprimir aquilo que a linguagem construída não pode pretender alcançar; assim, este processo foi usado abundantemente tanto na música erudita quanto na popular; eis que esse emprego pode ser um fato instintivo, e isto não deixará de desarmar os que têm objeções de consciência. Os cantos rituais, por exemplo, em grande número de liturgias utilizam uma língua morta que afasta da maior parte dos participantes a compreensão direta do texto que cantam; esta língua morta, como o latim na liturgia católica, pode ser ainda conhecida e traduzida e seu sentido é perfeitamente decifrável; mas em certas tribos africanas o dialeto empregado por ocasião de importantes cerimônias é um dialeto que caiu em desuso e cujo sentido é totalmente obscuro para aqueles que o empregam (especialmente quando houve transplantes, como no caso dos negros brasileiros). O teatro grego e o teatro nô oferecem-nos igualmente o exemplo de uma língua "sagrada" cujo arcaísmo restringe de modo singular, quando não completamente, a compreensão. No outro extremo, nas canções populares, quem não se impressiona ao ouvir sucessões de onomatopeias e de palavras comuns desviadas de seu objeto? Aí só se acusam a necessidade e o prazer do ritmo; fazem convergir uma certa lógica do absurdo que encanta. Assim são as canções para tirar a sorte, assim são também numerosas canções folclóricas. (Stravínski utilizou admiravelmente esses recursos em obras como *Noces*, *Renard* e os *Príbaoutki*.)

Segundo Novalis, "falar por falar é a fórmula da libertação": libertação pela religião, libertação pelo jogo, exemplos não faltam. Não nos espantemos, pois se os compositores recorrem a essa dissociação do sentido e da linguagem; não obstante, perseguir apenas este objetivo equivaleria a uma restrição inútil e a uma renúncia a muitas outras riquezas de expressão que só é possível com um texto organizado para transmitir uma mensagem compreensível[1]. Comparo esse leque que vai da palavra organizada com

1. Com risco de provocar espanto, acrescento que os compositores têm obrigação de não ignorar as pesquisas sobre comunicação feitas já há algum tempo pelos estudiosos, pesquisas que trouxeram, neste campo, esclarecimentos capazes de aclarar e de organizar certas pesquisas musicais atuais.

vistas a um sentido lógico até um fonema puro, ao leque das possibilidades do corpo sonoro que nos fornecem tanto sons quanto ruídos – mas isso não é senão uma comparação. Morfologicamente falando, o conjunto dos processos que acabamos de evocar abrangem quase totalmente as exigências do texto; resta fazer coincidir as grandes estruturas de organização e de composição, mas não temos o intento de estudar esse problema, uma vez que só quisemos nos limitar à linguagem propriamente dita.

O nome de Artaud vem prontamente ao espírito quando se evocam questões de emissão vocal e da dissociação das palavras ou de sua explosão; ator e poeta, ele foi naturalmente solicitado pelos problemas materiais da interpretação, da mesma maneira que um compositor que executa ou dirige. Não tenho qualificações para aprofundar-me sobre a linguagem de Antonin Artaud, mas é possível encontrar em seus escritos preocupações fundamentais da música atual; tendo ouvido o poeta na leitura de seus próprios textos, acompanhados de gritos, ruídos, ritmos, tivemos indicações de como operar uma fusão do som e da palavra, como fazer jorrar o fonema quando a palavra não mais existe, em suma, como organizar o delírio. Que falta de sentido e que aliança absurda de termos, dirão! E daí? Você só acredita nas vertigens da improvisação? Só nos poderes de uma sacralização "elementar"? De mais a mais imagino que para criar o delírio eficaz é preciso levá-lo em consideração e, isto sim, organizá-lo.

II
Para uma Tecnologia

Leibowitz disse que não se podia separar o ritmo da polifonia, ao criticar *Technique de mon langage musical* de Messiaen. Espanto-me que uma pessoa que fez um levantamento de tantas *lapalissades** nesse livro enunciasse uma evidência dessa ordem. Pois a análise das vozes que compõem uma polifonia obriga o dissociar por um tempo estes elementos a fim de tentar aprofundá-los. O próprio Leibowitz deu-se ao luxo de se expor ao ridículo ao analisar – e com que espírito! – o ritmo de tango empregado por Berg na cantata *Le Vin*. Vamos partir, portanto, para o estudo desse ensinamento de Messiaen, o único interessante nessa matéria.

O primeiro que fez, conscientemente, um imenso esforço no sentido rítmico foi Stravínski. A princípio a técnica empregada foi a das células. Tomemos o caso muito simples do começo de *Petrouchka*. Temos uma linha melódica acompanhada harmonicamente e composta de diferentes células. As células melódicas correspondem às células rítmicas às quais se volta, variando, por justaposição. Caso se queira buscar uma comparação, esse método se relaciona bem nitidamente aos *ragas* hindus. Em seguida Stravínski utiliza as oposições de duas ou várias células variáveis como na *Danse sacrale*.

Ex. I. Stravinsky (*Danse sacrale*).

* Afirmação cuja evidência mais do que formal presta-se ao riso. (De La Palisse, herói de uma canção cheia de verdades manifestas.) (N. dos T.)

Seja A: a célula rítmica correspondente à repetição do acorde I; B: um complexo melódico-harmônico II; C: um complexo III. Teremos então:

A-7[1], B-7, A-5, B-7, A-3, C-8, A-4, B-7, C-5, A-5, A-4, B-7,
A-8, B-4, A-2, B-4, A-8, B-4, C-5, C-7

Se dei essa enumeração esquemática da rítmica do começo de *Danse sacrale*, foi porque ela contém propriedades bastante notáveis. Vê-se, primeiro, que ela está separada em duas partes. O ritmo B mantém-se fixo em relação aos outros; na primeira parte permanece com a duração de sete semicolcheias, na segunda de quatro semicolcheias, enquanto A e C são móveis e variam de maneira irregular. Stravínski utiliza, ainda, o sistema de pedais rítmicos superpostos, isto é, como seu dispositivo polifônico é formado de certo modo de ordens superpostas nitidamente caracterizadas, ele dará a cada período uma rítmica independente. Os encadeamentos destas superposições não irão se reproduzir nos mesmos intervalos, assim se obtendo uma disposição variada. Eis as principais lições que Messiaen nos ajudou a tirar de Stravínski.

A influência de Bartók foi, também, muito grande embora manifestamente muito mais simples e mais presa à tradição. Bartók utiliza sobretudo os ritmos populares da Europa Central, formados de ritmos ímpares ou de compassos simples com acentuação nos tempos fracos ou nas partes fracas dos tempos. Ele se serve igualmente – em especial em seus desenvolvimentos – de elisões curtas, muito apoiadas, coincidindo com respostas contrapontísticas. Tudo isso encontramos nos *Quartetos*, *Sonata para Dois Pianos*, *Música para Cordas, Percussão e Celesta*.

Jolivet, depois de Varèse, tenta levar avante a questão rítmica. Mas sua técnica empírica impediu-o de ir muito longe. Ele trabalha sobretudo com a monodia como em *Incantations pour flûte*, onde encontramos o sistema dos *ragas*. Merece menção pelo emprego particularmente bem-vindo dos valores racionais em contraposição aos irracionais (tercinas, cinquínas etc.), emprego este que pode servir de ponto de partida para uma construção efetiva neste sentido.

Enfim, as pesquisas de Messiaen colocam certas bases que é indispensável considerar como aquisições. Primeiro, o valor acrescentado, que Messiaen define assim: "metade do menor valor de um ritmo qualquer acrescentado a um ritmo seja por uma nota, seja por um ponto". Vamos obter deste modo ritmos irregulares, mesmo com valores de curta duração. Em

1. Indicamos assim que A comporta sete semicolcheias etc.

seguida, a base extremamente importante do cânone rítmico, exato, aumentado, diminuído, ou pelo acréscimo do ponto. É bem conhecida a definição contrapontística do cânone para que se possa aplicá-la ao ritmo puro, já que o cânone por acréscimo do ponto funda-se no princípio de que a todo valor no modelo irá corresponder, no cânone, um valor pontuado. A aumentação torna-se, assim, irregular, uma vez que o ponto acrescenta um valor mais ou menos longo à nota segundo a sua própria duração. Isto nos oferece um incontestável enriquecimento no campo da diminuição e da aumentação clássicas – estas se faziam geralmente do simples ao duplo, ao quádruplo etc. O princípio dos pedais rítmicos encontra-se inteiramente organizado e utilizado como recurso de desenvolvimento. Enfim, a diminuição e a aumentação das células com relação umas as outras encontram-se claramente definidas e ampliadas diante de efeitos mais vastos.

Por outro lado, da parte de Schoenberg e de Berg, só podemos constatar total indiferença quanto a esses problemas, considerando-se que eles se mantêm presos ao compasso clássico e a uma ideia antiga de ritmo. Os acentos podem, às vezes, mudar de lugar numa variação, mas nada consegue desviar a atenção da métrica regular. Só Webern – apesar de sua fidelidade à tradição da escrita rítmica – conseguiu deslocar o compasso regular por um emprego extraordinário de contratempos, de síncopes, de acentuação dos tempos fracos, não acentuações em tempos fortes e todos os outros artifícios adaptados para nos fazer esquecer a quadratura.

Acabamos de percorrer um período de tentativas cegas e de experiências divergentes, e cujo lado esporádico e às vezes gratuito aparece de maneira evidente e desagradável. Creio que isto se deve, essencialmente, à falta de coesão entre a elaboração da polifonia propriamente dita e a do ritmo. Particularmente em Messiaen, cujo lado harmônico em si chega a causar arrepios nos mais indulgentes, as pesquisas se mantêm no estado de esboço revestido por uma massa de acordes. Quando Messiaen faz um cânone rítmico, por exemplo, ele é logo posto em evidência por uma massa informe de acordes, sem nenhuma necessidade; que intervém na construção aconteça o que acontecer e desaparece sem cerimônias. Resumindo, as pesquisas de Messiaen não poderiam se integrar em seu discurso porque ele não compõe – ele justapõe – e porque apela para uma escrita exclusivamente harmônica – eu diria quase uma melodia acompanhada.

Como, então, coordenar e enriquecer as inovações de Messiaen e as de seus predecessores? Admitindo-se o princípio de uma escrita contrapontística em que todas as partes devem ter uma importância igual – tecer explicações sobre isso está fora do que me proponho aqui –, digo que é preciso integrar o ritmo na polifonia de um modo mais ou menos independente: que o ritmo seja dependente ou independente das figuras contrapontísticas segundo o desenvolvimento que temos em vista. É claro que a um dinamismo e um estatismo na escala dos sons podem corresponder um dinamismo e estatismo rítmicos, paralelos ou contrários.

Trata-se, para começar, de definir o que entendo por dinamismo ou estatismo na escala dos sons. Parece-me imperativo que, na técnica dos doze sons, para se obter valores que correspondam aos valores tonais, tais como a modulação, deve-se recorrer a processos totalmente diferentes e que se fundamentam na mobilidade ou na fixidez das notas. Significa que, na mobilidade, cada vez que uma nota se apresentar, isto acontecerá em registros diferentes; e, no caso de fixidez, o traçado contrapontístico se fará no interior de uma certa disposição em que os doze sons terão, cada um, seu lugar bem determinado. Dito isto, resta-nos colocar o ritmo em relação a esses valores. Tomemos um exemplo:

Ex. II. P. Boulez (*Deuxième Sonate pour piano*).

Vê-se que a resposta contrapontística, fazendo-se por grupos de dois, fixa a escala sonora na ordem indicada em camadas superpostas. Os ritmos serão em valores longos e na base de:

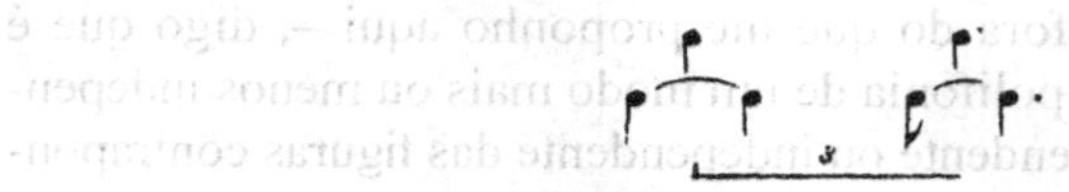

ritmos vizinhos em que o segundo é uma alteração do primeiro por uma tercina intercalada; eles não variam nunca.

Podemos também fazer cânones rítmicos que se apoiem ou não em cânones contrapontísticos. Para variar ao máximo, proibimos os cânones rítmicos longos e exatos e admitimos apenas cânones irregulares, já que os primeiros não são mais que repetições. Levaremos em conta o fato, realçado por Messiaen, de que existem figuras rítmicas retrogradáveis. Como exemplo de cânone rítmico irregular, damos este:

Ex. III. P. Boulez (*Visage nuptial*, poema de R. Char).

É um cânone melódico retrógrado ao qual corresponde um cânone rítmico retrógrado irregular: aos valores curtos, responde-se com valores longos e vice-versa; os valores médios não mudarão. É assim que a primeira tercina mantém-se tercina (a), a semínima torna-se colcheia (b), e a colcheia pontuada torna-se semínima pontuada (c) etc.

Daremos igualmente um exemplo de cânone rítmico independente da polifonia.

Ex. IV. P. Boulez (*Sonatine pour flûte et piano*).

Estamos diante de uma passagem atemática em que o desenvolvimento se faz sem nenhum apoio das células contrapontísticas caracterizadas. Vê-se que as células rítmicas são construídas por um ritmo ternário de valores racionais ou irracionais,

ritmo embrionário e propício a múltiplas combinações. Eu formo, com diferentes encadeamentos dessas células, três ritmos diferentes:

1.
2.
3.

o terceiro ligado ao primeiro pela transposição dos valores racionais para valores irracionais e vice-versa. Sobreponho

1 2 2

2 3 1

3 1 3

(as setas indicam o sentido do ritmo: em movimento direto, ou retrógrado)

Como esses ritmos não têm comprimentos iguais (o terceiro excede o primeiro em semicolcheia, o segundo excede o terceiro em uma semicolcheia), suas superposições sucessivas não correspondem exatamente e, assim, levamos ao máximo as variações que poderiam ser extraídas dessa variação ternária.

Como terceiro e último exemplo de cânone rítmico, daremos este:

Ex. V. P. Boulez (*Symphonie*).

onde o cânone faz de valores racionais, valores irracionais (como já vimos no exemplo precedente), e de valores pares, valores ímpares; sendo que aqui eles se relacionam diretamente à célula contrapontística. As respostas são feitas sobre o seguinte motivo: encadeadas melodicamente, duas terças menores por meio-tom, depois duas quintas por meio-tom e de novo duas terças menores por meio-tom:

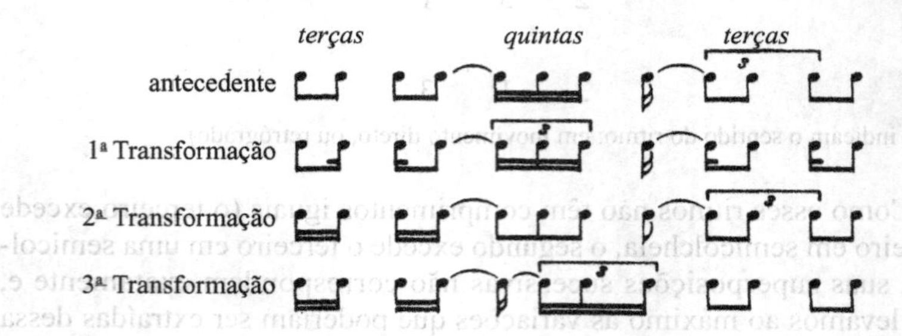

Há, ainda, dissimetria nas pausas entre suas respectivas entradas; a primeira transformação vem três colcheias depois do antecedente, a segunda transformação uma colcheia depois da primeira transformação; e a terceira transformação uma colcheia pontuada depois da segunda transformação.

Se insisti particularmente no lado técnico do cânone rítmico e de seu emprego paralelo, contrário ou independente da polifonia, foi porque acho que é o único capaz de ser comunicado. Pode-se perguntar agora como faço a dosagem dos ritmos mas esta é bem uma pergunta que não tem solução oral e à qual não se pode responder senão pela música que se escreve. Não obstante, eu diria que devemos nos servir de todas as formas até hoje encontradas. Podemos tentar aplicar-lhes breves definições. Não pretendo absolutamente, ao fazê-lo, descobrir novos continentes, mas simplesmente condensar o que me parece mais evidente.

Chamaremos ritmo-bloco ao ritmo que rege todas as partes da polifonia dispostas em agregados verticais (como é o caso da *Danse sacrale*); e ritmo-contrapontado àquele que rege de modo independente cada um dos contrapontos da polifonia. O ritmo regular será aquele em que os valores conservam-se os múltiplos simples da unidade; e ritmo irregular aquele em que os valores são ímpares ou irracionais em relação à unidade.

Ao estabelecermos os contrapontos de uma polifonia, precisamos, portanto – segundo a necessidade destes contrapontos –, aplicar-lhes estas diferenciações rítmicas mesclando-as umas às outras ou, ao contrário, separando-as nitidamente. É preciso, também, registrar simultaneamente o registro de uma frase e dos ritmos. É difícil, aqui, indicar um método preciso porque este é, evidentemente, uma equação estritamente pessoal. Não obstante, o princípio da variação e da renovação constante servirão de guias, impiedosos.

Resta ainda uma dificuldade: como adaptar o compasso a combinações complexas e especialmente no caso das partituras para orquestra? Creio que o melhor é ainda procurar seguir o mais de perto possível a métrica da escrita e não temer, mesmo para a orquestra, os compassos irregulares, e empregar o sistema de notações (⊓ para o binário e Δ para o ternário da unidade de valor previamente fixada) preconizado por Désormière e Messiaen. Ele permite transcrever uma escrita que já é complexa. Devo reconhecer que, às vezes, a complexidade a que se chega ultrapassa este simples modo de notação: proponho, então, que se coloque um pontilhado antes das notas que coincidem (ver Exemplo III).

Por que procurar uma tal complexidade? Para fazer corresponder a meios de escrita tão variados como os do dodecafonismo um elemento rítmico também de uma perfeita "atonalidade". É evidente que as pesquisas sobre o ritmo não podem ser consideradas sérias se não assumem necessariamente um lugar no texto musical. O caso de Varèse é característico por sua gratuidade: ele escamoteia o problema escamoteando a escrita propriamente dita para se consagrar apenas ao ritmo. É uma solução fácil e que nada resolve.

Tenho, enfim, uma razão pessoal para dedicar um lugar tão importante ao fenômeno rítmico. Penso que a música deve ser histeria e envolvimento coletivos, violentamente atuais – seguindo a direção de Antonin Artaud e não no sentido de uma simples reconstituição etnográfica à imagem de civilizações mais ou menos afastadas de nós. Mas ainda aí tenho horror de tratar verbalmente o que se designa, com indulgência, problema estético. Assim, não vou prolongar este artigo; prefiro voltar ao meu papel pautado.

Stravínski Permanece

Procurar fazer um julgamento da obra de Stravínski é tentativa desconcertante e vã. Cada vez torna-se mais evidente que, apesar de "renovações" constantes, em que a felicidade da busca é menor do que o desencanto, não existe autor cujo nome esteja mais ligado a uma obra, ou antes, a uma série de obras. Stravínski é, antes de tudo, *Le Sacre*, *Petrouchka*, *Renard*, *Noces* e *Chant du Rossignol* formam uma constelação de inegável importância, mas da qual o polode atração é sempre *Le Sacre*, ontem escandaloso, hoje até pretexto para desenhos animados! E curioso constatar que os dois grandes "escândalos" da música contemporânea têm destinos paralelos: *Le Sacre* e *Pierrot lunaire*. Assim como *Le Sacre* ficou, aos olhos da maioria, como *O* fenômeno Stravínski, *Pierrot lunaire* ficou *O* fenômeno Schoenberg. Poderíamos, *grosso modo*, ratificar esta opinião, pois tanto num caso como no outro nunca houve, na verdade, tão grande aglutinação entre os recursos da linguagem e da força poética, entre os meios de expressão e a vontade de expressão.

No que diz respeito mais especialmente a Stravínski, seus admiradores e seus detratores puxaram cada qual para si esta obra-chave e quiseram ver nela ou a origem de todas as suas gloriosas epopeias de rejuvenescimento, ou, mais intimamente, o ponto de partida de todas as suas baixezas. Escreveram-se palavras imprudentes como: obra-prima quase impossível de ser concebida pelo espírito humano, ou outras, igualmente imprudentes como: manifestação precoce em um jovem autor a quem faltava a maturidade. Falou-se em lira de ferro fundido e em bardo russo. Enfim, um certo número de tolices tanto de uma parte como de outra.

Inclinamo-nos a pensar que esta obra vale mais do que a sobrecarga de todos os elogios tecidos sobre ela; quanto àqueles que nela detectam as incapacidades de Stravínski, devem receber a boa nota que merece a profecia retroativa.

Não seria mais sério ocuparem-se de *Le Sacre* enquanto produção musical e constatar em que domínio podemos nos dedicar a uma exploração rendosa depois de nos descartarmos de certo vocabulário exclamativo, sentimental e perigosamente pítico ao qual não parece querer renunciar a exegese musical?

*

* *

De uma audição dessa partitura, torna-se claro desde logo que, exceto na *Introduction*, *Le Sacre* foi escrito com largueza; quero dizer que ele utiliza essencialmente planos muito contrastantes, uma escrita global. Esta impressão não é falsa. Justificada, efetivamente, por todas as estruturas tonais da obra, ela se desmente, paradoxalmente, pelas construções rítmicas. O que mais chama a atenção do ouvinte de *Le Sacre* é o aspecto maciço desses acordes repetidos, dessas células melódicas que quase não variam e, no entanto, é aí que se manifesta no mais alto grau a inventiva de Stravínski, difícil de imaginar em 1913 e que nunca foi igualada nos vinte e cinco ou trinta anos que se seguiram. As pessoas se contentaram em imitar a escrita, a irregularidade e o número de mudanças no ritmo, sem se preocuparem com a realidade de seu emprego. Por isso, não nos devemos espantar ao ver que *Le Sacre* não teve verdadeira penetração, salvo numa tendência para o dionisíaco e para a música *méchante**, como se disse, e que a obra contemporânea mais conhecida é também uma obra sem descendência. De tal modo que o *jazz*, com sua pobre e única síncope e seu inseparável compasso quaternário, pôde passar como tendo trazido à música contemporânea uma considerável renovação rítmica. (O próprio Stravínski não nos iludiu com seus *Rag-Time?*) Por que, durante tanto tempo, essa inexplicável carência? Achamos que seja, talvez, porque o encontro da complexidade do vocabulário e da sintaxe rítmica de Stravínski não se tenham podido prestar a deduções válidas senão por meio de um vocabulário morfológico e sintaticamente semelhante, tal como foi ajustado por Webern[1].

*

* *

Deve-se observar, desde já, que a linguagem de Stravínski, longe de representar uma libertação do ponto de vista tonal, consiste em poderosas atrações criadas em torno de certos polos, polos estes que não poderiam ser mais clássicos: a tônica, a dominante, a subdominante. Obtém-se uma ten-

* Má; malévola (N. dos T.).

1. Observemos, contudo, em Berg, o emprego de uma estrutura rítmica organizada que ele chamou de *Monoritmica* ou *Hauptrhytmus*.

são maior ou menor graças às apojaturas não resolvidas, aos acordes de passagem, à superposição de diversas modalidades sobre uma mesma nota atrativa, à disposição dos diferentes tipos de acorde em superposições compartimentadas. Mas, de modo geral, os grandes temas da obra são diatônicos; constata-se, mesmo, que alguns desses temas são sobre modos defectivos, de cinco sons. Temas de tendências cromáticas são poucos, e, com exceção de um jogo muito frequente maior-menor, o cromatismo não reveste senão aspectos sem características destrutivas quanto às notas atrativas, e não se pode mesmo ter como fim senão assegurar uma dissimetria sonora nos encadeamentos um pouco gastos (penso, em particular, na série de terças paralelas que se encontram em *Jeu du Rapt* e em *Jeux des Cités rivales*, acompanhadas de um igual paralelismo em terças ou sextas nas quais ora a nota inferior ora a nota superior são levantadas em um semitom). E ainda se deveria opor, em toda a partitura, um certo diatonismo horizontal e um cromatismo vertical, sem excluir a disposição contrária. A todo o vocabulário sonoro Stravínski dá solução através de complexidades enxertadas na antiga organização; é por isto que essa atitude pode assumir um aspecto de timidez ou de derrota, agora que são conhecidas as experiências que, na mesma época, se faziam em Viena.

É igualmente inegável que Stravínski possui em grau menor o sentido do desenvolvimento, isto é, do fenômeno sonoro em constante renovação. Talvez isso possa ser julgado uma fraqueza – e de fato o é; que me seja permitido pensar que aí está um dos principais pontos de partida dessa força rítmica que ele se veria obrigado a desdobrar para fazer frente à dificuldade de escrever. Não creio que seja paradoxal afirmar que, sendo essas coagulações horizontais ou verticais material simples, e também facilmente manipuláveis, podia-se tentar uma experiência rítmica de modo muito mais agudo. Inversamente, aliás, ao que se passou em Viena, onde a escrita passava por uma transformação radical dentro de uma organização rítmica um pouco mais que a tradicional e onde as complexidades se escoravam no inabalável princípio da métrica regular.

Teremos a ocasião, muitas vezes, no decurso da análise que se segue, de verificar essa autonomia ritmo-som, sendo suficiente para o momento a sua menção.

*

* *

Não vamos seguir a partitura página por página nem desvendar os meios de expressão um a um; seria mais proveitoso, creio, proceder por ordem crescente de complexidade, partindo da estrutura de uma simples frase até atingir a "poliestrutura" das superposições de um desenvolvimento. A partir deste passo, talvez se possa abordar com mais facilidade as conclusões que se impõem ao fim dessa longa investigação no domínio Stravínskiano.

Tomemos, assim, como primeiro exemplo uma frase das mais simples, em *si* maior-menor: suas cinco notas são *si dó ♯ mi fá ♯*, e *ré ♯*, sendo que esta última só se faz ouvir na conclusão suspensiva. É por esta frase que começa *Cercles mystérieux des Adolescents* (número 91 da partitura para orquestra).

Exemplo I.

Colocamos um sobre o outro os cinco membros das frases, isto é, os dois antecedentes, dois consequentes e a conclusão. Embaixo colocamos o pedal rítmico constituído por quatro notas deste tema: *si dó ♯ mi fá ♯*, que são dispostas com os registros ampliados, a segunda maior *mi fá ♯* tornando-se sétima menor, a segunda *dó ♯ si* tornando-se nona maior.

Exemplo I bis.

Vemos que o antecedente I está construído sobre um ritmo de quatro semínimas + duas semínimas:

as três primeiras notas com valor global – valores separados, semínima pontuada, colcheia, semínima – são formadas por bordadura da dominante *fá* ♯; o antecedente II é construído da mesma maneira, mas entre as duas semínimas coloca-se uma *fá* ♯, *échappée* (escapada)*, cujo valor é a unidade, isto é, a semínima, dando como resultado quatro semínimas + três semínimas. O consequente I baseia-se na condensação do antecedente I pela supressão da bordadura inicial e a transferência da dominante *fá* ♯ para a tônica *si*, do que resulta duas semínimas + duas semínimas; o consequente II, paralelo ao antecedente II, usa o mesmo processo do consequente I, ou seja, o acréscimo de um *fá* ♯, mas esta nota, desta vez, está situada antes das duas últimas semínimas, sendo assim transformada em apojatura da subdominante *mi*; como figuras de valor temos duas semínimas + três semínimas. Na conclusão temos três semínimas + três semínimas. Temos então quatro membros de frase de duração desigual 6, 7, 4, 5, e uma conclusão cuja duração vai ser a mesma do primeiro antecedente, mas com a seguinte diferença da divisão interna: 4 + 2 e 3 + 3. Sob essa estrutura móvel temos uma estrutura fixa de quatro colcheias que vem interferir harmônica e ritmicamente na primeira. De fato, o início dos dois antecedentes dá mais força ao início do pedal rítmico colocando-se sobre seu tempo forte, *mi fá* ♯, enquanto o início dos dois consequentes está em contradição com esse mesmo pedal rítmico coincidindo com seu tempo fraco *dó* ♯ *si*; a conclusão volta ao tempo forte e une os seus próprios "duas vezes três semínimas" às "três vezes duas semínimas" do pedal rítmico.

Essa sutileza de construção rítmica vai se refletir na concepção harmônica desse trecho. Sob os *fá* ♯ com bordadura dos dois antecedentes e sob *fá* ♯ escapada do antecedente II e o *fá* ♯ apojatura do consequente II há um acorde maior-menor com apojatura, composto de um acorde de *si* menor à oitava superior e, na oitava inferior, de um acorde de *si* variável, formado pela terça ou pela tônica elevada em um semitom; três soluções se apresentam então: acorde 1 *si ré* ♯ *fá* ♯ (terça elevada), acorde 2 *si* ♯ *ré* ♮ *fá* ♯ (tônica elevada), acorde 3 *si* ♯ *ré* ♯ *fá* ♯ (terça e tônica elevadas). O antecedente I utiliza os acordes 1 e 2. O antecedente II utiliza os acordes 3 e 1 para a dominante como ornamento, e o acorde 3 para a escapada. O consequente

* Nota *échappée*, nota de ornamentação melódica que se movimenta em direção marcadamente contrária ao movimento predominante nos sons harmônicos. (N. do R.)

II utiliza o acorde 2 para a apojatura. Demonstremos claramente o jogo destas simetrias: o antecedente II utiliza o acorde 3 ainda não utilizado e termina com ele simetricamente em relação ao acorde 1; este acorde 1 está colocado sobre o *fá* ♯ após a bordadura simetricamente em relação ao antecedente I, onde ele se acha sobre o *fá* ♯ antes da bordadura; finalmente no consequente II, o *fá* ♯ apojatura utiliza o acorde 2, já que o antecedente II utilizou o acorde 3. O que faz com que a ordem da segunda audição dos acordes 3 e 2 seja invertida em relação à sua primeira passagem 2 e 3, o acorde 1 se colocando à frente a cada vez e tirando uma maior importância da sua posição a cada extremidade da bordadura do *fá* ♯ dominante, os acordes 2 e 3, estando uma vez sobre o *fá* ♯ dominante, uma outra vez sobre o *fá* ♯ apojatura ou *échappée*, nota de menor importância tonal.

Por outro lado, o *si échappée*, segunda colcheia, comum a todos os grupos, está harmonizado com um acorde de subdominante menor, enquanto o *si*, nota real, que começa os dois consequentes, está harmonizado com um acorde de tônica com sexto grau maior.

As duas últimas semínimas *mi dó* ♯, igualmente comuns à cada grupo, estão harmonizadas com acordes cujas três notas superiores são idênticas, mas cujas notas inferiores variam da seguinte maneira: o primeiro tem o movimento do baixo *dó* ♯ *mi* com *dó* ♯ *-mi-sol* ♮ no primeiro acorde e *mi-sol* ♮ no segundo; o segundo tem o baixo *dó* ♯ imóvel, mas o movimento de voz interna *mi sol* ♮ com *dó* ♯ *-mi* ♮, *dó* ♯ *-sol* ♮; o terceiro tem o movimento do baixo *lá* ♯ *dó* ♯ com *lá* ♯ *-dó* ♯ *-sol* ♮ e *dó* ♯ *-sol* ♮; o quarto tem o movimento do baixo invertido *dó* ♯ *lá* ♯ com *dó* ♯ *-mi-sol* ♮ e *lá* ♯ *-dó* ♯. Neste último acorde, o *lá* ♯ da oitava superior é suprimido para ressaltar a sétima *lá* ♯ *-lá* ♮. Os movimentos dos baixos são portanto sempre diferentes, mas sempre de uma terça menor: ademais, o acorde sobre *mi* é o mesmo no antecedente I e no consequente II, o acorde sobre *dó* ♯ o mesmo no antecedente II e no consequente I, ainda que a ordem da segunda audição destes acordes seja retrógrada em relação à sua ordem de primeira audição.

Para a conclusão, a melodia faz ouvir o *ré* ♯ nunca colocado antes, enquanto o baixo o acompanha com um acorde de quarta sensível sobre *lá* ♮ ainda não ouvido antes enquanto baixo.

Enfim, sobre o consequente I, há desenvolvimento regular de quatro notas *si dó* ♯ *mi fá* ♯ em semínimas, às quais, sob o consequente I, se acrescenta *ré* ♮, antes da cadência sobre o acorde onde *ré* ♯ tem o papel de sensível.

*

* *

Tomemos agora exemplos onde não hajam apenas divisões racionais da unidade, mas também divisões irracionais, quero dizer quintinas, tercinas e todos os valores assim deduzidos. Tomemos esta frase, que se tornou famosa, e que começa a obra:

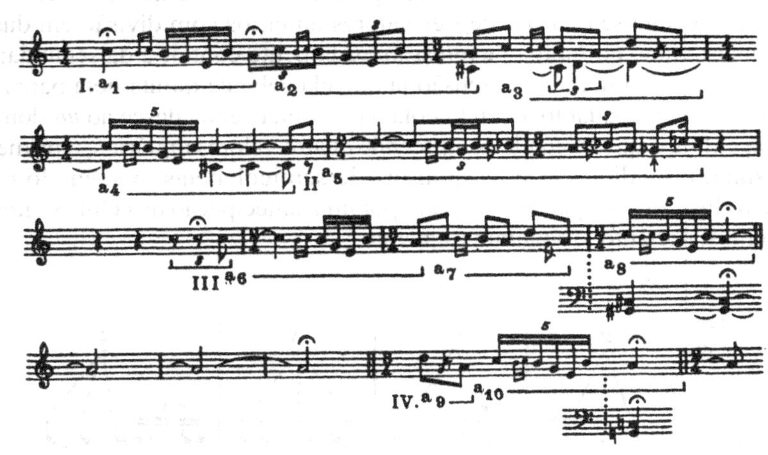

Exemplo II.

Não creio que ela se tenha tornado famosa somente por causa de sua exposição na tessitura aguda do fagote com ataque tão tenso sobre este dó ♮. Não acredito que sua fama se deva tampouco à sua consonância modal defeituosa, sem *fá* ♮, afinal de contas muito tradicional – as notas de tensão, a dominante *mi* e a subdominante *ré*, estão à distância de quarta de um lado e do outro da tônica e as pausas têm lugar todas hierarquicamente sobre a mediante e a tônica *lá* –, consonância modal contrariada outrossim por uma cadência com *dó* ♯ como mediante, já com a antinomia do maior-menor, e contrariada em seguida, de maneira mais enérgica, por esta mesma cadência sobre *dó* ♯ com uma bordadura cromática amplificada da primeira bordadura simples, as notas cadenciais estando redobradas uma quarta abaixo. Acredito que a reputação muito justificada desta frase venha igualmente de seu próprio desenvolvimento rítmico, marcante sob muitos aspectos.

Esta frase pode se dividir em quatro fragmentos de comprimentos desiguais: I, III, II, IV em ordem decrescente. Por outro lado, as duas primeiras secções contêm tercinas, as duas últimas não contêm nenhuma, e a segunda dá origem, sobre o *sol* ♭, a um motivo adjacente que só utilizará tercinas no curso do desenvolvimento da *Introduction*.

Analisemos o fragmento I: ele é formado por quatro células; a primeira é composta de dois valores globais iguais: semínima e semínima, a primeira continuando unidade, e a segunda dividida em quatro semicolcheias; a segunda célula é igualmente composta de dois valores globais iguais: semínima e semínima, ambas divididas igualmente em tercinas de colcheias; a terceira célula se compõe de três valores unitários com divisão em duas colcheias: ela é, portanto, a expressão exatamente contrária da segunda; e mais, ela lhe é simétrica em tensão já que ela sobe na quinta nota para *ré*, subdominante, enquanto a quinta nota da segunda célula desce ao *mi* dominante; enfim, a quarta célula compreende quatro valores unitários, o primeiro estando dividido em uma quintina de semicolcheias, o segundo e o terceiro ligados, e o quarto encurtado por uma antecipação da célula seguinte. Temos, portanto, o seguinte esquema:

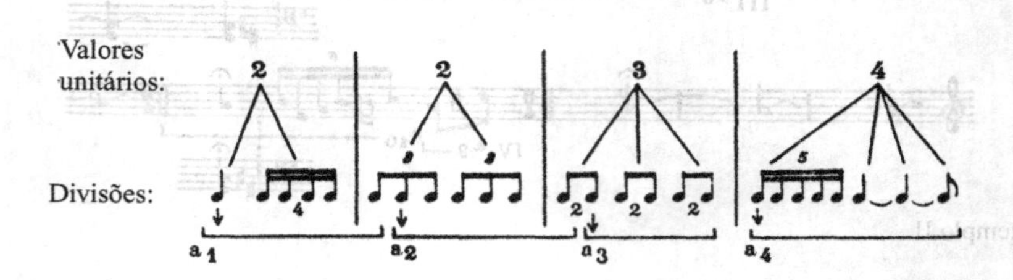

O que nos permite deduzir que a célula a4 é simetricamente retrógrada – no tempo sonoro, portanto – à célula a1, apesar da precipitação rítmica em a4 que as diferencia, bem como o número de valores unitários. Por outro lado, as células a2 e a3 são inversas no tempo sonoro e simétricas no espaço sonoro. Notemos o número crescente de valores unitários que corrobora estas simetrias e paralelismos de construção. Ademais, nenhum valor ou divisão de valor que se encontre numa célula se achará reproduzido em outra. Enfim, o ataque do *dó* ♮, pelo qual começa cada uma das células – que indiquei por flechas – se produz em a1 sobre tempo forte, em a2 sobre a parte fraca da tercina, em a3 sobre a parte fraca do valor unitário, em a4 novamente sobre tempo forte.

Constatemos ainda que a cadência sobre *dó* ♯ se produz sobre a1 e sobre a4, e que a bordadura desta cadência se produz em a3 com uma tercina, lembrando assim o ritmo de a2.

O fragmento II, como já dissemos, desenvolve o elemento tercina e modula, já que encontramos *si* ♭ e *sol* ♭, notas estranhas ao modo inicial. Ele se compõe de quatro valores unitários alongados por uma antecipação (uma colcheia) na célula precedente, e desenvolve o elemento tercina no próprio interior da tercina:

O fragmento III é uma repetição ligeiramente variada do fragmento I, sendo a célula a6 a repetição de a1, precedida de uma antecipação (uma colcheia de tercina) que lembra a do fragmento II mas que é diferente dela. A célula a7 é a repetição textual do fragmento a3, a célula a8 é a retomada abreviada de a4 com dois valores unitários no lugar de quatro. Não contamos nesta célula os três *lá*, mínimas ligadas, já que eles são um simples prolongamento do som sobre um novo motivo que terá igualmente um papel muito importante no curso da *Introduction*. As tercinas estão, portanto, excluídas desta variação, após o fragmento II que lhes foi consagrado. Observa-se assim as leis de simetria do fragmento I, porém simplificadas e nos grupos extremos.

O fragmento IV é uma repetição elidida a9 do fragmento a3 – com um só valor unitário, mas com a tensão na subdominante que constitui o fenômeno próprio deste fragmento – seguido de uma repetição a10 do fragmento a8. O fragmento IV é a desinência exata dos fragmentos I e III. Temos, então, como estrutura geral: equilíbrio de valores (fragmento I), fragmentação por dissociação de valores (fragmentos II e III), desinência por repetição elidida (fragmento IV).

Um exemplo ainda nos dará uma ideia da grande diversidade rítmica desenvolvida em toda esta *Introduction* por Stravínski. Ele se situa no número 9 da partitura (Exemplo III).

O fragmento que citamos está baseado em quatro notas *fá si*♭ *dó mi*♭, duplicadas na oitava superior.

A frase que tínhamos chamado *a* se compõe de dois fragmentos; o fragmento I está dividido em quatro células repetidas duas a duas de uma maneira ligeiramente variada.

A célula a1 parte sobre o *fá* comum às duas frases *a* e *b*; ela se compõe de duas colcheias e de uma quintina de semicolcheias, ou seja, dois valores unitários; a célula a2 começa sobre o *dó* uma quarta abaixo e se compõe de uma semínima e de uma sextina de semicolcheias, ou seja, igualmente dois valores, o que representa uma variação da célula a1; a célula a3 é uma oscilação sobre a primeira semínima, em tercina, com precipitação rítmica sobre o *fá* ♮, ou seja, igualmente dois valores unitários, o segundo sendo uma semínima; a célula a4 é a célula a3 com elisão da segunda semínima. Tem-se, portanto, uma oscilação do *fá* ao *dó* ♮, depois retorno ao *fá*; estas são as duas notas-pivô deste fragmento; de outra parte, a célula a3 está disposta simetricamente em relação às células a1 e a2, quanto à divisão de seus valores unitários.

O fragmento II é uma variação muito pequena do primeiro na medida em que a5 é idêntica a a1, e a6 apresenta a seguinte diferença com a2: o primeiro valor unitário está dividido em quintinas com o segundo de a1 e de a5. O valor unitário não dividido de *a3* se acha suprimido e substituído por um trinado em a7, que comporta ainda uma terminação sobre *fá* ♮ que o prolonga de um valor unitário, e uma supressão em a4 na repetição.

A frase que havíamos chamado *b* é composta de dois fragmentos. O início de I é semelhante ao início de a_1, por uma quarta, mas esta quarta sobe ao *si* ♭; tem-se em seguida um acento sobre *mi* ♭, depois uma desinência precipitada com uma quintina de fusas, que retorna ao *fá* ♮. O fragmento II apresenta o prolongamento deste *mi* b por uma semínima e uma desinência alongada pelo fato de a quintina de fusas se transformar em quatro fusas com terminação sobre *fá* semínima. O acento é, então, colocado aqui sobre *si* ♭ e *mi* ♭.

Exemplo III.

As frases *c e d* vêm se sobrepor à semínima acrescentada do fragmento bII e unir os dois registros característicos de *a* e de *b*. Elas vêm igualmente apresentar abreviadamente todas as divisões utilizadas nas duas frases principais: divisões binárias (fusas), ternárias (sextinas de fusas), irracionais (quintinas de fusas). Enfim, elas corroboram as notas-pivôs *dó* ♮ e *si* ♭ que formam a ambiguidade desta sobreposição.

Se eu me estendi longamente e de maneira tão detalhada sobre a análise destas passagens da *Introduction*, é porque uma tal experiência é excepcional, mesmo em Stravínski, e também porque um refinamento tão grande na assimetria e na simetria dos períodos e uma variação tão renovada do fenômeno rítmico pelo emprego de valores irracionais não se reencontram mais na sua obra, a não ser em certas passagens do *Rossignol*. Veremos sua técnica principal ao longo de *Le Sacre*, e ela consiste na divisão racional (2, 4, 8) ou na multiplicação racional de um valor unitário. Mas teremos ainda de voltar a esta *Introduction*, marcante quanto aos desenvolvimentos individualmente superpostos, à estrutura complexa que resulta disso e ao fenômeno de "entalhamento" da composição, ou seja, de cobertura dos desenvolvimentos, uns pelos outros.

Até agora nós só nos ocupamos de temas que se constroem melodicamente, em uma única dimensão. Vamos abordar, com o exemplo seguinte (Exemplo IV), o estudo de um tema cuja estrutura pode se duplicar com elementos contrapontísticos, elementos que, ainda que muito simples, modificam seu aspecto exterior de maneira suficiente a poder diferenciá-los dos precedentes. Este exemplo é retirado de uma passagem *de Danse sacrale*, número 151 da partitura. Encontramos aí uma sensibilidade cromática que se manifesta curiosamente em um resumo muito breve.

Este tema, cuja célula geradora é extremamente curta, aparece três vezes durante este desenvolvimento, e sempre com assimetrias bastante notórias para serem observadas com proveito.

Esta célula geradora propriamente dita se compõe de três notas cromaticamente descendentes numa quintina de semicolcheias. Na primeira aparição, a primeira nota da quintina é repetida três vezes, as duas outras notas apenas uma vez. A terminação cai sobre a terceira nota com uma duração variável que, nesta primeira aparição, é muito breve: uma semicolcheia seguida de uma pausa que completa seu valor real de seis colcheias. O que dá, para esta célula inicial, uma duração global de oito colcheias. Que chamaremos de fragmento A.

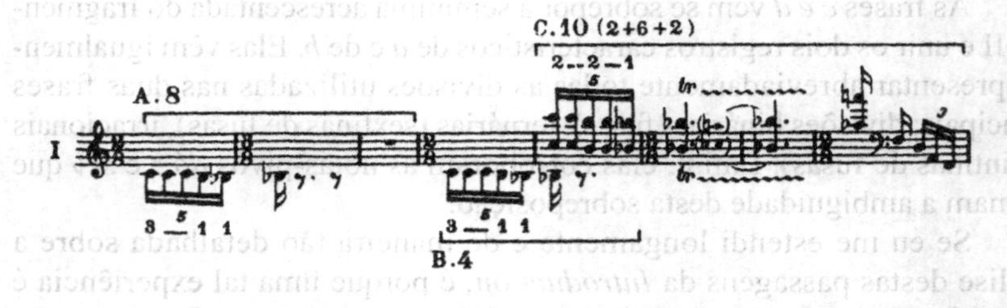

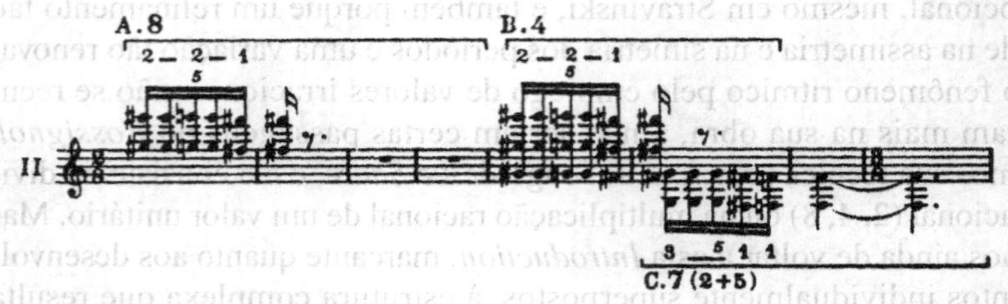

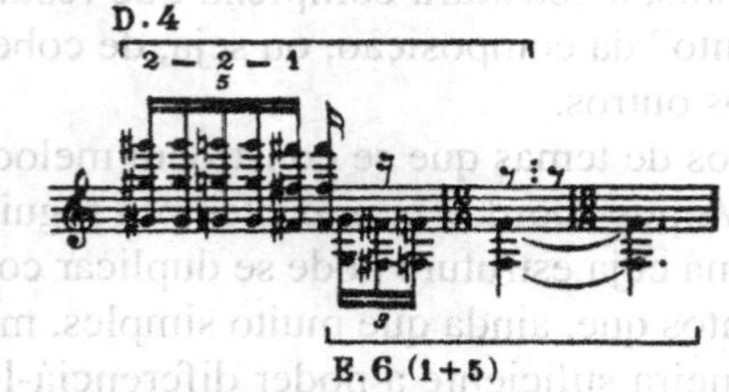

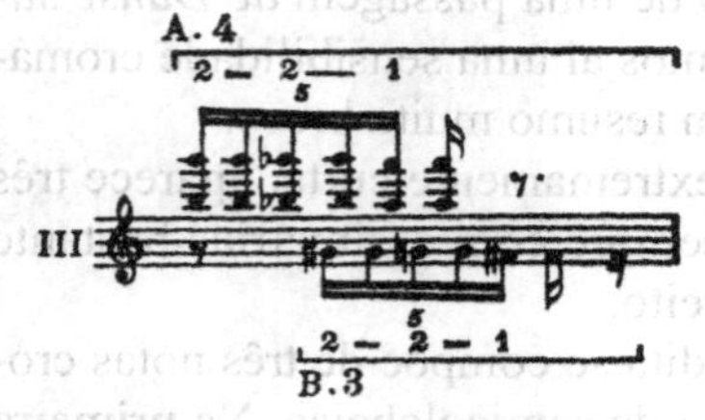

Exemplo IV.

O fragmento B que lhe segue por justaposição é uma repetição desta mesma célula com o valor da terminação diminuída de quatro colcheias, o que nos dá um valor total de quatro colcheias. A divisão interior da quintina continua a mesma: *dó* três vezes, *si* ♮.uma vez, *si* ♭ uma vez.

O fragmento C se superpõe contrapontisticamente ao fragmento B, começando sobre o valor em que B termina; comporta dez colcheias e se decompõe da seguinte forma: primeiro grupo – a quintina *dó si* ♮ *si* ♭ com *dó* repetido duas vezes, *si* repetido duas vezes, *si* ♭ uma vez; o valor da terminação é de seis colcheias (uma mínima pontuada, trinada), terminando por glissando num terceiro grupo que começa pelo acorde *lá* ♭ *fá lá* ♮, ou seja, o elo entre o cromatismo precedente e o arpejo que vai seguir. Este arpejo é a transformação em intervalos disjuntos da quintina cromática; a diferença rítmica é que as cinco notas, consequente da quintina antecedente, se dividem aí em duas semicolcheias e uma tercina de semicolcheias, expressão de um ralentando e de uma precipitação rítmicas em relação a esta quintina, sendo que as semicolcheias e a tercina de semicolcheias são a expressão exata dos valores de cinco. Notemos, antes de terminar este período I, que o fragmento A é exposto em sons simples na região média; que o cânone entre B e C aparece na oitava superior e à distância de duas colcheias; e que esta resposta é em oitavas, e que a disposição das quintinas se faz nesta ordem: $\underbrace{3\ 1\ 1}_{5}\ \underbrace{3\ 1\ 1}_{5}\ \underbrace{2\ 2\ 1}_{5}$

O período II é o inverso do primeiro, com um quarto fragmento adicionado.

O fragmento A é a imagem exata do fragmento A do período I, ou seja, ele dura oito colcheias, e se compõe de uma quintina de semicolcheias e de um valor de seis colcheias. Contudo, esta quintina tem a disposição $\underbrace{2\ 2\ 1}_{5}$

O fragmento B é igualmente a imagem exata do fragmento B do período I, duração de quatro colcheias, com a mesma diferença de disposição na quintina; $\underbrace{2\ 2\ 1}_{5}$

Ele segue igualmente o fragmento A por justaposição.

O fragmento C se superpõe, contrapontisticamente, igualmente sobre a semínima, mas a duração da sua terminação é encurtada, durante apenas cinco colcheias, e ele não comporta o terceiro grupo conclusivo simétrico que possuía o fragmento C do período I. Notemos ainda que a exposição do fragmento A se faz em oitavas no agudo, depois em oitavas dobradas, e que a resposta está na região média em oitavas (com a oitava superior), daí um cruzamento dos registros, enquanto no período I os registros estavam bem separados. A disposição das quintinas é, então, feita na ordem inversa da primeira vez: $\underbrace{2\ 2\ 1}\ \underbrace{2\ 2\ 1}\ \underbrace{3\ 1\ 1}$

Os fragmentos B e C são seguidos, de novo, por justaposição da repetição de seu cânone, com elisão da resposta; o fragmento D é idêntico ao B, o fragmento E apresenta em lugar da quintina uma tercina de semicolcheias sem repetição, sendo o valor da terminação o mesmo que em C, de cinco colcheias; o valor global deste grupo é consequentemente de seis colcheias.

Enfim, o período III se compõe da célula A – com valor de quatro colcheias, sendo a quintina dividida em *si*, repetido duas vezes, *si* ♭, duas vezes também, e *lá*, uma vez – e da célula B – resposta em cânone à terça menor inferior com a mesma divisão da quintina, com o valor da terminação diminuído em uma colcheia; o cânone acontece pela primeira vez a distância de uma colcheia, ou seja, no interior da quintina que lhe serve de antecedente.

Nenhum dos três períodos deste tema, mesmo em aparência tão sumária, tem a mesma fisionomia, e cada um deles se baseia numa sensibilidade cromática extremamente aguda, da qual é possível se obter um outro exemplo nesta mesma obra. Trata-se (Exemplo V) do tema que une os *Jeux des Cité rivales* ao *Cortège du Sage*.

Examinemos a partir do número 64 da partitura até o número 69. Temos uma bordadura inferior de *sol* ♯, às vezes à distância de segunda menor com *sol* ♮, e por vezes à distância de segunda maior com *fá* ♯, uma duplicada quando a outra é simples, e reciprocamente. As células variam da seguinte maneira:

Exemplo V.

1) 5 compassos, ou seja, 4 + 1 compassos; bordaduras: 2 vezes *sol* ♮, 1 vez *fá* ♯;
2) 4 compassos: bordaduras: 1 *vez sol* ♮, 2 vezes *fá* ♯;
3) 2 compassos, por elisão de uma das bordaduras e da repetição da outra: 1 vez *fá* ♯;
4) 3 compassos, por elisão da repetição de uma bordadura: 1 vez *fá* ♯, 1 vez *sol* ♮.

No *Cortège du Sage*

5) 4 compassos: 2 vezes *sol* ♮, 1 vez *fá* ♯;
6) 4 compassos: 1 vez *sol* ♮, 2 vezes *fá* ♯.

Trompas
a1
a2
b1
b2
b2
b1
Números 13 a 14
Números 18 a 19
Cordas
Preparação
A
B
B'
Trompas
a1
a2
b1
4 compassos
antes do número 15
e 2 compassos
depois do número 15
Cordas
Preparação
A
B
elidido
A
4º a 8º compasso depois do número 16
A
C
A
redobrado
elidido
A
B
a1
a1
a1
b1
b2
A
elidido
B
redobrado
elidido
aumentado
A
B'
A
B
a1
a1
número 19
e sequência
a1
a2
b2
b1
aumentado

Exemplo VI.

A partir daí, o tema, vistas as superposições rítmicas, se fixa na fisionomia desta célula até o fim do desenvolvimento. Podemos constatar o paralelismo das células 5 e 6 e a elisão contrastante das duas células centrais. O que diferencia igualmente este tema no momento de sua exposição nos *Jeux des Cités rivales*, é a duração constantemente desigual das células, que decrescem até dois compassos e crescem para reencontrar seu valor componente estável: quatro compassos, quando do *Cortège du Sage*. Notemos, enfim, que a ordem das bordaduras é sempre *sol* ♮, *fá* ♯; ela se modifica só nas células 3 e 4 para tomar auditivamente a ordem contrária: duas vezes *fá* ♯, uma vez *sol* ♮.

Assim, pode-se ver que a construção deste tema baseia-se num balanço extremamente equilibrado onde reencontramos a mesma sensibilidade cromática que no tema da *Danse sacrale*, analisado acima, sensibilidade cuja expressão exata se encontra no jogo das simetrias rítmicas.

*

* *

O fenômeno mais importante na minha opinião, no domínio temático de *Le Sacre*, é o aparecimento de um tema rítmico propriamente dito, dotado de existência própria no interior de uma verticalização sonora imóvel.

O primeiro exemplo de que temos conhecimento se acha em *Les Augures printaniers*, número 13 da partitura (Exemplo VI).

O tema rítmico é formado por acentuações sobre um desenrolar constante de colcheias. O primeiro aparecimento destes acordes repetidos dura oito compassos e se desenvolve de dois em dois compassos. Temos inicialmente uma preparação sem acento de dois compassos. Depois, uma célula A se subdivide em um acento sobre cada parte fraca do tempo (a1) no primeiro compasso, e uma pausa no segundo (a2). A célula B se subdivide em um acento sobre a parte fraca do tempo forte do primeiro compasso (b1) e um acento sobre o tempo forte do segundo compasso (b2). A segunda célula B' está na ordem retrógrada da primeira: b2 b1 com as mesmas características.

Este tema da acentuação volta amputado de quatro compassos, antes de 15 e até o número 15. A preparação sem acento dura um compasso, portanto, a metade da primeira preparação. A célula A volta idêntica à ela mesma. Por fim, a célula B, que estava duplicada, aqui está elidida de um de seus componentes e só comporta b1.

O tema da acentuação se infiltra em seguida no tema melódico que se desenvolve a partir de 15 e lhe serve de ponto de partida por meio da célula A.

Ele reaparece quando do desenvolvimento intermediário nos acordes de quintas superpostas que se acham a partir do quarto compasso após 16. Há inicialmente a célula A, depois uma nova célula C, com uma aparição, que consiste na acentuação do tempo fraco, ainda não escutado, e, por fim, a repetição de A. Esta célula C é, de resto, um dos princípios do desenvolvimento desta parte intermediária já que a reencontramos sobre um tênue pedal rítmico sobre *dó*.

Na repetição do primeiro desenvolvimento, temos, do número 18 ao número 19, uma repetição exata do tema rítmico na sua exposição do número 13 ao número 14.

A partir de 14, o tema rítmico passa tanto para o tema melódico como para os acordes repetidos do acompanhamento. E temos, na ordem analisada sobre o exemplo: melodicamente, A (a1 a1) modificado por duplicação, B (b2) elidido; harmonicamente, A (a1) elidido; três compassos de transição sem acento; harmonicamente, B normal (bl b2); três compassos e meio de transição sem acento; harmonicamente, A aumentado pela adição de uma acentuação sobre a parte fraca do segundo tempo, B' oposto de B (b2 b1); melodicamente, A transformado por duplicação (a1 a1), B elidido (b2). A partir daí, não haverá mais acentuação até o fim deste desenvolvimento.

A disposição deste tema rítmico pede algumas observações sobre sua estrutura geral, onde ainda descobriremos efeitos de correspondências assimétricas.

Na primeira parte deste tema – até a mudança harmônica – temos a estrutura: ABB' AB elidido A, de duas células que se respondem com efeitos contrários; a disposição ABB' não é simétrica, ao contrário de ABA, por outro lado B aparece elidido na segunda disposição.

A célula intermediária é simétrica ACA.

Na repetição, a estrutura aparece: ABB' – *A duplicado B elidido* A elidido – B – A aumentado B' *A duplicado B elidido*, ou seja, quatro células divididas em uma e três: a primeira célula ABB' – assimétrica, a segunda e a quarta apresentando uma simetria em seus componentes extremos em relação à terceira formando o centro. Observamos, por nossa curiosidade pessoal, que o desenrolar dos elementos não simétricos da segunda e da quarta célula (AAB') estão numa assimetria inversa ao desenrolar da primeira célula (ABB'); mas talvez isto seja levar longe demais as consequências de uma tal organização.

Enfim, podemos ainda observar que, no seu conjunto, esta organização apresenta duas estruturas paralelas situadas dos dois lados de uma organização simétrica, e que os períodos não acentuados que assinalamos durante a análise estão em ordem crescente a partir do número 19, o primeiro sendo

1º Período
I.
II.
III. (= II permutado, desenvolvido e retrogradado
IV. (= II)
2º Período
I.
II.
3º Período
I
II
4º Período
I.
II.
5º Período
II. (permutado)
III. (eliminação de b4)
6º Período
III. (permutado)

de seis semínimas, o segundo de sete semínimas, o último de catorze semínimas, ou seja, um pouco mais que a soma dos dois outros.

Se tomamos inicialmente como exemplo este tema da acentuação, é porque ele é relativamente muito simples e tem a particularidade de se transplantar às vezes sobre um ritmo, às vezes sobre um tema melódico. Mas vamos analisar agora um tema unicamente rítmico sem acentuação, onde os períodos se organizam sobre só um acorde. Ele nos será fornecido pela primeira cópia da *Danse sacrale*, do número 149 da partitura do número 154 (Exemplo VII). Nós colocamos o acorde ao lado da análise rítmica.

Vemos inicialmente que as células componentes são da mesma família duas a duas, b4 c4 valores pares (quatro colcheias), a3 a5 valores ímpares (três e cinco colcheias), sendo c4 de natureza neutra, já que não se pode retrogradar, b4 e a3 sendo retrogradáveis, a5 podendo tanto ser neutro, como retrogradável, conjugando assim as três outras células. Estabelecemos o esquema:

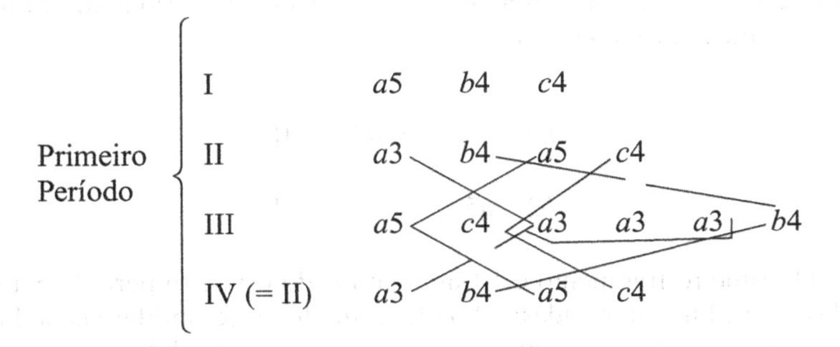

Observamos que o período II é a permutação das células a5 e b4 de I, a5 tornando-se neutra – com a adição de a3. O fragmento III é uma permutação de II (em diagonal) com a3 precedido e seguido de sua retro-gradação. Finalmente o fragmento IV é uma volta à disposição do fragmento II.

Constatamos agora que todos os períodos que se seguem, e que são indicados cada vez por uma mudança de acorde, são todos derivados do primeiro através de um trabalho extremamente hábil.

O segundo período (números 154 a 157), sempre construído sobre um só acorde, sendo este todavia com bordadura, se compõe de:

c4 a5 = I
c4 a3 a5 = II

b4 b4

isto quer dizer que ele reproduz os fragmentos I (em retrógrado) e II (em retrógrado com permutação de a5 e a3), deixando as duas células b4 para o fim, que formam um terceiro fragmento.

O terceiro período, modulante – sobre três acordes –, é um período de eliminação; ele compreende:

$$b4 \quad a5 \quad = \mathrm{I}$$

$$a3 \quad a5 \quad = \mathrm{II}$$

O primeiro fragmento reproduz o fragmento I do primeiro período com eliminação de c4, o segundo fragmento reproduz igualmente o fragmento II do primeiro período, mas com eliminação, desta vez, de b4 e de c4.

O quarto período, baseado novamente em um acorde como no segundo período, também com bordaduras, é igualmente um período de eliminação e de redução; ele comporta:

$$b2 \quad a3 \quad b2 \quad a5 \quad = \mathrm{II}$$

$$b2 \quad a5 \quad = \mathrm{I}$$

O primeiro fragmento é o fragmento II do primeiro período com as células b4 e c4 transformadas; b2 pode, com efeito, ser indiferente à diminuição de c4 e à elisão de b4; tornando-se assim uma célula neutra. O segundo fragmento é o fragmento I do primeiro período com compressão de b4 e de c4 transformados em b2.

Segue-se uma eliminação regular de sete colcheias sucessivas trazendo uma segunda parte no desenvolvimento rítmico. Esta segunda parte compreende apenas dois períodos; ela começa depois de uma anacruse de uma pausa de colcheia.

O quinto período, baseado num acorde sem dobraduras, se compõe assim: $\overrightarrow{\text{a5}}\ \overrightarrow{\text{b4}}\ \overrightarrow{\text{a3}}$ c4, o primeiro fragmento, que é o fragmento II com permutação de a3 e de a5; a5 c4 $\underbrace{\overleftarrow{\text{a3}}\ \overrightarrow{\text{a3}}\ \overleftarrow{\text{a3}}}$, o segundo fragmento, que é o fragmento III do primeiro período com eliminação de b4.

O sexto período, sobre um acorde com bordaduras, compreende: $\overrightarrow{\text{a5}}\ \overrightarrow{\text{b4}}$ c4 $\underbrace{\overrightarrow{\text{a3}}\ \overleftarrow{\text{a3}}\ \overrightarrow{\text{a3}}}$, que é o fragmento III do primeiro período com permutação de b4.

Notemos algumas particularidades sobre esta célula a5 que pode ser neutra (♪ 𝅘𝅥𝅯 ♪)* ou retrogradável (♪ ♪ 𝅘𝅥𝅯)*. No primeiro período da exposição, ela está inicialmente na direção original (𝅘𝅥𝅯 ♪ ♪)*, depois três vezes neutra.

Quanto aos períodos de desenvolvimento da primeira parte: no segundo, a célula está duas vezes na forma original; no terceiro duas vezes no sentido retrógrado; no quarto, uma vez em cada sentido. Um equilíbrio se estabelece entre as células originais e as células retrógradas. Nos períodos da segunda parte retorna-se à predominância das células originais e neutras.

Pode-se ver a qual riqueza de variação rítmica, sem nenhuma mudança nos valores destas células, pode-se chegar por sua simples permutação, e pela aplicação de um processo tão simples como o da retrogradação.

*

*   *

Tendo dado uma visão panorâmica bastante completa dos procedimentos rítmicos lineares em Stravínski, seria necessário vermos como estes procedimentos podem fornecer uma estrutura de desenvolvimento, pois é aí que eles receberão sua inteira justificação.

Em geral, o desenvolvimento rítmico mais simples, em Stravínski, sem considerar o procedimento linear estendido a toda a orquestra, é o do aparecimento de duas forças rítmicas. Este antagonismo pode colocar em jogo dois ritmos simples, ou, então, um ritmo simples e uma estrutura rítmica, ou ainda duas estruturas rítmicas.

Nosso primeiro exemplo focalizará o antagonismo de um ritmo simples e de uma estrutura rítmica (Exemplo VIII – *Jeux du Rapt*, número 46).

O ritmo simples que chamaremos de B é inicialmente de um valor de três colcheias (B3) e é repetido duas vezes: depois ele diminui, torna-se do valor de duas colcheias (B2) e se repete seis vezes; ele aumenta até seis colcheias (B6) e é repetido duas vezes; diminui para quatro colcheias (B4) e é repetido duas vezes. Os aparecimentos de B de mesmo valor têm, então, lugar dois a dois, e B está sempre expresso por um baixo ou um acorde.

A estrutura rítmica e melódica que se lhe opõe é composta de cinco sequências.

* Segundo o Exemplo VII (N. dos T.).

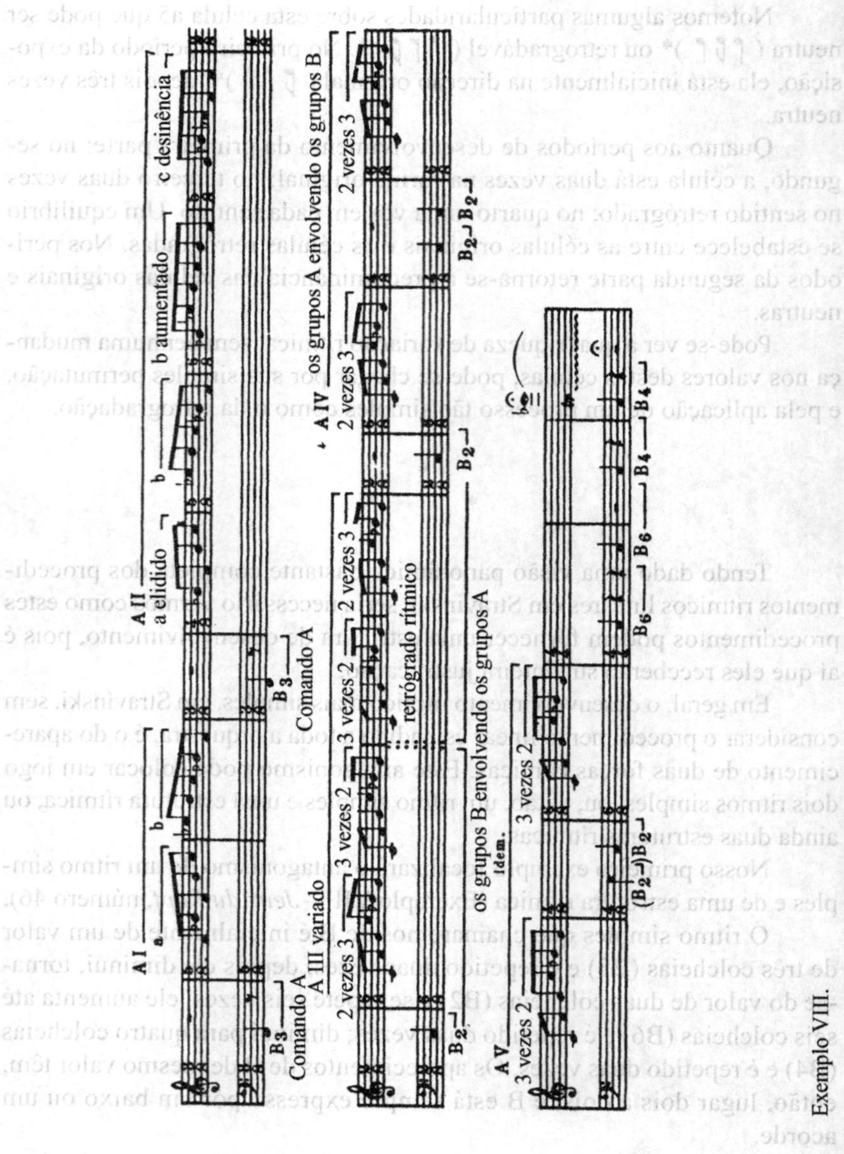

Exemplo VIII.

A primeira, AI, se compõe de dois fragmentos iguais de cinco colcheias, *a* e *b* (anacruse e acento).

A segunda, AII, compreende o fragmento *a* (anacruse) elidido de uma colcheia, o fragmento *b* (acento), o fragmento *b* aumentado de uma colcheia (repetição do acento) e o fragmento *c* de cinco colcheias (desinência).

A terceira, AIII, é uma variação e uma condensação de A; ela se compõe de quatro fragmentos cujo teor melódico é idêntico, o valor de seis colcheias divididas desigualmente em duas vezes três, três vezes duas, três vezes duas, duas vezes três, constitui, portanto, uma célula simétrica.

A quarta, AIV, é formada por duas células iguais, sempre de seis colcheias, divididas em duas vezes três.

A quinta, AV, é também formada por duas células iguais de seis colcheias, divididas em três vezes duas.

AIV e AV não são mais que a separação de AIII por ritmo semelhante. A partir de AIII, a fisionomia do grupo A é, portanto, imóvel.

Como se organiza o desenvolvimento destas duas estruturas, uma em relação à outra? Notemos que elas são imbricadas uma na outra, mas por justaposição. Ou seja, que seus períodos dependem reciprocamente um do outro.

Antes de mais nada os ritmos B3 comandam os períodos AI e AII. Depois os grupos B2 cercam o grupo AIII, formando assim uma simetria. O grupo AIV cerca dois grupos B2, o grupo AV cerca da mesma maneira dois grupos B2, formando igualmente duas outras simetrias. Este grupo central é, portanto, inteiramente de estrutura simétrica. Por fim, o grupo A é eliminado, restando apenas o grupo B.

Constatamos então que na primeira parte: o grupo A é móvel, B imóvel e que a disposição é assimétrica; na segunda parte: os grupos A e B são imóveis e simétricos; e que na terceira parte: o grupo B é móvel.

Há então um entrecruzar da mobilidade de um ritmo à sua imobilidade nos dois grupos, cada um seguindo o caminho inverso do outro.

Passemos ao estudo da superposição de um ritmo em desenvolvimento e de uma estrutura rítmica fixa. É o caso que encontramos no número 86 da partitura (Exemplo IX).

Temos dois elementos construtivos nesta estrutura: um grupo de bordadura conjunta sobre a dominante *si* ♭; e um grupo que se contrapõe a esta bordadura, formando ele também uma bordadura, só que disjunta, e oscilando no sentido dominante-tônica-dominante. Na célula A encontramos estes dois elementos com o apoio de um ritmo não retrogradável para a bordadura conjunta, produzindo-se às vezes sobre um meio-tom,

A primeira, AI, se compõe de dois fragmentos iguais de cinco colcheias, *a* e *b* (anacruse e acento).

A segunda, AII, compreende o fragmento *a* (anacruse) elidido de uma colcheia, o fragmento [illegible] (acento), o fragmento *b* aumentado de uma colcheia (repetição do acento), o fragmento *c* de cinco colcheias (desinência).

A terceira, AIII, é uma variação e uma condensação de A: ela se compõe [illegible] entretanto o teor melódico é idêntico, o valor de seis colcheias divididas desigualmente em duas vezes três, três vezes duas, três vezes duas, duas vezes três, constitui, portanto, uma célula simétrica.

A quarta, AIV, é formada por duas células iguais, sempre de seis colcheias divididas em duas vezes três.

A quinta, AV, é também formada por duas células iguais de seis colcheias, divididas em [illegible] vezes [illegible].

AIV e AV não são mais que a separação de AIII por ritmo semelhante. A partir de AIII, a porção do grupo A é, portanto, imóvel.

Como se organiza o desenvolvimento destas duas estruturas, uma em relação à outra? Notamos que elas são imbricadas uma na outra, mas por justaposição. Ou seja, que seus períodos dependem reciprocamente um do outro.

Antes de mais nada, os últimos B3 comandam os períodos AI e AII. Depois os segundos B2 cercam o grupo AIII, formando assim uma simetria. O grupo AIII cerca dois grupos B2, o grupo AV cerca da mesma maneira dos grupos B2, formando igualmente duas outras simetrias. Este grupo central é, portanto, inteiramente de estrutura simétrica. Por fim, o grupo A é eliminado, restando apenas o grupo B.

Constatamos então que na primeira parte o grupo A é móvel, B imóvel, e que a disposição é assimétrica; na segunda parte, os grupos A e B são imóveis e simétricos; e que na terceira parte o grupo B é móvel.

Há então um entrecruzamento da mobilidade de um ritmo à sua imobilidade nos dois grupos, cada um seguindo o caminho inverso do outro.

Passemos ao estudo da superposição de um ritmo em desenvolvimento e de uma estrutura rítmica fixa. É o caso que encontramos no número 86 da partitura (Exemplo IX).

Temos dois elementos construtivos nesta estrutura: um grupo de bordadura [illegible] sobre a dominante *si*♭; e um grupo que se contrapõe a esta bordadura, formando ele também uma bordadura, só que disjunta, e oscilando no sentido dominante-tônica-dominante. Na célula A encontramos estes dois elementos com o apoio de um ritmo não retrogradável para a bordadura conjunta, produzindo-se às vezes sobre um meio-tom,

A bordadura
contraponto

B bordadura
contraponto
4º compasso após número 7

C bordadura
sobre
o acorde
bordadura

Escala

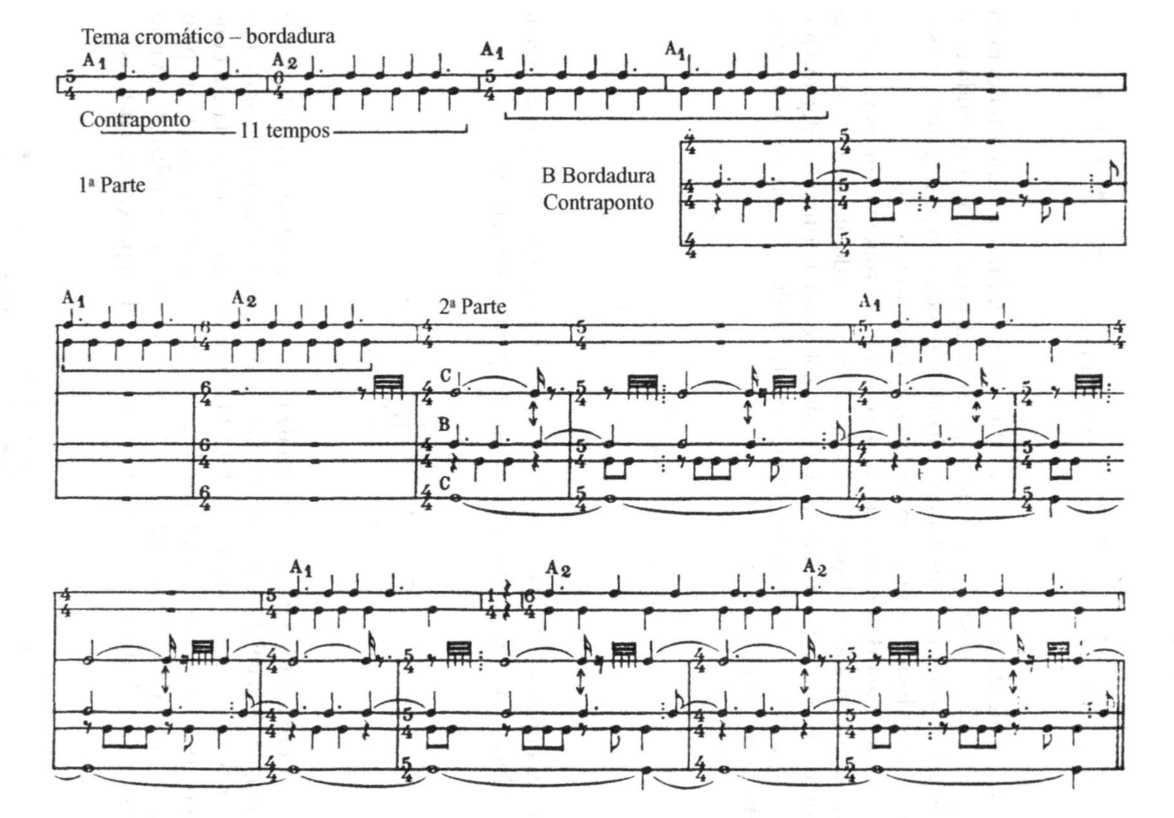
Tema cromático – bordadura
A1
A2
A1
A1
Contraponto
11 tempos
1ª Parte
B Bordadura
Contraponto
A1
A2
2ª Parte
A1
C
B
C
A1
A2
A2

Exemplo IX.

às vezes sobre um tom; ritmo não retrogradável, ou seja, simétrico em relação a seu centro

para AI: ou para AII:

com o apoio de um desenrolar contínuo de semínimas para a bordadura disjunta que só desce do *si* ♭ até o que se poderia chamar o segundo grau sensível superior (*fá* ♭) do modo utilizado em toda esta passagem. Esta superposição dada terá seu próprio desenvolvimento rítmico.

Na célula B, temos o elemento (acorde) bordadura conjunta de *si* ♭ que se torna uma bordadura – sempre à distância de um tom inteiro – do acorde de dominante apojatura colocado sobre *si* ♭. O ritmo é ordenado por uma disposição simétrica dos valores em torno de uma semínima ligada a uma outra semínima,

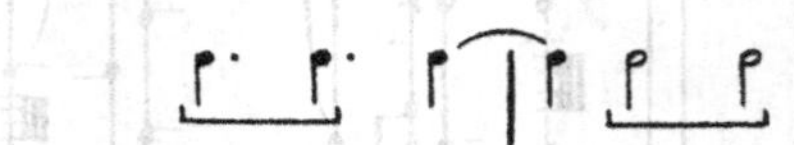

valores ímpares de um lado (3 e 3), valores pares de outro (4 e 4). Esta ordem de valores é deslocada por acentos em um paralelismo simétrico.

Com efeito, a última mínima de uma célula perde uma colcheia por antecipação da célula seguinte, colcheia que se junta então à primeira semínima pontuada desta segunda célula. O grupo bordadura disjunta em contraponto tem um aspecto rítmico diferente da bordadura conjunta, já pelo fato de, ao invés de se repartir em 4-1-5 semínimas, ele se utiliza da divisão contrária 5 + 4, divisão que se torna aparente pela repetição das pausas:

Vê-se que estas pausas são em número de duas em cada compasso, as duas segundas sendo diminuídas pela metade em relação às duas primeiras. Nesta bordadura disjunta, enfim, a oscilação vai sempre até a tônica, que a célula A evitava, como já vimos. Esta célula B organiza, portanto, os mesmos elementos que A, mas ela seguirá como pedal rítmico.

Enfim, a antinomia bordadura-nota real, que vimos se estabelecer sob diferentes formas nas duas células A e B, mas sempre sob forma oscilante, vai se estabelecer sob uma forma imóvel com dois acordes, o acorde real em ligadura ininterrupta cada vez que esta idêntica bordadura é atacada na célula B. Todavia, este acorde-bordadura em ligaduras interrompidas participa com suas acentuações da bordadura disjunta. Ele continua assim as duas divisões rítmicas da célula B.

Temos assim, no interior de uma vasta bordadura da dominante *si* ♭, e portanto de uma imensa disposição estática, a seguinte hierarquia:

Grupo A: Ritmicamente móvel: Oscilação da nota real à bordadura;
Grupo B: Ritmicamente imóvel: Oscilação do acorde ou da nota real ao acorde bordadura ou à bordadura;
Grupo C: Ritmicamente imóvel: Fixidez na superposição do acorde real e do acorde bordadura.

Vamos ver agora como estes grupos reagem uns sobre os outros por suas características rítmicas. Pode-se distinguir duas partes de desenvolvimento no fragmento que estudamos, na primeira com a preponderância rítmica do grupo A, e na segunda estabelecendo-se a supremacia dos grupos B e C.

Na primeira parte, o grupo A se modula ritmicamente da seguinte maneira:

11 tempos	10 tempos	5 tempos	11 tempos
A1 A2	A1 A1	pausa igual a A1	A1 A2

Reencontra-se aí ainda a grande preocupação de Stravínski em estabelecer as interferências no interior da disposição das simetrias. Não é necessário explicá-las, elas são evidentes, por sua definição numérica e musical (som, silêncio).

O grupo B é embrionário e não tomou ainda sua fisionomia real, ele é exposto uma só vez em prefiguração e se coloca de maneira a terminar ao mesmo tempo que a pausa do grupo A, cuja duração iguala A1, para deixar a reexposição A1 A2 em descoberto. Os quatro primeiros tempos de sua exposição coincidem então com os quatro últimos do grupo A1, os quatro últimos se desenvolvendo em descoberto. Por fim, o grupo C está ausente.

Na segunda parte, o grupo B é exposto urna vez a descoberto, depois se renova três vezes em superposição com A. O grupo C é desta vez exposto e segue paralelamente ao grupo B. Quanto ao grupo A, ele faz um primeiro aparecimento (A1) sobre o início do segundo grupo B. O terceiro grupo B comanda um segundo aparecimento de A1. O intervalo de silêncio entre estes A1 é, portanto, de quatro semínimas, silêncio cuja duração é comandada pelo grupo B, ao inverso do que se produzia na primeira parte. A partir deste momento, os dois grupos se superpõem em aparente independência. Na realidade, sobram treze tempos a preencher se se quiser coincidir com o fim de um outro grupo B. As soluções se apresentam então da maneira seguinte: como encontrar uma equivalência aos dois grupos A1 (dez tempos – som) e a uma pausa de quatro semínimas, com uma duração global de treze semínimas. Stravínski escolheu a solução mais equilibrada no sentido contrário com dois grupos A2 (doze tempos – som) e pausa de uma semínima. Ademais, escolheu colocar as pausas de maneira assimétrica, e a pausa existente entre os dois grupos A1 foi incluída sob sua nova forma entre os dois grupos A1 e os dois grupos A2. Disso resulta a justaposição dos dois A2 e, nesta segunda parte, a ordem decrescente das pausas do grupo A (nove, quatro, um, zero).

É evidente que não quisemos fazer disto uma análise do processo criador tal como ele se produz realmente; tentamos simplesmente uma análise *a posteriori* dos fatos musicais procedentes da criação.

Para completar a análise desta passagem e acrescentar aí um elemento de curiosidade (por vezes de coincidência, talvez), podemos observar bem de perto como aparece o tema da bordadura conjunta um pouco antes de ter sua própria estrutura. No número 83 da partitura, nós o vemos se desenvolver no baixo onde toma um valor excepcional enquanto apoio harmônico:

Exemplo IX bis.

Ele é, de resto, colocado em relevo pela seguinte particularidade: o agudo se compõe de acordes de quatro sons se desenvolvendo regularmente em colcheias. A disposição sonora é, então, cerrada no agudo e na região média-alta, com valores curtos, e aberta no grave com valores longos. A dupla bordadura (à distância de meio-tom e depois à distância de tom) é agora apresentada sob a forma contrapontística invertida da figura que ela apresentará em seu desenvolvimento e em torno da nota *lá*, meio-tom abaixo do futuro *si* b. Ela se produz na ordem rítmica:

de onde se observa simetria de valores ímpares em relação aos valores pares, simetria que reencontramos mais adiante sob a forma

ou ainda sob a forma

Não acredito que aí haja uma simples coincidência, mas sim uma vontade de opor os valores pares aos valores ímpares, ou, se se quer falar de maneira mais "solfejante", os valores normais aos valores pontuados.

O movimento das colcheias (valores curtos) passa em seguida para o grave e para a região médio-grave a fim de preceder a segunda prefiguração da célula A1, que se apresenta desta vez sob sua forma real: altura, duração e timbre. Novamente, um corte onde o movimento de colcheias ocupa todo o registro, do grave ao agudo, com retorno ao grave. Esta última interrupção dura onze tempos, ou seja, a exata duração de duas células A1 e A2 conjugadas na primeira apresentação completa do grupo A. Talvez não haja aqui mais que um acaso, felicitemo-nos que ele seja tão feliz. Pois, conviria observar, à medida que avançamos neste estudo, que as relações aritméticas bem simples, afinal, cuja existência mais ou menos consciente descobrimos, não devem ser notadas enquanto relações aritméticas, isto seria uma visão reduzida; mas sim, como a maneira mais apreensível de perceber o equilíbrio das estruturas colocadas em evidência. Isto posto, nosso empreendimento será de ir à procura de estruturas mais complexas, e sobretudo de perceber de que maneiras elas podem reger a arquitetura de um conjunto musical.

*

* *

Vamos proceder assim: tomaremos sucessivamente, por ordem de complexidade crescente, a *Glorification de l'Élue*, a *Danse de la Terre*, a *Danse sacrale*, e por fim a *Introduction*, a peça mais extraordinária de toda esta obra, que desafia toda análise pelas interferências múltiplas com as quais cria o seu desenvolvimento.

A forma da *Glorification de l'Élue* poderia ser sumariamente qualificada de forma ternária: uma exposição, um meio, uma reexposição, o que, no jargão de composição, chama-se a forma *lied*. É na verdade uma forma ternária onde as diferenciações são, no entanto, de um tipo diferente do seu emprego habitual. Eis por que:

A primeira parte utiliza a combinação quase contrapontística de três células rítmicas móveis. Digo: quase contrapontística, pois elas não fazem mais que morderem-se uma sobre a outra, e não há uma superposição contrapontística propriamente dita. Todavia, esta arquitetura rítmica tem lugar sobre planos horizontais, a despeito dos aspectos verticais que ela possa apresentar na escuta.

A segunda parte está baseada na compartimentação vertical e antagonista de duas repartições (sonora e rítmica) com preponderância de uma ou de outra na duração. Insisto sobre a ideia de justaposição e de compartimentação *vertical* que são, portanto, a característica essencial da oposição entre a primeira e a segunda parte, sendo que as células são igualmente móveis nos dois casos.

Na terceira parte, enfim, utiliza-se somente uma célula rítmica, a primeira das duas outras tendo sido suprimida, e a segunda servindo de introdução, não sendo mais retomada. A divergência horizontal-vertical é então abolida.

Isto estabelece o esquema de organização rítmica: horizontal, contrapontística, três células; vertical, justaposta, duas células; horizontal-vertical, uma célula. O fenômeno do ritmo impõe, então, uma arquitetura à esta *Glorification de l'Élue*, mais que a disposição sonora que, apesar das repartições diversas, continua estática em todos os casos.

Falta-me justificar estas conclusões pela análise do texto musical em si.

A primeira parte se compõe de três organizações sonoras-rítmicas que nós chamaremos *a*, *b*, *c* (Exemplo X).

A célula *a* ou *a'* é fixa e suporta em princípio cinco colcheias, a colcheia sendo seu valor unitário, diferenciando-a assim de *b* e de *c* que têm por valor unitário a semínima. Esta célula *a*, nós a chamaremos então de a_5. *A* combinação *aa'* é de sete colcheias. Ela pode ser precedida de uma anacruse ∝ de duração variável, de base ternária (6, 9), enquanto *a* é ímpar. Encontraremos igualmente a célula *a* em diminuição sob uma forma elidida,

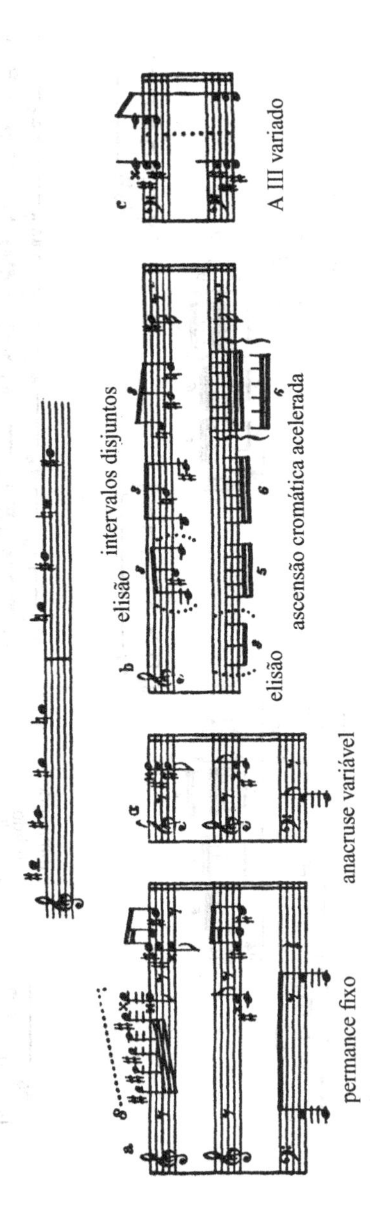
a
permance fixo
anacruse variável
b
elisão
intervalos disjuntos
elisão
ascensão cromática acelerada
c
A III variado

Grupo a α

Grupo b

Grupo c

b_5

c_{11}

a_5 a'_5 α_9 a_5

aa'_7 a_5 a elidido diminuído

b_4

c_7

a elidido diminuído

b_4

$c_{6\frac{1}{2}}$

a_5 a elidido diminuído

b_4

$c_{6\frac{1}{2}}$

α_6 a'_5 α_9 a'_5 a_5 aa'_7 a_5

Exemplo X.

de forma a_2. No entanto, sob esta forma, ela não tem nenhum papel construtivo propriamente dito, pois ela é sempre a terminação do grupo *b*.

O grupo *b* é composto: 1) de uma subida cromática sobre um acorde com velocidade crescente pela utilização alternada dos grupos irracionais e de grupos racionais (tercinas de colcheias, quatro semicolcheias, quintina e depois sextina de semicolcheias, e por fim fusas), terminando sobre o valor unitário com ataque curto (semicolcheia, e pausa de colcheia pontuada); 2) de uma subida por intervalos disjuntos (os dois apoios se encontrando sobre dois saltos de sétima maior) em valores irracionais repetidos (tercinas de colcheias). O grupo *b* original se compõe de cinco semínimas; nós o chamaremos b5. O grupo se transforma por elisão em 64, cada um destes grupos 64 diferindo por elisão dessemelhante de seus componentes.

O grupo *c* constitui-se de um acorde repetido. Este acorde pode ser atacado por inteiro ou dividido em duas batidas (duas colcheias), mas sempre de valor unitário: a semínima. Este grupo está em constante diminuição, antes ele vale onze semínimas (*c*11) em acordes inteiros, depois sete semínimas em acordes divididos (*c*7), e finalmente, por elisão, seis semínimas e uma colcheia (c6 1/2).

Do ponto de vista da dinâmica sonora, pode-se constatar que o grupo a ∝ é às vezes estático (anacruses repetidas ∝) e dinâmico (acento desinência, *a*); que o grupo *b* é puramente dinâmico, subida cromática e disjunta sobre um acento; quanto ao grupo c, ele é unicamente estático. Para estabelecer o equilíbrio destas diferentes características, vimos que, praticamente, não se pode dissociar os grupos *b* e *c* e que eles formam um bloco antagonista de a, o estático *a* sendo sempre imediatamente encadeado ao dinâmico *b*.

Esta primeira parte comporta em suma três etapas no seu desenvolvimento. A primeira consiste em expor *b c a* uns na sequência dos outros. Sua composição é: *b5* | c11 | *a5 a'5* α 9 *a5 aa'7 a5*.

Este último *a5* marca sobre a segunda colcheia o início da segunda etapa que terá a predominância dos grupos *b* e c; tem-se assim: b4 c7 encadeado sobre *b4 c6* 1/2, depois novamente, como uma repetição elidida, *a5* ligado a *b*4 *c6* 1/2. Há então uma alternância construtiva no contraponto destas estruturas rítmicas entre o grupo a, de um lado, e os grupos *b* e *c* de outro. Enfim, não esqueçamos a elisão de *a* diminuído (*a*2) que se coloca ao fim de cada grupo *b*.

Enquanto a segunda etapa se encadeia com a primeira, a terceira vem por justaposição e consiste unicamente no desenvolvimento do grupo *a* que se faz da maneira seguinte: α 6 a'5 α9 a'5 a5 aa'7 a5. Vemos que, em relação ao grupo da primeira etapa, ele só apresenta ínfimas modificações que são a transferência de um valor *a5* do começo para o meio do conjunto e por um grupo de anacruses α 6, não utilizados até aí; e por fim, os grupos de α 6 e α 9 que são ambos apojaturados.

Não há mais necessidade, penso, de realçar mais uma vez estas simetrias na assimetria ou estas assimetrias na simetria, que, na construção rítmica de *Le Sacre*, são um dos fenômenos essenciais. Assim, passaremos à segunda parte da *Glorification de l'Élue*, que começa no número 111 da partitura e marca, como já dissemos, a compartimentação alternativa de duas estruturas verticais. Chamemos estas duas estruturas, apresentadas abaixo, de A e B.

Exemplo XI.

Elas têm em comum um pedal ornamentado em torno de fá ♮, à distância de meio-tom acima e abaixo deste fá ♮, (*sol* ♭,*mi* ♮), no entanto com a diferença – ao menos no início de A – de que esta dupla bordadura se faz em sentido contrário (*fá mi sol* ♭ para A, *fá sol* ♭ *mi* para B) onde se nota uma certa inversão na figura resultante dos intervalos utilizados seja em sétima maior, seja em semitom. Isto que nós podemos chamar seu componente melódico é, em compensação, direcionado, *grosso modo*, em sentido contrário: descendente, *si* ♭ *lá* ♭ *sol* ♭ para A (o *dó* sendo bordadura, ou sendo escapada, me permitirei não considerá-lo como nota real); ascendente *si* ♭ *dó ré* ♭ para B. Esta dupla simetria dos grupos em torno de *fá* dominante e de *si* ♭ tônica, instala então o tom de *si* ♭ menor; a primeira e a terceira parte se apoiarão principalmente sobre uma subdominante alterada de *dó* ♯ menor.

A estrutura A se decompõe em uma anacruse fixa de três colcheias – que só aparecerá três vezes – utilizando para suas divisões de valor unitário apenas valores irracionais (tercinas de colcheias, sextinas e septinas de semicolcheias), e em um grupo móvel que tem como valor unitário a semínima, cuja essência rítmica é fornecida pelas tercinas. O pedal de *fá* é expresso em semínimas. A estrutura B se compõe de acordes com acentuação sobre a parte fraca dos tempos (chamaremos contratempos racionais, enquanto chamaríamos os contratempos de A irracionais); ela tem igualmente por valor unitário a semínima. O pedal de *fá* é expresso em colcheias.

Esta segunda parte da *Glorification de l'Élue* se decompõe, como à primeira, em três fases:

Primeira fase: o grupo A se expressa sozinho com uma prefiguração de B; ele está em constante aumento. Se atribuirmos a A como índice o número de valores unitários que ele comporta, sem levar em conta a anacruse fixa da qual falamos, obtemos o esquema seguinte:

A3 A4 A6	| B5 |	A9
com anacruse		sem anacruse

Esta frase termina com a elisão de A com um caráter cadencial suspensivo: A2. Notemos, também, que é muito lógica a intrusão do grupo B que suprime a anacruse de A.

Segunda fase: o grupo B se expressa apenas por uma oscilação constante de valor sobre um pedal rítmico fixo. O que nos dá B5 B6 B5 B6 B5.

Terceira fase: os grupos A e B vão se alternar por compartimentação, o grupo A sempre com um caráter cadencial suspensivo. Obtemos então quanto à análise desta fase: B5 | A3 | B6 | A2 | B3 | A4; por fim uma cadência ampliada termina toda esta segunda parte. O único elemento de junção nesta compartimentação é a continuidade do pedal rítmico de quatro colcheias sobre bordadura de *fá* durante a alternância dos dois grupos. Notemos, finalmente, que o grupo B aumenta depois diminui (5↗6↘3) enquanto o grupo A segue o caminho contrário (3↘2↗4).

A terceira parte volta à primeira, harmônica e ritmicamente. Já dissemos que ela introduzia a supressão total de*cea* supressão de *b*, que figura apenas a título de transição entre a segunda e a terceira parte. Resta apenas o esquema de *a* em uma só construção de dupla vertente, já que a retomada é textual: *a*5 *a*'5 α 9*a*5 *aa*'7*a*5 | α 6*a*'5 α 9*a*'5 *a*'5 *aa*'7 *a*'5. As particularidades deste esquema já foram estudadas.

Acredito que demonstramos por este exemplo que a "forma" está constituída tanto por caracteres estruturais rítmicos de uma grande complexidade, quanto por relações harmônicas muito simples.

*

* *

A *Danse de la Terre* é infinitamente mais complexa, senão na arquitetura global, ao menos nas estruturas rítmicas periódicas. Certas estruturas, teremos oportunidade de constatá-lo, fazem pensar, com suas semifixidez e alternâncias rápidas, nas estruturas rítmicas dos tambores da África Negra. Nesta ordem de ideias, acredito mesmo que a *Danse de la Terre* é uma das peças mais notáveis de toda a partitura.

Harmonicamente ela se estabelece – como quase sempre em Stravínski – sobre uma distribuição em grandes planos; aqui, em torno de uma tônica: *dó*.

Primeiro plano, contínuo: escala por tons inteiros partindo da quarta aumentada terminando à terça[2];

Segundo plano, interrompido: acorde perfeito de *dó* maior com adição da apojatura *fá* ♯, igualmente sua bordadura à distância de um tom: o acorde perfeito de *ré* maior;

Terceiro plano, contínuo: acorde de quartas cuja polaridade atrativa é *dó* (*mi* ♭ *si* ♭ *fá dó*), esta polaridade se revelando durante o desenvolvimento.

A arquitetura desta peça é binária, aqui estão as oposições sobre as quais ela se move. A primeira parte repousa sobre um pedal rítmico fixo, e não utiliza nenhuma superposição de estrutura – a não ser uma prefiguração esporádica da célula rítmica principal da segunda parte –, mas elementos desenvolvidos por compartimentação com interdependência dos componentes. Na segunda parte, o pedal grave rítmico é aumentado e adquire suas próprias flutuações periódicas; a célula rítmica, prefigurada na primeira parte, organiza duas estruturas paralelas, totalmente independentes entre si e como rememoração, igualmente independentes do pedal rítmico transformado; ao final se superpõe, a ideia diretriz da primeira parte. Compreende-se imediatamente as relações que se estabelecem: a fixidez torna-se móvel, as estruturas verticais interdependentes tornam-se estruturas horizontais independentes; uma mesma intromissão de um lado e de outro do elemento oposto àquele que organiza sua composição. A única característica comum às duas partes – ritmicamente, quero dizer – é a mesma "polidivisão" da unidade (em colcheias, semicolcheias e tercinas de colcheias).

2. *Danse de la Terre*, Terceiro compasso, violas e contrabaixos: fá ♯ - si . (N. do R.)

Exemplo XII.

A primeira parte é constituída pelo pedal fixo que chamaremos P3; ela se apresenta num compasso ternário que aparecerá durante toda a peça, sendo que os ritmos reais são outros, como veremos imediatamente.

Sobre este pedal rítmico, se desenvolvem, por compartimentação, três elementos que iremos diferenciar; o elemento A, que é o acorde perfeito de *dó* maior com a apojatura *fá* ♯; o elemento B, que é um arpejo em septina e sextina de semicolcheias, precedido ou seguido de pausas, onde, eliminando-se, ficam apenas os silêncios; o elemento A', que é a bordadura do acorde de *dó* sob a forma de um acorde de quarta sensível, ele mesmo ornamentado. De uma maneira global, o plano desta primeira parte se estabelece assim: preparação, que compreende o elemento B; primeiro esquema A; primeiro esquema A' e B; segundo esquema A; segundo esquema A' e B; terceiro esquema A.

Primeiramente, ocupemo-nos dos esquemas A. Eles são construídos sobre um ritmo 2/4 que contrasta com o pedal rítmico (3/4).

O primeiro esquema A é composto assim:

4 | 5 | 3 | 4 ||

os valores são contados em colcheias e não levam em conta a duração mais ou menos breve do ataque; o primeiro esquema se constitui sob a forma:

O segundo esquema A:

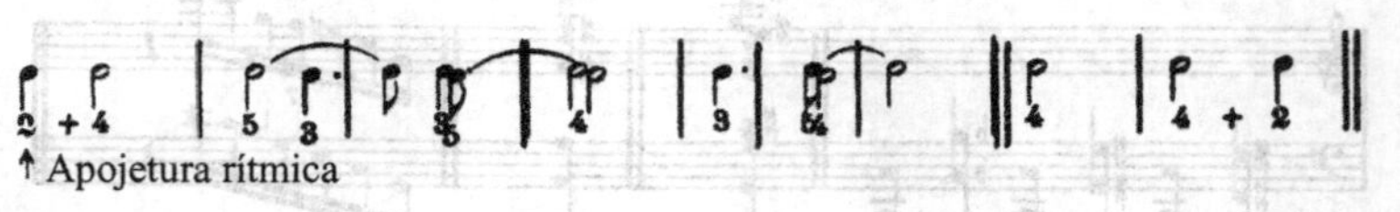

Finalmente, o terceiro esquema A:

É indispensável fazer algumas observações sobre estes esquemas. O primeiro tem o valor 4 como valor de início e como valor de conclusão; estes dois valores 4 são, portanto, simétricos em relação à dissimetria central 5 3. O segundo esquema é retrógrado do primeiro com a supressão do último valor 4 de conclusão. O terceiro esquema é a união dos dois primeiros, com uma apojatura rítmica de 2 sobre o valor de 4 inicial, e a adição desta célula apojaturada retrogradada, o que dá uma simetria semelhante, à que observamos no primeiro esquema. (Observemos que o primeiro esquema estando em sentido direto, e o segundo retrógrado, o terceiro se apresenta como a reunião neutra dos dois; pode-se dizer ainda: primeiro esquema direto, depois segundo esquema direto, ou retrógrado; sendo isto uma consequência natural das retrogradações.)

Os esquemas A' e B são um pouco mais complexos. Definiremos as bordaduras A' pelo número de seu valor unitário, na ordem em que elas aparecem pela primeira vez (Exemplo XII).

Definiremos, por outro lado, globalmente, o arpejo B e sua pausa pela adição de valores unitários. Estabelece-se assim:

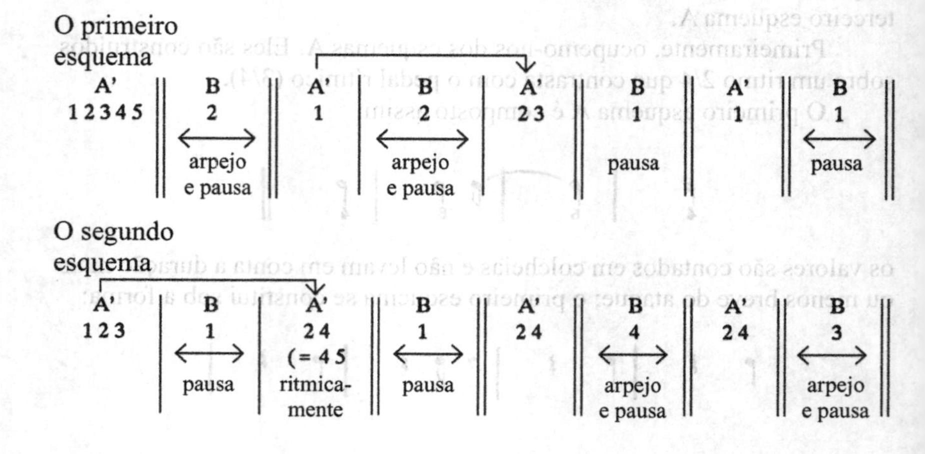

Vê-se facilmente por quais propriedades estes dois esquemas são tirados um do outro. Os grupos A' têm um mesmo valor global e se eliminam de maneira contrária no primeiro e no segundo esquema. No primeiro, tem-se a exposição 12 3 4 5, depois as duas eliminações 1 2 3, 1; são, portanto, as últimas bordaduras que são eliminadas, em duas vezes dois.

No segundo esquema, temos uma exposição variada: 12 3 2 4 (onde, ritmicamente, este último 2 4 equivale a 4 5 do primeiro esquema); depois as duas eliminações 2 4, 2 4. São, portanto, os três primeiros grupos que são eliminados, três em uma única vez.

Os grupos B, que chamaremos grupos de interrupção, se seguem primeiramente na ordem: B2 B2, B1 B1, depois na ordem: B1 B1, B4 B3. Esta ordem é, portanto, assimétrica em relação aos valores B_1 iguais, sendo que os valores B4 e B3 são irregulares em relação a B2 B2. (Esta irregularidade vem simplesmente do pedal rítmico P3 que impõe seu período a A' e B.) Ademais, estas interrupções B se produzem de maneira dessemelhante no primeiro e no segundo esquemas. Nota-se isto facilmente nos esquemas tal como os anotei, com a colocação de barras duplas e flechas, que facilitam a compreensão dos grupos. Disso resulta deslocamentos estruturais extremamente simples, mas extremamente eficazes; já nos detivemos longamente sobre outros casos parecidos, portanto, não é mais necessário voltar a eles.

Conviria, no entanto, fazer ainda uma observação sobre a localização destes dois esquemas um em relação ao outro, e sobre a realização de seu equilíbrio. O primeiro e segundo esquemas A equivalem em valor arquitetural ao terceiro esquema A, e eles equivalem em duração ao primeiro esquema A' B (primeiro esquema A: três compassos; segundo esquema A: dois compassos; primeiro esquema A' B: cinco compassos). O primeiro esquema A' B equivale em valor arquitetural ao segundo esquema A' B, este último equivalendo em duração ao terceiro esquema A (seis compassos nos dois casos).

Assim os valores arquiteturais destes grupos e as durações se equilibram nas tensões contrárias de igual força, com as disposições dissimetricamente variadas que fazem deste início da *Danse de la Terre* um modelo excepcional, que esquematizaremos sob a forma:

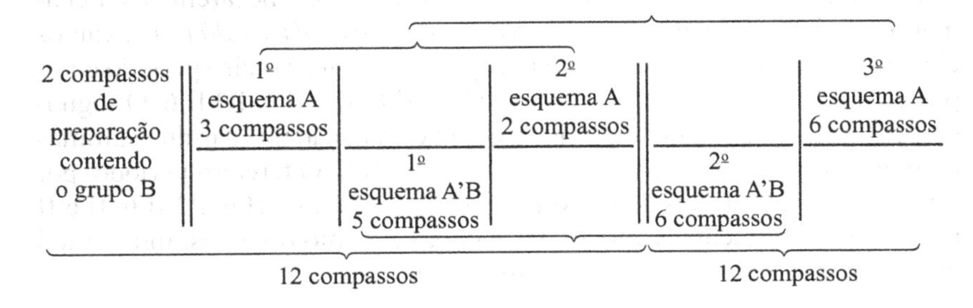

Sobre o último valor do segundo esquema A insere-se um elemento em tercinas que vai ser preponderante na segunda parte, que chamaremos elemento *b*; nós lhe daremos seu contexto no estudo dessa segunda parte. Definamo-lo agora como um salto de quarta descendente seguido de repetição da nota de chegada; ele utiliza a divisão em tercinas de colcheias; apliquemos a ele como coeficiente o número de valores unitários, ou seja, de semínimas, que ele emprega (Exemplo XIII).

Exemplo XIII.

Obtemos como frequência de aparecimento desta célula: *b*2; pausa de 1 2; *b*2; pausa de 7; *b*1; *pausa de* 1; *b*2, *b*1; pausa de 6; *b*1 *b*1; *pausa de 1*; *b*1; pausa de 1. Os grupos *b* aumentam enquanto as pausas intermediárias diminuem. Salvo esta progressão não há particularidade marcante nesta prefiguração, a não ser a presença de *b*1 no início de cada grupo *b*, presença que se poderá observar mais tarde no início de cada período comandado por *b*, e ainda pela simetria dos dois últimos grupos *b* com precipitação por elisão no segundo.

Mas passemos desde já ao estudo dos elementos que compõem a segunda parte. O pedal de três sons da escala por tons sobre *dó* tônica, de fixo torna-se móvel, como já foi dito. Ela se transforma, com efeito, num desenvolvimento rítmico em três grandes períodos. Começaremos por chamar os três sons *fá ♯ sol ♯ si ♭* de P3; os seis sons *fá ♯ sol ♯ si ♭ dó ré mi*, vamos chamá-los II 6 (Exemplo XIII); temos, portanto, um primeiro período composto de três combinações diferentes P3 P3 II 6, II 6 II 6, P3 II 6. O segundo período é a repetição do primeiro com permutação de suas duas últimas combinações, a saber: P3 P3 II 6, P3 II 6, II 6 II 6. O terceiro período, por fim, é a repetição destas duas mesmas combinações: P3 II 6, P3 II 6, II 6 II 6, II 6, II 6. O desenvolvimento deste baixo é, como o vemos, muito fácil de captar, e de uma certa forma, bem regular.

O segundo elemento, que se transplanta sobre esta escala por tons, é este intervalo de quarta com repetição sobre a nota da terminação (*mi*♭ *si*♭), que já assinalamos, e que varia de *b*1 à *b*3; ele é acompanhado do que se poderia chamar uma célula – bordadura *a*, cujo valor é imóvel: *a*2. Ele aparece apenas duas vezes sob a forma *ab* que é seu prolongamento por *b*. Depois, como grupo cadencial adjunto a *a* e *b*, há um grupo neutro *c*: os acentos de seus valores unitários formam o retrógrado dos acentos sobre seus valores de divisão (notas sobre as quais coloquei flechas no exemplo), retrógrado que está em paralelismo com a escala por tons. Seus períodos são extremamente complexos; querer tentar sua análise parece ou uma tentativa arbitrária ou mesmo um contra-senso.

Distinguirei, no entanto, quatro ordens de grupos:

1. Um grupo cadencial fixo: *c*.
2. Um grupo de bordadura semicadencial fixa: *a*2 *b*1, *b*1 *a*2.
3. Grupos de bordadura variável sem tendência cadencial, mas com caráter de acentuação: *a*3 *b*3, *a*2 *b*2, *a*2 *b*2 *a*2, *a*2 *a*2 *b*2, provenientes da junção dos elementos *a* e *b* de idêntica duração.
4. Por fim, grupos variáveis de repetição, mais exatamente de prolongamento ou de espera rítmicos: são as repetições de *b*, *b*1, *b*2, *b*3.

Estabelecida esta classificação, que creio justificável, obtemos para os períodos *a*-*b*-*c* o número de 5.

I:	*b*1 *b*3 *b*2 (4ª ordem)	*a*3 b3 (3ª ordem)	*a*2 *b*1, *a*2 *b*1 (2ª ordem)			
II:	*b*1 (4ª ordem)	*b*3 *a*3, *a*2 *b*2 *a*2 (3ª ordem)	*b*3 *b*1 *b*2 (4ª ordem)			
	*b*2 *a*2 (3ª ordem)	(*a*2) *b*1, *a*2 *b*1, *b*1 *a*2 (2ª ordem)	*c* (1ª ordem)			
III:	*b*1 *b*3 (4ª ordem)	*a*2 *b*2 *a*2 (3ª ordem)	*b*1 *a*2 (2ª ordem)	*c* (1ª ordem)		
IV:	*b*1 *b*2 (4ª ordem)	*b*2 *a*2 (3ª ordem)	*b*1 *b*2 (4ª ordem)	*b*1 *a*2 (2ª ordem)	*c* (1ª ordem)	
V:	*b*1 *a*2 (2ª ordem)	*b*1 *b*2 (4ª ordem)	*b*1 *a*2 (2ª ordem)	(*a*2) *b*2 (3ª ordem)	*b*1 *b*2, *b*2 *b*1 (4ª ordem)	*c* (1ª ordem)

Percebe-se, assim, que os quatro primeiros períodos observam a mesma lei que é de tender à cadência a partir de uma repetição variável (I: 4ª, 3ª, 2ª; II: 4ª, 3ª, 4ª, 3ª, 2ª, 1ª; III: 4ª, 3ª, 2ª, 1ª; IV: 4ª, 3ª, 4ª, 2ª, 1ª). O quinto período é o único onde se observa o processo contrário (V: 2ª, 4ª, 2ª, 3ª, 4ª, 1ª); ou seja, ele tende de uma ordem semicadencial para uma ordem de espera rítmica, para rejeitar isoladamente, com muito mais força, o grupo da cadência que o termina; e serve igualmente de conclusão a todos os outros períodos. Pode-se verificar de que maneira, de acordo com os períodos, variam os grupos de uma mesma ordem variável. Eu me contentarei em assinalar que eles procedem ambos por uma eliminação de *a*3 e de *b*3; enfim, que eles procedem por células curtas, com eliminação das células mais longas, enquanto se verá o terceiro elemento periódico proceder parcialmente da maneira contrária.

Exemplo XIII (*suíte*).

O terceiro elemento da construção que analisamos é um elemento paralelo ao segundo no sentido que ele utiliza células α e β, cuja função é a mesma que aquela dos precedentes *a* e *b*: α é uma célula-bordadura, β é uma célula de notas repetidas. Não há, neste terceiro elemento, um grupo cadencial neutro e fixo comparável a *c*. Notemos ademais que a célula α é, em geral, mais longa que a célula *a*, enquanto, ao contrário, a célula β é mais curta que a célula *b*, o que dissolve seu paralelismo. O terceiro elemento se insere sobre o segundo período do segundo elemento, exatamente sobre seu primeiro grupo de terceira ordem, *b*3 *a*3, e se reveste da forma similar: β3 α3, para encontrar depois sua periodicidade particular.

A célula β tem três valores β1 β2 β3 que criarão uma discriminação na organização dos agrupamentos βα. Graças a esta discriminação, percebem-se três períodos:

I: β3 α3; β2 α4; βI α3 – βI $\overbrace{\alpha 4\ \alpha 3}$

II: β2 α4 α5; βI α5; β3 α3 α3 – βI $\overbrace{\alpha 7}$

III: β2 α3; α1 α4 α3 α'3 α'7 α'5 α3

Vê-se que os dois primeiros períodos apresentam três grupos βα que se diferenciam por β 3, β 2, β 1, depois um grupo βα de conclusão que se diferencia por β 1; este último grupo vem a ser o mesmo nos dois casos com uma pequena variante (α 7 ao invés de α 4 α 3). O terceiro período elimina β 3, mas o grupo de conclusão começando por β 1 é aqui extremamente aumentado e representa o essencial deste último período. Observamos, então, que, para sua conclusão, este terceiro elemento emprega um procedimento de alargamento, enquanto o segundo elemento, em seu quinto período, recordemo-nos, invertia a ordem hierárquica no curso do seu desenvolvimento, o que isolava a conclusão.

Mostramos esquematicamente no Exemplo XIV como se produzia a superposição destas diferentes estruturas periódicas, respeitando a escrita da partitura, ou seja, a divisão em compassos ternários. Indicamos ademais (Exemplo XV) como se efetuam as cadências enquanto se desenrola o grupo *c*.

Enfim, para terminar a análise da *Danse de la Terre* falta ver de que maneira os elementos da primeira parte aparecem no fim da segunda, e vêm-se superpor num período conclusivo, derivado, por um processo muito simples, de sua primeira forma.

Temos, com efeito, seis compassos antes do fim, a retomada dos grupos A e B que nos foram familiares na primeira parte (ver Exemplo XII).

O grupo B é normal, compõe-se de um arpejo seguido de uma pausa, cada um sobre um valor unitário; serve de introdução aos grupos A, da mesma maneira que havia feito no início da primeira parte. Segue-se o grupo A assim decomposto:

5 | 5 | 3 | 3 | 4 || 5 | 3 | 4 ||

Este último esquema de A é, portanto, idêntico, em sua primeira fase, ao primeiro esquema da primeira parte, com a diferença que os valores ímpares aí são redobrados; e o valor par, em compensação, só acontece uma vez. Sua segunda fase é a repetição variada do segundo esquema da primeira parte, estando os valores ímpares invertidos, o último valor, par, aparece no contratempo.

Penso que se pôde assim controlar a extrema complexidade do desenvolvimento da *Danse de la Terre*, em que pela primeira vez, parece, foram realizadas, do ponto de vista rítmico, as oposições de estrutura, que agem

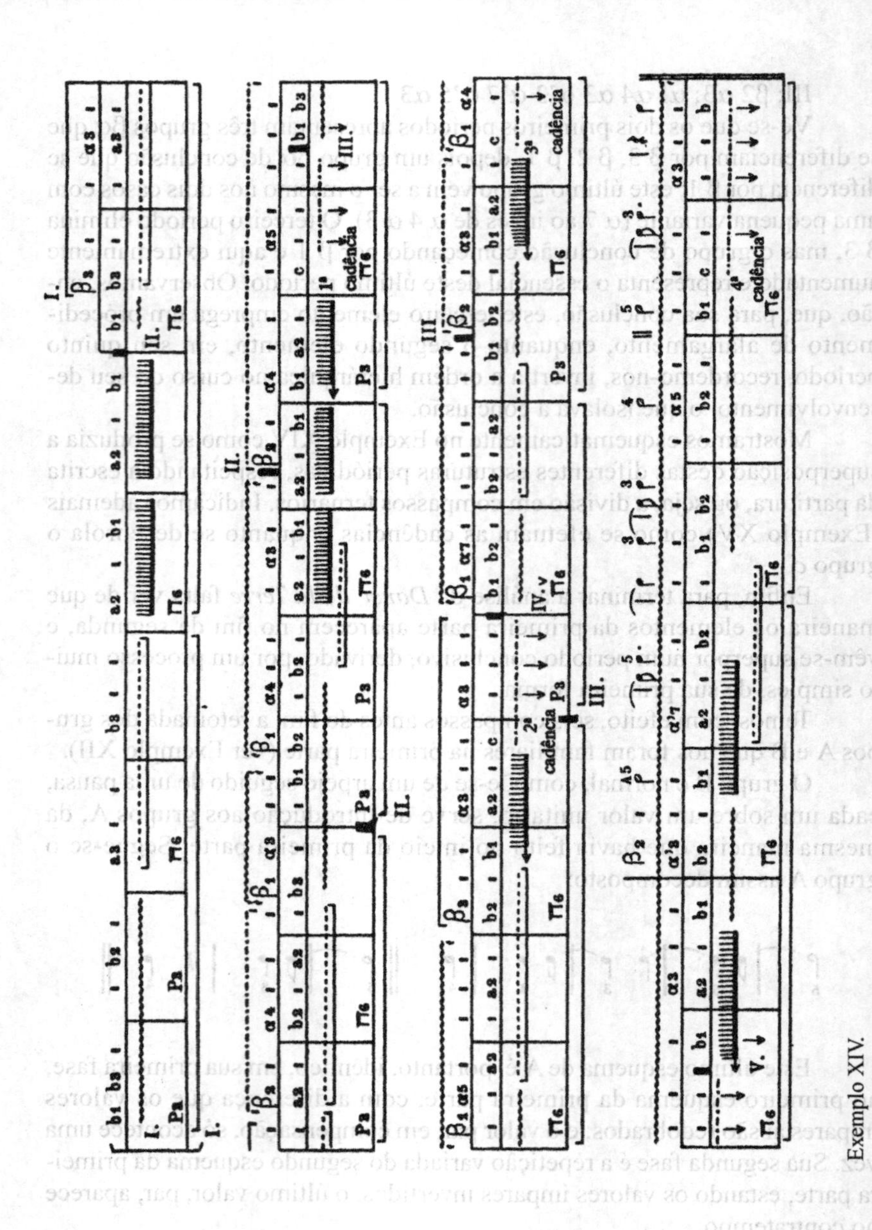

Exemplo XIV.

Exemplo XV.

sobre independências horizontais monorrítmicas ou polimítmicas do material sonoro. Estas oposições, vamos encontrá-las de maneira mais caracterizada ao longo *da Danse sacrale.*

*

*   *

Limita-se a dizer da *Danse sacrale* que ela é um rondo; afirmamos, dessa forma, a mais estrita e sumária evidência. Se formos mais curiosos, trataremos de perceber as razões da organização em "rondo". Elas não se resumem às simples questões formais – do formalismo mais banal –, mas colocam em jogo quase todos os esquemas rítmicos que se pôde perceber aqui e ali em *Le Sacre* e que se confrontam aqui sob a proteção bem ambígua desta forma rondo (que, sabemos, com a forma "Variação", é das mais flexíveis ou, se se quer, das menos rigorosas). Distinguem-se então dois refrões, duas copias e uma coda sobre o refrão.

Os refrões e a coda são monorrítmicos, ou seja, um só ritmo governa o que não se poderia propriamente chamar uma polifonia, mas uma verticalização harmônica. A primeira copia comporta dois esquemas rítmicos, um exteriorizado verticalmente, o outro horizontalmente. Finalmente, a segunda copia é uma superposição polirrítmica horizontal.

O segundo refrão é, de resto, uma retomada textual do primeiro, meio--tom abaixo. O esquema destes dois refrões é extremamente simples de estabelecer. Ele se compõe de três elementos (Exemplo XVI).

Exemplo XVI.

Um elemento A que se constitui de acordes repetidos servindo de preparação ao elemento B, formado do acento seguido de sua desinência. Digamos que os elementos A e B formam um grupo Γ. Um grupo C vem, por mudança de acorde, equilibrar o grupo Γ; grupo C que se compõe de uma preparação seguida de um acento, depois se transforma em preparação-acento-desinência com uma distribuição fixa de valores: semicolcheias para a preparação, colcheias para os acentos, semicolcheias para a desinência (ver Exemplo XXII, sendo que esta sucessão completa é analisada em sua transposição na coda). Podem-se distinguir dois períodos no desenvolvimento deste ritmo (Exemplo XVII).

Observa-se que, se A e C variam irregularmente, B apresenta apenas dois valores fixos B7 e B4, o segundo vindo como elisão do primeiro.

No primeiro período se observará a disposição simétrica A3 | A5 B7 de um lado, A5 B7 | A3 de outro lado.

O segundo período utiliza A4, contração do elemento A5 surgido no primeiro período; e uma forma A'5 derivada de C8.

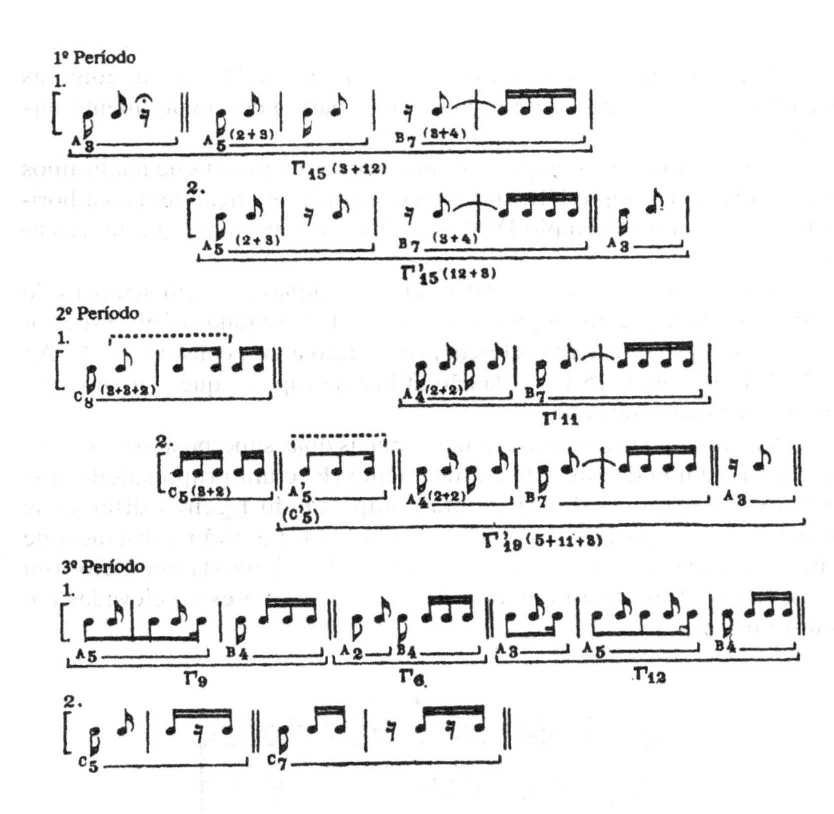

Exemplo XVII.

I 1. — A3 A5 B7, A5 B7 A3, que resulta
Γ15 Γ'15
2. — C8, A4 B7, C5, A'5 A4 B7 A3 : C8 Γ11 C5 Γ'19

II . — A5 B4, A2 B4, A3 A5 B4, C5, C7 :
Γ9 Γ6 Γ12 C5 C7

O terceiro período introduz B4, contração de B7, assim como as variantes C5 e C7: elas servirão mais tarde para o desenvolvimento terminal.

A primeira cópia comporta o tema rítmico vertical que analisamos longamente no Exemplo VII, sustentando uma construção temática horizontal analisada no Exemplo IV. Não voltaremos, portanto, a este desenvolvimento.

A segunda copia se desenvolve em três etapas que têm seu período próprio e se superpõe por entradas sucessivas. Esta segunda cópia é seccionada no meio por uma curta referência do refrão assim constituída: A3 A5 B7 A2 B4, ou seja, Γ 15 Γ 6. Ela não utiliza o grupo C, que, veremos, é o elemento essencial da coda.

A primeira parte coloca em jogo apenas duas superposições (Exemplo XVIII), um pedal variado ritmicamente (P) e um grupo sujeito-resposta (S-R) ao intervalo de quinta comportando ligeiras diferenças cromáticas que aqui estão. Em S, as três notas 1 2 3 estão à distância de tom, *dó si ♭ lá ♭*. Em R (transposto), a nota 1 é abaixada em meio-tom (*dó ♭*). Em S' (transposto igualmente), as notas 2 e 3 estão elevadas em meio-tom *si ♮ lá ♮*.

Exemplo XVIII bis.

Mas comecemos mais logicamente pelo estudo rítmico do pedal. A célula que lhe dá origem tem uma duração de cinco semínimas. Ela se baseia numa alternância de colcheias e de tercinas de colcheias na seguinte ordem: uma vez duas colcheias, uma tercina, uma vez duas colcheias, duas tercinas. Pode-se notar igualmente nesta célula uma espécie de *Klangfarbenmelodie*, embora em estado muito rudimentar, incluindo mesmo os instrumentos de percussão como tanta e bumbo. Esta célula de cinco semínimas pode ser abreviada para três ou quatro, por elisão da última ou dos dois últimos valores unitários. Os elementos que organizam o desenvolvimento deste pedal

Anacruse 8
Anacruse 5
S
P
5+4=9
6+4=10
R
S'
Anacruse muito grande repetido (duração 24 semínimas)
etc.
sempre em grupos de 5

caminham de duas em duas células, sendo essa sua sucessão na primeira parte: 5 3 5 3 5 4 5 5 4 4 4 3 5 5 5 5 5 3.

Sobre a última colcheia do primeiro elemento 5 3, parte o sujeito S sobre uma anacruse repetida duas vezes, a primeira durando oito semínimas, a segunda cinco. Após esta anacruse dupla, se desenvolve a cabeça do sujeito (quatro semínimas), depois, por duas vezes, o sujeito inteiro (nove semínimas e dez semínimas) e finalmente, de novo, a cabeça do sujeito duas vezes: a primeira durando seis semínimas, e a segunda, precedida de uma grande anacruse de 24 semínimas, durando quatro semínimas. A resposta R se produz ao fim da exposição completa do primeiro sujeito S; de resto ela comporta apenas a cabeça de uma resposta inteira. Enfim, a variante do sujeito S', à distância de um meio-tom superior, se coloca no fim da resposta, sob a anacruse simplificada que precede o último desenrolar do sujeito S propriamente dito. Ele se elimina irregularmente em períodos cuja duração em semínimas é: 8, 4, 6, 4, 2.

Na segunda parte (Exemplo XIX), a estes mesmos elementos pedal e a dupla sujeito-resposta, vem se acrescentar um elemento harmônico H que, ritmicamente, se liga à dupla sujeito-resposta, primeiramente ao sujeito variado S', e em seguida à resposta R. No fim desta segunda parte, o pedal se duplica com uma resposta P' que tem seu próprio período. Comecemos pelo estudo deste pedal e de sua resposta. Da mobilidade rítmica ele passa a uma célula fixa de cinco semínimas repetidas nove vezes, seguida por uma célula de três semínimas. Sobre a última semínima da sexta repetição, se insere a resposta P' com o valor de quatro semínimas, desde logo repetida duas vezes, depois superposta em cânone (sempre de valor 4, o que dá um valor global de 6 para estas duas células P'), enfim duas células de três semínimas. O grupo S comporta antes de mais nada uma anacruse de oito semínimas, depois duas vezes a cabeça do sujeito (seis semínimas), e por fim o sujeito inteiro cortado no meio por uma síncope (duração global, nove semínimas).

O grupo S' dura oito semínimas, depois, por eliminação das bordaduras iniciais, diminui pela metade: quatro semínimas, e depois volta à duração de oito semínimas, eliminando sempre as bordaduras iniciais, mas substituindo-as por pausas equivalentes.

O par sujeito-resposta se desenvolve em seguida em R e R', R à quarta superior de S, R' à quarta inferior de S', os períodos de R' durando respectivamente oito semínimas, oito semínimas, seis semínimas; os períodos de R são três mais três semínimas, três mais três semínimas, uma mais três semínimas, duas mais três semínimas (a diferença provém apenas, como se vê, das repetições desiguais da nota inicial).

S
8
6 (de 3 em 3)
6
9
S!
H
P5
R
R'
P'4
3+3
1+3
2+3
(seja ao todo 6)

O grupo H de sustentação harmônica segue, como já disse, os períodos de S' – ou seja: oito semínimas, quatro semínimas, oito semínimas – precedidos, antes da entrada de S' propriamente dito, de um grupo de seis semínimas. Entre o fim de S' e o começo de R, tem lugar um intervalo de duas semínimas que define um período intermediário igual em H, e que estabelece, então, a periodicidade de R (ou seja: 3 + 3, 3 + 3, 1 + 3, 2 + 3 semínimas). Resumindo, tem-se os esquemas:

$$\begin{cases} S: & 8\ 6\ \overbrace{6\ 9} \\ R: & 6\ 6\ 4\ 5 \end{cases}$$ 6 e 9 tendo uma nota comum

$$\begin{cases} S': & 8\ 4\ 8 \\ R': & 8\ 8\ 6 \end{cases}$$

$$P':\ 4\ \underbrace{4\ \overbrace{4\,4}}_{6}\ 3\ 3$$

Penso que se perceberão, sem que eu os descreva uma vez mais, os efeitos de equilíbrio assimétrico que organizam estes diversos grupos.

A segunda cópia é seguida da coda retomando à monorritmia dos refrões. Esta coda tem duas partes. A primeira baseia-se sobre a preponderância do grupo Γ (AB) com duas aparições do grupo C sob sua primeira forma, não cadencial. A segunda parte está construída sobre o único grupo C cadencial, que comporta valores fixos, e que descreveremos mais a frente (ver Exemplo XXII). A primeira parte da coda apresenta o esquema seguinte:

I – $\underbrace{A5\ B4}$ | $\underbrace{A2\ B4}$; $\underbrace{A5\ B4}$ $\underbrace{A5\ B4}$ | $\underbrace{A2\ B4}$; A5

seja: Γ 9 | Γ 6; 2 Γ 9 | Γ 6; Γ 5 elidido;

II – $\underbrace{A5\ B4}$ | C5; A5 | C5

seja: Γ 9 | C5; Γ 5 elidido | C5.

Este período é aumentado à oitava superior do precedente;

III – $\underbrace{A5\ B4}$ $\underbrace{A5\ B4}$ $\underbrace{A5\ B4}$ | $\underbrace{A2\ B4}$.

seja: 3 Γ 9 | Γ 6.

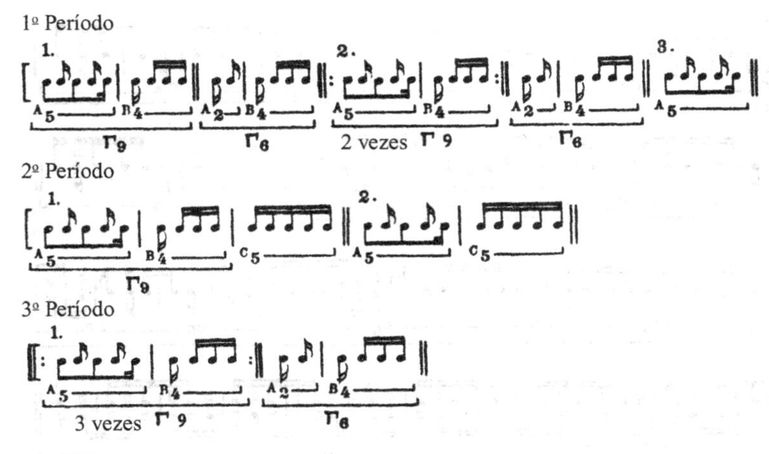

Exemplo XX.

Igualmente, este período é aumentado à oitava superior do precedente.

Observamos o lugar das células C5 isoladas no meio desta primeira parte e preparando o desenvolvimento da segunda parte. Notaremos, ademais, que este desenvolvimento é construído unicamente sobre a alternância de grupos Γ de valor fixo, daí a tendência cadencial que vai fixar C no interior de si mesmo pela repartição fixa de seus valores.

O período I desta segunda parte (Exemplo XXI) baseia-se na alternância das células C e C'; ele é composto (por uma dissociação) pelos únicos acordes graves de C.

Podem-se distinguir três pequenas subdivisões neste período I:

1. Alternância de C e de C' ———————— C5 C'5 C6
2. Unicidade de C' ———————— C'5 C'5 C'6 C'5 C'8
3. Alternância de C e de C' ———————— C5 C'6

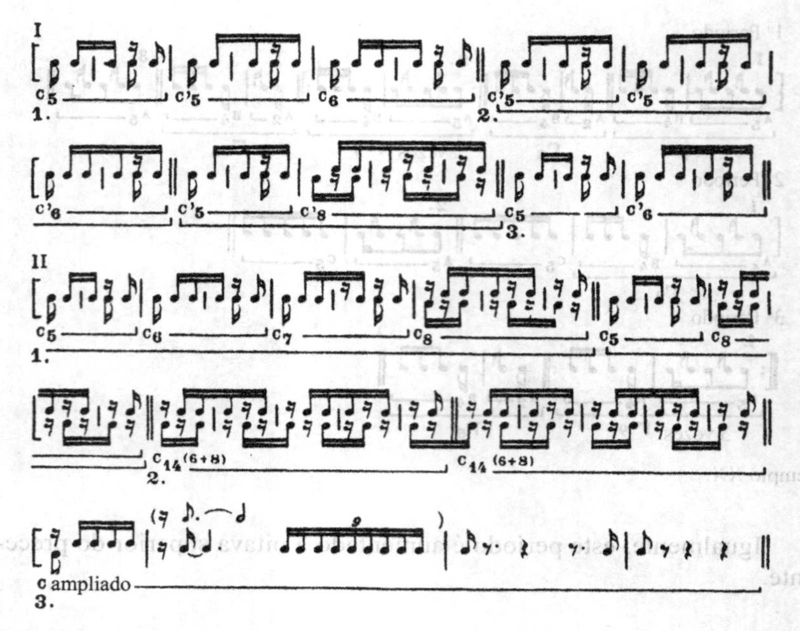

Exemplo XXI.

Observa-se, então, a fixidez das durações de cinco e seis semicolcheias e o único aparecimento de um valor de oito semicolcheias, no fim da segunda subdivisão, prefigurando o período II.

Exemplo XXII.

Este período II é consagrado ao alargamento rítmico de C, com supressão de C'. Aí distinguimos ainda três subdivisões, de acordo com os valores dos alargamentos.

1. C5 C6 C7 C8 | C5 C8

(C cresce progressivamente do mínimo 5 ao máximo 8, depois salta sem intermediário do mínimo ao máximo.)

2. C14 C14

(C se fixa sobre uma alternância 6 – 8.)

3. Que comporta os quatro últimos compassos de *Le Sacre*: os valores fixos de C são abolidos; além disso o alargamento não tem vez apenas no ritmo, mas na figura melódica que constitui o grupo C.

Assinalemos que com o grupo C8 acrescenta-se a independência rítmica do baixo, que se torna um grupo de duas colcheias repetidas, independência prefigurada igualmente em todo o primeiro C'8.

Assim, esta coda tende inicialmente em direção à cadência, para ser em seguida apenas um grande grupo cadencial. Permito-me insistir sobre o fato muito importante, na minha opinião, que é esta repartição fixa dos valores no interior do grupo C, fenômeno rítmico que dá seu aspecto essencial ao fim desta coda; um movimento aparente dialeticamente ligado a uma imobilidade subentendida.

*

* *

Falta-nos falar da *Introduction*, cujo mecanismo é mais facilmente desmontável, mas, não obstante, o mais secreto. Além desta extraordinária diversidade rítmica na variação, além deste emprego totalmente excepcional das oposições entre valores racionais e valores irracionais e a imbricação estreita dos valores longos e dos valores muito curtos (este último procedimento já familiar a Debussy), além desta perfeição nas estruturas rítmicas que a organizam, coisas cuja importância já demonstramos neste estudo, acredito que a *Introduction* de *Le Sacre* mostra um fenômeno de arquitetura dos mais interessantes: uma espécie de desenvolvimento por recobrimento progressivo que é muito difícil, para não dizer impossível, de analisar em uma sucessão de planos mais ou menos contrastados como todos os outros desenvolvimentos de *Le Sacre*. Mas generalizo prematuramente, pois não podemos deixar de perceber uma tal preocupação na dimensão da obra inteira, e estão bem aí, parece-me, as razões que podem explicar a preocupação constante de diversas ligações temáticas, que, por assim dizer, não têm uma relação de estrutura interna com o desenvolvimento em curso. (Assinalemos uma tal necessidade em Berg, por exemplo, na *Suíte Lírica*, expressa de maneira certamente mais hábil, ao menos em geral.)

Não é meu objetivo analisar aqui esta *Introduction* detalhadamente: seria necessário citar, então, todo o texto musical, e na versão orquestral, tão grande é sua complexidade. Seria falsear absolutamente um tal empreendimento em vez de realizá-lo sumariamente. Vou me contentar, então, com uma descrição tão precisa quanto possível da arquitetura desta *Introduction*.

Acredito que se pode, sem contestação, ver quatro fases neste desenvolvimento.

Primeira fase: (do início da partitura até o compasso que vem depois do número 3); uma fase de introdução em que se pode notar os dois elementos principais organizadores da segunda fase.

Segunda fase: *1*. Desenvolvimento do primeiro motivo condutor um compasso após o número 3, até o número 4. 2. Desenvolvimento do segundo motivo condutor (número 4 ao número 6). *3*. Retomada do primeiro motivo condutor seguido de uma cadência conforme o segundo motivo (número 6 ao número 7). *4*. Os dois motivos são alternados (número 7 ao número 8). 5. Percebe-se principalmente o segundo motivo condutor, sendo que o primeiro está transformado por mudança de registro (número 8 ao número 9).

Terceira fase: *1*. Aparecimento de um terceiro motivo condutor (número 9 ao número 10). 2. Superposição destes motivos principais e de motivos secundários (número 10 ao número 12).

Quarta fase: Retomada da primeira fase simplificada, todos os motivos secundários e principais são repetidos, seguida de uma semicadência e de uma preparação da peça seguinte (número 12 ao número 13).

Se queremos nos dar conta das verdadeiras características desta *Introduction*, devemos notar a maneira pela qual se encadeiam e se diferenciam todas estas subdivisões. Mostramos no Exemplo II como a primeira frase do fagote dava origem ao segundo motivo condutor – em tercinas –e de que maneira este motivo, destacado dela, regia suas estruturas seguintes por supressão de todo elemento de tercina. Seria preciso generalizar este ponto de vista e mostrar como um ou mais motivos secundários podem, uma vez expostos, tomar seu próprio período, destacar-se do motivo principal que os engendrou e formar a ligação entre duas subdivisões de uma estrutura. Por exemplo, a segunda e a terceira fases não são simplesmente justapostas, mas ligadas por um motivo que estende seu próprio desenvolvimento durante a última subdivisão da segunda fase e a primeira subdivisão da terceira fase; este motivo não marcará nenhuma cesura durante a passagem da segunda fase à terceira (Exemplo XXIII). Este motivo tinha origem na terceira subdivisão da segunda fase e servia de certa forma de contraponto ao que chamamos de primeiro motivo condutor (número 6 da partitura). Na quarta subdivisão, ele se manifestava na oitava grave (e passava da flauta ao fagote – 4º, 6º e 7º compassos após o número 7). Na quinta subdivisão, ele ganha uma independência total com respeito ao primeiro motivo condutor e toma uma grande importância pelas suas numerosas variações rítmicas, importância que ele conserva durante a exposição do terceiro motivo condutor (número 8 depois número 9 da partitura) e durante toda esta exposição. Tendo cumprido seu papel de transição entre a segunda e a terceira fases, este motivo não aparece mais na segunda subdivisão da terceira fase, que é, como dissemos, a superposição de três motivos condutores.

Exemplo XXIII.

Observamos que o próprio Stravínski assinalou, em sua partitura, a importância crescente do motivo secundário, do qual falamos quando ele aparece na segunda fase. Com efeito, na nossa terceira subdivisão, é o primeiro motivo condutor que é colocado em relevo por: "*en dehors*" (número 6 da partitura)[3]. Na nossa quarta subdivisão, durante a mudança de registro e de instrumento é o motivo secundário que é anotado por: "*très en dehors*".

Penso que este único exemplo terá mostrado suficientemente as características da arquitetura que estamos estudando, ou seja, sob uma estrutura delimitada em planos precisos por motivos principais, se inscrevem motivos secundários que abrandam e tornam velada esta estrutura por um renovar constante e por suas maneiras diversamente variadas de se superpor aos motivos principais. É este duplo plano de desenvolvimento, duplo tanto por sua função quanto por suas modalidades, que podemos tomar como um

3. Stravinsky acentua, com essa anotação expressiva, que a melodia do instrumento solista (corne inglês) deve ser tocada com certa liberdade, "por fora" da textura global da orquestra (N. do R.)

ensinamento de grande proveito desta *Introduction* de *Le Sacre*; sem esquecer a individualidade da instrumentação, manifestação do espírito que anima esta arquitetura.

*

* *

Assim, acreditamos ter tentado um trabalho de esclarecimento bastante completo, pelo menos no que diz respeito ao ritmo. Observei, de passagem, as características harmônicas e melódicas, e foi possível notar que, se algumas apresentavam uma tendência a um afastamento da linguagem tonal, elas eram exceção. A maioria das características prendem-se, ao contrário, a atrações extremamente fortes sobre a tônica, a dominante e a subdominante, o que ficou provado em *Danse sacrale* e *Danse de la Terre*, entre outras peças. As tentativas contrapontísticas, quando aparecem, são nitidamente fracas, como na segunda cópia dessa mesma *Danse sacrale* (Exemplo XIX) em que o par sujeito-resposta, pondo-se à parte da anomalia cromática que assinalamos, aparece de forma sumária. As superposições de motivos, quando ocorrem, fazem-se de maneira extremamente rígida, cada motivo se movimentando sobre os mesmos intervalos. Em suma, não há, propriamente, um desenvolvimento, mas repetição variada, não uma reação química, mas uma mistura física; o que nos permite ver, nessa diferença, uma grande baixa de nível.

Falarei, agora, da politonalidade tão acentuada em *Le Sacre*, a ponto de que só ela era vista. Seria anacrônico, já que é verdade que a politonalidade está situada atualmente no museu dos acessórios inúteis, das máscaras confusas. Felizmente, *Le Sacre* está livre desses absurdos. Quando muito pode-se assinalar uma polimodalidade a partir das mesmas notas de polaridade. Já citamos a *Danse de la Terre*, em que, sobre uma tônica de *dó*, se enxertam a escala por tons inteiros e uma atração modal seguindo as quartas descendentes (*mi♭ si♭ fá dó*); assinalamos (Exemplo VIII) a fixidez de um acorde sob um acorde bordadura. Podemos ainda observar, na segunda parte da *Introduction*, uma modalidade única sobre tônica de *ré* que joga com a seguinte ambiguidade: a separação das notas atrativas e das outras notas que assumem assim um caráter de alteração e de passagem. É precisamente a essa hierarquia, que se organiza a partir das notas atrativas, que *Le Sacre* deve sua fisionomia harmônica. Não podemos estar mais longe da gratuidade politonal.

Devo também falar do que se chamou a ausência de melodia em Stravínski? Diante de uma tradição melódica herdada da Itália e da Alemanha (falo dos italianos dos séculos XVII e XVIII e dos alemães dos séculos

XVIII e XIX), e mesmo sem pretender uma atitude polêmica, constatou-se que Stravínski não tinha o "dom da melodia". Resta saber se ele, sobretudo, não ampliou e divulgou uma construção melódica derivada de uma certa forma de canto popular. E é justamente neste ponto que se situa o mal-entendido sobre seus temas "folclóricos" (um pouco de maldade não calha mal a esse qualificativo empregado assim para o plágio e para a falta de invenção). A tendência de Stravínski à fixidez vertical do material sonoro também é encontrada sob uma forma horizontal. No sentido de que, estando as notas de um modo inicialmente determinadas numa altura dada, as notas de toda a estrutura melódica não saíram da escala assim estabelecida. Como muitas vezes não se utilizam todas as notas de um modo ou como, no caso contrário, os pontos de apoio têm lugar preponderante, percebe-se imediatamente o aspecto estático de que se reveste uma tal melodia do ponto de vista sonoro; e creio que é esse aspecto estático da escala que denuncia uma pretensa "ausência de melodia". Pode-se discernir, igualmente, a relação com as melodias sobre modos defectivos das músicas da Indochina, do Tibet, por exemplo, ou da África Negra e mais proximamente de Stravínski, de melodias populares cujo reflexo sonoro já nos era familiar através de Borodin e especialmente de Mussorgsky. Não se trata, portanto, de ausência de melodia – de tendência arcaizante do ponto de vista tonal – o que só vem corroborar o esforço de Stravínski a favor de uma linguagem tonal arcaizante à custa de agrupamentos em torno de atrações primariamente polarizantes. Podemos dizer "arcaizante" sem medo, pois a linguagem do *Le Sacre* – mais ainda a de *Noces* ou a de *Renard* – criou, com relação à evolução da linguagem de Wagner e depois dele, o que se pode chamar geograficamente de barra; e esse arcaísmo permitiu, sem dúvida, como observamos, pesquisas mais audaciosas sobre as estruturas rítmicas.

*

*   *

Afinal de contas, chego a pensar que essa obra tem, apesar de suas lacunas e graças a elas, uma utilidade tão grande na evolução musical quanto *Pierrot lunaire*, por exemplo. Pois, se não se pode conservar nada que tenha sobrevivido dos meios de escrita de *Le Sacre* – nem também de *Noces* –, a escrita rítmica, em compensação, ainda está quase inexplorada, pelo menos quanto às suas consequências internas; não resta dúvida de que certos processos mais ou menos mecanizados, processos que lembram o da madeira compensada, passaram para a linguagem contemporânea sob forma de colorido rítmico, assim como houve esforços para aplicar um colorido sumário das tonalidades por meio de alguns intervalos de tendência anárquica.

Observemos que são poucas as obras no curso da história musical que se podem gabar de tal privilégio: não ter, depois de quarenta anos, seu potencial de inovação exaurido. Digamos que nela essa novidade encontra-se num plano único, o plano do ritmo; mas, mesmo com essa restrição, isso representa uma soma de invenção e uma qualidade no descobrimento bastante invejáveis.

Talvez, ao correr das minhas conclusões tiradas de diferentes análises, possam me atribuir uma certa tendência a exagerar as relações aritméticas, a não levar em conta o inconsciente. Preciso repetir aqui que não tive a pretensão de descobrir um processo criador, mas expor o resultado; e as relações aritméticas são as únicas tangíveis. Se fui capaz de observar todas essas características estruturais, foi porque elas ali se encontravam e pouco me importa, então, se elas foram colocadas na obra consciente ou inconscientemente, nem qual foi o grau de acuidade na inteligência da concepção, nem ainda quais foram as interferências entre o trabalho e o "gênio". Estabelecer uma tal gênese de *Le Sacre* seria de um grande interesse especulativo, mas seria um afastamento do fim apenas musical ao qual eu quis me limitar.

Entretanto, é impossível evitar certa perplexidade angustiada ante o caso Stravínski. Como explicar, depois de *Noces*, esse esvaziamento acelerado que se manifesta por uma esclerose em todos os campos: o harmônico e o melódico, pelos quais se chega a um academismo falsificado, e até no rítmico em que se vê surgir uma penosa atrofia? Pode-se então falar de reação de um campo sobre o outro? Com efeito, pode-se constatar no começo do século XX uma curiosa dissociação entre a evolução do ritmo e a evolução do material sonoro: de um lado Schoenberg, Berg e Webern, pontos de partida de uma morfologia e de uma sintaxe novas, mas ainda presos a uma sobrevivência rítmica (numa visão muito resumida da Escola de Viena, pois há entre eles diferenças irredutíveis); de outro, Stravínski. A meio caminho, Bartók sozinho, cujas pesquisas sonoras não seguem a trilha de Stravínski, mas estão longe de atingir o nível dos vienenses; suas pesquisas rítmicas não chegam a igualar as de Stravínski, mas ainda assim, graças a um pano de fundo folclórico, são superiores em geral às dos vienenses.

Assim, portanto, se consideramos o caso Stravínski, suas lacunas de escrita suplantaram suas descobertas rítmicas, impediram-nas de alcançar um fim. São lacunas de escrita de todo tipo, tanto no campo da linguagem como no do desenvolvimento. Logicamente, Stravínski não podia se contentar com um sistema sumário cujas falhas eram preenchidas com fórmulas compósitas e anarquizantes. Reencontrar uma hierarquia já provada, colorida de ecletismo, tal foi o alívio dado pela hipnose.

Aliás, essas reviravoltas de prestidigitação – em que o objeto escamoteia o manipulador – pouco nos importam, uma vez que antes existiu um verdadeiro "domínio Stravínski". Também nesse período em que se tomou consciência, de diversas maneiras, de um mundo novo – de modo mais ou menos episódico, mais ou menos racional – é preciso colocar o nome de Stravínski bem no primeiro plano; mesmo – sobretudo – depois que a expansão tardia de Schoenberg, Berg e Webern iluminou cruelmente seus erros e que foi retirado de seu pedestal de mago único. Não são, porém, do nosso feitio os endeusamentos prematuros, seja de Stravínski, seja de Schoenberg. E quem pensaria em reclamar de nos voltarmos para uma óptica menos afetiva senão os bajuladores?

P. S. – Poderíamos ser censurados por uma atitude tão unilateral em relação ao ritmo, ou, pelo menos, causar espanto pela importância hipertrofiada que lhe atribuímos. Na verdade, parece-nos que o próprio problema da linguagem está muito mais perto de uma solução pela adoção, cada vez mais difundida, da técnica serial; a partir daí trata-se, essencialmente, de restabelecer um equilíbrio. Ao lado de todas as disciplinas musicais, é verdade que o ritmo não desfruta senão das noções muito sumárias que podem ser encontradas nos solfejos usuais. Será isto apenas uma deficiência didática? É válido considerar que, desde o Renascimento, o ritmo não foi tratado em pé de igualdade com os outros componentes musicais, que se deixou isso ao critério da intuição e do bom gosto.

Se se desejar encontrar a atitude mais racional quanto ao ritmo em nossa música ocidental, é preciso recorrer a Philippe de Vitry, a Guillaume de Machaut e a Guillaume Dufay. Seus motetes isorrítmicos são testemunho decisivo do valor construtivo das estruturas rítmicas em relação às diferentes sequências implicadas pelas cadências. Não há melhor precedente a se invocar para as pesquisas contemporâneas do que o dessa época em que a música não era apenas considerada como uma arte, mas também como uma ciência: o que evitava toda sorte de cômodos mal-entendidos (apesar da permanência de uma didática não menos cômoda).

> A issoritmia – diz Guillaume de Van em seu prefácio das obras de Dufay – foi a expressão mais requintada do ideal musical do século XIV, a essência na qual apenas um pequeno número podia penetrar e que constituía o testemunho supremo da habilidade do compositor [...] As restrições impostas pelas dimensões rígidas de um plano que determinava com antecedência os menores detalhes da estrutura rítmica não limitavam de modo algum a inspiração do músico de Cambrai, pois seus motetes dão-nos a impressão de composições livres, espontâneas, enquanto, verdadeiramente, o cânone isorrítmico é estritamente observado. É esse equilíbrio harmonioso entre a melodia e a estrutura rítmica que distingue as obras de Dufay de todo o repertório do século XIV (excetuando-se Machaut).

Vê-se, portanto – coisa que pode parecer impensável a muitos ouvintes e mesmo a muitos compositores contemporâneos –, que a estrutura rítmica desses motetes *precedia* a escrita. Não existe aí apenas um fenômeno de dissociação, mas uma orientação contrária àquela que observamos na evolução da história da música ocidental a partir do século XVII.

Depois desse florescimento brilhante, desconhecido em nossos dias quanto a esse aspecto reservado apenas aos especialistas, pode-se ver uma tentativa de controle do ritmo em peças da "medida antiga" de Claude le Jeune e de Mauduit. O prefácio de uma edição dessa época acentua a importância de que se deve revestir a estrutura rítmica em seu relacionamento com o contexto "harmônico". Ali diz-se que:

> Os antigos, ao tratarem a música, dividiram-na em duas partes: harmônica e rítmica [...] A rítmica foi levada por eles a tal perfeição que conseguiram efeitos maravilhosos [...] Desde então essa rítmica foi tão negligenciada que se perdeu completamente [...] Ninguém apareceu para dar-lhe remédio, até que Claudin le Jeune foi o primeiro a ousar retirar essa pobre rítmica da sepultura em que jazia há muito tempo para igualá-la à harmonia.

Não se trata de discutir se essa descendência greco-latina é bem fundamentada, mas de constatar que, antes da solução simplista da barra do compasso, existia a preocupação de coordenar de modo coerente os dados rítmicos da música, componentes em igualdade de condições com os dados harmônicos e contrapontísticos.

Além disso, já é tempo de se aderir a uma tal lógica, indispensável se nos preocupamos em remediar a falta de coesão que foi observada, no curso deste estudo, entre a evolução da própria polifonia e a descoberta rítmica. E não acreditamos entrar em contradição, nem tampouco lançar um paradoxo, ao afirmar que é preciso libertar o ritmo do lado "espontâneo" que generosamente lhe atribuíram por muito tempo; isto quer dizer liberar o ritmo de ser uma expressão propriamente dita da polifonia, promovê-lo à categoria de fator principal da estrutura, reconhecendo que ele pode ser anterior à polifonia; o que não tem por finalidade senão unir ainda mais estreitamente, mas de modo muito mais sutil, a polifonia ao ritmo.

Pode-se considerar o quixotismo como uma forma de redenção. Não obstante, não compartilhamos, em absoluto, do ponto de vista pessimista de solitários deprimidos que, em essência, afirmam – não se sabe, aliás, graças a quê, a não ser por sua covardia ou incapacidade flagrantes – que estamos vivendo, no momento, uma assustadora decadência. São sempre engraçados esses uivos de morte que ouvimos com regularidade e que, com não menor regularidade, são massacrados por desmentidos violentos. Todas as predições de Apocalipse abortado constituem um espetáculo burlesco para quem não possui a mentalidade do desastre permanente: crises individuais de preguiçosos que se vangloriam de sua superioridade de ignorantões.

Soaria como uma inefável brincadeira a afirmativa de que nenhuma época musical foi tão digna de ser vivida e com tanta exaltação?

*

* *

Por que não fazer, por alguns instantes, o papel de franco-atirador?

Parece que a maioria de nossos contemporâneos não tem consciência do que se passou em Viena com Schoenberg, Berg e Webern. Eis por que, embora isto pareça fastidioso, precisamos, mais uma vez, descrever – sem tom de lenda profética ou de exclamações de admiração – os verdadeiros passos dos três vienenses. Os dodecafonistas têm muito a ver com o mal-entendido que existe sobre esse assunto. Organizando *congressos* falsamente doutrinários – como especialistas que tomam parte em cerimônias iniciáticas destinadas a candidatos timoratos – absurdamente conservadores, eles reinam como tolos convencidos para a maior glória da *vanguarda*. Adotaram o sistema serial quer com o pensamento cômodo de que, fora da ortodoxia, não há senão vulgares falsas aparências, quer com a intenção de

* Parapeito destinado à proteção diante de abismo, fosso etc. (N. dos T.)

garantir para si algum *garde-fou** salvador. Atitude que não tem sequer o benefício da dúvida.

Por outro lado, considera-se o sistema serial sob certos aspectos que até parece certa piada!

Os surdos só veem nele artifício, decomposição, decadência (ver mais acima...). Reação possível: um sorriso que ultrapassa os limites da comiseração.

Os sentimentais não veem sem horror implantar-se o caos, mas, com a legítima preocupação de não ficarem para trás na situação presente, insistem em se servir dele, é claro, como símbolo de nossa época, como oposição ao vocabulário clássico. Arfantes depois dessa proeza, estão quites pelo medo que sentiram.

Avizinham-se dos libertários ou libertinos que, em princípio, não se sentem nada amedrontados pelas pesquisas técnicas. Adotam essas aquisições, mas em nome da *liberdade*, defendem-se do perigo de serem *prisioneiros* do sistema. Precisam da *música*, antes de tudo, ou, pelo menos, daquilo que acham que é a música; não querem perder o *lirismo* (quem jamais poderá conhecer o mistério das concepções que esse vocábulo vago encobre?). Sua grande preocupação é, antes, de ordem enciclopédica. Desejam englobar toda a história, desde a monofonia. Têm assim a ilusão de serem vastos e incontáveis.

Quanto aos generosos, têm raciocínios que seguem alguns caminhos divergentes. Tentam nos persuadir de que as descobertas seriais são *antigas*, que em 1920 já se conhecia tudo isso. Deve-se agora criar algo de *novo* e, em apoio a esta brilhante tese, citam falsos Gounod, pseudo-Chabrier, campeões da claridade, da elegância, do requinte, qualidades eminentemente *francesas*. (Adoram misturar Descartes com alta-costura.) São adeptos convictos da máquina de explorar o tempo. O modo como eles o exploram é, aliás, inenarrável.

Existem ainda os indulgentes, que consideram a dodecafonia uma doença venérea, e que é lógico, quase de bom-tom – e por que não? –, glorioso ter passado por ela numa juventude turbulenta. Mas, se se reincide, é indesculpável; já expirou o período das loucuras.

Os próprios dodecafonistas, às vezes, concordam com alguns desses pontos de vista. Porque senão ficam mergulhados em suas manifestações restritas de minorias no exílio, como qualquer associação semissecreta docemente visionária ou moderadamente inescrupulosa. Ou então podem se entregar, em grupo ou individualmente, a uma frenética masturbação aritmética. É que, em suas pobres especulações, esqueceram de ir além do estágio elementar da aritmética. Não se vá perguntar a eles outras coisas:

sabem contar até doze e por múltiplos de doze. Excelentes almas de apóstolos e de discípulos.

Assim, dodecafonistas e independentes trabalham no ensino da *liberdade*. Ironicamente, a *vanguarda* glorifica a liberdade de uma disciplina consentida, e os conservadores tomam o partido de uma liberdade anárquica. Estes últimos, em particular, se arrepiam de medo do que chamam de *multiplicidade das técnicas* – vocábulo pomposo que apoia uma inépcia notória. Toda essa mediocridade ainda dita as leis pelo número: é uma sobrevivência em vias de desagregação. Nada pode sobrar senão a anedota.

*
* *

Qual a conclusão? O inesperado: afirmamos, por nossa vez, que todo músico que não sentiu – não dizemos compreendeu, mas sentiu – a necessidade da linguagem dodecafônica é INÚTIL. Porque toda a sua obra se situa aquém das necessidades de sua época.

*
* *

Apressemo-nos em fornecer dados precisos, aos atrasados que ainda clamam que a série é uma criação puramente arbitrária e artificial para pernósticos necessitados de um código. Parece bastante claro que, desde Wagner, a epidemia de cromatismo é notória; não será Debussy quem nos irá contestar. Assim, a técnica serial não é senão a manifestação de fenômenos musicais em fermentação desde 1910. Não é um decreto, é uma constatação. Uma análise acurada do *opus* 23 de Schoenberg permite observar, de uma maneira muito precisa, a transição que se efetua no que se poderia chamar ultratematização: onde os intervalos de um tema tornam-se intervalos absolutos, livres das figuras rítmicas, capazes de assumir, sozinhos, a escrita e a estrutura da obra, podendo passar do segmento horizontal para a coagulação vertical. (Mas quem ousaria se gabar de um tal estudo entre seus amigos de amadorismo?) Recusam, sistematicamente, ver a série como um ponto de chegada histórico, porque os detratores se acomodam em considerá-la como um postulado arbitrário. Entra em jogo, então, a palavra desdenhosa do gramático: acreditam esmagar tudo assim de modo peremptório e definitivo. É dar provas, mais uma vez, de rotina desenvolta. Seria oportuno perguntar se os gramáticos, segundo essa fórmula repisada em louvor do acaso, vêm depois das obras de gênio. Sem querer voltar à Idade Média, é de se supor que Rameau, também, não é? Mas vamos colocar dentro em breve a questão ambivalente do formalismo: até que ponto uma atitude teoricamente consequente pode prejudicar ou ajudar a atividade do compositor?

Aliás, a série foi explorada em sentidos bem diferentes por Schoenberg, Berg e Webern. Na realidade, o único que teve consciência de uma nova dimensão sonora, de abolição do horizontal como oposto ao vertical para não mais ver na série senão um modo de dar uma estrutura ao espaço sonoro, a lhe *fibrar* de algum modo, o único foi Webern; ele chegou a isso, afinal, por meios específicos que nos incomodam nas obras de transição. No entanto, essa repartição funcional dos intervalos que ele alcançou marca um momento extremamente importante na história da linguagem.

*

* *

Constatemos, agora, que um certo domínio rítmico não era suspeitado pelos três vienenses: neles esse aspecto não se relaciona com os princípios da própria escrita serial. Precisaríamos observar, a propósito, um curioso fenômeno de dissociação ocorrido no princípio do século. Se adotarmos uma posição de balanço e de organização, considera-se que, por volta de 1910, houve uma fase de pesquisas destruidoras que aboliram, por um lado, o mundo tonal, e por outro, a métrica regular. Stravínski faz o ritmo evoluir com princípios estruturais inteiramente novos baseados principalmente na assimetria, na independência ou no desenvolvimento das células rítmicas; mas ele ficou preso, do ponto de vista da linguagem, ao que se poderia chamar um impasse, mas que, pessoalmente, preferimos ver qualificado como sobrevivência e mesmo sobrevivência reforçada, uma vez que os processos de agregação em torno de polos muito elementares conferem uma força inusitada a leis de equilíbrio que se haviam tornado caducas. Em *Le Sacre*, como em *Noces*, sem falar de outras partituras, estamos diante, ao que parece, de um colorido auditivo. Por outro lado, a evolução serial introduz uma nova metodologia para estruturar as alturas sonoras. Essa maneira de ver é seguramente um tanto simplificada, já que existem, de ambas as partes, interseções significativas. Mas o fato é que os dois planos de pesquisas – linguagem propriamente dita e ritmo – não coincidem mais.

Talvez seja preciso assinalar, ainda, que esse fenômeno de dissociação serviu poderosamente à evolução tanto de um como de outro elemento estrutural. Para chegar às suas descobertas rítmicas, Stravínski sentia, sem dúvida, necessidade de um material mais flexível e mais simples para suas experiências; Webern tinha mais facilidade para fazer progressos na morfologia, não se ocupando das estruturas rítmicas. Eis uma questão que deixamos para ser debatida pelos amantes da dialética. Agora o que nos é indispensável é reagrupar todas essas pesquisas, pois, pondo de lado algumas exceções que vamos mencionar no curso de nossas investigações atuais, não se produziu nada de novo depois desses pontos-chave da música contemporânea; a geração seguinte acompanhou com esforço os passos de seus predecessores, mas nenhuma partitura pode ser considerada no mínimo como um fraco sucesso. Sempre por falta de coerência: essa dissolução se fazia um pouco por toda parte e a atividade dos vienenses foi por muito tempo mantida no esquecimento enquanto se favorecia uma mania de classicismo ou de um resíduo de romantismo, ambas soluções de sabor desagradável.

*

*   *

Que nos resta fazer, então, senão tentar recolher o facho das disponibilidades elaboradas por nossos predecessores, exigindo de nós mesmos um mínimo de lógica construtiva? Numa época de transformação em que o problema da linguagem se apresenta com particular acuidade, dele decorrendo, segundo nos parece, durante um certo tempo, *a gramática* musical, assumimos nossas responsabilidades com intransigência. Não são hipertrofias cardíacas simuladas que irão interromper nossa aplicação ordenada da sensibilidade, da necessidade sensível de nossa época.

*

*   *

Com esta intenção, devemos alargar os meios de uma técnica já encontrada; esta técnica foi até agora objeto de destruição e por isto mesmo ligada àquilo que ia destruir; assim, nosso primeiro desejo é dar-lhe autonomia. Ligar o mais possível as estruturas rítmicas às estruturas seriais por organizações comuns, incluindo igualmente as outras características do som: intensidade, modo de ataque, timbre. Ampliar, em seguida, essa morfologia e torná-la uma retórica aglutinante.

*

*   *

Começaremos por explicar antes de mais nada o que entendemos por enumeração de uma série. Até agora, escrevia-se a série original, depois suas doze transposições sobre os graus cromáticos ascendentes ou descendentes. Numeravam-se, para cada série, as notas de 1 a 12; operava-se da mesma forma com as inversões.

Exemplo I.

Encadeavam-se as séries ou por regiões semelhantes – certos grupos de notas apresentando elementos comuns horizontais ou mesmo verticais (ou seja, independentes da ordem serial) – ou por meio de notas-pivôs – notas comuns (uma a duas geralmente, três mais raramente) no começo de uma série e no fim de uma outra. Este procedimento um pouco empírico coloca em evidência uma rotação numérica, mas não uma enumeração. Para chegar a esta última, o meio mais simples é transpor a série original seguindo a sucessão de suas próprias notas; tendo numerado esta série original de 1 a 12, aplica-se esta enumeração às transposições e às inversões. Assim, em todas as séries, *mi* ♮ recebe o número 1, *ré* ♮ o número 2 etc.

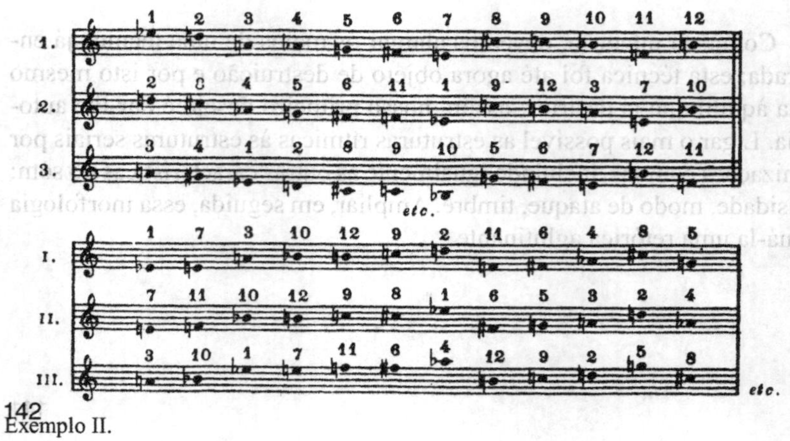

Exemplo II.

Obtém-se assim um quadro de transposições e de inversões coerente, já que ele exprime o limite que se fixou – graças a uma primeira permutação – para as permutações de que se vai servir para uma obra. Definimos assim o universo desta obra por meio de uma rede de possibilidades. Além disso, a constituição deste universo, indiferenciado até o momento em que se escolheu *sua* série, se efetua segundo o próprio esquema desta série.

A realização do quadro de transposições sucessivas de semitom em semitom, puramente mecânica, implicava uma certa passividade da série em relação ao espaço do qual ela ia ser o princípio regulador. Havia aí como que uma sobrevivência da concepção das transposições modais ou tonais, uma preponderância latente do horizontal, enquanto nas perspectivas atuais, em que a descoberta da série foi uma tomada de consciência, o objeto mais geral que se oferece à imaginação do compositor, a *figura sonora*, transcende a oposição tradicional das noções de vertical e de horizontal.

1	2	3	4	5	6	7	8	9	10	11	12
2	8	4	5	6	11	1	9	12	3	7	10
3	4	1	2	8	9	10	5	6	7	12	11
4	5	2									
5	6	8	etc.								
6	11	9									
7	1	10									
8	9	5									
9	12	6									
10	3	7									
11	7	12									
12	10	11									

Série original

1	7	3	10	12	9	2	11	6	4	8	5
7	11	10	12	9	8	1	6	5	3	2	4
3	10	1	7	11	6	4	12	9	2	5	8
10	12	7									
12	9	11	etc.								
9	8	6									
2	1	4									
11	6	12									
6	5	9									
4	3	2									
8	2	5									
5	4	8									

Série invertida

Exemplo III.

Estes quadros de permutações são generalizáveis a qualquer espaço sonoro dado como material. É por isso que nós preferimos falar de séries a *n* intervalos, não sendo estes intervalos forçosamente múltiplos de uma só unidade – o semitom no caso da série de doze sons. A maneira da noção de ritmos irracionais, poderíamos introduzir a noção de espaços sonoros não temperados. Imaginemos uma série de *n* sons compreendida entre uma frequência qualquer e uma outra frequência mais elevada. O hábito é considerar uma série compreendida entre uma frequência dada e a frequência dobrada, ou seja, a oitava. É desejável que se possam criar estruturas sonoras que não se baseiem mais sobre a oitava, mas sobre um intervalo qualquer. A oitava estando ligada ao fenômeno modal ou tonal, não há mais razão válida para considerá-la como privilegiada. Imaginemos então uma série de *n* sons, em que nenhum se reproduziria, seja na sua própria frequência, seja na frequência dobrada. O esquema seguinte mostra, graficamente, como, representando as transposições por translações, é possível engendrar todas as séries no interior de uma faixa de frequências dada. Se, com efeito, os sons obtidos ultrapassam os limites desta faixa de frequências – é o caso, aqui, para o som c" –, submetemo-lo a uma translação igual à diferença das frequências extremas. (Isto pode parecer hermético para músicos, mas é, no entanto, o que eles fazem normalmente quando transpõem à oitava. Os matemáticos chamam isso de módulo.)

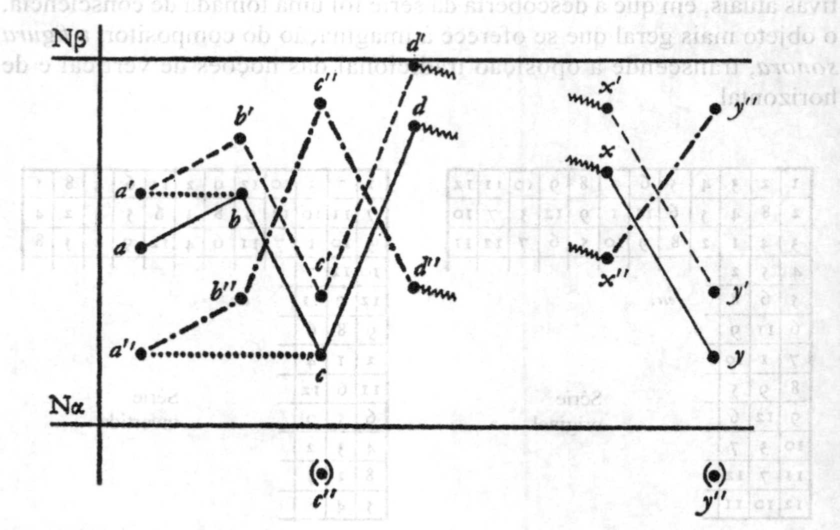

Exemplo IV.

Para obter qualquer tessitura com a ajuda desta organização do espaço, será suficiente transpor um som original ao intervalo ou a múltiplos do intervalo de definição.

Se quisermos avançar ainda a investigação do domínio das estruturas seriais, podemos imaginar séries homotéticas. Por séries homotéticas entendemos que nos intervalos da série original ela se reproduziria a si própria, em redução. Tomemos um exemplo com a série de doze semitons que já citamos.

Exemplo V.

Não é impossível conceber entre o som 8 e o som 5 – últimos sons da série original invertida, formando um intervalo de quinta diminuta –uma série de doze quartos de tom, a exata diminuição desta série original invertida. É lícito a cada um generalizar este caso particular e perceber que não existirá mais, a partir de então, incompatibilidade entre as microdistâncias e os intervalos iguais ou superiores ao semitom. Teríamos a faculdade de controlar as ínfimas ou as grandes variações de altura a partir desta coincidência de partida.

*

* *

Pode-se considerar todas estas possibilidades como uma pura visão do espírito. Não é o caso, no momento, de estender uma tal virtuosidade no curso de obras ainda irrealizáveis. No entanto, veremos mais adiante, não tardará o momento em que se dará um certo crédito às especulações que encontrarão seu ponto de apoio seja em novas tablaturas, seja em meios mecânicos ou eletrônicos.

*

* *

Como encadear as séries umas às outras é um dos problemas mais ingênuos, mas aparentemente dos mais delicados da técnica serial. Se não há, com efeito, uma lógica geral de sucessão, chegaríamos ao paradoxo inútil de uma organização infraestrutural hierárquica, em que as superestruturas estariam entregues a uma indolente anarquia, na qual o empirismo – nem sempre de boa qualidade, o que é de se temer – tateia e experimenta algumas receitas. Já assinalamos as notas-pivôs: este meio nos parece um pouco rudimentar e caprichoso. Avizinhar séries de regiões semelhantes é infinitamente mais satisfatório, já que a ambiguidade harmônica adquire deste fato um enorme papel; isto supõe, no entanto, séries com propriedades marcantes e implica trabalhar quase sempre sobre as mesmas propriedades.

Também nos pareceria de uma diversidade maior alargar as funções seriais para o próprio encadeamento das séries. Obteríamos desta maneira funções de função, do caso linear mais simples até as mais complexas derivações. Assim, evitar-se-ia o perigo de um certo automatismo de escrita. Deploramos efetivamente uma crença cômica na eficácia absoluta da aritmética. Não é suficiente campear números indiscriminadamente para garantir o gênio. Pesquisar uma dialética entre a morfologia, a sintaxe e a retórica supõe algumas dificuldades menos fáceis de vencer do que problemas elementares de análise combinatória. Nós nos explicaremos mais adiante.

Não gostaríamos de terminar este curto estudo sobre a série sem mencionar a importância dos registros sonoros, pois falamos de intervalos seriais, digamos abstratos. Quantas interferências a provocar entre a série e a tessitura por este único fato: cada um destes componentes pode ser móvel ou imóvel em relação ao outro. Imaginemos unicamente as instabilidades de uma série única em relação a uma tessitura constantemente renovada, ou os desequilíbrios de séries diversas em relação a uma tessitura totalmente congelada, pontos extremos de um jogo de ambiguidades sonoras, que poderá se combinar igualmente com as ambiguidades de ritmo ou de intensidade.

*
* *

Convém, sem nenhuma dúvida, colocar o ritmo em fase com a estrutura serial. Como chegar a isso?

Paradoxalmente, o ponto de partida será desligar a polifonia do ritmo. Se tivéssemos de tomar cuidado, citaríamos os motetes isorrítmicos de Machault e Dufay. Isto significa dizer qual é a importância equivalente que vamos dar às estruturas rítmicas e às estruturas seriais. Criar, igualmente neste domínio, uma rede de possibilidades, será esse o nosso propósito.

O caso mais simples consiste em tomar uma série de valores e submetê-los a um número de permutações igual e paralelo àquele das alturas, afetando cada nota da série inicial de uma duração inamovível. Se nós nos reportarmos ao quadro do Exemplo III, podemos supor, de 1 a 12, uma série cromática de valores indo da fusa à semínima pontuada. Assim *mi* ♭, número 1, corresponderá a uma fusa; *ré* ♮, número 2, corresponderá a uma semicolcheia etc.

Exemplo VI.

Realizando o quadro das durações, teremos séries totalmente irregulares, como:

Poderemos em seguida, no curso da composição, dessolidarizar as séries rítmicas das séries de alturas que lhes deram origem e, em resumo, criar um contraponto de estrutura entre as alturas e os ritmos. Constatemos como, a partir de uma simples progressão aritmética rítmica, múltipla de uma só unidade, chega-se rapidamente a uma complexidade acentuada; basta mencionar o emprego de valores irracionais para assinalar todos os recursos de uma tal técnica.

Após ter descrito este caso-limite, no qual a organização das durações é equivalente àquela das alturas, falaremos de organizações em que o ritmo tem uma estrutura serial, certamente, mas fundada exclusivamente em princípios de variação rítmica, e independentes da estrutura das alturas. Os contrapontos de estruturas poderão, então, evoluir em planos paralelos, se se pode dizer, só que eles não serão *reversíveis* como no caso precedente.

Tomaremos um exemplo para ilustrar esta proposta. Sejam três células rítmicas I, II e III; obtemos IV pela síntese de I e II; V pela síntese de I e III; VI pela síntese de II e III; VII, finalmente, pela síntese de I, II e III.

Exemplo VII.

Temos uma série de sete células rítmicas, por vezes não retrogradáveis, quer dizer, simétricas em relação a seu centro, por vezes retrogradáveis, isto é, assimétricas em relação a seu centro. Retrogradáveis são as células I, III, V, VI, VII; não retrogradáveis são as células II e IV.

A estas células, podemos aplicar uma série de transmutações que definiremos assim:

1. As transmutações simples, que são: aumentação e diminuição regulares e irregulares (regulares quando a hierarquia da célula inicial é respeitada, irregulares quando os componentes da célula são modificados diferentemente); a transformação irracional (a partir de uma unidade de valor dada, a nova unidade estabelecer-se-á numa relação irracional – tercina, quintina etc. – com a primeira); a adição do ponto (aumento da metade do valor que, modelando-se sobre o valor a aumentar, cria uma nova hierarquia dependente da primeira), adição do ponto que pode ser simples, duplo, triplo etc.; a amputação dos componentes da célula de um mesmo valor (o que suprime também a hierarquia primitiva da célula).

2. O ritmo expresso em unidades de valor, os diferentes componentes da célula podendo se exprimir em diferentes unidades de valor. O ponto de ataque da célula-mãe é conservado ou substituído por uma pausa.

3. O ritmo entrecortado. Isso quer dizer que os valores componentes de uma célula serão transformados por síncope, de duas maneiras possíveis: com a pausa ocupando a metade do valor e o novo valor a outra metade; ou com o novo valor compreendido entre duas pausas de igual duração. A possibilidade diretamente oposta não se exclui, ou seja, que uma pausa esteja enquadrada por dois valores de igual duração.

4. O ritmo desmultiplicado, em que o ritmo é gerado por si mesmo, de forma que, no interior de cada valor da célula-mãe, a célula-mãe se reproduzirá homoteticamente.

5. O ritmo derivado, ou seja, a decomposição do ritmo por seu princípio. É uma combinação do ritmo expresso e do ritmo desmultiplicado: a expressão do ritmo em unidades de valor se faz seguindo uma homotesia da célula-mãe.

6. A substituição de um valor ou mais de um valor por uma pausa. Numa célula não retrogradável, esta substituição poderá se efetuar sobre a nota-pivô ou ainda sobre as notas simétricas; alcançamos assim uma nova simetria do som e do silêncio. Numa célula retrogradável são os valores paralelos que serão substituídos por uma pausa.

7. A mesma operação se reproduzirá, mas de maneira contrária: numa célula não retrogradável, a nota-pivô e uma das notas simétricas, ou apenas uma das notas simétricas, serão substituídas por pausas; assim procedendo, obtém-se uma assimetria de som e de silêncio. Numa célula retrogradável, são os valores opostos que serão substituídos por pausas.

Exemplo VIII bis.

Assim, para um ritmo tão simples como o ritmo I, esboçamos este quadro de possibilidades de transmutações, que já oferecem um bom número de recursos.

Pode-se entrever que os ritmos VI ou VII ofereceram células rítmicas tão complexas, como esta:

Exemplo VIII bis.

Já mencionamos que estas transformações se projetam umas sobre as outras em alguns casos particulares. A primeira, a sexta e a sétima formas de variação podem reagir sobre as outras quatro.

Além disso, linearmente, a partir de um mesmo ritmo, é possível uma extensão por vezes simétrica, por vezes assimétrica; significa dizer que os retrogradáveis tornam-se não retrogradáveis, depois retrogradáveis de novo etc., – o contrário se dá com os ritmos não retrogradáveis – segundo se lhes adicione o todo ou uma parte de seus valores constituintes. Estes transplantes rítmicos estão livres para se colocar seja entre os valores da célula-mãe seja no exterior dessa célula.

Tomamos como exemplo o caso da célula II, que é não retrogradável.

A primeira transformação (α) consiste em colocar toda a célula-mãe entre os próprios primeiro e segundo valores desta célula, o que dá um ritmo retrogradável; este resultado é obtido igualmente se se coloca a célula-mãe entre seus próprios segundo e terceiro valores (a célula-mãe adicionada está no exemplo sublinhada com um colchete). Seria possível também adicionar só um ou dois valores componentes da célula-mãe.

A segunda transformação (α') consiste inversamente em tornar o novo ritmo não retrogradável, mas sempre por extensão, ou seja, adicionando toda ou parte da célula-mãe.

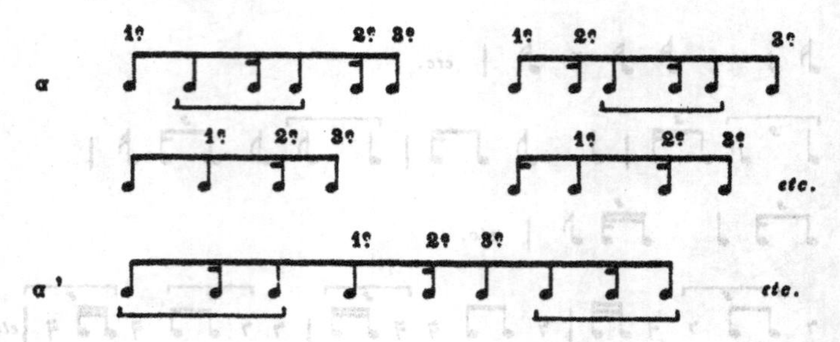

Exemplo IX.

A cada uma destas extensões são aplicáveis as transmutações possíveis da célula inicial.

Assim, obtemos sobre um plano puramente rítmico um equivalente das transformações seriais. E podemos constituir um quadro de sete permutações, aplicáveis tanto às próprias células como a seu modo de desenvolvimento. Pode-se mesmo aplicar as duas variações juntas fazendo-as interferir no engendramento rítmico e seu modo de variação. Em relação às séries, concorrente ou divergente, nós estabelecemos então a rede de possibilidades à qual desejaríamos chegar. Uma concepção da composição nasce, e ela nem sente a necessidade de relembrar as arquiteturas clássicas, nem mesmo para destruí-las. Pensamos em nos dirigir, sem mais constrangimento, para um modo muito real de ser cuja autonomia não terá mais nada a renegar.

A propósito do ritmo, mencionamos o silêncio como parte integrante. Tem-se a tendência, em geral, de só reter da música esta definição dos solfejos: *A música é a arte dos sons*. Certamente! Mas poderíamos tentar realizar, de modo menos simples, porém mais vivo, uma estreita combinação entre estes dois antagônicos: som e silêncio. Sem falar das numerosas definições que se poderiam dar ao silêncio em música – silêncio de registros, silêncio de timbres, entre outros – vamos considerá-lo sob sua mais elementar definição de ausência de som. Webern foi, aqui também, o primeiro a explorar as possibilidades de uma dialética do som e do silêncio. Pois se nós analisarmos, por exemplo, o último movimento das *Variações para Piano*, ou o segundo movimento do *Quarteto de Cordas*\ constataremos que os silêncios fazem parte *integrante* das células rítmicas. Eis aí talvez a única, porém transtornante, descoberta rítmica de Webern. Se levarmos adiante as consequências de uma tal concepção do silêncio poderemos variá-lo da mesma maneira que os próprios valores, fazê-lo participar, no final das contas, ativamente, da vida rítmica. Isto nos levou a imaginar o que poderíamos chamar um clichê negativo de uma célula rítmica, no sentido que sons e silêncios são invertidos: tudo o que é valor – ou seja, som – torna-se silêncio, tudo o que é silêncio transforma-se em valor – ou seja, em som.

Aqui está uma estrutura rítmica a partir das mesmas células, vista sob estas duas óticas interdependentes.

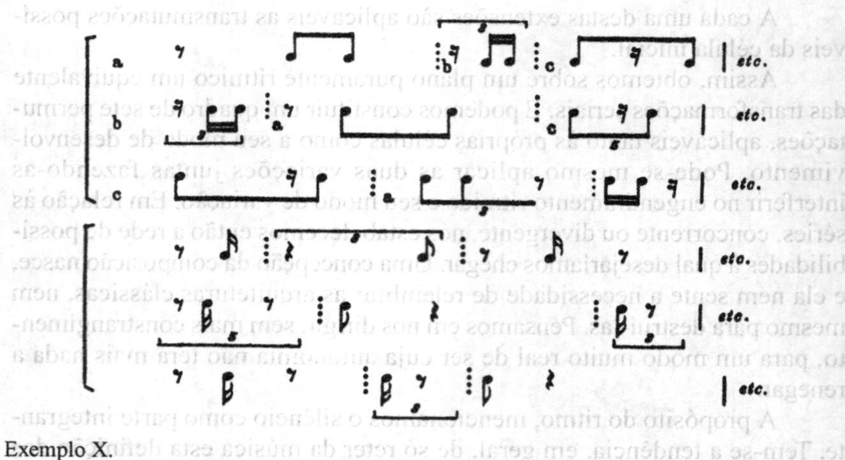

Exemplo X.

Pode-se inscrever, por outro lado, entre diferentes sequências que dependem de uma mesma célula, esta célula inscrita duração por duração, em silêncios. Isto significa introduzir uma noção mais complexa da função do silêncio que intervém no meio de funções rítmicas que se relacionam ao som.

Para concretizar esta ideia, nos permitiremos dar ainda um exemplo extremamente simples. Se retomamos a célula IV que mencionamos acima, dela derivamos quatro variações:

original R. IV 4 variações

1

2

3

4

Exemplo XI.

Escrevemos sucessivamente o original e as três primeiras variações, mas, em vez de as justapor, as separamos pela quarta variação na qual havíamos convertido as durações em silêncios.

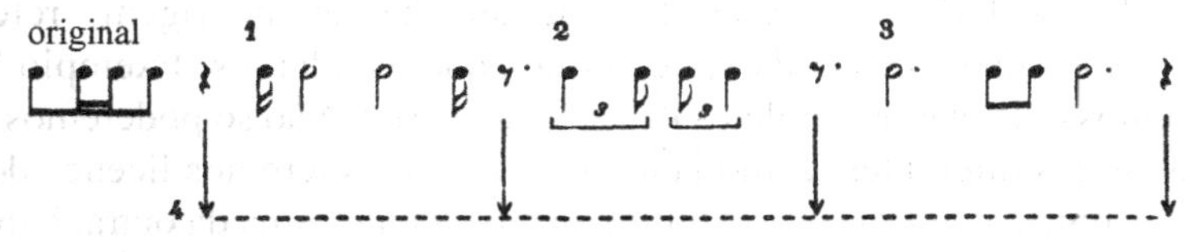

Exemplo XI bis.

A partir deste exemplo rudimentar, podemos imaginar como conceber estas funções do silêncio como parte integrante do ritmo.

*

* *

Falaremos, por fim, de um registro de durações, se é possível aliar tão elipticamente estes dois componentes que são a altura e a duração. Se temos um som gravado e o transpomos, somos obrigados a acelerar sua velocidade e, por conseguinte, a encurtar sua duração; se o transpomos seguindo a escala de doze semitons, obteremos, no interior da oitava, doze durações diferentes, todas com relações irracionais entre si; quer dizer que em relação aos sons 1, 2, 3, 4,... 12 teremos unidades de tempo: t1, t2, t3, t4,... t12.

Para englobar todo o registro do grave ao agudo, fomos obrigados a transpor estes dozes sons a seis velocidades diferentes (ou seja, seis oitavas), que chamamos: 4N, 2N, N, M, $\frac{M}{2}$, $\frac{M}{4}$ (M sendo a metade de N).

Elas indicam, portanto, uma tessitura aplicável aos doze sons.

Organizando a tessitura, as velocidades implicam, respectivamente, um múltiplo do menor valor t1, t2,... t12; as velocidades crescendo sempre em progressão geométrica de base 2, visto que a oitava nos serviu de base, as durações diminuirão na proporção inversa.

Assim obtemos, correspondendo às velocidades:

$$4N, 2N, N, M, \frac{M}{2}, \frac{M}{4},$$

um quadro geral dos tempos:

$$t, 2t, 4t, 8t, 16t, 32t,$$

aplicáveis às doze unidades de t1 a t12. É isto, precisamente, que chamamos um registro de durações. O som 4 de velocidade 4N tem uma duração t4, o som 8 de velocidade M4 uma duração 16t8 etc.

Mas, se desligarmos estas durações que lhes deram origem – referindo-nos ao primeiro caso da série rítmica que estudamos, Exemplo V –, obteremos dois planos paralelos de estrutura serial. Não só poderemos empregar séries diferentes, como já assinalamos, mas teremos licença de registrar a duração assim como a altura, independentes uma da outra. Isto nos levará de resto a modificar o som, ou o silêncio.

Tomemos por exemplo a série:

1 6 3 4 10 11 5 12 7 9 2 8

para as alturas, e a série:

7 1 8 6 11 4 10 9325 12

para as durações.

Registramos as alturas assim:

$$1.\frac{M}{2} - 6.2N - 3.4N - 4.N - 10.4N - 11.\frac{M}{2} - 5.M \text{ etc.,}$$

e para as durações:

2t7 – 16t1 – 32t8 – 8t6 – 2t11 – 32t4 – 4tl0 etc.

Se aplicamos à série de alturas a série de durações, teremos:

$$1.\frac{M}{2}\text{; 2t7 – 6.2N; 16t1 – 3.4N; 32t8 – 4.N; 8t6 etc.}$$

O som $1.\frac{M}{2}$ tem uma duração original de 16t1. Se nós lhe destinamos a duração 2t7, mais curta, nós o captamos apenas parcialmente. O som 6.2N tem duração original de 2t6. Se nós lhe aplicamos a duração 16t1, teremos após este som um silêncio correspondente à diferença l6tl – 2t6.

Guardemos, desde já, que uma estrutura é, portanto, possível a partir do jogo das tessituras de altura e de duração, de uma maneira extremamente flexível indo do completo distanciamento de tessituras divergentes até o afloramento de tessituras vizinhas. Examinaremos os meios de realizar uma tal construção quando falarmos da experiência da música concreta. Assinalemos que se pode mesmo redigir uma partitura.

*
* *

Talvez se tenha observado, a propósito desta questão de ritmo, que mencionamos duas formas de estruturas: a primeira por unidades de valor, a segunda por células rítmicas, já organizadas e suscetíveis de serem variadas.

Se voltarmos para o problema da organização das alturas, no qual só consideramos as notas – equivalentes a valores unitários – é possível se pensar em criar uma espécie de correspondência com as células rítmicas e, por isso, chegar à noção de sons complexos ou de complexos de sons.

Podemos nos surpreender chamando de complexos de sons o que tínhamos costume de chamar de acordes. Sem falar da herança histórica à qual está ligada a palavra *acorde*, nós não atribuímos a esta coagulação vertical uma função harmônica propriamente dita. Nós a entendemos enquanto superposição de frequências, como um bloco sonoro.

Tomemos o exemplo de uma série de doze semitons repartidos assim: três sons, um som, dois sons, quatro sons, dois sons, ou seja, cinco *sonoridades*.

Exemplo XII.

Se aplicarmos a esta série o princípio de transposição que definimos mais acima, obteremos cinco séries de sonoridades cujos blocos sonoros são mais ou menos complexos; pois multiplicamos, dessa maneira, os componentes de cada bloco uns pelos outros. Assim, se se transpõe uma superposição de três sons por uma superposição de quatro sons, obtém-se uma superposição de doze sons, em princípio – 4 × 3. Mas com as notas comuns – aqui duas: *sol* ♮ e *si* ♭ – este novo bloco sonoro terá apenas dez sons.

Cada uma destas superposições de frequências é evidentemente suscetível de se modificar cada vez que ela se reproduz, sendo todas as notas móveis quanto à tessitura e suscetíveis de permutações segundo uma linha vertical, em relação aos intervalos de definição.

Exemplo XIII.

Além disso, poderemos modificar a cor desta sonoridade modificando o ataque, ou a intensidade de um ou mais de seus componentes.

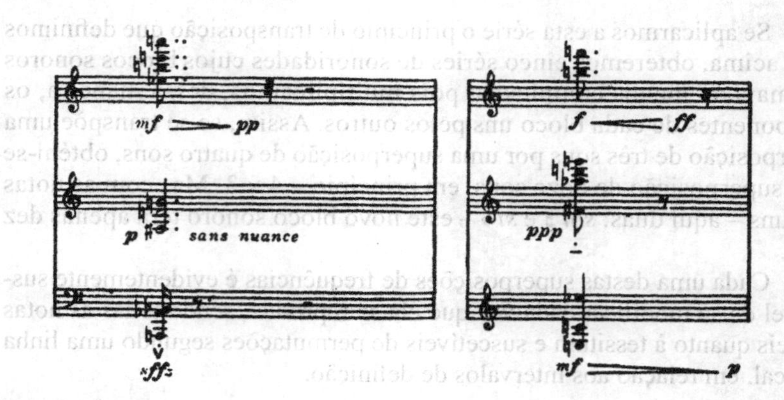

Exemplo XIV.

É evidente que o primeiro bloco do Exemplo XIII não terá a mesma sonoridade do segundo, ainda que os dois tenham sido deduzidos do Exemplo XII.

Como vimos, o campo de variações a que se pode submeter estes complexos de sons é vasto e rico de possibilidades, sobretudo se não se excluir a eventualidade dos domínios não temperados e das microdistâncias.

O som complexo é mais difícil de definir, já que ele não se baseia em superposições de frequências diferentes, mas evoca a noção de um corpo sonoro, que não produz, ele mesmo, mais sons puros – fundamental e harmônicos naturais –, mas superposições de harmônicos que não têm mais relações numéricas simples. Em resumo, ouve-se uma frequência preponderante, superposta a outras cuja intensidade é menor. Algumas vezes mesmo – isto acontece com um gongo, por exemplo – as frequências preponderantes variam no momento da evolução do complexo fornecido pelo corpo sonoro. Estes sons complexos, a partir de uma tablatura, são suscetíveis de ser empregados serialmente; convém, então, considerar a série não tanto como um controle de alturas variáveis quanto à tessitura, mas como um dos controles das permutações sobre objetos sonoros fixos de alguma maneira. Isso será assinalado a propósito do emprego do piano preparado por John Cage.

*

* *

Evocamos as noções de ataque e de intensidade para diferenciar dois complexos de sons que possuem os mesmos componentes. É que, efetivamente, pensamos que estas funções devam ter um papel construtivo na obra da mesma maneira que a altura, o ritmo, e o timbre, se empregarmos timbres diferentes. Daremos um exemplo de combinações seriais de timbres. Aqui estão dezoito instrumentos tocando em sete grupos simétricos. São, na ordem da partitura:

1. (3) Flautim
Clarinete piccolo
Corne inglês

2. (2) Oboé
Clarinete baixo

3. (2) Flauta
Fagote

4. (4) Trompeté piccolo
Saxofone contralto
Trompa
Trombone

5. (2) Violino 1
Violoncelo 1

6. (2) Violino 2
Violoncelo 2

7. (3) Violai
Viola 2
Contrabaixo

Colocada esta simetria de dois grupos extremos de três instrumentos, de quatro grupos intermediários de dois instrumentos, em relação a um grupo central de quatro instrumentos (ou seja, dois mais dois), é a partir dela que iremos estabelecer nossas mutações de grupos entre si. Se cada grupo assumir funções seriais e rítmicas determinadas, veremos que estas funções evoluirão através de grupos de mesmo número patronímico mas de composições variáveis.

Aqui estão duas destas mutações que permitirão nos darmos conta do processo de variação:

1.	(3)	Flautim	Clarinete piccolo
		Corne inglês	Corne inglês
		Viola 2	Viola 1
2.	(2)	Flauta	Trompa
		Violoncelo 1	Violoncelo 1
3.	(2)	Trompeté piccolo	Saxofone contralto
		Violoncelo 2	Violino 2
4.	(4)	Oboé	
		Saxofone contralto	Fagote
		Trombone	Violino 1
		Violino 1	Violoncelo 2
5.	(2)	Clarinete baixo	Flauta
		Violino 2	Trombone

6.	(2)	Fagote Trompa	Clarinete baixo Trompeté piccolo
7.	(3)	Clarinete piccolo Viola 1 Contrabaixo	Flautim Viola 2

Obtém-se assim formações instrumentais que desempenham na estrutura um papel muito importante. Deve-se notar que estas permutações não são obtidas automaticamente mas escolhidas pelas qualidades especiais que apresentam, e que o ponto de partida destas pesquisas e o objetivo a que se propõem são antes de tudo a *evidência* sonora.

Quanto aos ataques e às intensidades, é suficiente desligá-los das estruturas que presidiram sua elaboração e que possam conferir-lhes uma autonomia para colaborar também na organização global de uma estrutura musical. Eles podem depender originalmente da série de alturas ou de ritmos ou ainda ter seu próprio domínio independente desde o começo, assim como vimos igualmente para as durações.

*

* *

Não há justificativa para não se dar aos tempos uma organização serial. Da mesma maneira que para os ataques, as intensidades e os timbres, duvidamos que tais organizações seriais sejam menos complexas que aquelas das alturas e de durações, mas somente que elas se renovam menos frequentemente, se é possível falar tão sumariamente.

Entendemos por isto que elas governam, dominam, acentuam ou contradizem as grandes linhas da arquitetura, mais do que participam da escrita instantânea de uma obra musical.

Se separamos a questão dos tempos da questão do ritmo propriamente dito é porque consideramos estes dois aspectos do tempo musical essencialmente diferentes. Um – o ritmo – se relaciona com uma função da unidade de valor; esta unidade podendo ser, para a comodidade do estudo, abstraída do tempo em que ela figura. O outro – o tempo – é, em resumo, a *velocidade do desenrolar* do texto musical, essencialmente pragmático. Vemos que o tempo não pode então variar a cada instante; senão ele se confundirá com o ritmo, pois criaria, igualmente, variações em relação à própria unidade de valor. Além disso, o fator importante na escolha de diferentes tempos não pode ser uma exatidão metronômica rigorosa (apesar de ser desejável, nem mais nem menos que em toda música), mas antes uma hierarquia em suas relações; o que volta a estabelecer uma relação de *velocidades do desenrolar* do texto, umas em relação às outras.

É de se crer que esta questão do tempo e do ritmo é, definitivamente, muito mais ondulante que isso, pois subentendemos ainda a cinemática ou a agógica de um desenvolvimento segundo o qual se coloque em um tempo rápido ou lento, e que, por conseguinte, mesmo em relação a uma mesma unidade de valor, a escrita rítmica será modificada intrinsecamente.

Estas interferências do estatismo e do dinamismo rítmicos com uma mobilidade ou uma permanência do tempo, podemos relacioná-las com as que constatávamos entre as estruturas seriais e os registros.

*

* *

Talvez cause espécie não falarmos agora da composição de uma obra. Mas, de tudo o que escrevemos a propósito da descoberta de um mundo serial, transparece bem claramente nossa recusa de descrever a criação como apenas a manipulação destas estruturas de partida; uma segurança assim adquirida não conseguiria nos satisfazer, pois que daria ao ato de escrever o aspecto de reflexo condicionado, gesto então sem maior importância do que uma contabilidade cuidadosamente mantida ou mesmo minuciosamente preparada. A composição não poderia revestir-se da aparência de uma economia distributiva elegante, mesmo engenhosa, sem se condenar à inanidade e à gratuidade.

A partir dos dados que estudamos em detalhe, o imprevisível surge. Vimos o livre jogo que deixam, no seu próprio interior e entre elas, todas estas organizações seriais que só parecem rígidas àqueles que as ignoram ou recusam-nas sistematicamente, prisioneiros de uma rotina algo secular e de um preconceito conservador que vê como intangíveis as aquisições do passado.

Após este ensaio de teoria, que terá parecido a muitos como a glorificação do intelectualismo contra o instinto, concluiremos. O inesperado, ainda: só há criação no imprevisível que se torna necessidade.

*

* *

Não gostaríamos de prosseguir este estudo sobre as perspectivas atuais da música sem mencionar os nomes de Olivier Messiaen e de John Cage. Eles constituem, únicos, estas exceções que assinalamos nas aquisições de linguagem desde Webern, Stravínski, Berg e Schoenberg. O primeiro por suas descobertas no domínio rítmico, o segundo por suas prospecções nos sons complexos, os complexos de sons e no domínio rítmico igualmente.

Devemos a Olivier Messiaen – a partir do estudo profundo que fez do cantochão, da rítmica hindu e de Stravínski – a criação de uma técnica consciente das durações. O fato é sem dúvida de importância, já que – à parte a inoperante mania, que retorna periodicamente, de querer reconstituir a métrica grega – é preciso retornar ao século XIV para reencontrar preocupação semelhante na música ocidental; enquanto isto foi uma das constantes da música em outras civilizações (África Negra, Índia, Ilhas de Bali e de Java).

Devemos a ele sobretudo – entre outras aquisições – a ideia primeira de ter desligado a escrita rítmica da escrita polifônica (ideia que encontramos em estado embrionário nos numerosos *Monorrítmica* ou *Hauptrhytmus* que se encontram em quase todas as obras de Berg). É assim que ele realiza seus primeiros cânones rítmicos, seja por aumentação seja por diminuição ou ainda por adição de ponto, origem de toda uma técnica polirrítmica. Devemos a ele as ampliações simétricas ou assimétricas de células rítmicas, e ainda o fato de ter estabelecido a diferença entre ritmos retrogradáveis e ritmos não retrogradáveis.

Devemos ainda a ele a criação de modos de durações nos quais a rítmica ganha um valor funcional; devemos-lhe, enfim, a preocupação de estabelecer uma dialética das durações por meio de suas pesquisas de uma hierarquia nos valores (oposições variáveis de valores mais ou menos curtos e de valores mais ou menos longos, pares ou ímpares), dialética que, ao atuar sobre as estruturas de neumas rítmicos, fornece a ela própria um meio de desenvolvimento musical. É preciso considerar igualmente como muito importantes as pesquisas que ele efetuou ao criar, paralelamente aos modos rítmicos, modos de intensidade e modos de ataque.

Esta sucinta enumeração é suficiente para provar o quanto os princípios rítmicos seriais que expusemos não poderiam ser concebidos sem a inquietação e a técnica que Messiaen nos transmitiu.

*

* *

Quanto a John Cage, ele nos trouxe a prova de que era possível criar espaços sonoros não temperados, mesmo com o auxílio de instrumentos existentes. Assim, seu emprego do *piano preparado* não é apenas um aspecto inesperado de um piano-percussão cuja tábua harmônica fosse invadida por uma vegetação insólita e metalizante. Trata-se muito mais de uma nova colocação das noções acústicas estabilizadas pouco a pouco no curso da evolução musical do Ocidente, este piano preparado tornando-se um instrumento capaz de dar, por intermédio de uma tablatura artesanal, complexos de frequências. John Cage acha, com efeito, que os instrumentos criados para as necessidades da linguagem tonal não correspondem mais às novas necessidades da música, que recusa a oitava como intervalo privilegiado a partir do qual se reproduzem as diferentes escalas. Desta maneira se afirma a vontade de dar a cada som, desde logo, uma individualidade acentuada. Para uma obra de longa duração, sendo esta individualidade uma invariável, chega-se, por causa das repetições no tempo, a uma neutralidade global e hierárquica na escala de frequências, quer dizer, a um modo único de sons múltiplos que cobre toda a tessitura; caímos então, talvez, na armadilha que tínhamos proposto evitar. Observamos todavia que, se as tablaturas fossem mais numerosas, a polarização seria mais rica, tendo em vista então a rede de interferências que se criaria entre elas. Se se dá, ao contrário, cada som como absolutamente neutro *a priori* – é o caso do material serial –, o contexto faz surgir, a cada aparecimento de um mesmo som, uma individualização diferente deste som. Esta espécie de reversibilidade da causa ao efeito é um fenômeno bastante curioso a ser assinalado.

Devemos a John Cage igualmente a ideia de complexos de sons, pois ele escreveu obras nas quais, em vez de se servir de sons puros, emprega acordes sem nenhuma função harmônica, que são essencialmente espécies de amálgamas sonoros ligados a timbres, a durações e a intensidades, cada uma destas características podendo diferir segundo os componentes do amálgama.

Assinalaremos ainda sua maneira de conceber a construção rítmica que se apoia sobre a ideia de tempo real, colocada em evidência por relações numéricas em que o coeficiente pessoal não intervém; ademais, um número dado de unidades de medida dá origem a um número igual de unidades de desenvolvimento. Chega-se desta maneira a uma estrutura numérica *a priori*, que John Cage qualifica de prismática, e que chamaríamos antes de estrutura cristalizada.

Mais recentemente, ele se preocupou em criar relações estruturais entre os diversos componentes do som, e por isso utiliza quadros organizando cada um deles em repartições paralelas mas autônomas.

A direção das pesquisas seguidas por John Cage é muito próxima da nossa para que não tomemos conhecimento dela.

*

* *

A experiência da música concreta, em última instância, nos parece indispensável na medida em que ela permite resolver dificuldades apresentadas seja pela criação de espaços sonoros não temperados e de sons complexos, seja pela realização de estruturas rítmicas fracionando os irracionais.

Até aqui a experiência da música concreta mostrou sobretudo uma curiosidade e um apetite de objetos sonoros, sem grande preocupação em organizá-los. E podia ser de outra forma, com os meios tão rudimentares fornecidos pelos processos de gravação de disco? Não parece. Mas com aparelhos mais e mais aperfeiçoados, construídos sob a direção de Pierre Schaeffer, a partir da gravação em fita, em particular, parece que se pode chegar a resultados de uma precisão bem satisfatória.

É assim que do ponto de vista rítmico, já que a duração de um som gravado em fita se mede no comprimento (sendo a velocidade de rotação do rolo de 77 centímetros por segundo), pode-se, cortando a fita gravada e depois montando os sons escolhidos – um pouco à maneira das sequências de um filme – realizar sequências rítmicas irrealizáveis por intérpretes. Se escrevemos:

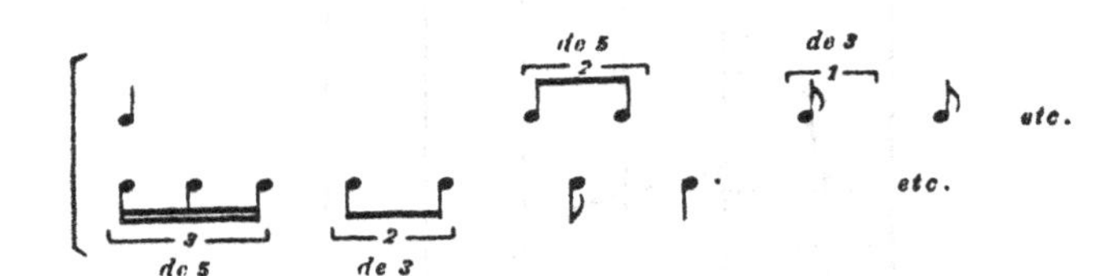

Exemplo XV.

ou seja, se desejamos fracionar grupos irracionais, tomar apenas duas colcheias de uma quintina, uma colcheia da tercina etc., não se pode realizar isto em escrita polifônica, pois é praticamente impossível tocar ritmos de tão grande dificuldade, quando eles são superpostos.

Em fita magnética, tudo se torna muito simples. Suponhamos que a semínima se inscreva em sessenta centímetros (que posso tomar, dentre outras notas, como unidade de valor). A colcheia da quintina inscrever-se-á em 24 centímetros, a semicolcheia da quintina em doze centímetros, a colcheia da tercina em vinte centímetros. Ter-se-á, então, o esquema de montagem seguinte:

60 cm – 24 cm 24 cm – 20 cm – 30 cm
12 cm 12 cm 12 cm – 20 cm 20 cm – 30 cm – 90 cm

A gravação em fita permite igualmente operar sobre a curva do som. Sem nos determos sobre o som ao contrário e sobre os filtros de frequências, podemos descrever a quais permutações seriais pode-se submeter um som dado.

Seja este som que inscrevemos seguindo os eixos de intensidade e de tempo (Exemplo XVI).

Vamos dividi-lo em cinco partes iguais. (Seja-nos permitido considerar que este número 5 não é arbitrário, pois depende de outros fatores seriais determinantes.) Se aplicarmos a este som assim dividido uma série dada, seja:

2 3 5 4 1

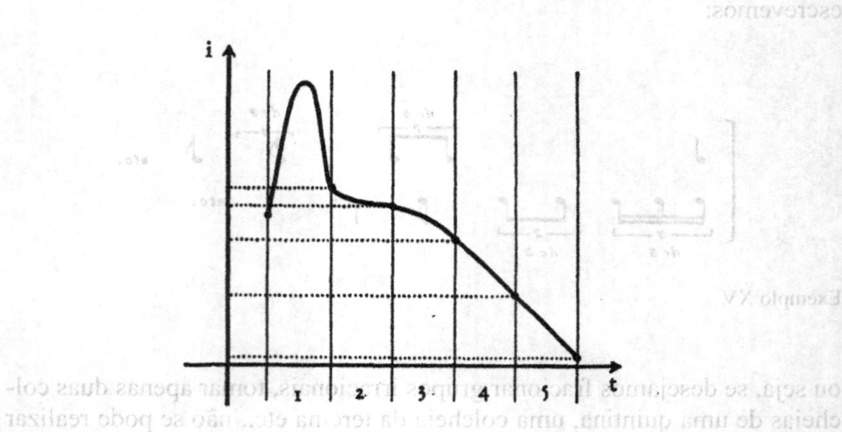

Exemplo XVI.

ou ainda:

3 4 15 2,

se colocarmos estas divisões ora em ordem direta, ora ao avesso

2 3 5 4 1

ou:

3 4 1 5 2

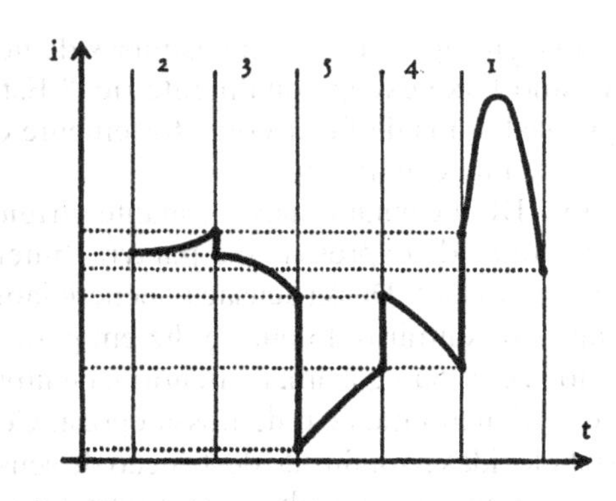

Exemplo XVII.

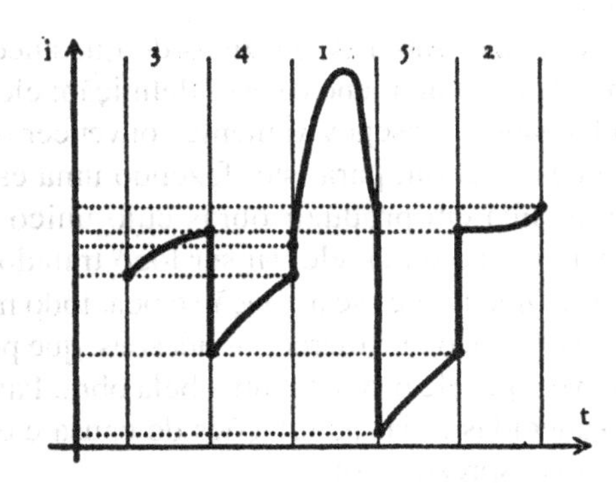

Exemplo XVII bis.

obteremos curvas artificiais que introduzem uma dimensão nova nas possibilidades de variação.

A notação das partituras far-se-á levando à escala os comprimentos da fita gravada; com algumas convenções que definam para cada obra o material empregado e a tablatura que lhe corresponde, a colocação na página será tão legível quanto a de qualquer partitura.

*

* *

Quem poderia negar que todas essas pesquisas de nossa época convergem para um mesmo feixe excepcionalmente rico? Estamos certos de que a exposição que acabamos de fazer corre fortemente o risco de atrair contra nós acusações de intelectualismo.

Desde o século XIX, a censura mais ultrajante dirigida a um criador que trabalha nas artes ditas de expressão é a palavra "intelectual". Assim são evitadas algumas confusões. Dessa acusação beneficiam-se em particular os dodecafonistas. Ao contrário do que se diz em geral – e isso é mais que um simples boato –, eles não gozam, na maioria, de uma legítima apreensão intelectual do fenômeno musical de nossa época. Contentam-se em ficar sobre bases estabelecidas para fins de destruição de seus predecessores; eles se dedicam, assim como o Schoenberg da última fase, a uma posição anti-histórica. Gostariam de nos fazer crer que um tal academismo larvar é intelectualismo, enquanto ele não é senão a secreção de espíritos limitados e pobres de expedientes.

Contudo, as confusões são às vezes mais do que anedotas. O *artista intelectual* corresponde mais ou menos a essa definição: ele estabelece *sua* teoria, em circuito fechado, e deseja vivamente convencer os outros da eficácia e da validade dessa teoria; para isto, fazendo uma espécie de prova dos nove, ele se empenha em produzir obras cujo único critério é o da prova dos nove. Se a criação é má, ele vai ser logo tratado com desprezo como teórico, como relojoeiro etc. Se a criação é boa, todo mundo se apressa em dizer que não é o teórico que merece as adesões, que pouco importam as suas teorias, uma vez que ele produziu uma bela obra. Para chegar a essa glorificação, são esquecidas todas as relações de causa e efeito que eram destacadas no caso do desprezo da obra.

Mas, por que haveríamos de nos sentir envergonhados de nossa técnica? Nossa resposta é a contestação, e diremos que essa censura de intelectualismo se fundamenta mal, uma vez que parte de uma compreensão errônea – quando não vem apimentada com má-fé – do papel interpretado pela sensibilidade e pela inteligência em toda criação. Não esqueçamos que, em música, a expressão está intrinsecamente ligada à linguagem, à própria técnica da linguagem. A música é, talvez, o fenômeno menos dissociável de todos os meios de expressão, no sentido de que sua própria morfologia faz ver, antes de mais nada, a evolução sensível do criador. Vê-se, então, como essas censuras de intelectualismo caem mal, porquanto os meios formais são a única comunicação possível. Não é um paradoxo afirmar que, quanto mais esses meios formais são complexos, menos são percebidos intelectualmente pelo ouvinte. A análise torna-se, então, impossível no curso da execução; e mesmo quando uma estrutura complexa foi bem analisada, a experiência nos diz que as formas construídas com mais cuidado, portanto as menos vistosas, se recompõem durante a audição e desafiam novamente o espírito analítico, e o submergem. O mesmo não se poderia dizer de obras que pretendem ser simples e nas quais se percebe – aí de modo muito intelectual – o caráter esquemático, precisamente porque ele é previsível.

Tais esquemas, com que se contentam aqueles que se recusam a cometer o pecado de intelectualismo, são tão repreensíveis por sua gratuidade, seu lado arbitrário, quanto por seu lado apriorístico. Não podem arrastar nenhuma consequência a não ser a de uma esterilidade que se imobiliza definitivamente fora do circuito. Que esses esquemas sejam batizados pomposamente de *liberdade*, que sejam justificados em nome da expressão lírica, assim não se justifica senão a própria preguiça de tendências esclerosadas.

Protesta-se, porém, num último recurso, em nome da imaginação criadora. Precisamos reverenciar com respeito espíritos que têm a imaginação tão fértil. Mas, pensando bem, são curiosos esses protestos, partindo de pessoas que têm essa faculdade tão frágil a ponto de não suportarem ser dirigidas. De fato, já tínhamos percebido que ela não só é frágil, como débil, enquanto essas pessoas a proclamam todo-poderosa; inconscientemente deixam-se apanhar em todas as armadilhas dos piores lugares-comuns. Nossa tendência seria, ao contrário, achar que a imaginação precisa de alguns trampolins, meios formais colocados à sua disposição por uma técnica que não teme ser chamada por seu próprio nome.

Assim chegamos a essa questão insuportável do formalismo. Último resíduo do romantismo, ele concebe sempre as pesquisas teóricas como um ciclo fechado que não coincide com as criações propriamente ditas, conforme nos referimos antes. Devemos nos libertar dessa lenda fora de moda: não é possível aceitar isso sob pena de asfixia mortal. Uma lógica conscientemente organizadora não é independente da obra, contribui para criá-la, está ligada a ela num circuito reversível; pois é a própria necessidade de dar precisão ao que se queria chegar a expressar que conduz à evolução da técnica; esta técnica reforça a imaginação, que se projeta, então, sobre o que não fora percebido; e assim, num perpétuo jogo de espelhos, prossegue a criação. Ela é uma organização viva e vivida, aberta a todas as aquisições, enriquecendo-se a cada nova experiência, completando-se, modificando-se, mudando mesmo de acentuação. Diremos mais: é pela glorificação da própria retórica que a música se justifica. Do contrário ela não é senão anedota irrisória, grandiloquência barulhenta ou libertinagem melancólica.

É necessário concluir? Uma vez mais, o inesperado: *Le coeur*, *un viscère qui tient lieu de tour**… (Verlaine… 1865 … respondendo a Barbey d'Aurevilly…)

* O coração, essa víscera que tudo substitui (N. dos T.).

"... Auprès et au Loin"

Parece que a geração atual já pode despedir-se de seus predecessores: conseguiu se definir de modo suficientemente preciso e explícito para não mais aceitar apadrinhamentos, para não mais sofrer obsessões. Conhecem-se as principais forças vivas da evolução musical recente; é supérfluo lembrar ainda a divergência de pontos de vista particularizantes por elas manifestados. Era nosso dever revelar o aspecto aparente dessas contradições, de resolvê-las em uma síntese justificada.

O ato de expor o estado preciso das aquisições que representam o ativo dessa nova geração será uma descrição de seu estado de espírito, de seu modo de pensar a música. Um fato é certo: desde a morfologia da linguagem até a concepção da obra, tudo foi questionado; e isto não por uma vontade revolucionária, mais ou menos gratuita, que se contentaria com a aplicação de certos postulados sem relação com seu objeto, mas sim por uma série de intuições controladas graças a uma lógica indispensável à sua homogeneidade.

Deve-se observar que, de fato, essas pesquisas são homogêneas, apesar da aparência caótica que às vezes possam apresentar. A grande preocupação não parece ter sido convulsionar a estética em nome de princípios turbulentos, nem requintar a morfologia por um superdeleite, nem mesmo desviar a linguagem de sua verdadeira atribuição para criar um hiato de choque. Depois de se ter conscientizado com lucidez do fato de que a dissociação analítica era um ponto de partida cientificamente válido, essa preocupação foi de coordenar todos esses componentes da linguagem, ou seja, todos os componentes do som, dentro de um sistema único de referências, tendo-se em conta a disparidade de sua percepção. Daí por diante, cria-se uma nova organização do mundo sonoro, cujas características principais vamos especificar; ela exige uma aplicação prática do material sonoro completamente readaptado, tanto do ponto de vista da concepção formal – apreensão intelectual das estruturas – quanto da realização instrumental ou eletroacústica. Estes dois aspectos chegam em certos casos até à identificação pela absorção recíproca dos fenômenos respectivos; que esta concepção da obra – morfologia e retórica – esteja ligada a uma transformação total no domínio da "poética", não é absolutamente de estranhar; ao contrário, o sentido da obra modificou-se a um tal ponto, que as estruturas fechadas ou abertas, o automatismo de sua utilização ou o livre-arbítrio que se venha a introduzir criam novas dimensões, quase uma nova maneira de ver a obra musical, de perceber a sua necessidade. A obra não mais se insere numa hierarquia – confirmando-a, ou chocando-se contra ela –, mas gera a cada vez sua própria hierarquia; em suma, não haveria mais lugar para qualquer tendência ao esquema preestabelecido ligado a funções precisamente determinadas. Ao contrário desta atitude, a obra atual tende a se constituir a partir das possibilidades das funções cujas características criam um universo próprio onde o esquema será uma das suas manifestações.

É evidente que tal concepção não pode senão entrar em choque com os partidários de uma tradição atualmente sem vida, uma vez que eles, infelizmente, tendem a encarar os próprios hábitos e as próprias rotinas como leis naturais, imutáveis. Contudo, a leitura de alguns documentos acerca da evolução da morfologia musical pode ser edificante; como a arte musical, apesar de tudo, deve levar em conta certas "regras do jogo", os sistemas – tentativas de codificação empreendidas com regularidade desde Guido d'Arezzo até Rameau e d'Alembert – apresentam-se o mais humanamente "sistemáticos" quanto possível, até que o hábito de viver com eles, e para eles, transforma-os em algo divino, recusando qualquer transgressão como se fosse a verdadeira negação de sua imanência. Nessas acusações de "dogmatismo" lançadas com raiva contra um novo sistema de referências que venha se impor com segurança cada vez maior, deve-se ver – sem paradoxo – como apenas uma manifestação de personalidades fortemente presas a um sistema antigo transformado em dogma. Assim, parece que não seria absolutamente possível um diálogo com certos oponentes, uma vez que os artigos de fé não oferecem nenhuma possibilidade de discussão. Consideramos que a pecha de fanatismo que levam os promotores de uma música atual é a manifestação desta crença numa verdade revelada para todo o sempre, por parte de uma malta de ameaçados, é consequência inevitável de um mal-entendido que não devemos levar a sério.

De qualquer modo, o certo é que nenhum sistema musical jamais foi justificado por leis naturais, quer em nossa civilização ocidental, quer nas civilizações asiáticas ou africanas. As teorias árabes ou chinesas são tão lógicas quanto as pitagóricas, e são responsáveis por mundos sonoros igualmente válidos. É preciso reconhecer, por outro lado, que, todas as vezes que se procurou fazer tal justificação, foi preciso realizar um certo número de aproximações, e mesmo num tal grau que paira, ao menos, uma dúvida a respeito do fundamento de tal empresa. Não seria mais sensato, antes, encarar uma espécie de lei de evolução dos sistemas? Poder-se-ia definir um sistema, em geral, como um conjunto de processos destinados a gerar uma coerência máxima no manejo dos fenômenos sonoros, sendo que a evolução dos processos no interior de um mesmo sistema de referências se constitui a sua própria evolução do sistema; quando sua necessidade deixa de ser real, o sistema torna-se caduco e cai em desuso. Poderíamos parodiar o dito famoso de Valéry: "Nous autres systèmes, nous savons maintenant que nous sommes mortels"*.

A atitude que se impõe no momento: eliminar os preconceitos sobre uma Ordem Natural, repensar as noções acústicas a partir de experiências mais recentes, encarar os problemas propostos pela eletroacústica e as técnicas eletrônicas; não ignoramos que ainda não atingimos um grau de coerência inatacável, uma evidência indiscutível. Muitos pontos ainda estão obscuros, muitos anseios não se realizam, muitas necessidades não encontram formulação própria. Mas é impossível deixar de constatar que as exigências da música atual seguem paralelas a certas correntes da matemática ou da filosofia contemporâneas. Não que desejássemos fazer coincidir todas as atividades humanas sincronicamente num paralelismo rigoroso; as mais superficiais das relações que as pessoas se apressam em salientar não seriam suficientes para justificar tal paralelismo. Parece que se pode, sem medo de gratuidade, pensar na teoria dos conjuntos, na relatividade, na teoria quântica, ao se tomar contato com um universo sonoro definido pelo princípio serial; recorrer à *Gestalttheorie*, à fenomenologia, também não nos parece algo sem sentido, muito pelo contrário. Não nos iludimos sobre a realidade das correspondências muito facilmente possíveis entre música, matemática e filosofia; antes nos sentimos aptos a constatar que estas três atividades observam certa similitude na extensão de seus domínios.

Quanto à aproximação entre as "artes", ou seja, música e poesia, música e pintura, o fracasso da arte total, da *Gesammtkunstwerk*, tinha deixado todo mundo circunspecto, e cada qual parecia querer trabalhar em seu próprio campo, sem se ocupar mais com uma hipotética solidariedade. Parece que, sem retornar aos sonhos românticos de unidade, o pensamento atual orienta-se para uma confiança recíproca maior, tomando por base o princípio geral das estruturas: esta concepção tem, pelo menos, o mérito de não alienar qualquer liberdade, de não instaurar qualquer coação.

* "Nós, os sistemas, agora sabemos que somos mortais" (N. dos T.).

*
* *

Se se deseja sublinhar o caráter de real necessidade nas pesquisas dos jovens músicos atuais, seria conveniente primeiro situar esta atividade. Surge, desde logo, uma questão muito importante – e muito geral – que diz respeito ao modo como se transmite uma tradição. De fato, o jovem compositor vai, pouco a pouco, tomando consciência de sua profissão através dos trabalhos de seus predecessores, incorporando-lhes as aquisições, assimilando-lhes a faculdade de realização; produz-se um fenômeno de osmose, acompanhado de uma reação dirigida em relação a esta osmose. Lembremos o que André Malraux diz a respeito: "Pintores e escultores, quando eram grandes pintores e escultores, transformavam as obras que haviam herdado – modificavam as formas, não qualquer uma, mas não modificavam a natureza"; e, mais adiante: "O fato de que alguém não se torna pintor ante a mais bela mulher, mas ante os mais belos quadros, não diminui a emoção experimentada em tornar-se tal; a emoção que nasce da arte, como qualquer outra, traz em si o desejo de sua duração"; e ainda: "O pintor passa de um mundo de formas a outro mundo de formas, o escritor de um mundo de palavras a outro mundo de palavras, assim como o músico passa da música à música".

Como é possível esta continuidade na transmissão? Primeiro pelo ensino; depois, quando o ensino já não é mais eficiente – a um certo grau de saturação, o aluno tem necessidade de definir por si suas próprias coordenadas com respeito à tradição –, recorre-se à leitura analítica das partituras. O ofício do jovem compositor depende, portanto, de uma herança em cuja escolha ele pode intervir num grau maior ou menor. Existe o que se pode chamar de heranças transmissíveis e heranças intransmissíveis; é preciso refazer aquilo que a história envelhece, aquilo que ela metamorfoseia, situação sempre flutuante, e que explicaria certos parentescos observados em diversos períodos. É fato que um momento da história pode ser mais facilmente reconhecido em certos momentos anteriores, sua contabilização de privilégios que são abolidos pela intervenção de outros privilégios. Foi possível designar este fenômeno, com exatidão, como os harmônicos de uma época. Mas levando-se em conta este coeficiente do momento histórico, deve-se mencionar também um coeficiente pessoal e primordial; diríamos, mesmo, que ele justifica por si só a análise, que sem isto torna-se estéril exercício de acadêmico.

Verdadeiramente, o espírito de análise é um hábito que, hoje em dia, se propaga com uma rapidez comovente. Precedidos por uma geração composta, na maioria, por analfabetos de mérito, seria nossa tendência tornarmo-

-nos uma seara de tecnocratas? Para responder a adversários, cuja única vocação seria a de pedreiro ou de prostituta, optaríamos pela objetividade da profissão de engenheiros? A perspectiva não é das mais felizes, e já temos tendência de sobra a nos deixarmos hipnotizar pelo brilho cintilante da ambição do rigor; instalada a inquisição, tratemos de domesticá-la. Se nos fosse dado imaginar a ventura de figurar – bem ou mal – entre os inquisidores, nosso propósito seria o oposto. Não temos em vista nada além de tentar nos isolar, de modo cada vez mais preciso com relação àqueles que nos antecederam e dos quais somos tributários. O "relatório" analítico não é, de fato, nem válido nem gratuito: um certo número de sistemas é apresentado, sistemas que expõem, da maneira mais plausível, seja a escrita, seja a estrutura de uma obra dada. No entanto, se nos entregamos a uma tal exegese, não é apenas – prazer fácil de se afastar – por uma vã satisfação de saber o "como" da obra, por uma curiosidade que assim é anulada. As grandes obras, felizmente, nunca deixam de recompensar seu intransponível mistério de perfeição. Se cuidamos de não nos deixar prender por um humor sem esperança ante um mistério que se recusa a ser desarmado, podemos adivinhar sem esforço, e desde logo, qual o motor de um espírito que se lança em tal procura; é uma espécie de ato de fé na transmissão do ofício, de geração em geração, por esse meio único e insubstituível, apesar do aparecimento de uma impossibilidade secundária: a obra pode não nos ser completamente adequada. De fato, é possível a transmissão total de um ofício? É nisto que o espírito de análise, por definição, não poderia se justificar. Tomado como projeção de si mesmo sobre as obras que o precederam, será capaz de guardar uma modéstia no relacionamento, sem a qual não podemos senão desabar no pedantismo acadêmico, chapinhar numa retórica irrisória. Assim, abandonamos sem pesar a ilusória precariedade de uma precisão que agrada, e confessamos a relatividade da qual nenhuma análise pode ser excluída.

A procura de um método nesse campo traz à baila dificuldades que merecem destaque. Primeiro com relação à história da linguagem: é absolutamente ineficaz querer considerar uma obra através de meios de investigação posteriores a ela, e é igualmente ineficaz querer aprofundar uma obra impondo-lhe um sistema de referências que lhe seja anterior. Querer analisar uma peça de Bach ligando-a a um estudo das alturas e dos registros é tão vão quanto comparar literalmente uma estrutura de Webern com uma de Beethoven. A obra impõe, portanto, a escolha dos meios com que devemos abordá-la: o que não quer dizer que, por isso, estejamos tocando fatalmente a intuição do compositor. Não temos que nos preocupar com o mecanismo que chega até a obra, mas antes com a própria obra que, quando escrita – e pelo fato mesmo de estar realizada –, atira para a escuridão da noite todos os passos preliminares. A realização de uma obra implica a abolição de tudo que poderia ser e não foi: o acaso abolido, mas sem esquecer a parte de acaso que interferiu nessa abolição. Que obra-prima absoluta poderia pretender colocar-se fora dessa situação? Não esqueçamos por isto que, para o compositor, os acontecimentos não coincidiram desde o começo para produzir um "fenômeno sonoro". A criação é, em parte, analítica. Por sorte, conservaram-se os cadernos de rascunhos dos grandes músicos e, em certos casos, a leitura dos manuscritos – com tintas de cores diferentes – revela-se muito instrutiva. O "fenômeno sonoro", que teríamos tendência a considerar como um todo, é muitas vezes obtido por sucessivas aproximações de um estado satisfatório. Alguns exemplos disto são particularmente notáveis em Beethoven: o primeiro esboço do *scherzo* da *Nona Sinfonia* está indicado "Ende Langsam", e pode-se ler sobre a notação deste tema "Fuge". Falar ainda de uma criação em que o material é escolhido em função de suas possibilidades, todas previstas, é tentar provar uma utopia determinista de caráter estranhamente híbrido. É preciso lembrar também as melodias que soam "como corne inglês", as sonatas com temas "especificamente" piano ou "especificamente" violino; mal-entendidos deste gênero são muito fortes, refletem uma mentalidade religiosa profundamente enraizada; o compositor é Deus que, com sua clarividência, abarca a obra inteira desde o momento em que decidiu criá-la. Arnold Schoenberg chegou a escrever em *Style and Idea*:

> Para se conhecer a própria natureza da criação, é preciso perceber com nitidez que a luz não existia antes que o Senhor dissesse: "Faça-se a luz". E como a luz ainda não existia, a onisciência do Senhor abraçou a visão daquilo que somente sua onipotência poderia fazer nascer. [...] De fato, o conceito do criador e da criação deve ser modelado em harmonia com o Divino Modelo; a inspiração e a perfeição, o desejo e o acabamento, a vontade e a realização coincidem espontânea e simultaneamente. Na criação divina não existem detalhes que devam ser acrescentados mais tarde; a "luz se fez" de uma só vez e em sua perfeição definitiva. [...] Mas aí, uma coisa é ter uma visão num instante de inspiração criadora e outra é materializar esta visão acumulando detalhes de modo que eles se reúnam em uma espécie de organismo.

Mesmo levando-se em conta o humorismo contido nesta declaração, essa nostalgia do paraíso perdido, muito característica de Schoenberg – último representante da corrente romântica –, pode ser encontrada, sob formas mais ou menos inócuas, em muitos "espontaneístas", por mais que isto pareça curioso. Os "espontaneístas" da geração precedente não são, de fato, senão descendentes anêmicos de seus predecessores românticos com a diferença de que Deus metamorfoseou-se em Rei Momo e que a massa de papelão tornou-se a única matéria dessa criação. Face a essa concepção "divina" – que não parece querer renunciar a seus privilégios, uma vez que surge insidiosamente nesta geração, revestindo-se de aspectos sutis ou de um tom "cientista" pela adesão à mística dos números –, pode-se imaginar um caminho que conduz à criação da obra e que ressalva a intuição – não a visão – e que, despojado do mito da "clarividência", não esquece, porém, a magia e a adivinhação. Mais adiante tentaremos esclarecer nosso ponto de vista.

O estudo dos "fenômenos" sonoros, voltando a eles, não favorece, na maioria das vezes, senão concepções que são irredutíveis ao método empregado para descrevê-los; porque, no outro extremo do processo criador, considerar a obra como um todo inseparável, como um mundo criado, corresponde exatamente à "visão" do compositor: "pequena cosmogonia portátil", que facilita sobretudo um diletantismo superior – de alta classe, é preciso reconhecer –, mas diletantismo que considera sempre os fenômenos do ponto de vista exterior, e algumas observações de ordem luminosa não bastam para satisfazer nossas exigências. A análise não deve estudar os diversos "aspectos" do fenômeno iluminado de modos diferentes; ela deve aproximar, no interior da obra, os diversos componentes que concorrem para sua realização. Convém explicar a palavra *componentes*, porque ela se presta a interpretações errôneas; por *componentes* não se deve entender fatores unilaterais (ritmo, melodia, harmonia) que se *acrescentam* uns aos outros numa adição monstruosa por sua irrealidade; é preciso entendê-los como componentes vetoriais que, acrescentando-se vetorialmente, dão uma resultante cuja direção é diferente, mesmo definida pelos componentes. Que estes componentes existem mesmo em estado bruto, não seria possível negar: eis o caso da música popular. De fato, existem esquemas rítmicos – baseados numa métrica determinada – que podem gerar uma categoria de danças (a giga, a sarabanda, a tarantela, citando exemplos mais próximos para um europeu ocidental); esquemas rítmicos que, num dado momento, realmente preexistiram a essas danças; isto depende, evidentemente, da situação mais ou menos clara de um "gênero" musical em relação à história. Nem por isto cada uma dessas danças, individualmente, deixa de constituir um encontro único, um "fenômeno" que não se pode dissociar; mas parece, então, que se está confundindo o estudo da percepção da obra com a própria obra. Embora a percepção da obra não seja tão global como se deseja supor, pode-se admitir que a única vez em que se percebe um "fenômeno" musical como um todo inseparável seja na primeira audição – ou nas primeiras audições, no caso de serem espaçadas. Depois dessa exceção, a memória desempenha um papel importante, de que resulta o poder da análise, já que a memória permite a comparação entre as diversas fases do "fenômeno" sonoro e o controle, mais ou menos rigoroso, de suas paridades e disparidades. Não diremos que este poder de análise se estende a toda a duração da obra; seria, antes, esporádico, e as flutuações de sua acuidade estariam em função do sujeito que escuta e da obra escutada. Parece, portanto, que, tanto no que se refere à percepção, quanto sob o ângulo da criação, o "fenômeno" sonoro não se reduz tão facilmente a um todo; parece, ao contrário, que a abstração sobre o ritmo ou sobre a melodia, numa partitura, por exemplo, não seja apenas uma operação teórica, e que esses saltos de um plano a outro no curso da audição de uma obra – com maior ou menor virtuosismo, de acordo com a educação musical de cada um – sejam mesmo, o mais das vezes, a maneira concreta que tem o ouvinte de perceber a música. Quanto aos amadores quando se referem à audição de uma obra, seu vocabulário é explícito: prendem-se a componentes determinados, este à "harmonia", aquele ao "ritmo"; raramente percebem o todo, acontecimento raro, chamado de "estado de graça" na linguagem corrente, e que se relaciona não apenas à concepção formal e global da obra que foi ouvida, como também à sua realização em cada um de seus momentos.

Estes dois fatores importantes devem ser levados em conta, se uma análise feita no interior da obra pode ser considerada válida: ela se justifica pela gênese da obra e por certas características da percepção que se tenha; caso contrário corre-se o risco de se especular em falso. Assim, quando vemos a crítica de certas músicas, dodecafônicas ou não, feita por uma espécie de numeração cujo objetivo é mero etiquetamento, achamos que é uma forma, ainda viva, de uma aberração muito mais antiga; toda uma tradição acadêmica fica assim resguardada sob um rosto remodelado. É suficiente estabelecer um escalonamento, definição sempre fácil, pois trata-se de uma operação essencialmente abstrata em relação à obra a estudar, escalonamento de alturas – ou de ritmos – que se deduz a partir de algumas particularidades, em geral muito simples, dos números. Suponhamos isto como válido: o que resulta quando aplicado à obra em equações de equilíbrio sob uma forma que depende de seu princípio. Resta atribuir, triunfalmente, estas leis de equilíbrio à medida padrão que foi escolhida; se se optasse por outra, igualmente arbitrária, encontrar-se-iam as mesmas leis sob outros aspectos visuais; o que não iria explicar os fenômenos de equilíbrio estruturais que são o que caracteriza a obra. Não se fará mais do que vestir suntuosamente a própria indigência com uma tautologia tagarela.

Para evitar este inconveniente, cumpre fazer a análise de tal modo que a obra surja não como um balanço distributivo, mas como estruturas que dela se deduziram. E se, para isso, vai-se recorrer a algarismos e a letras, corre-se o risco, na pior das hipóteses – e com a vantagem da facilidade prática quanto à designação – de tomar estes signos-símbolos pelo objeto em si do estudo. Ambiguidade que deve ser desmascarada a qualquer preço, uma vez que é a partir dela que todas as confusões são solidamente estabelecidas; é em seu nome que um certo estilo de admiração – e de imitação – tende a surgir. As consequências que se podem desde logo intuir aparecem realmente depois do estudo das estruturas morfológicas; depois este primeiro plano é ampliado para a estrutura global; e então, estudando-se a forma de geração desses diversos planos de estrutura, suas inter-relações, enfim, generalizando com mais minúcia, pode-se chegar a descrever o que constitui, propriamente, o curso da obra.

*

* *

Chegar a este objetivo comporta uma certa dose de espírito criador. Pode-se constatar que os insucessos na tentativa analítica, na exegese de tal ou qual obra, devem-se a uma profunda falta de invenção, a uma notória indigência de imaginação. É porque, a partir dos mesmos elementos predecessores, pode-se criar tanto um "maneirismo" como um novo feixe de descobertas.

Essas descobertas serão precisadas de modo suficientemente sucinto para que não se exijam explicações técnicas que só interessariam a um número restrito. Não nos desagrada também o fato de que assim se pode evitar a censura de esoterismo tecnocrático, motivo de satisfação para os adversários que se orgulham da própria ignorância. Vamos separar, nesse balanço provisório, os diferentes componentes de uma obra, muito embora mantendo as ressalvas feitas anteriormente. Frisemos, entretanto, antes de entrarmos em detalhes dos diversos campos, que a necessidade primordial que colocamos foi a de que a série não seja considerada um ultratema, ligada para sempre às alturas, mas função geradora de todos os aspectos da obra. Essa série não é, portanto, fixada sobre nenhum algarismo privilegiado; ela pode dar uma hierarquia a elementos complexos, desde que leve em conta as características e as propriedades específicas desses elementos. Sem isto ela não passa de uma gratuidade, um modo meticuloso de se jogar cara ou coroa.

A série de alturas pode ser concebida de algumas formas diferentes. E é urgente chamar a atenção de que não é o desenrolar sucessivo desses elementos que ela relaciona o que constitui o fenômeno serial. A série não é uma ordem de sucessão, mas uma forma de hierarquia, que pode ser independente dessa ordem de sucessão. É neste sentido que as regiões harmônicas, utilizando as mesmas relações de intervalos, são capazes, por exemplo, de agrupar as séries em famílias dentro de um certo número de transposições. É neste sentido, igualmente, que as noções de horizontal e de vertical encontram seus sustentáculos e seus fins confundidos num mesmo princípio de repartição. É sempre em virtude dessa hierarquia que todas as notas de uma série podem ser tomadas como notas iniciais sem que com isto se diminua a capacidade organizadora. Em resumo, cada modo de se conceber a série se apoia sobre um fenômeno musical que, por si só, basta para justificá-la: esta condição, necessária e suficiente, exclui a necessidade de outras condições, ao mesmo tempo em que oferece a possibilidade de se acomodar a suas exigências. Assim, surge uma noção de estilo "livre" e de estilo "rigoroso", com definição própria relativamente às formas admitidas no curso de uma evolução musical, como os mais representativos desses dois aspectos. É verdade que todo pensamento musical sente a necessidade seja de inventar livremente renovando constantemente o sentido da invenção, seja de elaborar, a partir de uma ou mais ideias geradoras, um desenvolvimento baseado exclusivamente nelas e de modo mais ou menos estrito. Chegou-se a definir, assim, perfeitamente, um estilo "rigoroso" por meio de diferentes formas canônicas, dentre as quais algumas muito difíceis de praticar devido ao controle vertical harmônico que proíbe um grande número de encontros; chegou-se mesmo a uma forma "rigorosa" que é a fuga, expressão perfeita de uma certa escrita e que, até Bach, foi adequada ao pensamento musical de quem empregou esta forma. (Note-se, no próprio interior da fuga, as alternâncias entre passagens de escrita livre e escrita canônica.) A *Oferenda Musical*, as *Variações Canônicas* para órgão e a *Arte da Fuga* são as manifestações mais totais e que foram mais bem-sucedidas quanto a esse estado de espírito, resultado de alguns séculos de pesquisas; por isto mesmo elas deram um acabamento à evolução desse modo de pensar em música. Toda tentativa de um estilo "rigoroso", depois de Bach, recorreu às formas canônicas e à fuga, com tudo que este recurso tinha de anacrônico. Este fenômeno, geralmente, se produziu na maturidade do compositor: Mozart, Beethoven sofreram esse fascínio do estilo rigoroso ao ler Bach e Haendel. Em Beethoven, particularmente, o encontro não se dá sem embates, sem choques violentos, porque as relações harmônicas nem sempre se acomodam com facilidade aos intervalos empregados contrapontisticamente; essa música "rigorosa" – expressão mais pura de um estilo, de uma escrita –torna-se uma música eminentemente "dramática". (Deve-se notar, de fato, que as obras do último período em que esse aspecto forçado não se faz sentir num grau tão forte, as *Variações Diabelli*, por exemplo, ou as variações da *opus* 111, provocam um efeito dramático bem menos violento.) Precisamente, o que dá às fugas de Beethoven seu caráter excepcional, o que faz delas criações únicas e sem igual, é esse confronto perigoso entre os rigores de ordem diferente que só podem entrar em conflito; nas fronteiras do possível, são testemunhos do hiato que se vai acentuando entre formas que permanecem como símbolos do estilo rigoroso e um pensamento harmônico que se vai emancipando com virulência crescente. Quando o drama desse hiato se faz sentir de modo tão agudo como o foi por Beethoven, tem-se então a fuga do *opus* 106, a grande fuga para arcos, entre outras. Mas, quando a fuga não é senão o símbolo desse estilo rigoroso ao qual se obedece mecanicamente, temos Mendelssohn – e mesmo Schumann não poderá fazer melhor nessa ordem de ideias. (Existe Brahms, não *61*... e Franck...) Assim, uma tradição acadêmica se perpetua, da qual a fuga do *Tombeau de Couperin* é uma das últimas manifestações, muito embora seja nova em suas intenções; porque, em Ravel, esse "recurso" à forma rigorosa está completamente entre aspas, é uma citação, um "túmulo" bem identificado. Nascera o neoclassicismo; que nem sempre teria este senso de humor e leveza na evocação de um estilo passado.

Quanto ao estilo "livre", ele é sempre adequado à evolução da morfologia musical, uma vez que a invenção depende da dita morfologia. É assim que podemos constatar, nesse campo, a abundância de esquemas formais que se modificam de uma época a outra, que se transformam de modo radical ou que desaparecem totalmente. São fenômenos ligados, antes de mais nada, a uma época, às características de uma época; no entanto, é possível afirmar que a "variação", sob diferentes designações, permaneceu uma constante nesse estilo "livre", porque é um *passe-partout* que se acomoda com facilidade à evolução morfológica.

Evidentemente, não há uma fronteira precisa entre o estilo "rigoroso" e o estilo "livre": a "passacaglia" é uma prova bastante explícita da validade, na coexistência, dessas duas tendências da criação musical. Isso não quer dizer que esses dois campos não sejam cada vez mais difíceis de se conciliar sem o risco da catástrofe. Não foi por acaso que, nos três vienenses, vemos reaparecerem as formas canônicas rigorosas, assim como a passacaglia e a variação: elas constituem essa espécie de terreno comum em que a ambiguidade poderá se desenvolver rapidamente e fazer surgir a divergência, que se torna novamente possível, entre invenção estrita e invenção livre.

Como é que esta divergência pode se exprimir na série? Seria necessário introduzir, desde logo, uma noção de campo de ação e de encontros pontuais. Um campo ficará aberto à possibilidade do livre-arbítrio se manifestar no interior de limites bastante amplos para não constrangerem; um encontro pontual será, ao contrário, a única solução à disposição num instante dado. Vamos descrever alguns meios para se deduzir as consequências de uma série de base. Não podemos esquecer que uma série em ação numa obra leva em conta, separadamente ou de uma só vez, a sucessão, a simultaneidade, os intervalos absolutos, os registros.

a) Consideremos primeiro a série apenas sob o aspecto de seus intervalos absolutos; isto dará um sistema de transposição já utilizado pelos vienenses, em que cada grau de série gera, por seu turno, uma série paralela à série-base e que é, cada vez, reconduzida ao interior do intervalo produzido pelos sons extremos dessa série-base: tem-se, assim, uma hierarquia que pode ser variada quer por desdobramento quer por superposição – isto depende dos valores rítmicos ou das estruturas dos agrupamentos –, e que pode ser variada igualmente pelo registro, isto é, pela extensão concreta que se atribui a um valor abstrato de intervalo.

b) Se as estruturas de agrupamentos intervém sobre a série de base e se ligam a ela, engendra-se algo diferente que será, de certo modo, uma geração harmônica, mas de natureza muito pouco semelhante às que se entendem habitualmente pela palavra harmônico: as funções de relação não serão exteriores aos acordes empregados, mas irão pertencer à própria constituição desses acordes. Na realidade, existe uma grande ambiguidade no emprego desses acordes, que são "blocos sonoros" podendo se tornar objetos "unos", com o timbre e a intensidade fazendo parte integrante da associação; é assim que se teria de apelar para um hiperinstrumento cujos sons seriam a própria função da obra. Isto vai ao encontro das preocupações atuais da música eletrônica, em que esse fim é tratado por meio de sons sinusoidais puros; no entanto, até agora, na maioria dos casos raramente se obtém com a superposição de sons sinusoidais um timbre que se apresente como tal; obtém-se, no entanto, efeitos harmônicos requintados. Conviria analisar em que condições – com sons sinusoidais eletrônicos ou com o tal instrumento hipersensível, conjugação de instrumentos existentes – o ouvido poderia perceber realmente um timbre resultante e não uma simples adição. Assinalemos que Webern, em suas últimas obras o primeiro movimento da *Segunda Cantata*, *opus* 31, em particular, é notável nesse sentido –, preocupou-se muito com essa questão. (É bom chamar a atenção também que nele – em certos momentos de sua obra, como no quinto movimento da mesma *Cantata*, *opus* 31 – as noções de harmonia e contraponto tornam-se estranhamente função do tempo, e a harmonia chega a ser apenas a manifestação simultânea de elementos que se manifestam de modo sucessivo no contraponto. Pode acontecer, no momento da realização desses mesmos elementos, uma aproximação progressiva até à simultaneidade no tempo de sucessão de seu emprego – aproximação de suas entradas, em suma, noção de estreto harmônico que se encontra, por exemplo, na coda da fuga em si bemol menor do segundo caderno do *Cravo bem Temperado*: o tema de fuga em sextas paralelas em estreto com a inversão do sujeito em terças paralelas. Esta comparação, aliás, foi feita apenas a título de indicação, levando-se em conta que o pensamento diverge totalmente na escolha dos meios, e mesmo na concepção do tempo sucessivo, que se torna tempo simultâneo.) Este tempo simultâneo incorporado na série de base irá produzir séries derivadas totalmente diferentes entre si, entendendo-se que um bloco sonoro, ao se transpor a partir de outro, constitui um terceiro bloco sonoro produto dos outros dois. Como as densidades desses blocos em constante variação podem ir de uma nota até dez ou onze notas, introduziu-se no interior da série uma noção de variabilidade que intervém sobre os elementos que a compõem; eles não são, entre si, redutíveis a uma unidade. É a partir daí que, com a intervenção dos valores rítmicos, esses blocos sonoros poderão ser desenvolvidos horizontalmente, mas como sua transposição não é, antes de tudo, função do desenrolar da sucessão, o sentido do desenvolvimento será absolutamente livre; além da noção de densidade variável – densidade no interior de um tempo simultâneo ou segundo um tempo de sucessão – teremos instaurado uma dimensão não orientada no seu desenrolar, e mais acentuadamente na superposição. Vemos como a imaginação, a invenção é resguardada por tais processos de geração; uma escrita assim constituída adquire uma grande flexibilidade pelo fato de duas variáveis existirem em dois planos diferentes: a densidade, como função obrigatória da geração; a orientação não dependendo senão do livre-arbítrio ou de fenômenos não identificáveis com ela, entre outros, como dos mais importantes, a estrutura rítmica.

c) Se o intervalo está ligado a uma duração e se fazemos com que ela intervenha na ordem de sucessão das séries deduzidas, obtém-se uma terceira forma de geração muito mais rigorosa do que as três outras, porque as alturas são ligadas inelutavelmente a uma duração desde o princípio; mas a riqueza das combinações é, igualmente grande, pois a ordem de sucessão se modifica a cada dedução; assim, têm-se agrupamentos diferentes, horizontal e verticalmente, em que se pode variar a unidade de duração, já que a relação da ordem de sucessão com a duração é função relativa de uma unidade comum a todas as durações empregadas. Nessa maneira de geração, na qual apenas o tempo é condição necessária e suficiente para a criação de uma hierarquia, e isto sob uma forma absoluta não suscetível de variação (ordem de sucessão) e sob uma forma relativa variável (a duração, a unidade de duração). Assim estaremos respeitando, ainda, essa dualidade que definimos como princípio de toda ação musical: o livre-arbítrio possível no interior de um sistema coerente; a gratuidade está forçosamente ausente.

d) Existe, finalmente, um meio de conceber a transposição serial, tornando-a necessariamente dependente dos registros. Em outras palavras, dá-se à série inicial alturas dadas e únicas; as transposições de intervalos definidos e únicos serão baseadas em alturas da mesma natureza. Para uma transposição da série haverá, portanto, apenas uma única maneira possível de utilizar as frequências; não se pode estabelecer nenhuma confusão com as outras transposições; desde então, a ordem de sucessão não é mais indispensável para distinguir uma da outra, e é possível respeitá-la, ou não, sem que a evidência das funções musicais seja diminuída. O registro definido para a série de base é, evidentemente, suscetível de variações; então, todas as formas deduzidas por transposição serão modificadas. Vamos encontrar dualidade semelhante à das outras maneiras de engendrar um universo sonoro a partir de um princípio de base, como já descrevemos acima. Dualidade que se procurará estabelecer no ato de compor; a sua salvaguarda parece-nos a garantia indispensável de uma criação viva. Talvez seja possível encontrar outros modos de engendrar; entretanto, os quatro que foram expostos, a nosso ver, colocam em relevo as características próprias à altura e ao tempo, primordiais em qualquer obra, capazes por si de engendrar um universo sonoro, enquanto a intensidade e o timbre, que, sem dúvida, têm uma função importante, são impotentes para assumir tais responsabilidades.

Conforme vimos, o próprio tempo pode participar, desde o princípio da série das alturas. Mas este ponto de vista, tendente à unidade, está longe de ser o único a ser adotado para salvaguardar a coerência necessária à obra musical. A organização da duração é concebível também como heterogênea em relação à organização das alturas; e insistimos aqui no fato de que cada uma das organizações deve ser bastante flexível, ou seja, deve ser capaz de adaptações, a cada instante, a fim de evitar absurdos ou simplesmente incompatibilidades. (Nessa ordem de ideias mais abstratas, certos *accelerando* sobre pausas dão margem a sonhos...) Ao contrário, nada é mais desejável para a vida da obra do que a possibilidade de conflitos mais ou menos violentos entre essas organizações; e é nesses conflitos e nessas distensões que pode surgir uma forma musical que não deixa nada a desejar à "arquitetura" da qual, com razão, sempre se relacionou a música. (Goethe dizia, exatamente, que arquitetura é música petrificada. Mas a arquitetura, em nossos dias, tende também a modificar de tal maneira seus pontos de vista que a frase de Goethe continuaria mantendo sua validade...) A "ogiva cadencial", cuja desaparição Wilhelm Furtwängler deplora, está ligada, de fato, a uma sintaxe dada; essa arquitetura sonorizada não teria mais nenhuma razão de ser conservada a partir do momento em que a sintaxe mudou; agora, de preferência, seria válida uma forma vivida no próprio tempo com tudo o que esta noção tem de irreversível (e não no tempo voltado a uma noção de espaço temporal, comparável ao espaço visual; naquele, a memória desempenhando o papel do olho capaz de abarcar um certo ângulo de visão). As últimas obras de Debussy dão provas de uma premonição singular nesse campo, e não é raro ver-se ainda hoje alguém censurar a falta de "forma" de partituras como *Jeux*; o pontilhismo, a falta de fôlego – declara-se que as últimas obras de Debussy são carentes de inspiração, não se poupando considerações extravagantes, ligadas a acusações de ordem matrimonial ou a acusações de modernismo voluntário, artificial, devido a seu encontro com Stravínski (o medo de ser "ultrapassado" por alguém mais jovem!, mas nesse caso não se leva em conta a emulação das faculdades criadoras). Em resumo, achamos que essa ausência de "forma" resulta, ao contrário, de uma concepção radicalmente nova da estrutura global ligada a uma material em constante evolução, no qual não podem mais intervir noções de simetria, incompatíveis com essa evolução. É preciso percorrer a obra toda para se ter consciência de sua forma; esta última não é mais planejada em termos de arquitetura, mas *trançada*; em outras palavras, não há mais hierarquia distributiva na organização das "seções" (estáticas: temas; dinâmicas: desenvolvimentos), mas há repartições sucessivas no curso das quais os diversos elementos constitutivos assumem maior ou menor importância funcional. É fácil compreender que um tal sentido da forma não pode ir senão contra os hábitos auditivos adquiridos no contato com três séculos de música "arquitetural". (Salientamos, de passagem, que são esses mesmos hábitos com relação à forma que criam obstáculos à audição da música da Idade Média ou da Renascença, muito mais do que o fato de que sua morfologia pareça hoje singularmente restrita.)

Voltando à organização da duração – cujas relações frente às da organização das alturas motivou nossa digressão – existem diversas soluções que são, em geral, paralelas àquelas que descrevemos acima a propósito das alturas. É evidente que, à noção de registro nas tessituras, corresponde uma noção de registro nas durações, no sentido de que a menor unidade com que essas durações se podem relacionar (de maneira total ou fracionária) é suscetível de variação; isto cria uma verdadeira transposição do tempo (que se fará sentir logaritmicamente: os pequenos múltiplos da unidade variável terão durações sensivelmente próximas, enquanto os grandes múltiplos poderão ter variações enormes). Uma vez adquirida a noção de registro, correspondendo à noção de célula rítmica a noção de bloco sonoro, é possível reencontrar formas de organização serial segundo os intervalos absolutos do tempo, segundo células rítmicas, segundo o desenrolar da obra – coincidência com a organização das alturas –, segundo, enfim, os registros de tempo. A comparação entre a noção de célula rítmica e a de bloco sonoro não é, aliás, totalmente gratuita, porque a célula rítmica é, com relação ao tempo, exatamente o que o bloco sonoro é quanto à altura: suscetível das mesmas variações do horizontal ao vertical, o sucessivo podendo se tornar simultâneo, progressivamente ou não, parcialmente ou não.

É evidente que, se nós descrevemos essas maneiras de conceber uma obra, nossa intenção é evitar uma descrição que viria a ser fastidiosa, porquanto este trabalho já foi feito com relação às alturas e é fácil imaginar o mesmo processo no caso das durações. Mas é preciso não esquecer – e vamos colocar isto no primeiro plano de nossas preocupações – que é puramente gratuito querer organizar as durações segundo as mesmas leis das tessituras. Diremos que essas organizações devem ser isomorfas, mas não são nunca identificáveis entre si. Se se emprega seguidamente um certo número de durações, o resultado será uma impressão de equilíbrio fora de qualquer atração, de qualquer gravidade, efeito que se pode procurar em certos casos particulares, mas que seria insuportável estender a um princípio geral de toda a estrutura rítmica.

Observa-se que o próprio fenômeno de compor não é empregar todos os meios em todos os momentos. O mal-entendido que nos ameaça, e do qual devemos desconfiar seriamente, é confundir composição e organização. Um sistema coerente precede, sem dúvida, qualquer composição; não queremos dizer que este sistema deva ser desenvolvido até as últimas consequências desde o primeiro momento; achamos que ele tem possibilidades tão ricas que só podem ser descobertas à medida que se vai progredindo na obra. Mas a rede de possibilidades oferecidas por esse sistema não deve ser simplesmente exposta e considerada como satisfatória às exigências da composição. Pelo respeito "religioso" ao poder mágico do número, pela preocupação da obra "objetiva" que depende de um critério menos vacilante que os do livre-arbítrio do compositor, e ainda por algumas considerações sobre um método contemplativo de audição, parece, de fato, que há uma tendência a conferir às diversas formas de organização o cuidado do ato de compor. Quer dizer que as interferências provocadas entre elas (e que podem ser muito sutis, muito requintadas e, algumas vezes, mais ou menos previstas) seriam suficientes para justificar uma estrutura global por simples adição. Chega-se à conclusão de que essa noção comporta boa dose de ingenuidade. Realmente, a preocupação de dar a essas organizações e a suas interferências o papel que cabe ao compositor deriva da ideia errônea de que a série é um todo, ligado a todas as possibilidades, e que nenhuma pode ser isolada sem comprometer uma espécie de equação de equilíbrio global. Noção absurda que, desde que aceita, pode ter consequências bastante inverossímeis, tais como a total gratuidade da temporalidade da obra; se, com efeito, deixamos agir as organizações, seus encontros – desde que se atinja um certo número de organizações regendo um certo número de elementos – podem se produzir aos milhares. E não se pode dizer que, no curso de uma obra que não ultrapassa um ponto de saturação durante o tempo em que é ouvida, elas tenham jamais sido empregadas. A obra se limita, portanto, a lançar mão de uma espécie de farrapo provável entre mil outros farrapos; e aquilo que se acreditou ser "objetivo" e isento de todos os acasos do compositor não é, ao final, senão a mais incerta e a menos desejada das probabilidades.

Vejamos a obra, ao contrário, como uma sequência de recusas em meio a tantas probabilidades; é preciso escolher, e é aí que se encontra a dificuldade, tão escamoteada pelo desejo expresso de "objetividade". É precisamente esta escolha que constitui a obra, renovando-se a cada instante de composição; o ato de compor não será nunca assimilável ao fato de se fazer a justaposição de encontros estabelecidos numa imensa estatística. Devemos salvaguardar essa liberdade inalienável: a felicidade constantemente esperada de uma dimensão irracional.

"No Limite da Região Fértil"

(Paul Klee)

Face ao mundo da música eletrônica, o compositor se encontra perturbado por obstáculos imprevistos nesse domínio, que considera o único aceitável para realizar um pensamento musical cujas consequências ultrapassem os meios instrumentais. Não teria sentido falar dos insucessos a que ele se expõe ao tomar contato com os aparelhos de um estúdio: essas dificuldades podem ser superadas se o universo novo no qual ele pretende se expressar for pouco a pouco domesticado. O abismo real do encontro com os meios eletrônicos é o abalo que sofre toda a concepção sonora a que ele fora habituado por sua educação e sua própria experiência; surge uma inversão total dos limites impostos ao compositor, mais que uma inversão, uma espécie de clichê negativo: tudo que era limite torna-se ilimitado, tudo que se acreditava "imponderável" deve, subitamente, ser medido com precisão. Aliás, a precisão torna-se, por sua vez, um mito depois de ter permanecido muito tempo em estado de obsessão: quanto mais se quer reduzir o erro, menos ele se deixa circunscrever. Está-se longe do encantamento que se pretendia descobrir, encantamento pelo poder do compositor que iria, enfim, se libertar de todos os entraves acumulados pelos resíduos que os séculos lhe deixaram!

Nos dois casos extremos que é preciso encarar, a conduta é radicalmente diferente; o corpo sonoro natural produz sons cuja definição essencial é o timbre, até certo ponto alterável, a tessitura, ampla ou limitada, uma certa escala dinâmica, e, finalmente, uma duração que pode ou não se dominar; se usamos um corpo sonoro natural, temos de levar em conta, primeiro, as possibilidades que ele nos fornece, e também uma certa "inércia" com que ele aprisiona o executante, mesmo quando este não se sente ou não é prisioneiro de suas limitações corporais. É necessário, portanto, um certo conjunto de corpos sonoros que forneçam, cada qual, um conjunto diferente de possibilidades: estas já se encontram em estado virtual no corpo sonoro, anteriormente a seu emprego, dentro de limites muito precisos e supostamente conhecidos. No domínio eletrônico, está bem claro que estamos diante de uma não limitação das possibilidades, quer do timbre, quer da tessitura, quer da intensidade, quer da duração: um universo indiferenciado do qual o próprio artista, criando as diversas características do som, deve fazer surgir uma obra coerente não apenas pela estrutura interna, como também pela constituição de seu material sonoro propriamente dito.

Raramente se assistiu, na história da música, a uma evolução mais radical, considerando-se que o músico encontra-se diante de uma situação inusitada: a criação do próprio som. E não pela escolha do material sonoro com vistas a um efeito decorativo, ou para ressaltar algo – isso seria banal, seria transpor para um outro domínio os problemas de orquestração ou de instrumentação que servem de base atualmente; mas trata-se da escolha do material devido às qualidades de estrutura intrínseca que ele comporta. O compositor torna-se ao mesmo tempo executante, enquanto a execução, a realização, adquirem uma importância capital. O músico vira, de certa maneira, pintor: tem uma ação direta sobre a qualidade de sua realização.

Ora, se por um lado há uma coincidência de ação, não se pode afirmar, por outro, que haja ao mesmo tempo uma interação das pesquisas, graças à qual elas produzam resultados, umas nas outras. Bem pelo contrário, parece que, com esse contato recíproco, o pensamento musical jorra em questões ainda não formuladas, enquanto o técnico deve resolver um certo número de problemas não usuais para "realizar". Falávamos acima de uma verdadeira inversão dos limites impostos ao artista criador: um dos mais importantes consiste no fato de que o músico vê-se, pela primeira vez, ante a noção do contínuo. Convém esclarecer que ele é provocado por este contínuo não só no campo das alturas, mas igualmente no das durações, das dinâmicas e sobretudo – fenômeno mais desconcertante – no do timbre. Nunca se viu tão claramente que altura, duração, dinâmica estão ligadas irredutivelmente, tanto na organização sonora quanto na produção dos sons. E a continuidade da projeção no espaço é que é um último obstáculo ligado à "interpretação": inversão contrária à outra, já que aqui os limites se afirmam inelutáveis; o engodo da obra "objetiva" dissipa-se rapidamente porque não se pode evitar as reações psíquicas de um auditório submetido a uma música que sai de alto-falantes, que não apresenta mais a ligação entre um gesto e um som; a repartição espacial não é, portanto, uma disposição visando efeitos mais ou menos espetaculares, mas se transforma numa necessidade estrutural. Entretanto, essa noção de estereofonia, tão divulgada pelo cinema ou pelas diversas formas de espetáculo *son-lumière*, foi absorvida de tal modo por esses meios que reina a confusão e as melhores intenções no assunto são desencorajadas pelas incidências anedóticas de tais utilizações. Desaparecendo o intérprete, é ainda necessária a sala de concerto? Ela não está irrevogavelmente ligada ao instrumento? Será necessário, então, apelar sem remissão para uma dublagem visual de uma música "artificial"? Aí tocamos na influência exterior do intérprete, na comunicação humana; mas essa faculdade do intérprete comporta outras consequências que reagem no interior da concepção da obra. Tudo aquilo de que a máquina é capaz é, ao mesmo tempo, muito e muito pouco em relação aos poderes do intérprete: a precisão mensurável, ante a imprecisão que não se pode absolutamente escrever (a respeito do andamento, em particular, essa questão é primordial – suas relações com o intérprete ou com a máquina); dá vontade de dizer que a extrema precisão mensurável não tem senão uma eficiência restrita no que tange a uma imprecisão que ultrapassa os limites de qualquer notação. É sobretudo essa margem incompreensível de erro que nos interessa, mais ainda que o fato de uma realização definitiva, não submetida à fantasia, à inspiração cotidiana de um ser humano. Não haveria por que se escandalizar pela desaparição do intérprete, se com ele não fosse abolida uma parte do "maravilhoso" da música.

Será que essa liberdade a que o compositor aspirou quanto à matéria sonora chega a ultrapassá-lo? Ela consegue escamotear o potencial poético da obra? Poderemos um dia imaginar uma síntese em que as contradições dos dois universos sonoros fossem postas em jogo para uma ampliação das estruturas sensíveis? Poderemos nos resguardar da nostalgia e das desvantagens de uma nova "arte total"?

*

* *

A primeira das exigências do compositor no que toca aos meios eletrônicos é que ele se sinta com possibilidade de abordar o domínio do absoluto nos intervalos: que tudo o que queira seja possível. O temperamento – os doze semitons iguais – parecia perder toda necessidade no momento em que permitiu a passagem do cromatismo não organizado para a série. Já se tinha sentido a necessidade de intervalos inferiores ao semitom pela utilização de divisões cada vez menores que iam do terço ao quarto e mesmo ao sexto de tom. No entanto, as pesquisas sobre os microintervalos não se manifestaram em obras de grande interesse; recorria-se a um hipercromatismo sem que se modificasse realmente o sistema de base para a disposição dos intervalos, ou seja, para uma modalidade muito estendida. Com as pesquisas mais recentes, a renovação acusava uma importância incomparavelmente superior; não há mais hipercromatismo – temperado ou não –, mas um universo sonoro específico para cada obra segundo os intervalos característicos que ela emprega: o intervalo, como unidade de base, não mais intervém, em princípio. Mas de fato, a experiência eletrônica mostra que essa noção de intervalo absoluto é fictícia, e que o poder discriminador do ouvido depende em grande parte, ou precisamente, de uma unidade de base ou da extensão do registro em que os intervalos são ouvidos. Isso mostra o quanto as noções de contínuo e de descontínuo são precárias, e que não se poderia pensar em aplicá-las mecanicamente.

De fato, escolher uma unidade de base qualquer – que não seja o semitom – é conceber uma espécie de temperamento próprio àquela obra; todos os intervalos serão ouvidos em função desse temperamento de base, e isto irá modificar, em suma, a direção da audição. Mas é fato que nosso ouvido, pelo menos atualmente, está educado para o semitom, e tende insensivelmente a transformar os intervalos ouvidos em intervalos *desafinados*, dependentes do temperamento cromático. No entanto, se se desenvolvem as consequências estruturais que resultam de uma tal escolha do ponto de partida, é inegável a ascendência melódica, o clima harmônico desses universos arbitrariamente temperados. Deve-se assinalar que esses temperamentos podem se situar no interior da oitava, ou seja, sem modificar em nada a definição de registro ao qual nos habituamos com os doze semitons; mas é possível fazer com que o intervalo de renovação do registro seja diferente da oitava, de modo que os registros de um som apareçam como completamente divergentes. Para evocar a diferença entre esses dois sistemas, podemos tomar, de bom grado, como ponto de comparação a diferença entre uma superfície plana e uma superfície curva.

Dizíamos acima que o poder discriminador do ouvido depende igualmente da extensão do registro em que esses intervalos são ouvidos. Se quer dizer com isso que um microintervalo não pode ser percebido sensivelmente senão numa tessitura restrita. Já se fez essa observação a propósito da duração, constatando-se que, quando tocamos sucessivamente dois valores muito longos – que diferem entre si numa duração muito curta – somos praticamente incapazes de discernir qual a maior duração. Assim também vamos supor um intervalo relativamente grande como a décima-segunda (oitava + quinta); é certo que entre esta décima-segunda justa e esta mesma décima-segunda aumentada de um dezesseis avós de tom, o ouvido – de saída – sentirá alguma dificuldade em estabelecer uma diferença precisa; enquanto a modificação de um dezesseis avós de tom acrescentada a um tom inteiro será percebida quase imediatamente. Existe, portanto, um poder de acomodação do ouvido, assim como há acomodação da vista. Num campo mais restrito, em que o emprego dos microintervalos pode desempenhar um papel de ampliação, o ouvido adquire – momentaneamente – uma sensibilidade que não pode conservar sobre uma extensão maior, circunstância que restabelece a escala de apreciação proporcional aos intervalos utilizados.

Mencionamos esse fato para uma altura média, ficando claro que essas capacidades diminuem na direção do extremo-agudo e do extremo-grave. Quanto à apreciação harmônica, é ainda mais delicada, uma vez que o poder separador do ouvido precisa intervir sobre uma simultaneidade de fenômenos sonoros e não sobre uma sucessão como no caso precedente em que a memória desempenha um papel muito importante. Os estudos feitos sobre diversas músicas do Extremo Oriente e do Oriente Médio acentuam sempre, aliás, o caráter não harmônico que as diferencia da polifonia ocidental: o que explicaria a maior riqueza, a maior complexidade dos intervalos empregados (especialmente na música hindu em que a complexidade rítmica teria a mesma origem).

Precisamos nos resignar a ter de aceitar noções menos simples do que a de um *continuum* que libertaria o compositor de qualquer entrave, e a considerar que o emprego deste famoso *continuum* implica certas sujeições do ouvido: em certa medida, uma dialética – virtual ou real – entre a noção de temperamento (sobre qualquer intervalo de base) e a dimensão da tessitura utilizada. Portanto, em vez de um espaço livre sobre o qual não se exercem nem poderes de apreciação nem possibilidades de transformação, em vez desse espaço teórico, não maleável, a maior ambição da música eletrônica seria criar um espaço multidimensional que leve em grande conta as faculdades de acomodação do ouvido, dimensão múltipla que poderia, aliás, exprimir-se de modo apropriado por uma multiplicidade real de dimensões no espaço estereofônico; mas vamos abordar essa questão mais adiante. Por enquanto, vamos levantar a questão da síntese entre um universo eletrônico e um universo instrumental apenas do ponto de vista das alturas sonoras; parece-nos pouco provável que no caso de uma tal síntese se manifestar (sua necessidade é outra questão), ela chegue a isso sem recorrer à noção de espaço multidimensional. Dimensão múltipla sucessiva ou simultânea, com o mesmo princípio de base ou sobre princípios diferentes. Desse modo, quando uma estrutura for dada sobre intervalos grandes, ou seja, numa tessitura ampla, com uma unidade de base como o semitom, outra estrutura, que responde, será constituída sobre microintervalos, numa tessitura restrita, ou com uma unidade de base muito pequena, ou em intervalos irregulares definidos por uma série; por este exemplo, pode-se imaginar as possibilidades dos diversos níveis entre temperamento e não temperamento, entre microcosmo e macrocosmo. Sendo a música eletrônica a única capaz de ultrapassar o *limite* dessas transformações, os instrumentos – normais ou com uma espécie de tablatura – seriam os estágios fixos de uma evolução cuja continuidade estaria assegurada precisamente pelo domínio eletrônico. Consideremos esse ponto de vista sobretudo como um projeto, como hipótese de trabalho que pode, por meio de experiências que ainda não fizemos, ver desmentidas certas utopias que ele não pode deixar de encerrar.

*

* *

Já acentuamos as possibilidades oferecidas ao compositor que trabalha sobre fitas magnéticas para utilizar qualquer duração que lhe agrade – inclusive um conjunto de durações impossíveis de serem executadas por um intérprete – isto porque precisa apenas cortar na fita o comprimento que corresponde a essa duração. Esta facilidade camufla três armadilhas: percepção dessas durações, definição do andamento, continuidade de um andamento informe colocado à disposição do compositor. O primeiro, conforme vamos constatar, está longe de ter a mesma importância do segundo, que propõe o problema terrível das relações suprimidas entre o intérprete e o criador: nada é *indicado*, tudo deve ser *realizado*. (Pode-se dizer que é o andamento que define, essencialmente, uma interpretação, assim como ele determina, no interior da obra, suas diferentes fases, e que os transitórios *accelerando* e *ritardando* aparecem como noções fictícias, virtuais, que escapam a qualquer controle preciso, apesar do emprego luxuriante de valores irracionais?) Quanto ao princípio de um andamento informe, ele nos induz a refletir sobre o fato de que as escalas aritméticas e logarítmicas são suscetíveis, em última instância, de se tornarem um contínuo real. Mas onde se situa esse limite?

Voltemos à primeira objeção que se levanta ante essa nova maneira concreta de recortar o tempo: o perigo de que não possa ser percebida pelo ouvinte, de que ultrapasse os critérios sobre o menor valor perceptível. Acabamos de mencionar os valores irracionais: seu emprego não mais provém de um certo *rubato* anotado, mas de um encontro entre as variações sobre o valor unitário e as variações sobre a duração propriamente dita. Esse encontro pode dar lugar a fracionamentos de valores irracionais, a valores irracionais fracionados no interior de valores irracionais de grau diferente...! Em suma, para se realizarem instrumentalmente – sem, para isto, perder de vista a pulsação de uma unidade de valor fundamental –, seria preciso que se fosse capaz de realizar quase simultaneamente três operações mentais deduzindo-se uma da outra: a pulsação unitária que se supõe adquirida, o metro; o valor irracional de grau superior; o valor irracional, ou seu fracionamento que dele depende. A rigor, se essas operações passam, de uma a outra, no desdobramento musical, o estudo aprofundado do texto poderá conduzir o intérprete a realizar tais durações; mas a operação de dedução simultânea é praticamente impossível. É melhor apelar para uma noção de mudança de andamento, que torna certas passagens mais legíveis e, não mais, impossíveis de serem executadas. Se descrevemos essa dificuldade do microcosmo rítmico é para que isso nos ajude a prosseguir com nossa análise no domínio eletrônico. Será que se vai considerar que o trabalho em fita tende, apenas, a resolver para nós – e com elegância – problemas de transmissão? Para quê?, dirão; aquilo que o homem é incapaz de executar é impossível de ser percebido por ele, quando deve apelar para um circuito mecânico que lhe é alheio. Este raciocínio sedutor arvora-se, às vezes, nas cores da boa-fé, mas, no entanto, não está isento da crença numa lei natural impossível de ser transgredida. Por outro lado, não está provado que o ouvido não possa perceber as sutilezas que a mão não pode executar; pelo menos se ele não consegue percebê-las exatamente, ele as registra: e isto quase que nos basta. Mas a música eletrônica não é e não deve se reduzir ao papel de robô que executasse tarefas inumanas; não pode haver, sobre a fita, simples transcrição de valores irrealizáveis; isso é possível, mas não ultrapassa o limite de uma facilidade autoconcedida. Mais vale repensar o andamento musical e sua organização. Como? A partir de comprimentos, diretamente.

Isso implica recorrer a uma série de valores unitários compreendida entre extremos cuja relação é do simples para o duplo. A partir daí vamos empregar um registro de duração, se é que podemos unir elipticamente esses dois vocábulos. Entendemos com isto generalizar para o andamento uma noção que fora reservada até o presente só para as alturas: a aplicação à série dos valores unitários das modificações, capazes de fazer com que ela possa cobrir todas as eventualidades do andamento de que o compositor possa precisar. A principal diferença da música instrumental vai residir na vontade de se basear não apenas numa pulsação única, numa única unidade de valor, mas numa série de valores unitários. É, portanto, para uma nova concepção de ritmo que se deve apelar, concepção cuja única referência anterior é a dupla unidade de valor: valor normal e valor pontuado (relação dois para três) que já se encontra em certas músicas folclóricas. É certo que estaremos diante de um registro das durações que depende de um valor unitário móvel. Como vimos para as alturas, vê-se, desde então, que a noção de contínuo e a de descontínuo praticamente não podem se dissociar.

A segunda cilada armada por uma concepção da duração medida na fita em comprimentos é a definição do *andamento.* Se não se concebe, na música eletrônica, como método válido o simples reportar-se aos valores abstratos aos quais estamos habituados, fica-se desorientado pela ausência de andamento no sentido tradicional. O que é que se concebe habitualmente sob essa designação de *andamento*. Eis onde reside seguramente uma das características mais mal definidas da música, embora tenha suscitado um bom número de comentários. De qualquer modo, não se trata de um certo "escoamento" das notas, como se fala do escoamento de um rio. Certos movimentos rápidos podem comportar uma fraca densidade no seu desenrolar, certos movimentos lentos podem comportar, ao contrário, uma grande densidade; são, no entanto, sentidos como tipicamente lentos ou rápidos. A frequência das modificações harmônicas ou a qualidade mais ou menos ornamental do desenrolar das alturas sonoras irão intervir evidentemente, assim como também irá intervir o que se chama de agógica do desenvolvimento. Na música instrumental, graças a um certo hábito adquirido, essas questões não são muito embaraçosas caso se queira dar-lhes uma resposta satisfatória; além disto, há toda uma trama de indicações que guiam o intérprete sobre o sentido que deve ser dado às durações e, é bom lembrar, uma noção que não mereceu nunca muita atenção na música instrumental foi a de duração própria – em tempo absoluto – de um valor sonoro; sempre, ao contrário, se colocou em relevo a relatividade dos diversos andamentos entre si, ou a permanência de certas velocidades do desenrolar da obra. Conta-se com uma pulsação rítmica – mais ou menos complexa – que se ressente corporal e mentalmente; todos os pontos de referência são tomados em relação a essa pulsação interna. Ao se fazer uma montagem em fita, vai-se levar em conta, antes de tudo, a duração absoluta estabelecida para um valor sonoro; não é possível nenhuma indicação psicológica, tudo deve depender da medida exata. É, portanto, com uma ausência de pulsação, com uma ausência de "andamento" propriamente dito que se vai defrontar. A noção mais geral a que se pode recorrer para substituir a definição de "andamento" instrumental é a de um registro ampliado para o plano geral da composição. Descrevemos anteriormente o que entendíamos por registro das durações; precisamos conseguir estender esse fenômeno a um conjunto das durações; isto vai dar uma direção a conjuntos não orientados no ponto de partida. O encontro desses dois registros variáveis dará lugar a redes de "comprimentos" variáveis – é assim que se transcreve na fita um tempo absoluto –, um mesmo "comprimento" mudando de significação caso seja compreendido numa ou noutra dessas redes. Logo, numa certa ordem superior, como o "andamento", a música eletrônica deve recorrer a uma concepção "descontínua", enquanto a música instrumental parece cada vez mais apelar para o contínuo, com andamentos variáveis em que os transitórios assumem uma importância crescente (*accelerando*, *ritardando*) pelo fato de que intervém estruturalmente. Cada um dos dois mundos sonoros possui em comum uma certa definição de duração, mas cada qual tem também capacidade para as noções opostas que os diferenciam profundamente, e lhes dão fisionomia original. De modo geral, podemos resumir esses dois aspectos contraditórios: num caso, "andamento" imóvel, mas valores suscetíveis de variações quase infinitesimais; no outro, "andamento" excessivamente móvel, mas valores que não podem ultrapassar um certo limite de sutileza em suas variações. Sintetizando, trata-se da organização similar de um registro do tempo, quer ela se manifeste diretamente sobre a unidade de valor, quer num grau superior, sobre o próprio "andamento". Talvez possamos parecer obcecados pela ideia de reunir, por meio de suas contradições e de suas singularidades, a música instrumental e a música eletrônica; mas, repetimos, não nos parece absolutamente razoável pensar que um universo sonoro irá suplantar o outro, e conceber entre um e outro apenas um "progresso" parece-nos fútil, sem consequência.

Antes de terminar esse apanhado sobre as durações, vamos nos deter ainda sobre o princípio de um andamento informe ao qual a montagem sobre fita nos expõe, dando-nos toda a facilidade de sucumbir ante tal obstáculo. Acabamos de examinar de que modo a organização do andamento implica redes de "comprimentos", mas não falamos da sutileza possível dessas redes. O limite de precisão que se pode atingir normalmente sobre a fita é, em princípio, de um milímetro – numa montagem cuidadosa; o que representa, para uma fita que se desenrola a 76 centímetros por segundo uma duração de 1/760 de segundo. Esta precisão ultrapassa, segundo nos é dado pensar, o poder discriminador do ouvido, no caso de ele determinar com exatidão dois valores distantes desta ordem de grandeza, qualquer que seja a duração propriamente dita desses dois valores. Existem certas condições ótimas para que se ouçam estruturas rítmicas, condições estas que interditam praticamente o emprego do contínuo sem nenhuma restrição. A lei de Fechner, quanto às alturas, propõe que a sensação corresponda ao logaritmo da excitação; e, de fato, já se observou que a rítmica clássica leva em conta essa lei, transposta para o domínio do tempo: os diferentes valores se estabelecem sobre uma escala logarítmica do simples para o dobro (da semifusa à longa), ou do simples ao triplo (valores pontuados na divisão ternária). Mas a mesma diferença aritmética pode ser considerável ou negligenciável segundo o caso; se as relações dessa diferença com os próprios valores são pequenas, a diferença será dificilmente perceptível por si mesma (uma semibreve, e uma semibreve aumentada de uma semifusa). (Já assinalamos acima este fenômeno, dizendo que o ouvido é praticamente incapaz de discernir dois valores muito longos que estão separados entre si por uma duração muito curta.) Contudo, se as relações entre si são muito próximas, a diferenciação é considerável; não se pode mais, mesmo, falar apenas de valores vizinhos (uma semifusa e uma fusa). Quer se trate de valores simultâneos ou de valores sucessivos, deve-se – de maneira diferente, bem entendido – levar em conta esse fenômeno. As escalas logarítmicas e as escalas aritméticas de durações podem se utilizar do mesmo modo que os microintervalos em relação aos grandes intervalos; uma escala aritmética será percebida mais facilmente numa grandeza de valores próximos uns dos outros, mesmo com uma progressão bem fraca, enquanto uma escala logarítmica será concebida para cobrir um espaço-tempo mais diferenciado. Encontramos aqui aquilo que chamamos, quanto às alturas, de "acomodação" do ouvido. É certo que esse emprego determina a vida rítmica da obra eletrônica, e, do mesmo modo que assinalamos um espaço-altura multidimensional, podemos procurar um espaço-tempo igualmente multidimensional; o que nos conduziria, ainda, à nossa ideia de síntese, uma vez que a música eletrônica é a única capaz de ultrapassar o *limite* dessas transformações rítmicas porque o princípio de uma tal escrita pode-se aplicar, estaticamente, à música instrumental.

*

* *

Não achamos que seja necessário alongar comentários sobre a dinâmica, porque não sofre modificações acentuáveis e não apresenta novos problemas específicos, pois as intensidades são, desde há muito, aplicadas ao instrumento sobre curvas contínuas (crescendo e decrescendo). A única novidade inaugurada nesse domínio seria, ao contrário, a grande precisão no emprego de uma escala descontínua de intensidades. Nada mais difícil para um intérprete do que se adaptar às necessidades do pensamento musical contemporâneo e desligar, caso seja necessário, a intensidade de um poder emotivo (herança do século XIX), ou seja, de passar da *nuance* à dinâmica apenas, isto é, de estabelecer um certo número de graus de intensidade que deverão ser rigorosamente respeitados cada vez que aparecer a indicação sobre a partitura. É quase impossível para um instrumentista escalonar de verdade as dinâmicas que emprega, e a mesma indicação "forte" raramente irá receber a mesma interpretação; isto vai depender do contexto, do ataque, de certos fatores psicológicos, das próprias características do instrumento. Assim é que não deve haver ilusões; numa obra instrumental, as escalas de intensidade – modificadas pelos ataques – vão criar uma zona pouco nítida na interpretação e, na escrita, deve-se levar em conta tanto uma notação "psicológica" quanto uma notação real.

Por outro lado, mediante o controle dos aparelhos, pode-se escalonar com o máximo de precisão desejável essas escalas dinâmicas; mas aí surge outra questão. Na verdade, uma escala de dinâmicas não é absolutamente válida senão para uma pequena zona sonora; logo, é preciso modificá-la, segundo curvas de audibilidade, para se poder dar a toda a extensão audível o mesmo efeito acústico. A medida de um nível sonoro não é, portanto, uma noção absoluta, mas um valor bastante relativo que o timbre, por sua vez, irá modificar.

Vamos nos contentar em observar as interferências entre intensidades reais e intensidades "psicológicas"; estas interferências atuam, mas em sentidos contrários, nos campos instrumental ou eletrônico; se a isto se acrescentar as condições de audição, nada é mais relativo do que uma escala dinâmica, e não se coloca, propriamente, nenhum problema novo. Apesar de todas as precauções tomadas para assimilar a intensidade aos componentes sonoros – daí a zona indistinta que os envolve constantemente –, ela requer, de preferência, uma superestrutura dotada de um poder de demonstração mais do que de uma relativa força de organização, a menos que não participe da elaboração do timbre; é isto que vamos examinar agora.

*

*   *

De todas as características que entram em jogo na arte de compor, o timbre é aquela que reservamos para tratar por último. Por duas razões: primeiro, o timbre combina, no interior do fenômeno sonoro, as três dimensões de que já nos ocupamos – altura, duração, intensidade; além disto, com o timbre manifestam-se as maiores divergências – digamos a antinomia fundamental – entre o corpo sonoro natural e o processo eletrônico. Isto não apenas porque o compositor deve escolher seu material, mas também porque ele deve adquirir outros reflexos para com um *continuum* de timbre, a noção mais desnorteante com que ele se defronta pela primeira vez na história da música.

Com efeito, o fator instrumental teve sempre tendência a criar famílias de timbres características, segundo o corpo sonoro utilizado, o modo de fazê-lo vibrar e de sustentar o som assim obtido. Desde há alguns milênios, o efetivo instrumental variou pouco, pelo menos em seus princípios: cordas friccionadas, puxadas ou percutidas; instrumentos de sopro que utilizam o bisel, a palheta ou a embocadura; a madeira, o metal e a pele forneceram o essencial para a percussão tanto com altura definida como com altura indeterminada. Três grandes famílias, que se subdividem essas mesmas em três grupos, cobrem a maior parte dos sons "naturais". O emprego na orquestra da *Klangfarbenmelodie*, ou ainda da série de timbres – por grupos instrumentais –, modificou o sentido que se pode dar às combinações sonoras, acentuando mais o lado acústico dessas combinações do que propriamente uma orquestração. Assim como a intensidade, a orquestração não é apenas aquele poder decorativo que lhe foi conferido no século XIX; ela adquire um poder de estrutura desconhecido até então; não é mais uma "roupagem", é o fenômeno sonoro na sua manifestação total. Mesmo assim concebido, se o emprego dos timbres orquestrais dá mais flexibilidade e dilui a fronteira entre os diversos grupos, ele também leva em conta famílias de timbres bem definidos – timbres que, é oportuno lembrar, devem-se à superposição dos diversos harmônicos e também outro tanto aos registros transitórios, ao ataque, à aparição ou à desaparição de certos harmônicos, à proporção de suas intensidades.

Na música eletrônica, precisamos "constituir" cada som que pretendemos empregar. Não se trata de copiar os sons naturais – alguns dos quais excessivamente complexos, cuja síntese é praticamente impossível; por outro lado, a própria ideia de criar um *ersatz* do universo sonoro natural é assustadora: ele não terá a qualidade desse universo nem as características específicas que dele se esperam. É o obstáculo onde veem obcecando todos os especialistas de uma *lutherie** eletrônica: híbridos, assexuados, os instrumentos eletrônicos não poderiam colocar o verdadeiro problema do timbre nesse campo "artificial".

Os processos para se chegar a um verdadeiro complexo sonoro são diversos: ou se parte de sons sinusoidais puros, que se superpõem nas condições adequadas à formação de um só complexo, ou parte-se da soma das frequências compreendidas entre tal e tal frequência-limite, e vai-se depurando esse "ruído" até que ele se torne verdadeiramente um som. Não vamos falar sobre as diferentes experiências com complexos sonoros; vamos nos colocar do ponto de vista mais geral da conduta experimental no que se refere a um resultado efetivo obtido na composição dos sons. A primeira questão que nos vem ao espírito é a seguinte: pode-se fazer abstração das relações harmônicas naturais, e deve-se confiar em relações arbitrárias que dependem unicamente da vontade do compositor? Se se utiliza exclusivamente um ou outro desses métodos, arrisca-se a obter quer sons pseudonaturais, quer complexos harmônicos que não apresentam a homogeneidade de um *só* som. Por enquanto, um empirismo dirigido parece ser ainda o meio mais seguro caso se deseje chegar a resultados satisfatórios para o ouvido; empirismo fundado nas interferências entre um sistema de relações acústicas e uma conjugação de relações harmônicas. Talvez, a partir de um resultado assim obtido, se deva trabalhar, daí por diante, no "objeto sonoro" que se criou. Não entendo por "objeto sonoro" um bibelô irritante em que qui-

* Fabricação de instrumentos de cordas como o violino, o violoncelo, o violão etc. (N. dos T.)

seram transformar uma realidade suscetível de possibilidades mais ambiciosas; mas, assim como quando se compõe, o desenvolvimento consiste em trabalhar complexos particularizantes elaborados a partir de certas consequências deduzidas de um princípio mais simples e mais geral, assim também o trabalho com esses "objetos sonoros" consistiria em submetê-los, numa escala superior, a transformações paralelas àquelas que contribuíram para a sua formação. Então não se estaria todo tempo como tributário de um princípio organizador de base, mas existiriam condições de conceber um desenvolvimento ramificado, enxertando constantemente as transformações em transformações precedentes; o compositor haveria de se sentir libertado da obsessão de um princípio organizador unilateral que tende para um empobrecimento por demais ascético dos meios sonoros. Parece-nos que o "objeto sonoro", assim como o entendemos, pode contribuir para atenuar o desamparo do compositor face a um universo de timbres absolutamente indiferenciado, e que ele corrobora eficazmente na morfologia aquilo que o compositor realiza na retórica da obra. Acentuemos que, para levar a bom cabo esse trabalho de composição com "objetos sonoros", é preciso ampliar a noção de série até a interação do desenrolar temporal primeiro sobre as diferenças de organização que intervém entre esses objetos – ou no interior de uma mesma família de objetos uns deduzidos dos outros. Mas aí acrescentamos que se tratam de hipóteses de trabalho fundadas, no entanto, em experiências que, por seu êxito ou seu fracasso, nos ajudaram a formulá-las. Será que poderíamos adiantar, enfim, que o controle torna-se opressivo e prejudicial caso não abra uma oportunidade ao fenômeno sonoro, e que essas novas noções são flexíveis o bastante para convidar o inesperado a participar?

*
*   *

Se quiséssemos prosseguir a fundo com nossa investigação no que se refere ao *continuum* que envolve o compositor por todos os lados, seria preciso aprofundar mais a noção de espaço real contínuo no qual seriam projetados os conjuntos sonoros. Enquanto o instrumento é uma fonte fixa, a projeção estereofônica acomoda-se de bom grado a um relevo dinâmico; sem ele não se pode evitar o obstáculo de um pseudoinstrumento, uma vez que o ouvido vai tomar seus pontos de referência a partir de um alto-falante único, e uma fonte fixa. Mas, no princípio deste estudo já mencionamos os reflexos psíquicos de um auditório obrigado a assimilar uma música que não está ligada a nenhum fato visual, em que nenhum gesto de executante contribui para fazê-la presente.

Isto nos conduz a algumas reflexões sobre o projeto estético da música eletrônica. Nos primórdios da experiência eletroacústica, os fins eram grandiosos, mas ingênuos: a liberdade, a precisão, o ilimitado, iriam caber por sorte ao compositor como presentes de uma civilização verdadeiramente moderna; a música iria viver a respirar o seu século XX. Porém, essa liberdade que o compositor tanto desejou vai ultrapassá-lo e ele será obrigado a contê-la sob pena de que sua experiência se torne gratuita; quanto mais se procura a precisão, tanto mais ela recua e se revela praticamente inatingível, já que o *épsilon* de erro é irredutível; o ilimitado e o limitado oscilam e se alternam. Contínuo e descontínuo são noções que possuem uma tal carga de ambiguidade que a pessoa se vê obrigada a recorrer às contradições internas dessas noções a fim de suplantá-las com vistas a um resultado positivo.

E assim é que nos recusamos a acreditar num "progresso" que vai da música instrumental à música eletrônica; o que há é apenas um deslocamento do campo de ação. O que nos seduz mais, então? Confrontar, repetimos ainda uma vez para concluir, os dois universos sonoros em construções multidimensionais; investigação esta que, fora de dúvida, nos conduziria, nos forçaria até *o limite da região fértil*, conforme o título que Paul Klee escolheu para um de seus quadros...

Se olharmos para o caminho percorrido, no que diz respeito à linguagem musical, é evidente que nos encontramos agora num período de balanço e de organização; este período foi precedido por outro de pesquisas destruidoras, as quais aboliram o mundo tonal e a métrica regular. Produziu-se, aliás, um fenômeno curioso de dissociação na evolução musical.

Por um lado, Stravínski fazia o ritmo evoluir por meio de princípios estruturais inteiramente novos, fundamentados na dissimetria, na independência e no próprio desenvolvimento das células rítmicas: permanecia ele, porém, acantonado, no terreno da linguagem, naquilo que poderíamos chamar de um impasse – uma vez que sabemos que ele chegou a um impasse –, mas que preferimos chamar de sobrevivência, ou ainda uma sobrevivência reforçada, em que os processos de agregação ao redor de polos muito elementares conferem ao vocabulário uma força incomum.

Por outro lado, em Viena, na mesma época, formava-se uma nova linguagem, pacientemente, em várias etapas; primeiro, dissolução das atrações tonais – num movimento contrário ao de Stravínski –, depois uma ultratematização funcional que iria terminar na descoberta da série; série explorada em sentidos bem diferentes por Schoenberg, Berg e Webern. Na realidade, o único que teve consciência de uma nova dimensão sonora, da abolição do horizontal em oposição ao vertical, não vendo na série senão um modo de dar uma estrutura ao espaço sonoro, de dar-lhe *fibra*, o único mesmo foi Webern; ele o conseguiu, afinal, por meios capciosos que nos perturbam em certas obras de transição. Pois atingiu esse grau de invenção a partir de formas regulares canônicas e procurou utilizar a série como meio contrapontístico, mas com controle harmônico. Mais tarde vai se dedicar a uma repartição funcional dos intervalos e isto marca, em nossa opinião, um momento extremamente importante na história da linguagem. Em compensação, o domínio rítmico não está absolutamente em relação com a linguagem serial.

Talvez seja necessário observar que esse fenômeno de dissociação serviu tanto a um quanto a outro elemento da linguagem. Para fazer suas descobertas rítmicas, Stravínski precisava de um material mais simples e mais maleável com o qual pudesse fazer suas experiências. Assim também Webern dedicou-se a uma morfologia propriamente dita e não se preocupou demasiadamente com as estruturas rítmicas.

Essas observações são, por certo, muito esquemáticas para serem absolutamente exatas. Eis por que, como contraprova, gostaríamos de percorrer um caminho menos conhecido, e começar por alardear para todos os lados sobre a obra de Varèse, francoatirador isolado cuja concepção da música nunca dependeu – felizmente – da ortodoxia. Esta música, conforme podemos constatar, ocupa-se essencialmente com o fenômeno sonoro por si mesmo; imagina-se, por parte do autor, uma constante preocupação com a eficiência dos acordes que se tornam objetos; a função dos acordes não é mais tradicionalmente harmônica e ela aparece como valor de um corpo sonoro, calculada em função dos harmônicos naturais, das ressonâncias inferiores e de diversas tensões necessárias à vitalidade do corpo sonoro. Daí os notáveis fenômenos de intensidade que se podem notar na obra de Varèse. Percebe-se nitidamente a recusa daquilo que se pode chamar de nuanças expressivas, no sentido pejorativo do termo (imposição herdada de certa concepção do romantismo *fin-de-siècle*); a intensidade desempenha um papel de tensor e é, antes de mais nada, uma necessidade para um rendimento otimizado de uma agregação de notas. Papel infinitamente mais evoluído, porquanto, em vez de ficar no plano puramente afetivo, a intensidade participa da estrutura harmônica, da qual não pode ser separada sem que se rompa o equilíbrio da música que assim foi escrita. Essas duas observações – abolição da função tradicional dos acordes tomados por sua qualidade sonora intrínseca, e participação da intensidade na estrutura – podem ser associadas à grande preocupação de Varèse: a acústica.

Considerando o fenômeno acústico como primordial nas relações sonoras, Varèse aplicou-se em observar de que maneira ele pode reger uma construção musical. A tal ponto que isto o levou a utilizar – para uma única experiência – apenas instrumentos de percussão (*Ionisation*).

Note-se, por fim, da parte de Varèse – e só agora o assinalamos – a recusa profunda do temperamento, que ele chama de *fil à couper l'octave**. Sabe-se, de fato, que o temperamento é a coisa mais artificial que existe, e que foi adotado por comodidade no século XVIII. Se o temperamento permitiu à música ocidental um voo mais amplo – o que é impossível esquecer –, deve-se confessar que esse é um fenômeno ocidental, e que em outras civilizações musicais nunca se cogitou de temperamento, como nunca se cogitou de deixar de conceber outros intervalos de base além do semitom.

* O gume para cortar a oitava (N. dos T.).

Para Varèse, considerando-se sua atitude acústica no que diz respeito à estrutura musical, é manifesto que o temperamento é puro absurdo. Recentemente, mesmo, ele falou de escalas não oitavantes que se reproduzem segundo um princípio de *espiral*, ou seja, para esclarecer, por um princípio segundo o qual a transposição das escalas sonoras não se organiza de acordo com a oitava, mas segundo diferentes funções de intervalos.

Na geração seguinte, um músico americano, John Cage, chegou a pensar que a responsabilidade de se evitar os clichês da antiga linguagem tonal cabe em grande parte a nossos instrumentos, feitos para as necessidades dessa linguagem. Volta-se, portanto, como Varèse, para a percussão, mundo de sons de altura não definida em que apenas o ritmo é um elemento arquitetônico bastante poderoso para permitir uma construção válida e não improvisada. Sem falar, evidentemente, das relações de timbre e das relações acústicas existentes entre as diferentes categorias de instrumentos empregados (pele, madeira ou metal).

No lado oposto dessa música, não se ocupando voluntariamente das relações sonoras consideradas do ponto de vista da tessitura, situa-se a obra de Webern, cuja preocupação maior foi, ao contrário, encontrar uma estrutura nova das alturas. Assim é Webern: seguramente, o fenômeno mais importante de nossa época, pórtico da música contemporânea, no sentido de que ele repensou a própria noção de música polifônica a partir dos princípios da escrita serial (escrita descoberta, no seu caso, à medida que suas obras foram surgindo, por meio do papel primordial que ele concedeu ao intervalo propriamente dito, e mesmo ao som isolado). Através de toda a obra de Webern sente-se um esforço para reduzir, tanto quanto possível, a articulação do discurso apenas com as funções seriais. Para ele, a pureza e o rigor da experiência deviam ser preservados acima de tudo. Cada vez mais, Webern ampliou o campo das possibilidades musicais, sem perder por isso sua encarniçada intransigência. Desde logo irrompem na sensibilidade adquirida os primeiros rudimentos de uma mentalidade musical irredutível aos esquemas fundamentais dos universos sonoros que a precederam. Parece tratar-se de uma convulsão comparável ao que deve ter sido a passagem do monódico ao polifônico, ou seja, de uma concepção radicalmente nova do espaço sonoro utilizável. Enquanto a melodia permanecia no próprio interior da polifonia como elemento fundamental, pode-se dizer que, no sistema serial, tal como foi concebido por Webern, o próprio elemento polifônico torna-se o elemento de base: resultando numa forma de pensamento que transcende as noções de vertical e de horizontal. A significação da obra de Webern, sua razão de ser histórica – independente de seu indiscutível valor intrínseco – é, portanto, introduzir um novo mundo do *ser* musical.

Mas falta a esse pensamento um rigor que lhe dê acabamento. Se Webern preocupou-se coma estrutura das alturas – problema eminentemente ocidental –, as questões rítmicas não o preocuparam num nível tão marcante nem tampouco os fenômenos de intensidade, embora esta desempenhe nele verdadeiro papel estrutural.

Recentemente, Olivier Messiaen concretizou essas necessidades espalhadas um pouco por todas as regiões da música contemporânea válida e nos deu um *Mode de Valeurs et d'Intensités* em que a noção de universo organizado – modalmente, neste caso preciso – aplica-se não apenas às tessituras, mas também às durações (ou seja, à organização rítmica do tempo musical), às intensidades (ou seja, à amplitude do som) e aos ataques (ou seja, ao perfil inicial do som). Lembremo-nos de que em Varèse a intensidade desempenhava um papel estrutural quanto à preocupação acústica; aqui a intensidade, tanto quanto a duração e a altura, é organizada em função da própria composição; vale dizer que, para além da acústica propriamente dita, existe uma preocupação de integrar todos os dados sonoros a uma pesquisa formal.

O ponto a ser descoberto ainda é o dos universos sonoros não temperados. Por que, de fato, considerar como tabu essa decisão que prestou imensos serviços, mas perdeu de agora em diante sua razão de ser, uma vez que a organização tonal que comandou essa normalização foi praticamente destruída? É verdade que o fator instrumental não é dos menores obstáculos ao desenvolvimento de um pensamento musical fundamentado nos intervalos não temperados, apelando para noções de notas complexas ou de complexos sonoros. Todas as aproximações acústicas acumuladas pouco a pouco no curso da evolução do Ocidente devem desaparecer, pois não são mais necessárias; mas como resolver, no momento, o problema proposto pela produção dos sons?

*
* *

O piano preparado por John Cage dá-nos uma solução artesanal, embrionária, mas que é, no entanto, plausível. De qualquer modo, o piano preparado tem o imenso mérito de tornar desde logo concretos os universos sonoros aos quais devemos renunciar provisoriamente tendo em vista a dificuldade de sua realização. Assim, por meio de uma tablatura artesanal, o piano torna-se um instrumento capaz de produzir complexos de frequências. Tablatura artesanal porque, para se preparar o piano, coloca-se entre as cordas, em certos pontos determinados de seu comprimento, diferentes materiais como metal, madeira ou borracha; materiais que modificam as quatro características do som produzido por uma corda em vibração: duração, amplitude, frequência e timbre. Se nos lembrarmos de que, em grande parte do teclado, a uma tecla correspondem três cordas, se imaginarmos esses diversos materiais modificadores nos diferentes pontos determinados dessas três cordas, teremos uma ideia da variedade e complexidade dos sons assim obtidos. O caminho está desde logo indicado para uma evolução futura da música, em que os instrumentos poderão servir, graças às tablaturas que irão se tornar cada vez mais perfeitas, à criação de um novo mundo sonoro que tenha necessidade deles e que os reclame.

Se depois dessa incursão por um campo em que Webern não tinha penetrado, voltarmos à sua obra, encontraremos uma preocupação extraordinária com os timbres e a renovação de seu emprego. A evidência sonora de que falávamos acima não é negligenciada nesse plano. A orquestração não tem mais apenas uma virtude decorativa, mas faz parte da própria estrutura; é um meio particularmente eficaz de relação e de síntese entre as alturas, as durações e as intensidades. Tanto que, com Webern, não podemos mais falar de uma orquestra evoluída; é preciso descobrir funções orquestrais indispensáveis segundo um novo modo.

*

* *

Agora se pode ver até que ponto é urgente reagrupar todas as pesquisas, generalizar as descobertas, ampliar os meios de uma técnica que já foi encontrada; a essa técnica que foi até agora, de modo geral, sobretudo um objeto usado para destruir – e por isso estava ligada àquilo que queria destruir –, resta agora dar sua autonomia. Ligar as estruturas rítmicas às estruturas seriais por organizações comuns, incluindo-se não apenas a duração, mas, por outro lado, o timbre e a intensidade. Pode-se imaginar a amplidão desconcertante das descobertas a serem feitas com meios de investigação construtivos. A evolução do pensamento musical está chamada a passar por uma enorme aceleração, depois de Webern, já que o princípio serial pode justificar de modo absoluto qualquer organização sonora, desde o mais ínfimo componente até a estrutura toda.

Esse pensamento serial pode finalmente se libertar do número doze do qual se tornou prisioneiro, por motivos óbvios, pois foram justamente os doze sons, ou seja, o cromatismo, que permitiram a passagem da estrutura tonal cada vez mais enfraquecida para a estrutura serial. Não há dúvida de que não são os doze sons que têm a maior importância; e sim a concepção serial; a noção de um universo sonoro – próprio para cada obra – que se baseia sobre um fenômeno indiferenciado até o momento em que a série é escolhida: torna-se, então, único e essencial. As permutações que assim se definem, graças à primeira permutação, podem ser generalizadas em qualquer espaço sonoro dado como material. Eis por que precisaríamos falar de séries assentadas em intervalos não temperados, baseando-se, mesmo em definições de frequências, em um número indeterminado de intervalos, enfim, em um intervalo de definição diferente da oitava. (É aí que retomamos contato com Varèse.) Não existe mais, então, incompatibilidade entre as microdistâncias, os intervalos não temperados e os doze meios-tons familiares.

O mesmo acontece quando se trata dos ritmos; podemos imaginar não apenas divisões inteiras de unidade, mas divisões fracionadas não redutíveis que são em geral empregadas no interior de uma unidade de base. Se quisermos fracionar estas unidades de base – obrigação que se impõe, por exemplo, ao superpor séries de unidades e séries de valores, o que torna qualquer execução praticamente impossível e toda a escrita gráfica da partitura irrealizável, excetuando-se o transporte a uma escala dada de unidade e de suas diversas frações –, se quisermos introduzir, assim, uma noção de liberdade total do ritmo, o que podemos fazer senão nos dirigirmos à máquina?

Estamos à espreita de um mundo sonoro de que não há exemplo, rico em possibilidades, e ainda praticamente inexplorado. Começa-se apenas a perceber as consequências ligadas à existência de um tal universo. Observemos a feliz coincidência (não esperemos que seja fortuita nem nos cause espanto que os músicos interessados por essas pesquisas nos diferentes países estejam unidos em uma segura comunidade de opinião) que ocorre na evolução do pensamento musical: ele se vê na necessidade de obter certos meios de realização no próprio momento em que as técnicas eletroacústicas estão em condições de fornecê-los. Na realidade, existem dois meios de se produzir um som: ou o corpo sonoro natural, ou as técnicas eletrônicas, ou seja, a produção artificial. A meio caminho, estão as transformações eletroacústicas de um som fornecido por um corpo sonoro natural. Nos dois casos extremos, os passos a serem tomados são radicalmente diferentes; o corpo sonoro produz sons cuja definição essencial é o timbre, a duração, a tessitura e os limites entre os quais sua intensidade pode variar; se nos servimos de um corpo sonoro natural, devemos primeiro levar em conta as possibilidades que ele nos dá, e as únicas modificações possíveis são a intensidade e as variações no ataque e na queda do som: logo, tem-se necessidade de um certo conjunto de corpos sonoros, cada qual com um conjunto de características diferentes. Estas características encontram-se em estado virtual no corpo sonoro, dentro de limites muito precisos e conhecidos. Se encararmos o domínio eletrônico, está bem claro que estamos diante de uma não limitação de possibilidades quanto ao timbre, à tessitura, à intensidade, à duração; criam-se, portanto, características de um som, características que dependem da estrutura geral; esse som é ligado à obra de maneira reversível, da mesma forma a obra se liga ao som. Chega-se assim ao domínio do próprio som, ao interior do som, a uma finalização das perspectivas seriais que já propunham um universo particular para cada obra, mas do ponto de vista da série de frequências.

Raramente, em toda a história da música, se assistiu a uma evolução tão radical, em que o músico deve fazer frente a uma situação incomum: a escolha do material sonoro; não apenas a escolha com vistas a um fim decorativo ou de evidência – transposição banal das questões de orquestração e de instrumentação –, mas antes à escolha do material devido às qualidades de estrutura intrínseca que ele comporta. O compositor torna-se executante num campo em que a execução ou realização assumem cada vez maior importância, e, como o pintor, ele age diretamente sobre a qualidade de sua realização.

Ainda mais, as questões de escalas temperadas ou não temperadas, as noções de vertical e de horizontal não têm mais sentido: chega-se à figura sonora que é o objeto mais geral oferecido à imaginação do compositor; figura sonora, ou mesmo, com as novas técnicas, objeto sonoro. Se, na verdade, ampliarmos a noção de série à interação do desenrolar temporal primeiro sobre as diferenças de organização que intervém entre esses objetos, se essa noção de série se ramifica até às modificações que podem ser trazidas a esses objetos sonoros, ter-se-á constituído um universo de obras, enfim, livres de todo constrangimento alheio àquilo que não sejam elas próprias. Transformação abrupta, se pensarmos que anteriormente a música era um conjunto de possibilidades codificadas e aplicáveis a cada obra de uma maneira indiferenciada.

Essas constatações são, no entanto, ainda prematuras; apenas estamos no caminho de realizar uma tal música. As pesquisas importantes sobre as qualidades intrínsecas do som ainda estão por ser empreendidas; os aparelhos aperfeiçoados, possíveis de manejar, necessários à composição de tais obras, ainda não foram construídos. Não obstante, essas possibilidades não são tão utópicas que possam ser ignoradas; é mesmo provável que o interesse crescente suscitado pela epifania de um mundo sonoro inusitado, extraordinário, só poderá acelerar as soluções. Fazemos votos para que possamos figurar entre seus primeiros artesãos; modestamente.

III
Alguns Clarões

Incidências Atuais de Berg

(Em torno da Quinzena de Música Austríaca em Paris)

A vinda a Paris das obras-primas dos museus de Viena valeu-nos uma Quinzena de Música Austríaca que merece ocupar o primeiro plano entre as atualidades. Os organizadores não se contentaram apenas em apelar para os clássicos Haydn, Mozart, Schubert e Mahler, mas reservaram uma parte importante para Berg, de quem nos foi dado ouvir três árias de *Wozzeck*, o *Concerto para Violino e Orquestra*, o *Kammerkonzert* para piano, violino e instrumentos de sopro, e por fim a *Suíte Lírica*. Não vamos insistir na interpretação destas obras, uma vez que a *Suíte Lírica* foi executada pelo Quarteto Vegh e as obras para orquestra e *o Kammerkonzert* foram dirigidos por Désormière. Nosso intento não é, aliás, fazer um relatório desses concertos, mas sim fazer uma pequena reflexão sobre o caso bastante excepcional de Berg.

Não se assustem! Não pretendemos falar de lucidez, de autenticidade, de reativação e outros clichês que se tornaram correntes em se tratando do assunto; vamos abordar o problema de maneira muito menos "filosofante" e vamos tentar usar com a maior agudeza nosso espírito crítico para situar Berg com clareza e sem complacência.

Berg é reconhecido atualmente, diga-se de passagem, pelos músicos de todos os tipos como um grande gênio, e mesmo como a desculpa e o milagre da técnica dodecafônica. Isto repousa sobre um mal-entendido evidente. Tudo aquilo que esses caros músicos encontram de tranquilizador em Berg é justamente o que menos aceitamos nele: seu romantismo e, é preciso dizer, seu apego à tradição. Por um lado querem nos afirmar – e isto com argumentos mais ou menos probatórios – que o papel de Berg entre a música tonal e a dodecafônica era indispensável, que era preciso consolidar os novos valores, sem no entanto afastar-se dos antigos. Por outro lado, descobriu-se neste conflito o ápice de um dilaceramento psicológico, o que confere à obra todo o seu sentido dramático e seu amor à humanidade. E outros, ainda, menos embaraçados em considerações, encontram nele calor e música.

Exemplo I. *Suite lyrique*, III.

Exemplo II. *Suite lyrique*, III.

Pobre Berg! Será que ele esperava suscitar comentários dessa ordem por parte de discípulos fervorosos, de admiradores apaixonados, ou de pontífices de última hora que o aceitam como *enfant terrible* numa confraria aliás bem doente!

Na realidade, Berg não é senão o ponto extremo de uma linhagem pós-wagneriana em que se fundem igualmente a amável – em todos os sentidos horripilantes da palavra – valsa vienense e o enfatismo verista italiano. Leibowitz, apesar de sua comprovada admiração, sente bem que este é o ponto sensível de sua epiderme austera. Escreve no final de um artigo sobre Stravínski[1]:

> Não sei qual crítico alemão disse antes ao se referir a Berg que, se ele não tivesse sido aluno de Schoenberg, teria escrito operetas vienenses ou, quando muito, óperas como Puccini. Vamos admitir. Só que Alban Berg foi Alban Berg tal como ele mesmo escolheu, isto é, precisamente aluno de Schoenberg, assumindo todas as implicações, e não autor de operetas e de óperas à Puccini, mas de *Wozzeck* e da *Suite Lírica*.

Este comentário é feito para provar, como deve ser em *Les Temps modernes*, que a existência cria a essência, que a pessoa faz sua escolha e se engaja.

Tudo isso é muito bonito; contudo o problema existe com sua irritante acidez. Sente-se em Berg um aglomerado dos mais heteróclitos em que o exotismo de bazar encontra-se ao lado do tango da cantata Le *Vin*. Talvez achem que estamos exagerando; assim, faço questão de esclarecer o leitor por meio de exemplos precisos. Eis o exemplo, na *Suite Lírica*, do *trio estático*, que, a meu ver, com sua sensibilidade exasperada, prende-se às ênfases veristas mais vulgares da ópera italiana. É evidente que esses retornos sobre duas notas (compassos 74 e 92), sons perfilados *crescendo molto* (compassos 74-75), essas subidas simultâneas, esses maços de acordes (compassos 76-77-78), esses saltos de oitavas em terças (compassos 91-92) resultam do mau gosto da efusão romântica levada ao paroxismo. Pode-se objetar que se estabelece uma nítida diferença entre os fabricantes de lirismo barato e Berg, pelas sutilezas como a que se encontra no compasso 76, onde a linha em ascensão é diversificada ritmicamente no primeiro violino em septinas de semicolcheias, no segundo violino em quintinas de colcheias, na viola em colcheias, no violoncelo em tercinas de semínimas, sendo que nenhum desses valores coincide no interior de um tempo; onde as escalas habitualmente paralelas e cromático-diatônicas têm aqui uma dependência das figuras para cada instrumento, o primeiro

1. *Les Temps modernes*, abril 1946.

violino opondo seus tons inteiros às terças predominantes do segundo etc. Tudo isto é belo e bom! Sem essa superioridade, Alban Berg não seria Alban Berg; o que não é suficiente.

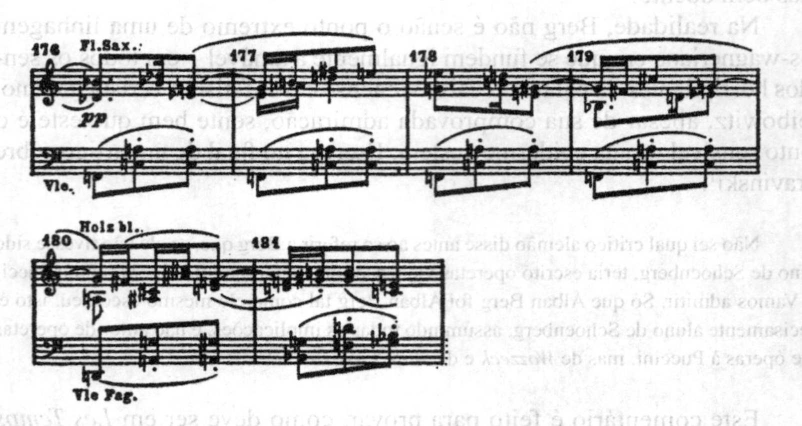

Exemplo III. *Concerto pour violon*, I.

Eis agora um exemplo de valsa vienense. Sem comentários. Assinalemos apenas que o aspecto "orfeão" é ainda voluntariamente acentuado pela orquestração desta frase confiada à flauta e ao saxofone. Eu poderia citar, igualmente, a *Valsa* que desfigura o primeiro movimento do *Kammerkonzert*. Hélas! Berg errou ao sacrificar a seus amores secretos uma energia capaz de visar muito mais alto.

Se, até agora, só insisti nos defeitos, é porque a *Suíte Lírica*, o *Kammerkonzert* ou o *Concerto para Violino* encerram momentos tão mais extraordinários que me custa suportar essas diferenças de qualidade na matéria musical. Podemos creditar isso na conta do temperamento de Berg, última flor de estufa do pós-romantismo, com todos os inconvenientes que daí decorrem.

Mas ainda há dois pontos que preciso abordar. Primeiro, o que Leibowitz chama de gestos de ópera em *Wozzeck*, isto é, a *Marcha Militar*, a *Polca* e outras invenções do gênero. Não há palavras suficientes para censurar Stravínski e a *Histoire du Soldat*; mas quando, em *Wozzeck*, Berg escreve uma marcha militar, apela-se para seu prodigioso engenho a fim de se considerar notável esta opção e dar a ela uma necessidade naquilo que pomposamente se designa como gesto de ópera. Inutilidade ridícula essa tortura do espírito. O gesto de ópera não é desculpa. Também não pretendo salvar do anátema a *Histoire du Soldat*: como a marcha militar de *Wozzeck*, ambas trazem o peso de uma certa estética eclética que nada produziu de bom. Não vale a pena dar-lhe maior atenção do que ela merece.

Mais grave me parece o erro cometido por Berg no final de seu *Concerto para Violino* ao escrever suas variações sobre o coral de Bach: *Es ist genug!* Já sei que, ainda neste caso, os teóricos sutis vão lançar contra mim seus argumentos-chave: 1º) que este coral se integra perfeitamente ao texto de Berg pelo trítono comum às quatro últimas notas da série e às quatro notas iniciais do próprio coral; 2º) que a dodecafonia permite este recurso já que é tão rica em possibilidades que engloba a um tempo a tonalidade e a atonalidade. Raciocínio vão e sutil; palavrório! Na exposição do coral, em que a harmonização serial de Berg alterna-se com a harmonização tonal de Bach existe um hiato inaceitável devido à hibridização entre o sistema tonal no que ele tem de mais assentado e o sistema dodecafônico. Não repudio o princípio de uma harmonização serial de um coral de Bach devido à pretensa harmonia verdadeira encerrada em uma melodia. Mas teria sido preciso escolher uma ou outra dessas soluções e não incorporar uma à outra; os materiais não sendo da mesma natureza, a construção só pode resultar isenta de justificação e de solidez. Isto se sente na audição de modo cruel. Aliás, creio que a linguagem dodecafônica tem necessidades mais imperiosas do que esta de domesticar um coral de Bach.

Eu me pergunto – num momento de remorsos passageiros! – por que sou tão intransigente para com Berg? Creio que essa rigidez deve-se, em parte, às incidências atuais desse doce conciliador que se revelou um temível Moloch. A descoberta de Berg é, atualmente, o ponto de partida de um assustador retorno a Wagner. Por que semelhante facilidade? Esta posição deve ser condenada sem perdão: não estamos aqui para reatar com Wagner, via Berg. Considerado como transição, Berg era admissível há uns vinte anos – embora vivendo na vizinhança de um Webern. As reaproximações com Wagner são anacronismos flagrantes e soluções fáceis que devem ser afastadas desde logo.

Se, no entanto, tomamos a liberdade de criticar Berg é porque, para nós, ele se situa muito acima dos *Gribouilles** que se creem e se proclamam dodecafonistas, e com quem nos recusamos a confraternizar – mesmo para elogiá-lo –, com esta classe podre que constitui o que há de aparente no mundo musical "parisiense"!

* Pessoa simplória e mal-informada que se mete em encrencas que poderia evitar (Do antropônimo francês Gribouille) (N. dos T.).

Trajetórias
Ravel, Stravínski, Schoenberg

Trois Poèmes de Stéphane Mallarmé, de Ravel; *Trois Poésies de la Lyrique japonaise*, de Stravínski; e por fim *Pierrot lunaire*, de Schoenberg; estas três obras, lado a lado, nos permitem determinar essa mitologia da renovação que se cristalizou em torno de *Pierrot lunaire*, mitologia com o velho perfume de escândalo. E pode-se indagar se não foi simplesmente um mal-entendido com grande repercussão na época do outro pós-guerra que deu a Schoenberg – e a essa obra em particular – a aura de prestigioso mistério, privilégio de um músico, entre todos, "maldito". Ausente de todos os programas de concerto, rodeado de uma corte de discípulos um tanto fanáticos – outra manifestação da "maldição" – Schoenberg beneficiou-se de uma lenda da qual seria necessário livrá-lo para que fosse visto na sua própria dimensão, ex-profeta no meio de tambores furados e de outros acessórios igualmente falsos, com os quais, sem senso de humor, rodearam-no profusamente.

É significativo que já em 1913 – um ano depois da composição de *Pierrot lunaire* –, dois músicos pertencentes a gerações diferentes, em estágios completamente distintos de evoluções nada semelhantes, mas movidos por uma curiosidade comum – é significativo, digo, que Ravel e Stravínski tenham tido, com relação a Schoenberg, uma visão igualmente desfigurada: as obras, por eles confessadamente influenciadas, para um *Trois Poèmes de Stéphane Mallarmé*, para outro *Trois Poésies de la Lyrique japonaise*, são testemunhos desse erro de ótica. Iniciava-se a lenda.

Na realidade, o que determina a junção dessas três obras é a escolha da forma instrumental.

Em Ravel: canto, piano, quarteto, duas flautas, dois clarinetes.

Em Stravínski: canto, piano, quarteto, flautim, flauta, clarinete, clarinete-baixo.

Em Schoenberg: *Sprechstimme*, piano, violino ou viola, violoncelo, flauta ou flautim, clarinete, clarinete-baixo.

O paralelismo dessas *nomenclaturas* (se damos realce à palavra "nomenclatura" é porque de fato a aproximação não pode ser feita noutro campo) evidencia a semelhança superficial das partituras e torna claro o quanto a influência de Schoenberg podia se fazer sentir num segundo estágio. De fato, foi durante sua permanência em Berlim, em dezembro de 1912, que Stravínski encontrou Schoenberg e ouviu *Pierrot lunaire*. Segundo afirmou André Schaeffner, Ravel se inspirou na ideia da obra que Stravínski lhe transmitiu verbalmente. Nos dois compositores, a imaginação, por um mecanismo análogo, supriu, portanto, um verdadeiro estudo da partitura em si, que só foi gravada em 1914.

Mesmo que o choque causado por Schoenberg em Ravel não tivesse sido tão exterior, assim mesmo ele não poderia funcionar senão de um modo puramente ilusório. Em 1913, Ravel já trazia em seu passado uma grande parte de suas descobertas, todas participantes da ordem tonal. Não esqueçamos o lado "falso acadêmico" das concessões de Ravel: essas descobertas, de ordem harmônica, prendem-se a uma complexidade de escrita – apojaturas não resolvidas, antecipações, sons ou acordes-pedais – baseados sobre encadeamentos extremamente simples, na maioria, em terças ou em notas comuns (pedimos desculpas por essa linguagem de "aula de harmonia", indispensável no caso). Ravel estava bastante idoso para poder sair desse quadro, o que não vemos como uma falha, mas apenas constatamos. Controlamos isso de modo infalível, pelo fato de que ele irá atacar – contando com a ciência da escrita que os "inovadores" franceses de 1920 não tinham, seguramente – as descobertas superficiais e falsas, a politonalidade, entre outras camuflagens e astúcias, águas milagrosas bem adulteradas para um organismo sonoro atacado de incapacidade de renovação e caminhando logicamente para sua própria destruição. Pensamos especialmente em certas passagens da *Sonate pour Violon et Violoncelle*, de *L'Enfant et le Sortilèges*, em que a astúcia se manifesta na forma simplória ao escrever as duas pautas com duas armaduras diferentes.

Ora, todo o esforço de Schoenberg em *Pierrot lunaire* consistia, pelo emprego de um cromatismo constante, em fazer explodir a tonalidade, e levava a um emprego racional do semitom, sintetizado mais tarde no emprego da série dodecafônica.

Com *Trois Poèmes de Stéphane Mallarmé*, temos, portanto, um exemplo claro do mal-entendido que iria prosseguir, durante muito tempo, a propósito da obra de Schoenberg: este mal-entendido residia na ressaca provocada, no interior de um sistema tonal ainda coerente, pelo choque oriundo da desagregação desse sistema. Os efeitos deviam ser de ordem puramente "auditiva"; não empregamos esse termo com intenção de atacar o suposto "hedonista" que teria sido Ravel – e aí está toda a diferença entre ele e Stravínski –, mas no sentido da influência de *Pierrot lunaire* traduzida em intervalos, disposições instrumentais, efeitos sonoros transpostos para a linguagem de Ravel, já constituída e a ela unidos por uma grande precisão. Digamos que Ravel nunca tenha levado tão longe o requinte harmônico, o equilíbrio da dosagem sonora; mas ela se encontra sempre na continuidade declinante de uma evolução que vai confinar até a impossibilidade, levando-se em conta a situação fora de prumo e o elemento destruidor dessas novas aquisições. Não iremos encontrar esse gênero de pesquisas senão nas *Chansons madécasses* que datam de 1925 e nas quais não é impossível que esteja presente, de novo, a influência de *Pierrot lunaire*, uma vez que sua primeira audição em Paris ocorreu em 1922, trazendo tumulto e confusão. À parte esta segunda tentativa, Ravel renunciou a esse jogo perigoso que o conduziria inapelavelmente ao aniquilamento. Eis por que, como já dissemos, ele se voltou para as descobertas precárias – nas quais nem sempre foi feliz – que participavam da ordem já existente, mas não destruíam fundamentalmente sua coerência.

A propósito, seria útil desfazer as sensaborias ditas sobre Ravel contrapontista; porque a influência de Schoenberg não teve nenhuma ação nesse sentido. Mesmo em suas obras posteriores, não existe em Ravel senão um complexo melódico-harmônico cuja origem pode-se claramente localizar em Gounod e Fauré; o que não exclui certos "contracantos" cujo nome corresponde bem à fraqueza de seu valor contrapontístico. Quer se trate da fuga de *Tombeau de Couperin*, quer da *Sonate pour Violon et Violoncelle*, a escrita polifônica assume um aspecto coagulado que é o contrário da noção de contraponto. Desde Franck, aliás, tinha-se formado uma ideia bastante curiosa de contraponto, em que, quase sempre, duas partes eram em imitação ou em cânone numa forma discreta, destacando-se de uma massa harmônica compacta, tutelar, antes ditatorial: basta lembrar o final da *Sonate pour Piano et Violon*, Se em Ravel as concepções são mais finas, mais apuradas, elas não são por isso menos subjacentes, e será preciso esperar por Webern para que uma escrita essencialmente contrapontística seja afirmada com brilho; Schoenberg é o ponto de partida desse êxito – mas só o ponto de partida, tendo ele próprio muitas ligações com o século XIX para se desvencilhar radicalmente de uma herança comprometida.

Resta-nos ainda notar que, até no emprego do conjunto instrumental, a influência de *Pierrot lunaire* reside sobretudo na nomenclatura. Porque se a utilização dos diversos elementos por parte de Schoenberg – elementos que ele *escolheu* – procede de uma necessidade de se expressar contrapontisticamente, Ravel serve-se de tal formação – de certa forma imposta – como de um dispositivo orquestral restrito.

Isto parece que se deve justamente a essa carência de escrita contrapontística em Ravel, e pelo fato de haver utilizado os diversos instrumentos como um revestimento por meio do timbre. Ainda aí não atacamos uma concepção "hedonista", mas consideramos essa escrita para "orquestra de solistas" como consequência lógica da evolução do compositor. Na verdade, de *Daphnis* a *Mallarmé* não há senão uma diferença de grau, o que é menos surpreendente do que, a princípio, se poderia pensar. Diríamos, antes, mais grosseiramente, que a diferença é quantitativa. Encontra-se em *Mallarmé* esse aparato na apresentação sonora, mais estudado do que nunca, procedendo de duplicações, de superposições, de efeitos sonoros que nada têm a ver com *Pierrot lunaire*, mas que se prendem a uma certa "mecânica" da orquestração – resultado requintado da orquestração clássica.

Tudo que dissemos sobre aquela obra não tem, note-se, nenhuma pretensão de contestar sua grande beleza; mas acreditamos que se pode considerá-la como uma espécie de círculo extremo, bastante misteriosa pelo fato de que não pode chegar senão à sua própria negação: êxito condenado a ficar para sempre voltado para si mesmo. Desprovida de consequências, pelo fato de ser contraditória, ela foi uma prova da qual Ravel não saiu intacto.

*
* *

Se não podemos absolutamente duvidar da boa-fé de Ravel indo ao encontro de *Pierrot lunaire*, uma palavra-chave nos esclarece quanto à reação de Stravínski; quando ele ouviu *Pierrot lunaire* em Berlim, em 1912, achou sua poética ultrapassada – opinião que achamos justificável, mas que falseou inteiramente sua ótica, a menos que ele não tivesse sido levado a enunciar esse juízo devido a uma ótica errada. É interessante observar, a propósito de *mas Poésies de la Lyrique japonaise*, que Stravínski as escreveu enquanto trabalhava simultaneamente em *Sacre du Printemps* e é desnecessário mencionar o quanto ambas diferem tanto pela dimensão orquestral quanto pela duração. É o começo de uma série de obras que compreende *Pribaoutki*, *Berceuses du chat...*, e cuja realização maior é a famosa *Histoire du Soldat*, as composições instrumentais serão extremamente reduzidas e as dimensões das obras – ou das peças que as compõem – são em geral muito curtas. Pode-se pensar, por conseguinte, que o encontro com Schoenberg foi particularmente marcante para Stravínski, e mesmo fecundo. Isto seria formar um juízo perfeitamente superficial.

O que houve de fato da parte de Stravínski foi uma profunda desconfiança quanto à estética em jogo, desde que ele se acercou de *Pierrot lunaire*; isto o impediu de ver a solução apresentada quanto ao problema da linguagem – solução, aliás, transitória. Tendo recusado a poética, ele recusou a técnica, vendo nela a causa, sem aprofundar a investigação: e é neste ponto que se situa o princípio de um fracasso que deveria ocorrer, uma vez utilizados diversos artifícios por meio dos quais essa terrível carência de linguagem tentaria se ver camuflada. E, já que estamos em 1913, por que não procurar os elementos desta recusa propriamente em *Le Sacre*! Achamos – apesar da admiração indestrutível que experimentamos por esta obra – que *Le Sacre* era o gérmen da "impossibilidade Stravínski". Se ali encontramos uma noção de revolução no ritmo, que não existe praticamente nos três vienenses – salvo algumas exceções em Webern – no ritmo-desenvolvimento ainda manejado grosseiramente, mas de modo evidente e cheio de inegáveis consequências, por outro lado nada ali deixa prever alguma sensibilidade quanto à transformação do vocabulário. Eis o motivo por que receamos que *Le Sacre* tenha sido tão rapidamente admitida nos hábitos musicais: sem destruir a linguagem constituída, ele apenas lhe trazia uma sobrecarga a mais. Diríamos mesmo –com risco de parecer paradoxal – que *Le Sacre* representa o único esforço feito para consolidar a linguagem tonal por meio de um extremo alargamento, ou antes, pela hipertrofia de suas funções. Linguagem muito mais destrutiva do que a de Debussy, em que as relações cromáticas e as funções tonais são de uma essência muito mais ambígua e de uma complexidade muito superior.

Poderíamos explicar isso com clareza sem entrar em detalhes técnicos fastidiosos para muitos. Encontramos no *Stravinsky*, de Paul Collaer, uma terminologia de fácil compreensão. Ele explica que, para Stravínski, a "harmonia foi estabelecida com o fim de criar tensões", e portanto que "as dissonâncias são atraídas pelas consonâncias". No apriorismo gratuito e perigoso que se segue reside toda a irredutibilidade a Schoenberg. Paul Collaer continua:

> Partindo dessa razão profunda, que *não se pode modificar por ser ela a própria base da música*[1], ele [Stravínski] edifica uma linguagem harmônica cuja razão é a mesma da linguagem harmônica corrente, mas cuja realização é singularmente mais potente, mais eficaz [...] A nota *ré* não será mais a tônica de *ré* maior ou *ré* menor nem a dominante do tom de sol, nem sétima de mi bemol. Ela *é ré*, simplesmente [...] O *ré*, já que o escolhemos como exemplo, irá constituir o polode atração para todas as outras notas [...]

Acreditamos não ter jamais encontrado explicação mais clara, mas também mais opressora da linguagem de Stravínski, do que na definição de

1. Grifo é do autor.

Paul Collaer de "notas polares". É verdade que essa noção de "polarização" de uma nota vai dar, novamente, numa linguagem tonal-modal ampliada, uma força considerável à noção de tônica – espécie de hipergrau –, força que ela havia perdido rapidamente a partir de Wagner, e que não tinha conseguido ter a tal ponto senão nos primórdios da linguagem tonal. Essa linguagem desmedidamente aumentada – ficaríamos tentados a dizer, mesmo, grosseira – é o último sobressalto aparente da ordem tonal que a ele não deverá sobreviver, é uma espécie de "exorcismo por astúcia".

*

* *

Falamos acima da irredutibilidade dessa reação à de Schoenberg. É por isso que a desconfiança de Stravínski quanto à poética de *Pierrot lunaire* se explica igualmente a partir da própria concepção da linguagem musical; assim é bem difícil saber qual das duas reações desencadeou a outra. De qualquer modo – voltando a *Trois Poésies de la Lyrique japonaise* –, *Pierrot lunaire* marcou de modo mais aparente que real uma personalidade em instância de crise. Não existe, de fato, a mínima variação de linguagem, a não ser aquela imposta pela forma instrumental, entre *Le Sacre* e *Trois Poésies*. Os saltos de sétima maior ou de nona menor, os grandes intervalos, as linhas quebradas, os acordes não redutíveis são encontrados igualmente na obra sinfônica, usados de maneira polarmente agregada a que se refere Paul Collaer. Acha-se aí também essa noção de "falso contraponto" já utilizada na introdução de *Le Sacre*, em que – vamos voltar a isto mais adiante – encontramos o princípio da escrita para solistas. Que é exatamente este "falso contraponto"? Ele consiste essencialmente numa superposição de linhas-pedais, independentes sobretudo pelo ritmo, e cujo conjunto se rege por uma relação tonal resultante desses diferentes componentes dispostos analiticamente. Pode-se ver, imediatamente, o que essa noção tem de mecânico, mesmo de anticontrapontístico, já que ela vai de encontro à função essencial do contraponto, isto é, o dinamismo das relações sonoras. Tal superposição é, por certo, eminentemente estática: no sentido de que ela coagula o espaço-som em uma série de camadas não variantes – porque não chamamos variação real à variação ornamental que intervém – e que ela anula toda a agógica do desenvolvimento. Aqui abordamos um fenômeno de importância capital: se a agógica é mal revelada ainda em Stravínski – e sobretudo realizada em sentido contrário – aí encontramos, pela primeira vez, uma noção da agógica sonora da qual devemos a Webern o esclarecimento de modo muito consciente. Queremos simplesmente mencionar aqui

– falaremos mais adiante ao tratarmos deste autor – esse fenômeno da dinâmica no registro. Mas Stravínski se limita a uma superposição relativamente simplista, em resumo, arbitrária.

*

* *

Ainda resta, acreditamos, esvaziar essa querela sobre o "hedonismo" – empregamos o termo na falta de outro mais justificável – que foi levantada em torno de Ravel. Falamos da ordem puramente "auditiva" das reações desse compositor face às descobertas de Schoenberg, na medida em que estas passavam à obra de Ravel por meio de uma tradução apropriada. Em Stravínski – não devido à influência de *Pierrot lunaire*, uma vez que encontramos empregos semelhantes em *Le Sacre du Printemps* – as morfologias comuns com a obra de Schoenberg procedem de um hedonismo que, se não é condenável (a inquisição moralizadora é a pior das coisas), é, pelo menos, perfeitamente estéril. Por hedonismo entendemos o papel não funcional dessas morfologias, seu lado exclusivamente decorativo. As agregações não redutíveis, por exemplo, que procedem de uma polarização em torno de um acorde-chave, dão evidentemente a este acorde uma tensão que ele não possuía originalmente, mas elas, enquanto agregações, não passam de criações puramente individuais, autônomas, destituídas da força de vocabulário coerente. Essa sobrecarga numa linguagem já existente, essa extensão em torno de morfologias classificadas, foram vistas por alguns augures como uma qualidade essencial de Stravínski: o objetivismo; e puseram-se nossos magos a operar um confronto com Schoenberg subjetivo. Essas são noções bastante duvidosas quando se abordam os resultados de uma técnica da linguagem. O que é certo é que em todo caso essa espécie de objetividade que consiste em levar em consideração o efeito sonoro – por que não dizer o esforço sonoro? – em si (objetividade que outros podem qualificar de hedonismo) não poderia levar Stravínski ao caminho de uma descoberta fecunda. A medida que ele vai deixando atrás de si as obras que esgotaram certo número de combinações sonoras provisórias, ele ver-se-á forçado a remediar este esgotamento por outras soluções igualmente provisórias, já que não irá dispor de uma constituição coerente da linguagem: soluções que se tornarão cada vez mais esquemáticas, arbitrárias, estereotipadas, até que deixem de ser soluções mas apenas "tiques" que o ouvido chega a prever, mas que são, por isso mesmo, mais irritantes. Pensamos, particularmente, no caso do emprego da terça maior-menor, oitavas diminutas ou aumentadas, baixos deslocados: chega-se ao regime obrigatório da nota evitada, da má disposição, da cadência defeituosa – o *Choral* de *Histoire du Soldat*, por exemplo – um regime tão desastroso quanto o mais desinteressante dos academismos. Partindo-se do hedonismo chega-se à pior fealdade: oh dialética dos contrários!

Quanto ao dispositivo instrumental, pode-se dizer que ele está obrigatoriamente ligado à concepção hedonista da linguagem? É um fato tão evidente que nem nos parece necessário insistir nele. Observemos, entretanto, a comparação com Ravel. Este segue sua lógica própria, tratando o conjunto instrumental dos *Mallarmé* como uma pequena orquestra (e, aliás, ele já tinha escrito neste sentido sua *Introduction et Allegro* para harpa, flauta, clarinete e quarteto de cordas), também Stravínski depura na *Lyrique japonaise* concepções já encontradas antes na *Introduction* de *Le Sacre*, Mas essas concepções se diferenciam da escrita de Ravel pela vontade de individualizar cada um dos elementos componentes. Vontade que não alcança senão exteriormente – quase acessoriamente – a mesma vontade em Schoenberg. Com efeito, por um fenômeno paralelo ao que leva Stravínski a buscar a combinação sonora por si mesma e não funcionalmente, a instrumentação é escolhida pelo aspecto físico que irá resultar. Reconhecemos que se pode achar esta última crítica bastante especiosa. Por que, afinal, não se deve preferir uma combinação instrumental que possa "render" acusticamente mais – e só por essa razão – em vez de outra? Sim, seria inútil negá-lo, já que este princípio está implícito em toda orquestração, seja ela de Monteverdi. Queremos dizer, mais precisamente, que a instrumentação de Stravínski não é função direta do texto musical: ela é escolhida por si mesma; acrescentemos que mais tarde o instrumento tornar-se-á tirânico, que dará a impressão de dominar, de negar o texto. Não é este, evidentemente, o caso de *Le Sacre* – em que a frase inicial do fagote ficará, entre outras, como uma descoberta famosa – nem de suas *Poésies de la Lyrique japonaise*. O "cacoete" instrumental, porém – qualificado ainda de objetivismo por certos admiradores – irá se tornar sensível em *Prihaoutki* e sobretudo em *Histoire du Soldat*. Ainda por cima, a noção de "falso contraponto", à qual já nos referimos, não está alheia ao mal-entendido que pesa sobre os "pequenos conjuntos" de Stravínski ou, de modo geral, sobre o emprego que faz dos instrumentos solistas (como na *Introduction* de *Le Sacre*). Estas superposições, de cujo processo mecânico, e às vezes arbitrário, fizemos o levantamento, parecem de fato apelar para uma lógica individualização dos instrumentos; mas, por sua essência arbitrária, as superposições regem uma instrumentação não menos arbitrária e não justificável senão pelo "fim em si" de tal superposição, de tal troca de registros. Para dar um exemplo tão marcante que chega ao absurdo, certa passagem de piano nos irá decepcionar pela pobreza, enquanto se executada pela orquestra sua audição é capaz de absorver nossa atenção pela hábil disposição dos diversos elementos. Que isto não seja empecilho para notar justamente a extrema segurança das combinações instrumentais, seu equilíbrio perfeito no emprego de tessituras até então inusitadas e o achado acústico que representam e a que nem sempre nos acostumaram Schoenberg ou mesmo Webern, para quem a notação do timbre é quase abstrata, não se preocupando com as condições físicas da emissão sonora.

*

* *

Abordamos o caso de Stravínski pelo ângulo de sua reação negativa face à poética de *Pierrot lunaire*. Pessoalmente – e insistimos nisto – achamos que ele de fato vai à forra nesse domínio. Não encontramos comparação mais expressiva senão entre Mussorgski e Wagner. Pode-se dizer, sem medo de errar, que Wagner fez evoluir a linguagem de um modo infinitamente mais ativo do que Mussorgski, e, no entanto, a poética deste último, aproximando-se da de Debussy, abala para nós todo o romantismo bombástico em que se agitou o homem de Bayreuth: *Boris* nos é infinitamente caro, e nos parece sempre mais atual do que *Tristan*. Assim, com relação a Schoenberg, Stravínski, ainda que servindo-se de um vocabulário sem nenhuma utilidade, de uma morfologia desprovida de consequência, de uma sintaxe praticamente nula, vem trazer, segundo nos parece, uma poética de uma beleza cheia de impacto e emoção. Tanto *Le Sacre* podia destruir a noção de "música de concerto", quanto os três *Hai-Kai* são reflexos de uma sensibilidade ainda desconhecida em sua concisão elíptica. Não podemos reencontrar a mesma impressão senão ao ouvir Webern, especialmente nas obras que escreveu nessa época, 1909-1913. Essa sensibilidade de Stravínski acaba de repente, enquanto em Webern... Mistério dessa evolução: as análises de uma linguagem ou de uma técnica podem *demonstrar*, mas não conseguem nunca explicá-las inteiramente. Pode-se dar uma noção do aspecto material de uma partitura, mas fica-se incapaz ante a poética da qual ela é a chave. Eis por que as *Poésies de la Lyrique Japonaise* de Stravínski se revestem, retrospectivamente, para nós, do encantamento e da angústia de uma essencial impossibilidade.

*

* *

Pelo estudo das obras de Ravel e de Stravínski, obtivemos, de certo modo, um negativo de *Pierrot lunaire*; mas seria necessário fazer uma aproximação menos indireta para melhor perceber seu teor. A primeira questão a elucidar é saber que lugar, privilegiado ou não, ocupam esses melodramas na continuidade da obra de Schoenberg. *Pierrot lunaire* não marca a indicação de uma nova etapa, no sentido de *obra-revelação*. Seria fora de propósito demonstrar mais uma vez a progressão das descobertas morfológicas de Schoenberg que, a nosso ver, não começam, verdadeiramente, senão com *Três Peças*, *opus* 11, para piano, e em certas páginas do *Scherzo* do *Segundo Quarteto* em fá sustenido, *opus* 10. Com efeito, consideramos obras anteriores: *Verklärte Nacht*, o *Primeiro Quarteto* em ré menor, *Sinfonia de Câmara*, *opus* 9, e grande parte do *Segundo Quarteto*, *opus* 10, como obras puramente documentais, cuja necessidade – busca de linguagem que se justificava na ocasião – não se faz mais sentir atualmente (e talvez possamos estender esta proposta a toda a obra de Schoenberg; mas isto veremos mais adiante). Obras transitórias, diríamos até fora de moda, se quiséssemos provocar um escândalo fácil: o cordão umbilical com Wagner-Brahms ainda não havia sido cortado; aliás nunca será cortado por completo. (Uma oscilação lenta do primeiro para o segundo desses predecessores seria, mesmo, a característica mais notável dessa longa carreira.) Com *Buch der hängenden Gärten* (de Stefan George), *opus* 15, e sobretudo *Peças para Orquestra*, *opus* 16, já abordamos uma pesquisa muito mais adiantada que passa em seguida por *Erwartung* para chegar a *Herzgewächse*, podendo-se dizer que esta última obra é uma espécie de ensaio geral de *Pierrot lunaire*. Essa melodia curta – para canto, celesta, harmônio (que apesar de tudo é um instrumento horrível, empregado não se sabe por quê) e harpa – contém, em resumo, todos os princípios da escrita que vamos encontrar praticamente sem alteração na obra seguinte. O que nos chamou atenção de pronto, nessa escrita, é seu aspecto "erudito". Digamos, numa linguagem menos simplória, seu aspecto de construção contrapontística. É aí que se deve colocar, em grande parte, a novidade de *Pierrot lunaire*. Aliás, o contraponto é retomado ali na forma mais tradicional, quase escolástica. É sabido que a oitava peça – *Nacht* – é uma rigorosa passacale, e que a décima-oitava – *der Mondfleck* – é um cânone duplo retomado ao inverso, e não acabaríamos nunca de mencionar todas as imitações mais ou menos estritas que constituem a base da partitura. Curiosamente, tal atitude respeitosa com relação ao contraponto encontra-se na maneira pela qual Beethoven o abordou em suas últimas obras; lembremo-nos da fuga do *opus* 106 *con alcune licenze*: atitude amplamente justificada pela dificuldade de fazer coincidir um estilo muito evoluído harmonicamente com princípios dinâmicos, mas estes encarados ainda como consequência de uma técnica de escrita muito anterior a essa evolução. Neste sentido, parece-nos extremamente convincente que a pujança virulenta do contraponto, nas últimas obras de Beethoven (fuga do *opus* 106, *Fuga para Quarteto*, especialmente), tivesse representado um tal perigo para o sistema tonal que essas obras precisassem ficar completamente isoladas durante um século (porque não contamos Wagner entre os contrapontistas, nem mesmo Brahms, e apesar do cuidado com que ele tratava as vozes interiores, cuidado que não deriva tanto de exigências contrapontísticas quanto da necessidade de preencher o espaço sonoro compreendido entre a parte superior e o baixo). Igualmente neste domínio não foi dado a Schoenberg fazer a descoberta essencial, isto é, de deduzir a estrutura de uma obra das funções contrapontísticas, e delas apenas; Webern, em uma série de obras espetaculares – penso na *Sinfonia* para orquestra de câmara, no *Quarteto para Clarinete, Saxofone Tenor, Violino e Piano*, no *Concerto para Nove Instrumentos*, nas *Variações para Piano* e no *Quarteto para Cordas* – devia implantar essa audaciosa concepção que se vem ligar ao golpe brutal beethoveniano e que de certa maneira o justifica, *a posteriori*. E preciso confessar que as construções contrapontísticas de Schoenberg são mais formais que intrínsecas e que o teor de sua linguagem não é inseparável de sua estruturação: esta é a falha maior que se pode imputar a *Pierrot lunaire*, falta de coerência profunda e de relação "uterina" entre a linguagem e a arquitetura. Assim como, no caso de Ravel, a prova mais irrefutável de seu apego ao sistema tonal seria vê-lo, depois dos *Mallarmé*, adotar as soluções enganosas da politonalidade, assim podemos, apoiados na asserção feita acima, seguir a evolução de Schoenberg depois de *Pierrot lunaire*. Quando, ao cabo de sete anos de silêncio, Schoenberg escreve as *Cinco Peças para Piano*, *opus* 23, e a *Serenade*, *opus* 24, a técnica serial está virtualmente descoberta; embora rudimentar, ela está implícita em toda parte já que ela vem pelo atalho de uma espécie de *ultratematização*. Mas o que é que notamos nessas obras? Uma Marcha, um Minueto, uma Valsa...; a *Suíte para Piano*, *opus* 25, vai comportar um Prelúdio, uma Gavota, uma Museta, um Intermezzo, um Minueto, uma Giga; assim, também, o *Quinteto de Sopros* compõe-se dos quatro movimentos da sonata beethoveniana. Esta simples enumeração permite-nos afirmar que Schoenberg empregou a técnica serial nascente para englobar formas pré-clássicas e clássicas na elaboração de um mundo governado por funções antagônicas a essas próprias formas: já que a articulação de uma arquitetura não vai decorrer apenas das funções seriais, torna-se claro o hiato entre o edifício estrutural da obra e a determinação de seu material. Expressando-nos com mais simplicidade: a novidade da linguagem não mudou em nada o modo de pensar anterior a esta linguagem; este mal-estar só irá se acentuar daí por diante, já que é por ele que se pode ter a noção – sem justificá-la – de uma tentativa para reconstituir a linguagem tonal no interior do sistema dodecafônico: prova-o essa *Ode a Napoleão*, cuja fraqueza de concepção e indigência de realização são perfeitamente exemplares. Pode-se objetar que as formas pré-clássicas e clássicas utilizadas por Schoenberg no *opus* 26, *Terceiro* e *Quarto Quartetos* não são cópias, e encontram-se revivificadas por uma grande complexidade; evidentemente não vamos tomar Schoenberg por um antiquado *Kapellmeister* cuja riqueza de imaginação se limitasse a um trabalho de copista minucioso ou de bibliotecário rude. Isso não impede que essas formas pré-clássicas e clássicas sejam o mais perfeito *contrassenso* que se possa destacar na música contemporânea, contrassenso que nos parece aniquilar o alcance da obra de Schoenberg em geral – obra que se vê puxada em sentidos opostos por duas concepções antinômicas: o resultado será algumas vezes catastrófico.

Se queremos, de fato, levar ainda mais longe nossa pesquisa sobre a linguagem de Schoenberg, temos de reconhecer, obrigatoriamente, que a adoção da escrita dodecafônica – insistimos na palavra *escrita* e no que ela pode representar de incompleto, no caso – não mudou os princípios de base da linguagem tonal. Queremos nos referir às noções de melodia, de harmonia e de contraponto encaradas como funções separadas, noções válidas na linguagem dos séculos XVIII e XIX, embora a superioridade de Bach e do último Beethoven resida precisamente na unificação íntima desses três aspectos do sistema tonal. Isto chegou a permitir a sobrevivência de algumas degradações notórias, entre as quais podemos citar a melodia acompanhada a que Schoenberg nunca renunciou (veja-se o começo do *Quarto Quarteto*) e que, transposta para a escrita serial, nos faz duvidar da utilidade de sua sobrevivência. Sempre devido a esse desconhecimento das funções seriais propriamente ditas, Schoenberg foi levado a manter essa noção de *parte principal* e *parte secundária* – derivada dos saldos de que falávamos acima – e que Webern sempre se recusará a admitir. Em suma, o que mudou, do ponto de vista da escrita, senão o aspecto formal na maneira de escrever? Conhecemos perfeitamente toda a importância dessa "mudança", sem a qual a música válida dos últimos quarenta anos não existiria; mas sentimo-nos na obrigação de realçar – contra os exegetas unilaterais e por pura honestidade, para tentar esclarecer a situação musical de nosso tempo – o que pode haver de extremamente incompleto e mesmo de reacionário no pensamento e na obra de Schoenberg. Porque um outro aspecto de seu *contrassenso* está na rítmica que não é outra senão a rítmica clássica recoberta, também ela, por uma complexidade cujo artifício visível através da candura dos meios empregados foi tão malsucedido.

*

* *

Encontramos no *Stravinsky* de Paul Collaer um *a priori* bastante engraçado para explicar a linguagem harmônica de *Le Sacre*; encontramos algo semelhante no *Schoenberg** de René Leibowitz, que dá conta da carência rítmica manifesta em toda a obra dos três vienenses, pondo de lado as exceções de Webern.

> Insisto em dizer – escreve René Leibowitz – que a autêntica tradição polifônica não admite a *noção do ritmo em si*[2]. O ritmo não é nada mais senão um elemento que *nasce espontaneamente*[3] ao mesmo tempo que as figuras sonoras horizontais e verticais, porque ele é precisamente o elemento que articula o desenrolar dessas figuras, elemento sem o qual nenhum discurso sonoro seria concebível.

Esta definição está eminentemente próxima do que os alquimistas chamavam flogístico para explicar a combustão. Deixamos passar certas frases um tanto absurdas sobre o ritmo em Stravínski cuja extrema novidade já demonstramos, novidade de construção por células variáveis, por si mesmas geradoras de uma estrutura – que podem ser aproximadas dos ritmos africanos ou hindus – e demonstramos também o lado embrionário dessa novidade (mas autorizaria a linguagem de Stravínski maior complexidade?); chegamos, então, a esta conclusão-chave de Leibowitz: "Não é possível estudar o ritmo dissociado das fórmulas melódicas, harmônicas e contrapontísticas nas quais ele se encarna". Vemos, assim, como o ritmo é escamoteado pela curta visão dos problemas que comporta: toda a aventura de Schoenberg vai consistir em retomar da tradição clássica a noção de divisão de um valor grande em partes iguais, e em variar os apoios rítmicos no interior dessas partes iguais ou dar preponderância de acentuação a uma delas; quer dizer, obedecer à lei caduca de oposição de tempos fortes e tempos fracos ou de partes fortes e partes fracas dos tempos; porque usar de artifício ainda é obedecer. A concepção da métrica regular de base – trazendo a periodicidade dos pés ou mesmo sua unidade – como maior denominador comum do ritmo deve dar lugar, tendo em vista a maior complexidade da

* Tradução brasileira: *Schoenberg*, São Paulo, Perspectiva, 1981. [Coleção Signos Música 3].
2. Grifo do autor.
3. Grifo nosso.

escrita, a essa noção fecunda do mínimo múltiplo comum, generalização racional das descobertas de Stravínski. Por ter empregado, inutilmente, canhestras camuflagens da métrica grega, Schoenberg enfraqueceu ainda mais a coerência de sua linguagem, assim como Stravínski, sem poder resolver o problema da escrita, não pôde levar mais longe, em profundidade, suas investigações rítmicas.

*

* *

Isso, evidentemente, nos desviou bastante de *Pierrot lunaire*, mas quisemos demonstrar, assim, que esta obra não ocupa um lugar excepcional na evolução de Schoenberg, e que o mito de renovação cristalizado em torno dela poderia ter sido também em torno de *Peças para Orquestra*, *opus* 16, ou de *Erwartung*, por exemplo. Unicamente, talvez, a facilidade de apresentação dessa obra, graças à sua pequena formação de câmara, lhe valeu esse lugar preponderante. Isto nos leva, muito naturalmente, a falar da composição instrumental de *Pierrot lunaire*. Já vimos, a propósito de Ravel e de Stravínski, que essa forma de escrita instrumental procedia em Schoenberg da escrita contrapontística; que ela fora *escolhida* por ele, enquanto pelos outros dois ela havia sido *adotada*. É oportuno observar uma reversibilidade da instrumentação e do texto que pede para si esta instrumentação; porque o texto escrito contrapontisticamente reclama uma individualização de cada linha pela individualização dos instrumentos que a compõem e vice-versa. Observamos em Stravínski, sob aspectos aparentemente semelhantes, a irreversibilidade dessas duas noções. Não acreditamos estar fazendo essa afirmação sem provas: é, com efeito, extremamente importante que as *Poésies de la Lyrique japonaise* sejam escritas sempre para o mesmo número de instrumentos – como *Pribaoutki*, já que o caso de *Histoire du Soldat* é diferente por várias razões – e assim, também, os *Poèmes de Stéphane Mallarmé*, enquanto a disposição e o número de instrumentos variam em cada peça de *Pierrot lunaire*. Não estamos falando da alternância da flauta, do clarinete e do violino com, respectivamente, o flautim, o clarinete-baixo e a viola, já que esta alternância nos parece decorrer principalmente da comodidade de execução. Queremos, evidentemente, acentuar o grupo-variação instrumental de um poema a outro. Mas isso é tão conhecido (o famoso solo de flauta da sétima peça, por exemplo) que seria pesado estendermo-nos sobre o assunto. Vamos fazer apenas um reparo: o emprego do piano prende-se visivelmente, algumas vezes, a uma concepção de música de câmara inspirada em Brahms; e esse emprego nem sempre é satisfatório do ponto de vista sonoro.

Ainda não abordamos o *Sprechstimme*. Constatamos, para começar, que sua descoberta não data de *Pierrot lunaire*, uma vez que Schoenberg já tinha precisado essa técnica em *Die Glückliche Hand*, ópera ligeiramente anterior. Eis-nos diante de um dos meios de expressão mais válidos para encerrar a fastidiosa discussão, que dura dois séculos, sobre a relativa supremacia do vocal puro, enquanto convenção reconhecida, ou do canto que reproduz o mais fielmente possível as inflexões da linguagem falada: antinomia da ópera italiana e da ópera francesa, de Wagner e de Debussy, sem esquecer o problema dos recitativos de Monteverdi. Essa incorporação da linguagem falada à linguagem cantada parece-nos a única solução viável para resolver certos enigmas, particularmente difíceis, a propósito da superposição poema-música. Esta solução se apresenta com grande precisão de escrita, já que, em muitas peças, existem imitações entre a voz falada e os instrumentos. Atentemos, ainda, para o fato de que a falta de precisão – ou, se se prefere, uma minúcia ilusória –, na notação da *Ode a Napoleão*, torna relativamente arbitrária a escrita para o declamador.

Resta-nos observar sobre esse assunto com que habilidade Berg se utilizou desse processo em *Wozzeck*; mas observamos igualmente que Webern nunca se valeu desse meio – e procuramos em vão o motivo, julgando-o talvez uma intransigência explicável por um extremo desejo de pureza e uma recusa de todo elemento dramático; não o utilizou em obras vocais importantes como suas cantatas, *Das Augenlicht*, *opus* 26, e as duas *Cantatas*, *opus* 29 e 31, nem nas coleções anteriores de canções.

É certo que as características primordiais de *Pierrot lunaire* foram a ruptura das funções tonais, a curta duração das peças, sua instrumentação individualizada, e, enfim, o *Sprechstimme*. Mas tal novidade estava desequilibrada pela carência rítmica – já explicada – e também, acreditamos, pela estética que se desprendia de *Pierrot lunaire*, participando Schoenberg de toda a sensibilidade do pós-romantismo alemão do século XIX. Debussy precisou de uma energia extraordinária para poder escrever os primeiros compassos de *L'Après-Midi d'un Faune*, mas, graças a esta tomada de consciência de um novo sentido poético, liquidou-se toda a pesada herança de Wagner; a verdadeira grandeza de Debussy foi saber aproveitar as descobertas da linguagem wagneriana e repudiar sua estética. Schoenberg, é verdade, levou mais longe a descoberta morfológica, mas nunca teve força para se libertar dessa sensibilidade recebida muito diretamente de Wagner e de Brahms. Eis por que a obra de Schoenberg – e especialmente *Pierrot lunaire* – parece-nos obstinar-se num mundo fechado que em nada corresponde a uma dialética atual da expressão poética.

Contudo devemos reconhecer o domínio sonoro que exerce essa obra e a indiscutível eficácia de seu "clima", isto apesar da distância que nos separa tanto da estética pós-romântica quanto da expressionista que presidiram a sua elaboração. A verdadeira emoção imediata parece-nos devida sobretudo ao uso do *Sprechstimme*; de acordo com a finalidade primeira da obra (encomendada a Schoenberg por uma atriz, Albertine Zehme), se se valoriza francamente a dicção do texto sem negligenciar, por isso, a justeza perfeita dos intervalos falados, tem-se como resultado a possibilidade de sentir-se à vontade dentro do andamento indicado e de uma tessitura que, à primeira vista, poderia parecer difícil e mesmo inabordável. Experimenta-se uma impressão de naturalidade: quando o conjunto instrumental tem lugar preponderante, a voz, situada num plano (acústico) diferente, não precisa lutar quanto à força no mesmo domínio (musical).

Qualquer que seja o caráter de transição dessa obra – tanto no plano da linguagem quanto no da estética que ela implica – fica a certeza de que nos encontramos diante de um fato musical inegável por seu sucesso único. Julgamos, no entanto – entre as múltiplas variações de iluminação suscitadas através da transparência formal e do equilíbrio sonoro por hierarquias divergentes –, que as peças de intenção humorística, ou certas outras não muito "dramáticas", não são as melhores, e nossa preferência recai em peças de "meias-tintas", cuja expressão se realiza por meios musicais de uma flexibilidade talvez maior.

O caráter "único" justifica, em definitivo, o papel privilegiado – e como que simbólico – que lhe foi concedido na evolução da escrita, enquanto sua linguagem não é, afinal de contas, tão diferente das obras que encerra.

*
* *

Pode-se considerar fácil a instauração de um tal processo com quarenta anos de recuo? Seria mais justo examinar os problemas pela ótica de 1912. Existem, no entanto, razões objetivas que nos levaram a estabelecer um julgamento bastante severo da obra de Schoenberg; esperamos ter sido claros em nossas explicações. Estamos prontos a reconhecer que esta obra foi mais utilitária do que útil, e disto nos vamos aproveitar. A renovação da escrita que *Pierrot lunaire* implicava na época ainda é imensa em relação às propostas de outros criadores contemporâneos, mesmo feitas de boa-fé e com risco, como no caso dos *Mallarmé* de Ravel. Que a lição não foi útil aos franceses de 1920, é evidente e desastroso: transcrevemos esta frase de Paul Landormy, representativa do estado de espírito de então: "Em tudo isso, pouca coisa para os franceses adotarem, a não ser um encorajamento para a audácia". A tolice de tal tomada de posição é gritante hoje em dia: não acreditamos que fosse provocada por considerações sobre as falhas técnicas de Schoenberg, difíceis de discernir por esses personagens que não tinham como qualidade a consciência de sua profissão. Mas Debussy, Ravel e Stravínski já haviam contribuído com uma nova maneira de *ser* – musicalmente falando – que tornava impossível, para gente desse nível, qualquer contato com a sensibilidade schoenberguiana; e quando se sabe como os estetas daquele tempo desanimavam depressa e com frequência, era inevitável que, diante de uma obra cuja aproximação exigia extremo discernimento, grande paciência e perfeito conhecimento técnico, a reação geral tenha sido a debandada, com a desculpa de considerações acima de tudo étnicas. A estupidez suplantou uma boa vontade já em si inconsistente. Todo mundo iria optar, e por muito tempo – como era mais simples e mais repousante! –, pelas magras mediocridades de um Satie ou as astúcias de um Stravínski; quanto ao "claro gênio francês" era, mais do que nunca, onipotente no assunto; fase entre duas guerras repulsiva por sua nulidade, salvo algumas exceções. A geração seguinte não compreendeu tampouco a importância de uma obra que se resumia sempre, ou quase, a *Pierrot lunaire.* A lenda de Schoenberg, músico "maldito", havia sido seriamente implantada, e era confortável essa condenação à ausência.

*

* *

Atualmente recusamo-nos a corroborar por mais tempo essa mitologia, mesmo por omissão. Dada a ausência de um fenômeno total, não podemos, nem em Stravínski nem em Schoenberg, reconhecer um "profeta" – uma religião é sempre prova de indigência, qualquer que seja a bandeira adotada. É melhor observar o jogo de equilíbrio que se pode estabelecer entre os dois compositores a partir de defeitos simétricos, hipertrofiados e que conduzem aproximadamente ao mesmo resultado: a atrofia parcial de sua obra. Ouvindo os *Mallarmé* de Ravel, a *Lyrique japonaise* de Stravínski, e *Pierrot lunaire* de Schoenberg, a impressão que mais se destaca para nós é um mesmo sentimento de insucesso percorrendo três trajetórias diferentes: obras incapazes de resolver os problemas dessa época – mesmo de encará-las em sua totalidade; explicamos suficientemente, tratando de cada uma delas, as razões às vezes contraditórias de seu fracasso. E poderia ser de outro modo? Não estamos instaurando um processo. Em todo caso chamamos a atenção para o fato de que essas três obras – deixando, evidentemente, atrás de si a marca do tempo percorrido – indicam o apogeu desses três músicos. Porque, de três maneiras diferentes, eles vão praticar uma espécie de neoclassicismo: Ravel com base na linguagem tonal em sua acepção coerente; Stravínski com as mesmas bases e com um aspecto arbitrário que impõe a gratuidade; Schoenberg com a descoberta da linguagem dodecafônica coerente. Isto resultará, respectivamente, em: *Le Tombeau de Couperin*, o *Octeto para Instrumentos de Sopro*, a *Suíte para Piano*, *opus* 25. Não vemos interesse em estabelecer uma escala de valores entre essas obras, e elas não retiram prestígio algum de seus variados graus de inutilidade; seus defeitos nelas se refletem de maneira, no mínimo, igualmente insuportável: afetação em Ravel, rigidez compassada em Schoenberg, mecanismo sem objeto em Stravínski.

*

* *

Por fim, fazemos questão de dar uma explicação sobre o lado documentário de *Pierrot lunaire* e da obra schoenberguiana em geral. É inegável, de fato, que o progresso de Webern precisou desse trampolim, mas, a bem da verdade, os *Cinco Movimentos para Quarteto de Cordas*, *opus* 9, de Webern – que datam de 1909 –, já manifestam uma tomada de posição muito mais virulenta do que as obras da mesma época de seu mestre, tomada de posição que conseguiu, de certo modo, aniquilá-las. Seria essa a única justificativa de Schoenberg? Aparentemente, talvez seja. Contudo, ao escrevermos isto, não estaremos dando a impressão de querer levar o paradoxo até o absurdo? No entanto...

Vamos, então, dedicar um pensamento piedoso ao famoso pelicano!* Isto poderá tranquilizar um bom número de espíritos sadios... e, possivelmente, não irá inquietar nem um pouco os outros.

* P. Boulez refere-se à poesia "Le Pélican", de Alfred de Musset (N. dos T.).

Nota sobre o Sprechgesang

Ao se falar sobre *Pierrot lunaire*, ou ao se abordar sua interpretação, as controvérsias se centralizam invariavelmente sobre o *Sprechgesang*. Para falar a verdade, os textos do próprio Schoenberg sobre o assunto (nota de *Die Glückliche Hand* [*A Mão Feliz*] e o prefácio de *Pierrot lunaire*) não são claros; a adivinhação desses oráculos por discípulos abusados, longe de esclarecer, não criaram senão uma confusão inextricável de "tradições" que se diziam herdeiras do Mestre.

A pessoa a quem a obra foi dedicada, segundo lembra André Schaeffner[4], não era uma cantora, mas uma declamadora: ela recitava melodramas – no sentido original do termo – sobre fundo musical (como os de Richard Strauss). Por outro lado, na correspondência que já foi publicada de Schoenberg, uma carta dirigida a *Jemnitz* (nº 125) dá-nos as seguintes afirmações: "Devo lhe dizer desde logo e categoricamente: *Pierrot lunaire não se canta!*... Você iria destruir a obra completamente se fizesse cantá-la, e cada qual teria razão ao dizer: não é assim que se escreve para canto!" A intérprete com a qual Schoenberg pareceu mais satisfeito (segundo testemunhos particulares diretos e de toda confiança) foi Erika Wagner-Stiedry: ele lhe pediu, várias vezes, para participar da execução de *Pierrot lunaire*; e foi ela, ainda, que ele escolheu para uma gravação da obra feita nos Estados Unidos em 1941. A audição deste disco nos informa diretamente sobre esse estilo de declamação – não distante de Sarah Bernhardt... – que hoje pode parecer terrivelmente fora de moda. De qualquer jeito, as entonações são mais do que aproximativas (salvo para as raras notas cantadas, impecavelmente afinadas); e o glissando perpétuo de uma nota para outra torna-se rapidamente irritante. Além do mais, o expressionismo à flor da pele da voz faz desaparecer todo o colorido humorístico das peças em tom de paródia, para manter ao longo de toda a obra um caráter exageradamente tenso, em contradição com o caráter da interpretação instrumental.

Vemos, portanto, que apesar de contarmos com um documento autêntico, torna-se difícil fazer uma ideia exata do *Sprechgesang*.

A notação utiliza, de fato, intervalos precisos, sendo as notas assinaladas por uma pequena cruz. Uma peça até (a décima-sétima: *Parodie*) apresenta um cânone estrito entre a voz, a viola e o clarinete, depois com a flauta e de novo com o clarinete. Nestas condições, nos adaptamos mal à

4. Em *Arnold Schoenberg: Pierrot lunaire*. Este texto de André Schaeffner, o poema original de Albert Giraud e sua tradução por Otto Erich Hartleben compõem, com "Note sur le *Sprechgesang*", os textos inseridos na capa do disco gravado por Pierre Boulez (Nota do editor, Editions du Seuil).

ideia de intervalos aproximativos: por que utilizar uma escrita tão detalhada, quiçá rigorosa, se somos chamados a nos contentarmos com uma solução abastardada?

Leonard Stein, que foi assistente de Schoenberg em Los Angeles, me comunicou interessantes detalhes: ele assistiu à elaboração da *Ode a Napoleão*, e preparou com o autor a primeira execução da obra, ocupando-se dos ensaios do declamador. Ele afirma que Schoenberg estava muito mais interessado na *expressão* do que nos *intervalos* (de fato, a notação da *Ode a Napoleão* é muito simplificada se comparada à de *Pierrot lunaire*): e, desejando mostrar ao intérprete como dizer o texto, ele recitou diversas passagens afastando-se consideravelmente do que tinha escrito; na mesma época, também, Leonard Stein me confirmou, ele não ficou nada chocado com os desvios da interpretação de Erika Wagner-Stiedry com relação ao texto musical.

Deixando-se os intervalos exatos a critério da interpretação, que solução se pode dar ao enigma do prefácio: "no canto, a altura do som se mantém fixamente, enquanto no *Sprechgesang* abandona-se a altura descendo-se ou elevando-se"? Ao mesmo tempo, previne o executante tanto contra certa maneira "cantante" de falar quanto contra uma fala realista e natural...

O mistério desse prefácio reside, talvez, num erro de análise de Schoenberg quanto às relações da voz cantada e da voz falada. Para uma determinada pessoa, a tessitura cantada pode ser mais extensa e mais aguda do que a falada, mas restrita e tendendo para o grave; por outro lado, indivíduos com uma tessitura cantada semelhante são suscetíveis de ter a tessitura falada bastante diferente – sobretudo as mulheres. Esse problema de tessitura não é praticamente abordado em *Pierrot lunaire*: aliás a obra é a um tempo muito aguda e muito grave.

Enfim, a voz falada não permanece no som, não do modo que Schoenberg queria: a voz falada abandona o som devido à brevidade da emissão; digamos que a voz puramente falada é uma espécie de percussão de ressonância muito curta: daí a impossibilidade total de se obter um som propriamente *falado* numa duração longa. (Quando, por exemplo, os atores querem manter um som, eles jogam ao mesmo tempo com a ressonância do aparelho vocal e com o canto na tessitura correspondente ao som falado.) E não falamos das palavras pronunciadas em voz baixa, "ruído branco" sem altura definida!

Não estamos senão dando um esboço das numerosas dificuldades encontradas no caminho maldefinido que separa o *falar* do *cantar*. Schoenberg teve o mérito de enfrentar esta questão fundamental, mas a análise que fez do fenômeno vocal, pelas contradições que não foram resolvidas, nos deixa em face a problemas insolúveis... Como nos sugere André Schaeffner a esse respeito, o teatro do Extremo Oriente nos dá um precioso ensinamento, já que traz soluções a um tempo *estilísticas* e *técnicas*, soluções que na Europa ainda estão por ser encontradas.

Morreu Schoenberg

Tomar posição com relação a Schoenberg?

Esta é certamente uma necessidade das mais urgentes; é, entretanto, um problema que nos escapa, que representa um obstáculo à sagacidade; a talvez, uma busca sem solução satisfatória.

Paradoxalmente, a experiência essencial, constituída por sua obra, é prematura no sentido mesmo de sua falta de ambição. Poderia se inverter esta proposição e dizer que a ambição mais exigente se manifesta onde surgem os indícios mais ultrapassados. É de crer que nesta grande ambiguidade reside um mal-entendido incômodo que está na origem das reticências mais ou menos conscientes, mais ou menos violentas, experimentadas face a uma obra cuja necessidade não se encobre por esses percalços.

Porque assistimos, com Schoenberg, a uma das mudanças mais violentas e importantes jamais sofridas pela linguagem musical. É verdade que o material empregado, em si, não muda: os doze semitons. Mas a estrutura que organiza este material é posta em questão: da organização tonal passamos à organização serial. Como surgiu esta noção de série? Em que momento se situa a obra de Schoenberg? Seguindo esta gênese parece-nos que estaremos próximos de decifrar certas diferenças irredutíveis.

Digamos, antes de mais nada, que as descobertas de Schoenberg são essencialmente morfológicas. Essa progressão evolutiva parte de um vocabulário pós-wagneriano para chegar a uma "suspensão" da linguagem tonal. Embora em *Verklärte Nacht*, no primeiro *Quarteto*, *opus* 7, na *Sinfonia de Câmara*, possam ser indicadas tendências muito nítidas, não é senão com certas páginas do *Scherzo* e do *Finale* do *Quarteto*, *opus* 10, que se assiste a uma verdadeira tentativa de alçar voo. Todas as obras que acabamos de citar são, portanto, de certo modo preparatórias; acreditamos que se poderia tomar a liberdade de encará-las hoje sobretudo de um ponto de vista documentário.

A suspensão do sistema tonal produz-se eficazmente em *Três Peças para Piano* que constituem o *opus* 11. Depois as pesquisas assumem uma acuidade cada vez mais penetrante e chegam a *Pierrot lunaire*, com sua repercussão. Observamos na escrita destas partituras três fenômenos destacáveis: o princípio da variação constantemente eficaz, ou seja, a não repetição; a preponderância dos intervalos "anárquicos" – apresentando a maior tensão possível em relação ao mundo tonal – e a eliminação progressiva do mundo tonal por excelência: a oitava; uma preocupação manifesta de construir de maneira contrapontística.

Já existe divergência – se não contradição – nessas três características. O princípio da variação se acomoda mal a uma escrita contrapontística rigorosa, escolástica, mesmo. Particularmente nos cânones exatos em que o consequente reproduz textualmente o antecedente – tanto as figuras sonoras quanto as rítmicas – observa-se uma grande contradição interna. Se, por outro lado, estes cânones são reproduzidos à oitava, pode-se conceber o antagonismo extremo de uma série de elementos horizontais governados por um princípio de abstenção tonal, enquanto o controle vertical coloca em relevo o mais forte componente tonal.

Não obstante, desenha-se uma disciplina que será fecunda em suas consequências; vamos fixar mais particularmente a possibilidade, ainda embrionária, da passagem de uma sequência de intervalos do horizontal para o vertical e reciprocamente; a separação das notas dadas de uma célula temática da figura rítmica que lhe deu origem de modo que esta célula se torne uma sucessão de intervalos absolutos (empregando-se o termo em sua acepção matemática).

Voltemos ao emprego dos intervalos a que chamamos "anárquicos". Vamos encontrar frequentemente nas obras desse período quartas seguidas de quintas diminutas, terças maiores prolongadas em sextas maiores e todas as inversões ou interpolações a que se possam submeter essas figuras. Ali vamos observar a preponderância de intervalos – se o desenvolvimento é horizontal – ou de acordes, se a fixação é vertical – os quais são os menos redutíveis à harmonia clássica das terças superpostas. Por outro lado, notamos a grande abundância de dispositivos dissociados, do que resulta um alongamento do registro, e com isto uma importância dada à altura absoluta do som que jamais fora suspeitada até então.

Um tal emprego do material sonoro suscitou um certo número de explicações estetizantes de que uns se serviram como requisitório e outros, na melhor das hipóteses, como defesa benévola, mas sempre excluindo qualquer ideia de generalização. O próprio Schoenberg fez declarações que autorizam a falar de expressionismo:

> Nas minhas primeiras obras dentro do novo estilo, foram as fortes licenças expressivas que me guiaram em particular e em geral na elaboração formal, mas também, e não em últi-

ma instância, um sentido da forma e da lógica herdado da tradição e bem educado pela aplicação e pela consciência.

Esta citação dispensa qualquer glosa e pode-se simplesmente concordar com esta primeira trajetória em que o modo de pensar musical manifesta uma interdependência de equilíbrio em relação às pesquisas consideradas apenas do ponto de vista formal. Em suma, a estética, a poética e a técnica estão "em fase" – se nos permitem outra comparação matemática – qualquer que seja a falha que se possa descobrir nesses domínios. (Deliberadamente nos abstivemos de toda consideração sobre o valor intrínseco do expressionismo pós-wagneriano.)

*

* *

Parece que, na sequência de suas criações que se inicia com *Serenade*, *opus* 24, Schoenberg se viu ultrapassado por sua própria descoberta, e a rigor, tal *no man's land* pode se situar em *Cinco Peças para Piano*, do *opus* 23.

Como ponto limite do equilíbrio, esse *opus 23* é o momento inaugural da escrita serial e nela nos iniciamos na quinta peça – uma valsa: cabe a cada um meditar sobre este encontro muito "expressionista" da primeira composição dodecafônica com um produto-tipo do romantismo alemão ("Preparar-se para isso por imobilidades sérias", diria Satie).

Estamos, portanto, diante de uma nova organização do mundo sonoro. Organização ainda rudimentar e que se irá codificar sobretudo a partir da *Suíte para Piano*, *opus* 25, e do *Quinteto de Sopros*, *opus* 26, para chegar a uma esquematização consciente nas *Variações para Orquestra opus* 31.

Pode-se censurar amargamente Schoenberg por essa exploração do domínio dodecafônico, pois ela foi conduzida em sentido contrário com tal persistência que dificilmente se pode encontrar na história da música uma ótica tão errada.

Não afirmamos isto gratuitamente. E qual a razão?

Não esquecemos que a instauração da série provém, em Schoenberg, de uma ultratematização na qual, como já dissemos antes, os intervalos do tema podem ser considerados como intervalos absolutos, desligados de qualquer obrigação rítmica ou expressiva. (A terceira peça do *opus* 23, desenvolvendo-se sobre uma sequência de cinco notas, é particularmente significativa neste sentido.)

Somos forçados a confessar que esta ultratematização fica subjacente na ideia de *série*, sendo esta seu ponto de chegada, muito depurado.

Aliás, nas obras seriais de Schoenberg, a confusão entre o tema e a série explicam suficientemente sua incapacidade para entrever o universo sonoro evocado pela série. O dodecafonismo não consiste, então, senão em uma lei rigorosa para controlar a escrita cromática; ele não desempenha senão um papel de instrumento regulador, e o fenômeno serial terá, por assim dizer, passado despercebido para Schoenberg.

Qual seria, então, acima de tudo, a sua ambição, uma vez estabelecida pela série a síntese cromática, ou seja, qual o coeficiente de segurança que adotou? Erigir obras com a mesma essência daquelas do universo sonoro que acabava de ser abandonado e nas quais a nova escrita seria posta à prova. Mas, poderia essa nova técnica dar resultados conclusivos se não fosse feito o esforço de procurar o domínio especificamente serial das estruturas? E entendemos a palavra estrutura como abrangendo desde a concepção dos elementos componentes até a arquitetura global da obra.

Em suma, uma lógica entre as formas seriais propriamente ditas e as estruturas delas derivadas, e que fosse inerente à concepção, em geral não figurava entre as preocupações de Schoenberg. Parece-me que é isto que cria a caduquice da maior parte de sua obra serial. Como as formas pré-clássicas e clássicas que regem a maioria de suas arquiteturas não estão ligadas historicamente à descoberta dodecafônica, produz-se um hiato inadmissível entre infraestruturas ligadas ao fenômeno tonal e uma linguagem cujas leis de organização ainda são percebidas sumariamente. Não é só o projeto proposto que falha – onde uma tal linguagem não está consolidada pelas arquiteturas –, mas se observa o fato contrário: as arquiteturas aniquilam as possibilidades de organização incluídas nesta nova linguagem. Dois mundos incompatíveis, e tentou-se justificar um pelo outro.

Não se poderia considerar válido este passo; assim o resultado foi o que se previa: o pior mal-entendido. Um "romantismo-classicismo" deformado em que a boa vontade não é o mais desagradável. A organização serial não merecia grande crédito, uma vez que seus próprios meios de desenvolvimento não lhe eram facultados, enquanto outros, julgados mais seguros, os substituíam. Atitude reacionária que deixava a porta aberta a todas as sobrevivências mais ou menos inconfessáveis. Não perderemos a oportunidade de encontrá-las.

Por exemplo: a persistência da melodia acompanhada; um contraponto baseado sobre uma parte principal e partes secundárias (*Hauptstimme* e *Nebenstimme*). Antes diríamos que nos encontramos na presença de uma hereditariedade das menos felizes, devida às escleroses quase indefensáveis de uma certa linguagem abastardada adotada pelo romantismo.

Não é apenas nestas concepções ultrapassadas que encontramos as reminiscências de um mundo abolido, mas também na própria escrita. Na de Schoenberg, são numerosos – e causam, mesmo, irritação – os clichês de escrita assustadoramente estereotipados, representativos igualmente do romantismo mais ostensivo e mais antiquado. Estamos nos referindo a essas constantes antecipações com apoio expressivo na nota real; assinalamos as falsas apojaturas e ainda essas fórmulas de arpejos, de repetições que soam terrivelmente falso e são bem dignas de sua designação de "partes secundárias". Assinalamos, enfim, o emprego tristonho e aborrecido de uma rítmica irrisoriamente pobre, feia mesmo, na qual certos artifícios da variação relacionados com a rítmica clássica são desconcertantes por sua simplicidade e ineficiência.

Como poderíamos então nos fixar sem desânimo a uma obra que manifesta tais contradições, tais contrassensos? Se ao menos ela os manifestasse inseridos numa técnica rigorosa seria a única salvaguarda! Mas que pensar do período americano de Schoenberg em que transparece a maior confusão, a mais deplorável desmagnetização? Como podemos julgar – a não ser como um índice suplementar, e supérfluo – essa falta de compreensão e de coesão, essa revalorização de funções polarizantes, e mesmo de funções tonais? O rigor na escrita é então abandonado. Vemos ressurgir os intervalos de oitava, as falsas cadências, os cânones diretos à oitava. Tal atitude atinge uma incoerência máxima que não é, aliás, senão o paroxismo levado ao absurdo, das incompatibilidades de Schoenberg. Será que não se teria chegado a uma nova metodologia da linguagem musical senão para se tentar recompor a antiga? Tão monstruoso desvio de incompreensão nos deixa perplexos: existe, no "caso" Schoenberg, uma desorientadora "catástrofe" que ficará, sem dúvida, como exemplar.

E poderia ser de outro modo? Responder negativamente seria uma ingênua arrogância. Não obstante, é possível discernir por que a música serial de Schoenberg estava destinada ao fracasso. Para começar, a exploração do domínio serial foi feita de maneira unilateral: falta o plano rítmico, e mesmo o plano sonoro propriamente dito, as intensidades e os ataques. Quem pensaria em queixar-se disto sem se tornar ridículo? Podemos relevar, em contrapartida, uma notável preocupação com os timbres, com a *Klangfarbenmelodie*, que, por generalização, pode conduzir à série de timbres. Mas a causa essencial do fracasso reside no desconhecimento profundo das funções seriais propriamente ditas, engendradas pelo próprio princípio da série – pode-se adivinhá-las, num estado mais embrionário do que eficaz. Queremos dizer que a série intervém, em Schoenberg, como um mínimo denominador comum para assegurar a unidade semântica da obra; mas que os elementos da linguagem assim obtidos são organizados por uma retórica preexistente, não serial. Em nossa opinião, achamos que é aí que se manifesta a inevidência provocante de uma obra sem unidade intrínseca.

Esta falta de evidência do domínio serial em Schoenberg suscitou não poucos desafetos ou defecções prudentes; por isso é necessário esclarecer certos dados.

Ao declarar que, depois da descoberta dos vienenses, todo compositor que se situa fora das pesquisas seriais é *inútil*, não pretendemos manifestar um demonismo eufórico; antes, sim, demonstrar o mais banal bom senso. Isto não poderá ser contestado, em nome de uma pretensa liberdade (o que não quer dizer que todo compositor enquadrado no caso contrário seja útil), porque esta liberdade tem o estranho resquício de servidão que sobrevive. Se o fracasso de Schoenberg existe, não é escamoteando que se poderá encontrar uma solução válida para o problema levantado pela epifania de uma linguagem contemporânea.

Seria preciso, talvez, dissociar de início o fenômeno serial da obra de Schoenberg. Um e outro foram confundidos com visível prazer, com má-fé não raro mal dissimulada. Esquecem-se de que também existe o trabalho de um certo Webern; é verdade que dele não ouviram falar (tão espesso é o véu da mediocridade!). Talvez se possa dizer que a série é uma consequência logicamente histórica – ou historicamente lógica, à vontade de cada um. Talvez se pudesse pesquisar, como o fez este tal Webern, a evidência sonora tentando engendrar a estrutura a partir do material. Talvez se pudesse alargar o domínio serial a outros intervalos que não o semitom: microdistâncias, intervalos irregulares, sons complexos. Talvez se pudesse generalizar de princípio da série às quatro componentes sonoras: altura, duração, intensidade e ataque, timbre. Talvez… Talvez… se pudesse reivindicar de um compositor um pouco de imaginação, uma certa dose de ascetismo, um pouco de inteligência também, enfim, uma sensibilidade que não se desmorone com a menor corrente de ar.

Não queremos considerar Schoenberg como uma espécie de Moisés que morre diante da Terra Prometida, depois de ter trazido as Tábuas da Lei de um Sinai que alguns desejariam confundir obstinadamente com o Walhalla. (Enquanto isso, a dança em honra do Bezerro de Ouro está no auge.) A ele devemos *Pierrot lunaire*… e algumas outras obras mais do que invejáveis. Com licença da mediocridade que nos cerca e que, especificamente, desejaria limitar os estragos à "Europa Central".

Torna-se indispensável, portanto, que seja abolido um mal-entendido cheio de ambiguidade e contradição; é tempo que o revés seja neutralizado.

Nem uma fanfarronice gratuita, nem uma vaidade hipócrita participam de uma explicação clara, mas sim um rigor isento de fraqueza ou de compromissos. Assim, não hesitaremos em escrever, sem tolo desejo de escândalo, mas também sem hipocrisia pudica ou melancolia inútil:

SCHOENBERG MORREU.

Quanto a Webern, onde a epifania ganha precisão, logo com ele, se vai aparar o rosto da ignorância, privilégio de uma maldição discreta, mas eficaz. Critério mais agudo da música contemporânea, assim ele se nos apresenta, embora sua obra comporte certos riscos com os quais é difícil – se não impossível – trapacear.

Esta obra encontrou dois obstáculos erguidos no caminho de sua comunicação. Paradoxalmente: o primeiro – sua perfeição técnica; o segundo, mais banal – a novidade da mensagem transmissível. Daí a reprovação – reflexo de defesa bastante gratuito – de cerebralismo exacerbado: eterno processo, sempre perdido pelos que o intentam, sempre intentado, no entanto.

Começa-se a perceber e com certo espanto, após certo trabalho, a novidade das perspectivas que a obra de Webern abriu no domínio da música contemporânea. Esta obra tornou-se o limiar, malgrado toda a confusão que se experimentou com o que se chamou muito depressa de Schoenberg e seus dois discípulos.

Por que esta posição privilegiada entre os três vienenses?

Enquanto Schoenberg e Berg se prendem à decadência da grande corrente romântica alemã e lhe dão um fecho com obras como *Pierrot lunaire* e *Wozzeck*, por seu estilo luxuosamente vistoso, Webern – poder-se-ia dizer que através de Debussy – reage violentamente contra toda uma retórica herdada, tendo em vista reabilitar o poder do som.

Com efeito, só mesmo Debussy pode ser aproximado de Webern, pela mesma tendência a destruir a organização formal preexistente à obra, pelo mesmo recurso de procurar a beleza do som por si mesmo, pela mesma forma elíptica de pulverização da linguagem. E se se pode afirmar, em um certo sentido – oh Mallarmé –, que Webern era um obcecado pela pureza formal que atingisse até o silêncio, ele levou esta obsessão a um grau de tensão que a música até aquele momento ignorava.

Não obstante, pode-se censurar a Webern um excesso de formalismo didático; censura justificada se, precisamente, este formalismo não tivesse sido o meio mesmo de investigação de novos domínios vislumbrados. Pode-se notar aí uma falta de ambição, no sentido geral da palavra, ou seja, ausência de obras vastas, de formações importantes, de grandes formas; no entanto, essa falta de ambição constitui a coragem no mais alto grau de ascetismo. E, mesmo que se acredite estar diante de um cerebralismo do qual se exclui toda sensibilidade, seria conveniente observar que esta sensibilidade é tão abruptamente nova que o fato de abordá-la corre o risco de parecer cerebral.

À menção ao silêncio em Webern acrescentemos que neste silêncio reside um dos escândalos mais irritantes de sua obra. Uma verdade das mais difíceis de se evidenciar é que a música não é apenas a "arte dos sons", mas que ela se define, antes, como um contraponto do som e do silêncio. Só uma inovação fez Webern no campo do ritmo, mas inovação única: a concepção de que o som está ligado ao silêncio numa organização precisa visando uma eficácia exaustiva do poder auditivo. A tensão sonora enriqueceu-se de uma respiração real, comparável somente à que Mallarmé trouxe ao poema.

Em presença de um campo magnético de tanta atração, diante de uma força poética tão aguda, é difícil perceber as consequências mais do que imediatas. O confronto com Webern é um perigo exaltante, no sentido de que pode ser uma exaltação perigosa. Terceira pessoa da Trindade Vienense, nem de longe pode ser assimilada às célebres línguas de fogo: o conhecimento não é assim tão sub-repticiamente rápido.

Dissemos que Webern está no limiar; tenhamos a clarividência de considerá-lo como tal. Aceitemos esta antinomia de poder destruído e de impossibilidades abolidas. Doravante retalharemos sua face, já que não é preciso que nos abandonemos à hipnose. Não obstante esta face, a música não está a ponto de submergi-la no esquecimento.

De uma Conjunção

– Em Três Clarões

I

A atualidade existe, é fato. Mas para que esta curiosidade à flor do cérebro? A flexibilidade desta palavra "conjunção" irá permitir, além disso, cultivar algumas flores de retórica ou atar um bonito ramo de espinhos. Será possível, então, contar com a desenvoltura para correr com os espíritos que se dedicam à reflexão profissionalmente.

Eles separam as atividades em hierarquias estanques, ocupação de militares rejeitados; ocorre um princípio de cataclisma e ei-los rígidos de espanto, recebendo como injurioso este atentado à sua concepção do formigueiro. Todos os pretextos são lícitos para estigmatizar o transfixado! Sua idade – juventude ou velhice –; suas faculdades – muita adaptação, muito isolamento; os seus próximos e suas influências maléficas ou destruidoras. Em resumo, de nariz empinado, farejam-se velhos bafos, porque essas bruxarias palpitantes provocam em quem as pratica um furioso desvario, impulso de se deixar ferver no caldeirão da inibição.

Mas eis que avança o contingente dos preservados: seu feroz sorriso de escárnio estigmatiza um gentio triturando seus mármores e marfins. Se eles têm as narinas dilatadas não é tanto por uma cólera dolorosa e virtuosa, mas por uma espécie de náusea irreprimível provocada por suores estrangeiros. A delicadeza de seu olfato é desculpável: vivem numa perpétua gravidez nervosa e nunca têm o filho.

Face a uma conjunção, encontra-se a outra conjunção, a mediocridade de uma desequilibrando o nível da outra. Temos de admitir que é preciso suportar a atualidade.

II

Uma geração pode ser definida quanto à sua relação com seus "pais". Não se poderia fazer uma escolha mais significativa, ao que parece, ao eleger Stravínski e Webern como os dois pontos de referência que deram à maioria dos músicos desta geração, que é a nossa, a oportunidade de uma geodésia prática… Esta conjunção manifesta uma atualidade tanto maior quanto se assiste, neste momento, a uma certa aproximação dos "pontos de vista", da qual se pode esperar uma síntese apaziguada!

Narcotizada, mais do que apaziguada, se dirá em tom de zombaria. E por que essa paixão pela síntese? Para que reconciliar os antepassados? Será por desejo de conforto, por nostalgia de unidade, ou por simples inadvertência? Deixar-se enganar por si mesmo? Estes tipos de pontos de interrogação são como que simulacros de arpões. Assim, oh perguntas, não faz diferença se vos damos sombras.

III

Os subalternos gostam de conceber o universo em termos simples, segundo uma geografia política e militar muito precisa. Assim como "Plume" de Henri Michaux, eles não "acompanham o negócio" e logo "adormecem de novo".

Por outro lado, para quem "acompanha o negócio" não é lícito "adormecer de novo": Stravínski ilustra, precisamente, este caso de insônia vigilante; pode ser saudado como excepcional tanto na circunstância quanto na implicação.

A circunstância? Um encontro póstumo completamente insólito. De um lado esse monge obscuro, esse Webern trabalhando no silêncio, na indiferença, na total ausência de escândalo; ele escreve, o mais das vezes, uma música que – literalmente – não tem tempo de desencadear uma irritação coletiva e cuja constituição sonora, em geral tênue, não é daquelas que provocam as gargantas e produzem arrotos e injúrias; é possível dar-se ao luxo de tratar "do alto", "com desprezo" – impasse, decadência, poeira, brevidade, falta de "massa". De outro lado, o mágico-meteoro, o leigo brilhante, glória e escândalo dos Ballets Russos, apresentando suas criações à plena luz do palco mais célebre; este Stravínski de quem cada obra "esperada" desencadeia inevitavelmente delírios fabulosos; todo mundo se sentiria obrigado a ter opinião sobre a *última* obra, a *última* maneira (reflexos comparáveis aos dos jornalistas de modas – eis por que polêmicas e exegeses são aflitivas por sua nulidade).

Depois do encontro com o morto, o vivo reflete e muda de direção; agindo desse modo ele pulveriza a mitologia sordidamente acumulada nas dobras dos cérebros subalternos: a implicação não se dá sem choques. Reage-se com azedume ou com alegria; reage-se mal – confusão entre movimento profundo das águas ou simples ondas de superfície; cada qual propõe seu horóscopo, sua solução, sua malícia: um estranho congresso de astrólogos, tão estranho quanto a conjuntura da qual ele surgiu.

Até agora, não tendo os oráculos nada a ver com a criação musical, nós nos limitamos a constatar o seguinte: onde tantos tartamudos não cessaram de ciciar e de pontificar, de emitir conversa fiada e preconceitos, de caretear e regatear, de fulminar, de ameaçar, de zombar, de torpedear, Stravínski simplesmente agiu.

IV
Notas Para Uma Enciclopédia Musical

Acorde

O acorde é uma noção essencialmente ligada ao desenvolvimento harmônico da música; é uma superposição de sons que têm uma lógica por si mesmos, em sua própria estrutura, e uma lógica de encadeamento em que são chamados de graus, consonâncias e dissonâncias. Os acordes utilizados habitualmente fundam-se no sistema de terças, segundo a ressonância natural dos corpos sonoros, como foi demonstrado por Rameau. No mundo tonal clássico, os acordes têm uma função que depende da hierarquia tonal; mas um acorde é uma entidade que pode ser generalizada quer por inversão, quer por transposição. Mais recentemente, o acorde, tendo perdido pouco a pouco suas funções estruturais, tornou-se um agregado sonoro, escolhido por si mesmo, por suas possibilidades de tensão e distensão internas, segundo os registros que ocupa e os intervalos que põe em jogo. Sua função estrutural encontra-se, portanto, diminuída e mais aguda: isto tende a provar que a era propriamente harmônica da música europeia ocidental terminou.

Esta palavra é derivada do grego *chromos*, cor; ela se aplicava a uma das três classificações das escalas gregas. Para os gregos, as modificações cromáticas eram consideradas como efeitos puramente expressivos que alteravam a coloração do modo. Hoje em dia o cromatismo é o emprego dos semitons no interior das notas de uma escala diatônica. Podem-se distinguir *notas de passagem cromáticas* que não modificam a tonalidade principal, e *notas cromáticas modulantes* que servem para se efetuarem modulações para outros tons além do tom principal, desde os tons vizinhos até os mais afastados. Se todos os sons intermediários cromáticos são introduzidos numa escala diatônica, obtém-se a chamada escala cromática, fora de qualquer tonalidade (ela compreende os doze semitons do interior da oitava).

O cromatismo é indicado por alterações designadas como sustenido, no caso de elevar a nota diatônica em um semitom, e bemol, no caso de baixá-la. Existem também alterações duplas, dobrado-sustenido e dobrado-bemol, que elevam ou baixam a nota diatônica em dois semitons. O bequadro é empregado no caso de uma escala diatônica dotada de armadura na clave; seu sinal, antes de uma nota, eleva-a ou abaixa-a em um semitom caso esta nota já esteja sustenida ou bemolizada. Em geral utilizam-se os sustenidos em um movimento ascendente, e os bemóis em casos especiais, sobretudo na escrita contemporânea em que a indicação do cromatismo não foi especificada. Outrora a regra geral era de que o acidente valia para todo o compasso; atualmente certos compositores restringem a alteração à nota indicada. Outros, ainda, fundados no fato do temperamento igual, inventaram sistemas de notação em que as notas cromáticas têm grafia própria e nomes diferentes (assinalamos, entre outras, a *notação Obouhow*). Nenhuma destas notações foi consagrada pelo uso; nenhuma se revelou suficientemente prática para ser capaz de substituir o sistema tradicional sempre em vigor; o emprego de quartos, sextos, doze avos de tons etc. levantou problemas de escrita ainda mais complexos, cada autor utilizando sua notação pessoal (Haba, Wyschnegradsky).

O cromatismo era conhecido na música grega, bem como em todas as músicas orientais; pode-se mesmo falar de um hipercromatismo, levando-se em conta que os intervalos sofriam alterações inferiores a um semitom. O cromatismo não existe no cantochão; ele não é encontrado na música europeia de forma sistemática senão por volta de 1550 com Adrian Willaert (c. 1480-1562) e seu discípulo Cypriano de Rore (1516-1565). Entretanto, na polifonia medieval o intervalo cromático era utilizado para as cadências e para estabelecer os tons vizinhos.

Gesualdo da Venosa (1560-1614) foi um dos primeiros músicos a empregá-lo metodicamente. Muitas vezes ele opõe passagens de grande ousadia cromática e períodos diatônicos para lhes dar maior relevo. Mais tarde, encontra-se frequentemente o gênero cromático nos sujeitos de fuga; muitos exemplos existem em Sweelinck e em Frescobaldi. O próprio Bach o utiliza com frequência e a *Arte da Fuga* contém o famoso exemplo feito com o nome de B.A.C.H. (*si* ♭, *lá*, *dó*, *si* ♮, segundo a notação alemã) de que se serviram mais tarde muitos autores entre os quais Schumann e Liszt. Nas obras corais de Bach – e antes dele, devemos citar a famosa lamentação de Dido, em *Dido e Enéas* de Purcell – o cromatismo é especialmente reservado à expressão do trágico e do doloroso; ele se reveste de um caráter dramático. Devemos assinalar que o temperamento, que consiste em igualar os doze semitons da escala cromática, foi adotado no século XVIII, e o *Cravo bem Temperado* representa sua manifestação mais eminente. Tinha-se discutido o temperamento desde o século XVI (Gramatteus, Galilei); e já no século XIV a escala cromática tinha sido objeto de discussões por parte de teóricos, entre outros Marchettus de Pádua. Na França foram Rameau e d'Alembert que forneceram a justificação científica e estética à escala cromática temperada. Na época clássica, o cromatismo não é um processo muito corrente; é encontrado sobretudo como elemento de passagem em trechos brilhantes, cadências ou outras partes virtuosísticas; no entanto, em Mozart, certas obras da maturidade comportam ousadas modulações cromáticas. As relações cromáticas, cada vez mais tensas, começarão a ser encontradas na chamada terceira maneira de Beethoven; basta citar a *Grande Fuga para Quarteto de Cordas*, um exemplo em que Beethoven se apresenta como um precursor particularmente audacioso. Depois dele, Wagner utiliza o cromatismo abundantemente; seu conceito da melodia infinita é baseado essencialmente em relações cromáticas nas quais a tonalidade se dissolve cada vez mais, isto para ficarmos só no campo da harmonia; existem longas passagens (*Tristão e Isolda*) que marcam o início da era cromática contemporânea e nas quais teríamos dificuldade em encontrar uma tonalidade definida, a não ser por uma análise indireta. Mesmo se a ideia do cromatismo não está formalmente ligada ao emprego dos doze sons, em

Debussy encontramos acordes não resolvidos, progressões livres que, apesar de um diatonismo aparente, fundam-se em relações cromáticas muito requintadas; seja o emprego da escala por tons inteiros, seja o emprego de acordes com numerosas terças superpostas ou de acordes em quartas, tudo contribui para dar à obra de Debussy relações cromáticas *ampliadas* que fogem totalmente do quadro da tonalidade clássica. Por outro lado, a herança de Wagner, retomada por Mahler e por Schoenberg, chegou a um cromatismo integral nascido de necessidades "expressionistas"; com as relações tonais deterioradas por um cromatismo anarquizante chegou-se rapidamente a uma escrita chamada atonal. Schoenberg foi o primeiro a estabelecer a técnica dos doze sons a partir da utilização de um sistema de relações entre os doze sons da escala cromática temperada; é o que se chama uma série. Ao que parece, a era do diatonismo propriamente dito está terminada e toda obra contemporânea deve, necessariamente, apelar para o cromatismo. A noção de cromatismo estendeu-se recentemente a outros componentes sonoros além da altura. Aplicou-se o esquema cromático à duração e à intensidade. Olivier Messiaen, em seu *Mode de Valeurs et d'Intensités* para piano (1949), utiliza um modo cromático de duração que vai da semifusa à semínima pontuada, passando por todos os valores intermediários obtidos pelo acréscimo sucessivo de uma semifusa. Assim se obtêm doze valores cujo intervalo cromático pode ser considerado como uma semifusa. É evidente que se pode conceber qualquer série de durações a partir de uma dada unidade tomada como elemento cromático. Quanto às intensidades, Olivier Messiaen as gradua, na peça acima mencionada, desde o *ppp* ao *fff*. Vê-se portanto a partir deste exemplo, que a noção de cromatismo ampliada para os outros componentes sonoros, não depende do cromatismo das alturas (isto é, no sistema de doze tons temperados, desde o próprio semitom e do múltiplo doze, necessário para se obter a oitava), mas de qualquer mínimo múltiplo comum que serve de base para determinar uma escala aritmética ou logarítmica. Aliás esta escala não precisa ser "oitavizante". Com os meios eletrônicos ou eletroacústicos, a noção de cromatismo, ou, de modo mais geral, de escala descontínua, tende a desaparecer em favor de um contínuo total, que vale para os quatro componentes sonoros: a altura (é óbvio), a duração, a intensidade e o timbre. A evolução do universo sonoro tende atualmente para uma dialética entre a noção de cromatismo alargado e uma noção de contínuo absoluto.

Concreta (Música)

A música concreta beneficiou-se, desde seus primórdios, de uma curiosidade às vezes justificada. O interesse puramente técnico que ela então despertava, foi pouco a pouco desaparecendo, devido a causas bem precisas, e pode-se assegurar que atualmente seu papel não tem mais importância e que as obras por ela suscitadas não ficarão na memória. Nada de mais legítimo do que a necessidade que se experimentou de um universo sonoro "artificial" (em comparação ao universo sonoro instrumental "natural"): não é por tê-lo procurado que se pode censurar a música concreta.

Os meios eletroacústicos colocados a nossa disposição pelas técnicas atuais devem se integrar a um vocabulário musical generalizado. No entanto, a palavra *concreta* revela o grau de desvio e o modo grosseiro com que o problema foi encarado; a palavra visa definir uma manipulação material do sonoro; e este sonoro não responde a nenhuma definição, não sofre nenhuma restrição. Não se levou em conta a questão do material, muito embora seja ela primordial nesta aventura; foi substituído por uma espécie de parada poética que dava continuidade à prática surrealista da colagem – pintura ou palavras. Além desta poética desprovida de escolha ter envelhecido, a ausência de dirigismo na determinação da matéria sonora conduz fatalmente a uma anarquia que é prejudicial à composição, por mais amável que seja. Para que o material musical se preste à composição, ele deve ser suficientemente maleável, suscetível de transformações, capaz de gerar e de suportar uma dialética.

Ao recuar, ou, mais exatamente, ao ignorar esse passo primordial, nossos "músicos concretos" se impuseram a condenação de não existir. Acrescentemos a isto a queixa de que, tecnicamente falando, e apenas do ponto de vista da qualidade, produzem sons execráveis. Essa falta de pensamento diretor provocou uma carência total na exploração que teria sido necessária levar a cabo com grande rigor no seio do novo domínio eletroacústico. Aparelhos em constante desordem, uma agradável displicência, fizeram do estúdio de música concreta um mercado de pulgas de sons em que o bricabraque, infelizmente, não guarda nenhum tesouro escondido. Em vez de levar a bom termo uma classificação acústica, limitaram-se a fazer uma amostragem de vitrinas dotadas de designações fantasiosas do gênero "som espesso", "som eólio" e outras tolices de humor duvidoso. Desses mostruários, poderíamos, com tempo disponível, fazer um pequeno museu Dupuytren* da inanidade. Quanto às "obras", elas contam apenas com estas aspas para pretender chegar à posteridade; destituídas até o âmago de qualquer intenção de composição, elas se limitam a montagens pouco engenhosas ou pouco variadas, baseadas sempre sobre os mesmos efeitos, entre os quais a locomotiva e a eletricidade como vedetes: nada, absolutamente nada, revelam de um método pouco coerente. Trabalho de diletantes espantados, a música concreta não pode, mesmo no terreno do *gadget*, concorrer com os fabricantes de "efeitos sonoros" que trabalham para a indústria cinematográfica. Não sendo ela interessante nem do ponto de vista sonoro nem do da composição, resta indagar quais são seus fins ou sua utilidade. Passado o primeiro momento de curiosidade, sua estrela empalideceu muito. Felizmente os compositores que se dedicaram aos problemas da música eletrônica tinham outra envergadura, e se este domínio se tornar um dia importante será graças aos esforços dos estúdios de Colônia e de Milão, e não pela magia irrisória e fora de moda de amadores tão dignos de pena quanto medíocres que operam sob a bandeira da música concreta.

* Museu de Anatomia de Paris (N. dos T.).

Contraponto

A palavra é derivada da expressão *punctum contra punctum* (*ponto contra ponto* ou *nota contra nota*). Isto significa uma combinação entre uma linha dada e uma outra que se cria a partir da primeira e que é obtida por meio de um conjunto de relações dadas. O contraponto é um fenômeno ocidental, e com isto queremos dizer que a evolução da música numa direção polifônica é um fenômeno cultural próprio da civilização europeia ocidental. Nas diversas civilizações musicais que a precederam, mesmo naquelas que se apoiam sobre sólidas bases teóricas, não se pode constatar uma verdadeira polifonia, malgrado o que dizem certos musicólogos: não se observa nelas essa noção de *responsabilidade* que é o caráter principal da noção de contraponto no Ocidente. Nas músicas chamadas exóticas observa-se frequentemente a heterofonia, a antifonia e todas as formas de superposição devidas a relações simultâneas no tempo, mas não *responsáveis*. A noção de contraponto aplica-se às linhas que se podem desenvolver a partir de uma linha principal dada, chamada *cantus firmus*: a partir do *cantus firmus*, graças a certas relações de intervalos, podem-se estabelecer diversas linhas melódicas, mas que estão em relação única com essa linha principal. Uma linha contrapontística adquire portanto toda sua importância no sentido horizontal, ainda que controlada verticalmente. Eis por que se diz, geralmente, de uma música contrapontística que ela é escrita horizontalmente. O estudo das relações verticais é mais especialmente o objeto da harmonia, enquanto o contraponto acentua as diversas combinações que podem ser feitas entre várias melodias, horizontalmente, sem que elas percam sua individualidade como tais (na Escola, esta preocupação é chamada pelos professores de condução das vozes). É evidente que dobrar uma melodia em uníssono ou à oitava não é atribuição do contraponto, uma vez que a nova linha assim obtida em nada difere da primeira. No que diz respeito ao *cantus firmus*, uma linha contrapontística observa em geral três movimentos: 1. o movimento *contrário*, quando o *cantus firmus* e o contraponto vão em direções divergentes; 2. o movimento *paralelo*, quando o *cantus firmus* e o contraponto seguem uma direção exatamente paralela à distância de um intervalo dado; 3. o movimento *oblíquo*, quando o *cantus firmus* se mantém imóvel enquanto o contraponto segue uma direção dada. É evidente que música nenhuma pode ser dita estritamente contrapontística ou estritamente harmônica: toda música depende necessariamente de características horizontais e verticais. Quando a preponderância se manifesta mais especialmente numa direção que em outra, podemos dizer, então, que a música é harmônica ou que é contrapontística. À medida que a música foi evoluindo, essas duas tendências foram se interpenetrando cada vez mais para dar origem a uma espécie de estilo livre, com numerosos graus de variação entre a homofonia pura e a polifonia pura. No primeiro caso, música *homofônica*, pode-se citar o exemplo típico da melodia acompanhada; no segundo caso, música *polifônica*, pode-se citar a escrita canônica estrita. Em consequência da perda considerável do senso rítmico na Europa (desde a Idade Média) só se estudou a evolução do contraponto do ponto de vista melódico, ou, de modo mais generalizado, através das alturas. O ritmo é um dos elementos mais característicos e mais decisivos nessa evolução: a condução das vozes não leva à sua independência real senão quando se tem o cuidado de diversificar as características rítmicas tanto quanto as melódicas; foi isto, aliás, que entre outras coisas fez a força da *Ars Nova*.

A história do contraponto se divide em vários períodos: 1. o nascimento do *organum* (Leonino, Perotino); 2. A *Ars Antiqua* e a *Ars Nova*; 3. o Renascimento e a *Idade de Ouro* do contraponto; 4. os períodos *barroco* e *clássico*; 5. a evolução contemporânea. Esta classificação apresenta uma certa comodidade para a análise da evolução da escrita, mas não se devem esquecer as numerosas interferências que se podem produzir entre as diferentes correntes históricas e as diferentes formas do pensamento criador.

1. O tipo de contraponto mais antigo é o *organum*: ele era a princípio a duas vozes, baseado na quarta e na quinta como intervalos consonantes, além do uníssono e da oitava. A evolução do *organum* se orientou para uma maior independência da voz superior com relação ao *cantus firmus*. *A* escola de Notre-Dame tornou-se célebre pela beleza e pela flexibilidade de seus contrapontos: é ela que está na origem de todo o futuro desenvolvimento da música. Situa-se, geralmente, por volta de 1200 a transformação do *organum* duplo (a duas vozes) em *organum* triplo (a três vozes); ocasionalmente pode-se encontrar um *organum* quádruplo. Neste período tardio, raramente contamos a sexta entre os intervalos empregados, enquanto a terça, ao contrário do que muitos afirmam, é muito usada, salvo na cadência final que é sempre num acorde com a oitava e a quinta vazias.

2. A *Ars Antiqua* ocupa-se principalmente em estabelecer diversas formas rígidas de composição, entre as quais se destacam o *motete* ou o

conduto. Situa-se nesta época, a descoberta do cânone, com o famoso *Sumer is icumen in*, embora esse ponto seja controvertido para certos musicólogos. A maioria das obras é a três vozes, mas encontramos motetes a duas vozes e mais raramente a quatro. A *Ars Nova* é um dos períodos mais brilhantes do movimento polifônico; produziu-se uma evolução muito rápida, graças à descoberta da notação proporcional; a este período estão associados os nomes de grandes teóricos como Philippe de Vitry e o de um dos maiores compositores de todos os tempos, Guillaume de Machaut. Assistimos, então, a uma diferenciação rítmica e melódica das vozes; os desenvolvimentos fazem-se mais variados e flexíveis, graças à maior sutileza melódica e a uma flexibilidade rítmica que ainda hoje se apresenta surpreendente em mais de um aspecto. O resultado vertical das combinações contrapontísticas torna-se mais rico também pelo maior emprego dos acordes perfeitos; o estabelecimento de "cláusulas conclusivas" assegura, por outro lado, uma espécie de início de fundamento harmônico dos desenvolvimentos. Começa-se a encontrar certos empregos da imitação de uma voz a outra. A música de Machaut demonstra uma complexidade, uma sutileza e um requinte notáveis; ele tinha um domínio total, tanto no campo do contraponto melódico quanto no do contraponto rítmico; essa música representa um marco capital na evolução da música europeia.

3. Essas tendências iriam se desenvolver ainda mais no século seguinte com o emprego lógico da imitação como principal meio para ligar as diferentes linhas contrapontísticas por figuras sonoras características. Depois de Dunstable e Dufay, a imitação é explorada de modo cada vez mais elaborado por Ockeghem, Obrecht e Josquin des Prés. A estrutura do cânone é codificada e é particularmente, na obra de Ockeghem, que se encontram os mais espantosos exemplos. Mas uma complexidade muito grande leva a uma desastrosa escolástica: é por isso que um bom número de músicos dessa época estão hoje em dia esquecidos. O final do século XVI deveria levar a prática do contraponto a um virtuosismo sem igual, tanto que se faz frequentemente referência à Idade de Ouro dessa disciplina. Produziu-se uma evolução que levou os compositores a se preocuparem cada vez mais com o aspecto harmônico dos encontros, a princípio para articular claramente por meio de cadências as diversas partes do discurso musical e para melhor diferenciar as notas que constituem um acorde das notas de passagem ou dos retardos. Essas preocupações verticais iriam minimizar cada vez mais a sutileza rítmica dos velhos mestres; houve para isso outras causas mais exteriores como a inteligibilidade do texto cantado ou a mensuração à antiga. Os grandes nomes dessa Idade de Ouro do contraponto são Roland de Lassus, Palestrina e Vittoria.

4. No período seguinte, profundas mudanças iriam ocorrer levando a música a uma especificidade mais harmônica; o contraponto dessa época é conhecido sob o nome de contraponto *harmônico* ou *tonal*. A organização tonal torna-se preponderante, e o estabelecimento dos tons maior e menor começa a destruir toda a concepção de contraponto puramente linear. O estilo homofônico consolida essas aquisições tonais. É nesta encruzilhada que encontramos o nome de Monteverdi. A música inclina-se, então, à interferência entre a concepção contrapontística e o conceito harmônico. De Johann Sebastian Bach pode-se dizer que resume admiravelmente, e com que força, toda a evolução da escrita a partir do século XVII: nele encontramos a mais estreita ligação entre os dois tipos de escrita, numa concordância que, depois dele, nunca mais será alcançada com tanta facilidade; ainda hoje, o contraponto de escola é ensinado segundo os exemplos extraídos de sua obra. Este autor nos deixou uma *suma contrapontística* em que está condensada toda a ciência da escrita que podemos adquirir. Esta *suma* comporta a *Arte da Fuga*, a *Oferenda Musical*, as *Variações Goldberg* (para cravo) e as *Variações sobre* "*Von Himmel Hoch*" (para órgão). Nestas quatro obras encontram-se todas as formas de contraponto, livre e rigoroso, desde a imitação até o cânone estrito.

5. Depois de Bach a situação muda completamente; o equilíbrio se deteriora em favor da harmonia, assim é que salvo raras exceções, não encontramos grandes exemplos de contraponto nas primeiras obras de Beethoven. Mozart, sob a influência de Bach, realizou no fim da vida, uma espécie de volta às formas severas do contraponto. Um dos exemplos mais conhecidos é o final da *Sinfonia Júpiter*, que pode ser considerado como um dos modelos mais brilhantes de virtuosidade no manejo das formas contrapontísticas estritas. Entretanto, na maioria das fugas de Mozart esta prática de estilo puramente contrapontístico não está isenta de um certo arcaísmo; isto prova que a escrita assim concebida tinha ficado ligada, tanto histórica quanto esteticamente, a um certo estilo. A divergência entre contraponto e harmonia se acentua com Beethoven, e pode-se considerar que suas últimas obras marcam um violento conflito entre o controle vertical do resultado produzido por superposições lineares e as exigências de intervalo das linhas melódicas. Beethoven, seguindo sua natureza, resolve dramaticamente o conflito entre esses dois aspectos da escrita e encontra soluções cuja audácia não seria igualada até o princípio do século XX; podem-se citar como exemplos característicos a fuga que fecha a *Sonata para Piano*, *opus* 106, e a *Grande Fuga para Quarteto de Cordas*.

Todo o período romântico não parece estar absolutamente interessado na escrita puramente contrapontística e, quando não se trata de uma escrita estritamente em acordes, pode-se, quando muito, constatar uma escrita mais cuidada daquilo que, em harmonia, chamamos *partes intermediárias*. É assim que em Wagner e em Brahms encontramos uma espécie de falso contraponto, muito embora algumas superposições sejam espetaculares como aquela sempre citada dos *Mestres Cantores*. Paradoxalmente será desses compositores que irá surgir o verdadeiro renascimento do contraponto, no início do século XX, renascimento que nem Debussy nem Ravel parecem ter pressentido.

Tratemos de liquidar certas tentativas de volta ao contraponto tão formalistas quanto errôneas, simbolizadas nas experiências de escrita linear que pulularam entre 1914 e 1940 e que se baseavam em uma espécie de renascimento e de "volta" às escolas mais antigas: todas as tentativas são de uma pobreza aflitiva e, ao mesmo tempo, partem de um ponto de vista histórico completamente falso. Esses compositores, que praticam uma espécie de contraponto livre numa tonalidade ampliada, de diatonismo sumário, não lograram êxito; eliminam a noção de *responsabilidade* de uma nota a outra, noção que está na base de todo o florescente desenvolvimento da polifonia. Conseguiu-se apenas uma espécie de libertinagem de escrita em que a tristeza só se equipara à pobreza.

A verdadeira revolução contemporânea deveria vir de uma atitude muito mais séria face aos problemas da escrita. A rigor esta atitude veio de necessidades profundas na expressão, e não de uma atitude estética *a priori* vazia de qualquer necessidade. Foi mesmo a necessidade que guiou a evolução do que se chama a Escola de Viena, evolução que levou esse grupo a reviver certos processos de escrita mais ou menos caídos em desuso. É bom lembrar que a série comporta as quatro formas clássicas do contraponto, isto é, *original*, *inversão*, *retrógrado* e *retrógrado da inversão*; as duas últimas formas eram, aliás, raramente empregadas no contraponto tonal ou modal. Esta concepção da série derivou da escrita canônica estrita, uma vez que as figuras sonoras assim concebidas eram todas idênticas a um mesmo esquema matricial. Digamos que este emprego das formas estritas do contraponto é uma ambiguidade essencial, que permitiu a passagem do mundo tonal para o mundo não tonal; estaríamos nos enganando muito se atribuíssemos, no pensamento criador dos três vienenses, uma importância exagerada a esse emprego das formas canônicas por si mesmas: entretanto foi nesta armadilha que caíram certos compositores dodecafonistas que não souberam discernir que as formas contrapontísticas estritas eram apenas uma etapa de transição. Disto resultou, aliás, uma divertida confusão que contaminou até os musicólogos. Assim é que não se pode falar atualmente de *Ars Nova* sem que certos musicólogos condenem os "excessos" deste período, porque os confundem com os dos dodecafonistas contemporâneos; não é raro ver certas polêmicas atuais interferirem com julgamentos sobre um período distante, sobretudo quando uma total confusão e uma total falta de discernimento estão na base dessas interferências. Parece que a evolução da música entra atualmente, depois de duas fases principais que foram a monodia e depois a polifonia (do contraponto à harmonia), numa terceira fase que seria uma espécie de "polifonia de polifonias"; isto significa em apelar para uma *repartição* de intervalos e não mais para uma simples superposição. *Grosso modo*, poderíamos dizer que existe agora uma nova dimensão em música. A evolução desta linguagem rítmica propriamente dita favorece essa noção polifônica, e parece que desde a Idade Média nunca os problemas se colocaram com tanta acuidade como agora, em todos os campos. Eis a única aproximação que, de direito, se poderia fazer entre o período contemporâneo e a *Ars Nova*.

O ensino do contraponto acompanhou a evolução desse tipo de escrita: os estudos teóricos dos séculos XIII e XIV são muito detalhados neste sentido; um deles, mais tardio, dá numerosos exemplos práticos e é por isto muito valioso para consulta; trata-se do *Fundamentum organisandi* de Conrad Paumann (1452). O ensino do contraponto iria se tornar cada vez mais metódico; Zarlino nos dá diferentes descrições dos tipos de contraponto em *Istitutioni armoniche* (1558). Mas a grande obra codificadora do ensino do contraponto sobre um *cantus firmus* deveria surgir muito mais tarde: foi o célebre *Gradus ad Parnassum* de Johann Joseph Fux, obra cuja autoridade se estendeu por longo tempo e da qual, em maior ou menor grau, depende sempre o ensino do contraponto nos conservatórios, uma vez que nenhum dos numerosos tratados acadêmicos do século XIX pode se igualar aos textos desta obra. O ensino do contraponto, tal como é praticado atualmente, consiste em deduzir de um *cantus firmus* dado diversos tipos de contraponto melódico. O contraponto é feito principalmente a duas, três e quatro vozes; como limite, pode-se chegar a cinco, seis, sete e oito vozes. Tais realizações apresentam um número crescente de dificuldades e as regras tornam-se cada vez menos rígidas: daí um interesse menor pela disciplina de escrita propriamente dita. O *cantus firmus* pode se situar no baixo, na parte superior ou ainda em uma das partes intermediárias. Existem cinco formas de contraponto em relação ao *cantus firmus* que se desenvolvem sempre em semibreves e que comportam de oito a quatorze notas: 1. *nota contra nota*, isto é, em semibreves; 2. *duas notas contra uma*, isto é, em mínimas; 3. *quatro notas contra uma*, isto é, em semínimas; 4. *em síncope*, isto é, em semibreves deslocadas em meio compasso em relação àquelas do *cantus firmus*; 5. *contraponto florido*, que é uma espécie de combinação dos quatro tipos precedentes. A partir destas cinco formas, aprende-se a escrever misturando-se de três a várias vozes, sendo cada voz escrita em uma das diferentes formas, a menos que não sejam todas em contraponto florido.

Depois desses exercícios, praticam-se os diferentes cânones e imitações em todos os intervalos diatônicos. A seguir trabalha-se o *contraponto invertido* que consiste em estabelecer uma linha cuja relação com o *cantus firmus* pode ser modificada por uma inversão a partir de um intervalo dado; este intervalo é geralmente a oitava, raramente a décima segunda e mais raramente ainda outros intervalos. O contraponto invertido à oitava realiza-se geralmente até quatro vozes. Nas inversões com outros intervalos, ou com um número maior de vozes, o exercício apresenta uma desproporção entre a dificuldade de execução e o interesse musical. Pratica-se, enfim, a técnica do *coro duplo.* As regras de escrita são muito severas: as notas de passagem sobre os tempos são proibidas, só se pode utilizar um esquema harmônico por compasso (isto é, a análise de um contraponto não pode revelar mais do que um acorde por compasso), enfim, o emprego da quarta e da sexta é rigorosamente proibido. As cadências devem ser feitas sobre a oitava ou sobre a quinta, nunca sobre a terça, salvo no contraponto invertido. Outras regras concernentes às relações de intervalos são estabelecidas para as diversas sequências paralelas, contrárias ou oblíquas; seria muito demorado expô-las em detalhe. Quanto ao ritmo, vimos que o contraponto não comportava senão múltiplos de dois, mas recentemente certos professores utilizaram ritmos ternários, isto é, três ou seis notas por compasso. Na verdade, não há razão para não se adotar esses ritmos ternários, uma vez que em Bach, por exemplo, encontram-se tanto ternários quanto binários. Depois dos exercícios de contraponto estrito, a fim de dar mais flexibilidade à escrita, pode-se praticar contrapontos livres nos quais a escrita obedece a regras muito menos severas e não se tem obrigação de recorrer a um *cantus firmus.* O estudo do contraponto prossegue, então, pelo exercício do *coral variado* e do *coral figurado* e, enfim, pelo estudo da *fuga*, em que o aluno tem oportunidade de pôr em prática todos os conhecimentos adquiridos. Geralmente só se começa o estudo do contraponto depois de concluir o da harmonia; é esta a ordem adotada no Conservatório Nacional de Paris. Vincent d'Indy, na "Schola Cantorum", preconizou a inversão desta ordem, pretendendo assim acompanhar a evolução histórica da linguagem musical. Seu exemplo não parece ter sido seguido muitas vezes, e o método "histórico" não parece ser o melhor para se adquirir a técnica da escrita musical. No entanto, seria de desejar que no ensino atual do contraponto se procurasse dar maior destaque aos autores que precederam a Bach; para a maioria dos professores é com ele que começa a música. Foram feitas tímidas incursões para os lados do Renascimento, mas nenhum programa de ensino se baseou seriamente na evolução do contraponto desde o *organum* até a época clássica; o conhecimento dos próprios textos, aliás, é muito limitado devido à raridade e ao preço das edições. Nem o tratado de Hindemith nem o de Schoenberg podem ser considerados marcos no ensino do contraponto. Quanto ao único tratado dodecafônico que foi escrito, é tão ridiculamente acadêmico que sua utilidade se apresenta como bastante irrisória. O ensino do contraponto espera ainda por uma metodologia que pertença verdadeiramente à nossa época.

Série

A palavra série apareceu pela primeira vez em textos dos teóricos vienenses quando eles descreveram as primeiras obras de Schoenberg, que empregavam consequentemente uma sucessão de doze sons – sempre a mesma – ao longo de uma determinada obra. A definição do próprio Schoenberg é a seguinte: *Komposition mit zwölf nur auf einander bezogenen Tönen* (composição com doze sons relacionados entre si). O primeiro emprego, rudimentar, de uma série encontra-se na quinta peça do *opus* 23 (*Walzer*) que utiliza os doze sons sempre na mesma ordem, segundo disposições variadas. Com as obras que se seguem, *Serenade*, *opus* 24, e mais particularmente na *Suíte para Piano*, *opus* 25, esse emprego vai se generalizar e encontrar, pouco a pouco, sua forma definitiva. Antes da adoção da série de doze sons propriamente dita, constatamos (terceira peça do *opus* 23) que Schoenberg fez prevalecer uma sequência de doze sons, numa espécie de figura musical única, responsável através de seu desenvolvimento e de suas transformações, por toda a organização de uma peça. O surgimento da série em Schoenberg está, assim, ligado a um fenômeno temático; a série é, para ele, um "ultratema"; até o fim da vida, a série para ele deverá assumir um papel equivalente ao do tema na música tonal.

Em Webern, ao contrário, a série assume desde logo o aspecto de uma função de intervalos, dando sua estrutura de base à própria composição; esta é a definição que, finalmente, irá prevalecer nos desenvolvimentos futuros. Na Escola de Viena a série é geralmente considerada como um princípio unificador de base, ligada às formas clássicas do contraponto. Teremos a série original, sua inversão, seu retrógrado e o retrógrado de sua inversão, ou seja, quatro maneiras de se gerar uma série; além disto, esses quatro tipos vão se aplicar aos doze semitons, do que resultam, ao todo, 48 formas de base. Pelo simples fato de que a transposição se efetua sobre intervalos cromáticos, vemos que para os vienenses a série era conceitualmente um fenômeno horizontal suscetível de translação sobre todos os graus de uma escala, a escala cromática nesse caso. As obras de Webern provaram que era melhor encarar a série como uma função hierárquica geradora de permutações, que se manifesta por uma repartição de intervalos, independente de toda função horizontal ou vertical. Por outro lado, a escola vienense considerou a série exclusivamente no plano das alturas e, nas alturas, exclusivamente o universo cromático temperado. As descobertas que se seguiram à Escola de Viena provaram que o fato de se encarar a série unicamente sob o ângulo da altura provoca distorções quanto a seu uso, uma vez que os outros constituintes sonoros não se sentem (em termos acústicos) ligados à mesma organização que a altura. Era o caso de se generalizar esse princípio para todas as características do fenômeno som, ou seja, unificar e universalizar o princípio teórico da série. Sabemos que, por ordem de importância, as características do som incluem a altura, a duração, a intensidade e o timbre. Atualmente a ação da série foi ampliada na direção destes quatro componentes, aos quais se aplicaram relações numeradas que caracterizam tanto o intervalo de frequência quanto o de duração, tanto o de dinâmica quanto o de timbre. Simplificamos a questão de propósito para não falar das relações entrecruzadas da altura e do timbre, por exemplo, da intensidade e da duração etc., já que estas características são naturalmente função uma da outra e provocam fenômenos anexos pelas reações que exercem uma sobre a outra; no entanto, o problema surge em suas linhas mestras. No início dessa generalização serial, quiseram utilizar em uma obra a mesma hierarquia para os quatro componentes, o que podia resultar num total absurdo, porquanto omitia-se o fato de que esses fenômenos devem se organizar segundo critérios diferentes e que as enumerações não são suficientes para unificar em profundidade as diferentes características do som para integrá-las numa estrutura geral.

Assim, depois de se ter generalizado o princípio da série, houve necessidade de se dar a cada um dos componentes sonoros uma forma específica em que o número doze não tem mais papel preponderante: a série tornou-se um modo de pensar polivalente e não mais uma técnica de vocabulário, apenas. O pensamento serial de hoje faz questão de sublinhar que a série deve não somente engendrar o próprio vocabulário, como também aumentar a estrutura da obra; é portanto uma reação total contra o pensamento clássico cuja intenção é que a forma seja, praticamente, algo de preexistente, assim como é a morfologia geral. Aqui não existem escalas preconcebidas, ou seja, não existem estruturas gerais onde se insere um pensamento particular; por outro lado, todas as vezes que o pensamento do compositor precisa se expressar, ele utiliza uma metodologia determinada, cria os objetos de que necessita e a forma indispensável para organizá-los. O pensamento tonal clássico fundamenta-se num universo definido pela gravitação e pela atração; o pensamento serial sobre um universo em perpétua expansão.

Bartók, Bela

Compositor húngaro (Nagy-Szentmiklos, 25 de março de 1881 – Nova York, 26 de setembro de 1945)

Nasceu em 25 de março de 1881 em Nagy-Szentmiklos, pequena cidade provinciana da Hungria. Sua família, orgulhosa de seus dotes, consentiu sem dificuldades que ele se dirigisse para a carreira musical. Estudou primeiro em Bratislava, depois em Budapest. Nesta cidade, estuda piano na Academia Real com Istvan Thoman e por intermédio deste professor, recolhe a tradição direta de Liszt. É aluno deKözler na classe de composição e descobre, pouco a pouco, a música de tradição alemã, desde os clássicos até Wagner, Brahms e Strauss. A experiência mais notável de sua vida de compositor foi talvez o encontro com a música de Debussy.

A partir de 1907, ensina piano na Academia Real de Budapest, sucedendo a seu mestre Thoman. Compõe intensamente até a guerra de 1914, sendo suas obras principais: *Segunda Suíte para Orquestra* (1907), *Dois Retratos* (1910) e *Duas Imagens* (1910), também para orquestra; *Primeiro Quarteto para Cordas* (1907); *Quatorze Bagatelas* (1908); *Quatro Nênias* (1910) e *Allegro bárbaro* (1911) para piano. A ópera *O Castelo de Barba-Azul* (1911) é recusada pela Ópera de Budapeste e só será representada sete anos mais tarde. O libreto foi escrito por Bela Balasz, que também lhe dará o enredo do ballet *O Príncipe de Madeira*.

O Mandarim Maravilhoso, pantomima escrita em 1919 sobre um texto de Melchior Lengyel, marca uma evolução muito nítida na escrita de Bartók, já iniciada com o *Allegro bárbaro*. As primeiras explorações que faz no folclore de seu país indicam-lhe o caminho de uma música especificamente "húngara". Mas é verdade que ele se inspira também nos cantos romenos e búlgaros. O *Segundo Quarteto para Cordas* e os *Estudos para Piano*, compostos no mesmo período (1917-1918) têm traços dos esforços paralelos de amalgamar a tradição popular e a música erudita.

Suas pesquisas acentuam-se ainda mais e marcam o ponto culminante de sua invenção. No curso desse período, ele mantém contatos mais estreitos com os compositores de Viena, graças a seu editor comum, a Universal Edition; Bartók toma conhecimento e se interessa pela direção tomada por Schoenberg especialmente. O resultado será uma extrema tensão cromática em suas obras. As duas *Sonatas para Piano e Violino* datam de 1921-1922, a *Suíte de Danças* de 1923; a *Sonata* e *Ao Ar Livre*, ambas para piano, são de 1926, bem como o *Primeiro Concerto para Piano. O Terceiro* e o *Quarto Quartetos para Cordas* foram compostos sucessivamente em 1927 e 1928. A ele seguiram-se a *Cantata Profana* (1930) e o *Segundo Concerto para Piano* (1931).

De 1934 a 1937, sucederam-se três obras de grande maturidade, nas quais Bartók atinge um notável ponto de equilíbrio; são o *Quinto Quarteto para Cordas* (1935), a *Música para Cordas, Percussão e Celesta* (1937). Conclui igualmente *Mikrokosmos*, coleção didática que vai desde o ensino elementar até as dificuldades virtuosísticas.

É então que Bartók toma, corajosamente, posição contra o nazismo. Proíbe seu editor de apresentar provas de sua ascendência "ariana"; reivindica o direito de não se inscrever no programa musical que Goebbels havia organizado entre as manifestações contra a "arte judaica e degenerada" e o "bolchevismo cultural". Expatria-se, enfim, quando a Hungria de Horty pactua com Hitler. A primeira audição do *Concerto para Violino* (1938) realizou-se em Amsterdam. Esta obra marca o declínio do pensamento de Bartók, que não irá produzir senão obras de menor valor – excetuando-se, porém, o *Sexto Quarteto para Cordas* (1940). Entre as obras principais desse período podemos citar *Contrastes para Clarineta, Violino e Piano* (1938), *Divertimento para Cordas* (1939), *Concerto para Orquestra* (1943), *Sonata para Violino Solo* (1944). O *Concerto para Viola* e o *Terceiro Concerto para Piano* que foram terminados postumamente por seu discípulo Tibor Serly. Apesar das encomendas de Kussevitsky e de Menuhin, a vida de Bartók nos Estados Unidos foi difícil; isolado, vítima de um mal que se agravou rapidamente, passando necessidades materiais, sua saúde declinou rapidamente: morreu em Nova York no dia 26 de setembro de 1945; as despesas de seu enterro correram por conta da League of Composers.

Bartók deixou, junto àqueles que o conheceram, a lembrança de um homem apagado, modesto, interlocutor neutro e sem brilho. Esta amenidade encerrava uma intransigência apaixonada que se fez notar em diversas polêmicas em torno do folclore e que, no momento de seu protesto contra o nazismo, levou-o até ao exílio. De físico, era pequeno, esguio; o rosto, de traços finos, era animado pela retidão e pela ingenuidade de um olhar muito azul. Excelente pianista, deu numerosos concertos nas grandes cidades da Europa e dos Estados Unidos; ainda se conservam dele certas gravações feitas em diversos períodos de sua carreira.

As primeiras obras de Bartók se ressentem de todas as influências clássicas e românticas, mas, ao mesmo tempo, denotam uma vontade obstinada de criar uma música verdadeiramente húngara. Assim, ele não pode se contentar com certo tom cigano e rapsódico cujo pitoresco todo superficial não reflete em nada a verdadeira música de um povo. É neste ponto que ele se afasta violentamente de Liszt e de seus imitadores. Percorre as províncias, mesmo as de difícil acesso, levando como bagagem indispensável um aparelho de gravação.

Durante toda a existência, ele partirá, periodicamente, à procura de documentos folclóricos autênticos, ora com o fim de descansar de seu trabalho como compositor, ora, talvez, para renovar sua inspiração. Essas excursões terão como saldo a gravação de um número impressionante de melodias recolhidas e anotadas com grande acuidade auditiva e uma minúcia rítmica dignas de admiração. Enfim, anotou-se o folclore sem enquadrá-lo nos limites da rítmica e das escalas acadêmicas! Assim recebemos trabalhos fundamentais sobre o folclore da Hungria, da Romênia e da Eslovênia. Sua última viagem em 1935, seria consagrada aos árabes de Biskra e aos turcos de Anatólia.

O Bartók compositor foi o primeiro a aproveitar-se do Bartók folclorista. Partindo de um nacionalismo convencional voltado para o domínio dos Habsburgos (em seu poema sinfônico *Kossuth* – 1903 – chega a parodiar o hino austríaco, isto é, Haydn!), ele irá procurar, por necessidade de autenticidade, materiais novos e técnicas inéditas; estes trarão modificações profundas em sua estética, forçando-o a resolver o problema da música húngara de um modo que ultrapassa o simples exotismo provincial. Mas, mesmo notando-se a perseverante influência do folclore da Europa Central, cumpre observar que a obra de Bartók é marcada por uma instabilidade em sua própria natureza, e que ela acusa mesmo, em seus diversos componentes, um aspecto bastante díspar. Bartók sofreu influências de todos os seus contemporâneos e apesar de sua poderosa personalidade, assimilou-os às vezes de modo bastante superficial.

No ponto alto de sua obra destacam-se os *Seis Quartetos para Cordas*, a *Sonata para Dois Pianos e Percussão*, a *Música para Cordas*, *Percussão e Celesta* e ainda as *Duas Sonatas para Violino e Piano*. Parece ser este, verdadeiramente, o cerne da criação de Bartók.

O conjunto dos *Seis Quartetos para Cordas* marca-lhe a evolução de maneira mais precisa; partindo de uma espécie de síntese entre o último Beethoven e o Debussy da maturidade – síntese das mais curiosas – ele chega a uma fase de pesquisas mais especialmente cromáticas, não longe de Berg e de Schoenberg; daí parte para um estilo todo pessoal, espécie de ponto de equilíbrio entre a música popular e a música erudita, entre diatonismo e cromatismo. A *Música para Cordas, Percussão e Celesta* representa um grande êxito em termos de disposição instrumental: duas orquestras de cordas dialogam entre si e se opõem a um terceiro grupo que compreende o piano ou celesta, a harpa, o xilofone, os tímpanos e a percussão. A fuga que constitui o primeiro movimento é, sem dúvida, o exemplo mais belo e a amostra mais característica da escrita requintada de Bartok. Encontram-se aí em profusão pequenos intervalos que se sobrepõem e se entrecruzam no contexto de um cromatismo constante; a predominância da escrita contrapontística, rigorosa ou livre, afirma-se nos desenvolvimentos construídos sobre imitações canônicas; o ritmo, enfim, está em constante flutuação, com a alternância de metros pares e ímpares que dependem da unidade pontuada, ritmo também frequentemente contrapontístico.

No que diz respeito à instrumentação, Bartók sempre escreveu admiravelmente para piano, seu instrumento de predileção, e para cordas, também. Frequentemente usou com eficácia a celesta e o xilofone, aquela colorindo com arpejos os trinados das cordas divididas, este exagerando e tornando mais enxuto o emprego do piano como percussão. Para as cordas, sabe utilizar todos os efeitos próprios desses instrumentos, como os *col legno*, os *pizzicati* que percutem o braço, os jogos entre cavalete e braço, e sabe também dosar admiravelmente a mistura dessas diversas sonoridades. O arco reencontra um frescor e mesmo uma agressividade de ataque que o faz perder a concepção romântica. O piano é empregado sobretudo por suas qualidades percussiva e martelante, excepcionalmente para efeitos como trinados, como um címbalo húngaro, e mais raramente para obter ressonâncias ou para cantar uma melodia. Do ponto de vista da escrita pianística, o primeiro movimento da *Sonata para Dois Pianos e Percussão* constitui um dos testemunhos mais importantes dessa geração, no mesmo nível de *Noces* de Stravínski.

Aliás, Bartók consagrou ao teclado nada menos de três concertos, enquanto só escreveu um para violino. Desses três concertos para piano os dois primeiros se destacam nitidamente, obras que, se não são capitais, são obras fortes, enquanto o terceiro é bem mais fraco; o *Concerto para Violino* também não se pode situar entre as obras de primeiro plano. Em compensação, as *Duas Sonatas para Violino e Piano*, compostas na mesma ocasião, destacam-se como das mais atraentes jamais escritas pelo compositor.

Elas marcam, em suas pesquisas, um ponto de extrema tensão e encerram a violência selvagem encontrada no curso das melhores páginas de Bartók. O equilíbrio entre os dois instrumentos, tão difícil de se realizar, é mantido por engenhosos artifícios e sobretudo pela escrita que leva em conta o caráter específico de cada um deles, de tal modo que um não "encubra" o outro em nenhum momento essencial.

Para o palco, Bartók escreveu três obras: uma ópera, *O Castelo de Barba-Azul*, um ballet, *O Príncipe de Madeira*, e uma pantomima, *O Mandarim Maravilhoso. O Castelo de Barba-Azul* constitui, junto com a *Cantata Profana*, a única contribuição do autor no domínio da música vocal. Ele não escreveu muito para vozes a não ser transcrições populares sobre um modo menor. Quanto a *O Mandarim Maravilhoso*, é a obra de orquestra mais brilhante que escreveu, embora tenha menos popularidade que o *Concerto para Orquestra*. Aliás, o teatro não foi para ele fonte de muita inspiração, e depois de *O Mandarim Maravilhoso* não escreveu mais nada para esse fim. É preciso esclarecer que ele não recebeu estímulo para isso, uma vez que suas obras foram acolhidas friamente pelos diretores de ópera.

Nos dois extremos de sua obra, *Dois Retratos* e *Duas Imagens* de um lado, e do outro o *Divertimento* e o *Concerto para Orquestra*, estão marcados os limites de Bartók: músicas que por razões bem diferentes estão longe de serem boas.

As primeiras obras, como *Dois Retratos* e *Duas Imagens*, são ainda mais díspares para provarem uma unidade de estilo. As últimas, ao contrário, são mancas e comportam muitos clichês de escrita e construção.

Bartók ocupa um lugar muito particular na música contemporânea. No que diz respeito à opinião geral, depois de Stravínski, ele é o único compositor de vanguarda que se impôs totalmente. Por outro lado, o fato de recorrer ao espírito do folclore foi um argumento decisivo nas mãos dos "nacionalistas" musicais: Bartók seria o único representante de uma música humana, diante dos pesquisadores abstratos e sem entranhas da Escola de Viena, e do intelectualismo cosmopolita de Stravínski. De fato, depois da Segunda Guerra Mundial sua música conquistou grande popularidade, e numerosos foram os epígonos que se engajaram em um certo ativismo artificial de escrita inspirados apenas exteriormente na verdadeira pulsação de Bartók. Depois de ter sido ignorado durante muito tempo, seu nome tornou-se a bandeira da vanguarda "ajuizada", aquela que não perde contato com o público.

Existe um certo mal-entendido nessa insólita situação de um músico que morreu em meio à necessidade e ao despojamento, e que foi promovido postumamente à primeira linha dos compositores "compreensíveis". Porque, enfim, Bartók não encontrou ouvintes assim tão receptivos senão alguns anos depois de sua morte. É preciso salientar que as peças mais aplaudidas são muitas vezes as menos boas, aquelas, de gosto duvidoso, que se aproximam mais do gênero cigano-Liszt; suas melhores produções são apreciadas por seus aspectos mais fracos – o ponto de referência é o violinista de aldeia e o neoclássico. Portanto, sua obra triunfa por sua ambiguidade. Ambiguidade esta que lhe há de custar, seguramente, críticas ferinas numa apreciação futura, quando seus ouvintes puderem desfrutar de maior distanciamento. Inegavelmente Bartók se coloca entre os "cinco grandes" da música contemporânea, ao lado de Stravínski, Webern, Schoenberg e Berg. Contudo sua obra não possui nem a unidade profunda e a novidade da de Webern, nem o rigor e a acuidade da de Schoenberg, nem a complexidade da de Berg, nem o dinamismo vigoroso e controlado de Stravínski. Falta-lhe uma coerência interna na linguagem, atenuada por uma imaginação fértil em invenções a curto prazo. Quanto à utilização do folclore sob essa forma assimilada diretamente, ela não é, mesmo na sua mais rica autenticidade, senão um resíduo dos impulsos nacionalistas do século XIX que se estenderam desde a Rússia até a Espanha. Por um lado, o folclore alargou e deu flexibilidade às concepções rítmicas de Bartók, mas por outro, reduziu singularmente o horizonte de sua linguagem. É de se prever que seu nome irá sobreviver em um número restrito e depurado de obras de câmara: *Quartetos para Cordas*, *Sonatas para Violino e Piano*, *Sonata para Dois Pianos e Percussão*, *Música para Cordas, Percussão e Celesta*. Bartók é incomparável nos casos felizes em que seu gênio poético lhe concede a graça de uma realização eficaz; isto, quer na violência brutal que anima uma "matéria sonora em fusão", quer na doçura calma e cercada por uma auréola cambiante e ligeiramente áspera.

Bartók é possivelmente o último representante dotado de espontaneidade do antigo universo cujas contradições não pode superar: generoso a ponto de ser pródigo, astuto com risco de ser ingênuo, patético e desarmado.

Berg, Alban

Compositor austríaco (Viena, 9 de fevereiro de 1885 – 24 de dezembro de 1935)

Nasceu em Viena a 9 de fevereiro de 1885, filho de uma família da alta burguesia vienense; ainda criança, demonstrou disposição especial para a música; na adolescência, hesitou muito tempo entre a poesia e a composição. A família encorajou-o vivamente a cultivar seus dotes naturais; assim foi que, enquanto fazia seus estudos secundários, escreveu grande número de *Lieder*, cujos manuscritos foram encontrados depois de sua morte. Seu irmão mais velho tomou a iniciativa de mostrar a Arnold Schoenberg essas primeiras tentativas de Berg; seguiu-se um encontro entre ambos que foi um fator determinante na evolução do rapaz. Desde 1904, isto é, desde a idade de dezenove anos, até 1910, ele tomou aulas com Schoenberg regularmente. Aliás, as relações professor-aluno transformaram-se rapidamente em profunda amizade; que transparecem nas dedicatórias a Schoenberg (*Três Peças para Orquestra*, *opus* 6, *Kammerkonzert*, *Lulu*).

Os ensinamentos de Schoenberg abrangeram todas as disciplinas musicais: harmonia, contraponto, análise, orquestração e composição propriamente dita, inclusive o estudo das formas. Berg compõe, então, suas primeiras obras: *Sieben Frühe Lieder*, *Sonata para Piano*, *opus* 1 (1907-1908), *Quatro Melodias*, *opus* 2 (1908-1909), *Quarteto para Cordas*, *opus* 3 (1909): elas provam desde logo um domínio total, tanto no campo da composição quanto no plano instrumental ou vocal; Berg conhece, já nesta fase, os recursos de sua profissão e o modo de explorá-los no interior de uma inspiração racional. Nesta época trava conhecimento com Webern, outro discípulo de Schoenberg, e também se une a ele por longa e sólida amizade.

Casa-se, em 1911, com a cantora Hélène Nahowski, que irá desempenhar um papel importante em sua vida, chegando mesmo a dar certas indicações quanto à disposição de suas obras. Para ganhar a vida, encarrega-se, então, de diversos trabalhos de transcrição ou de arranjos. É convocado entre 1915 e 1918; devido a sua saúde delicada, dão-lhe um posto administrativo e ele terá tempo, assim, para prosseguir em seus trabalhos pessoais. *Cartões-Postais*, *opus* 4, sobre poemas de Peter Altenberg, foram escritos de 1911 a 1912; a obra foi executada pela primeira vez em um concerto apresentado por Schoenberg, em 1913. Este concerto desencadeou um escândalo resolvido com a intervenção da polícia (no mesmo programa figuravam também obras de Webern e de Schoenberg).

As *Três Peças para Orquestra*, *opus* 6, *Prelúdio*, *Roda*, *Marcha* foram terminadas em 1914; este é o primeiro contato de Berg apenas com a grande orquestra. Em 1914, tendo visto uma representação de *Wozzeck*, decide fazer uma ópera; os fragmentos póstumos da obra de Georg Büchner (1813-1837) não possuem certamente a coerência dramática que o autor tinha a intenção de dar; o primeiro trabalho de Berg foi concentrar o teor dramático, eliminar as cenas secundárias; esta árdua tarefa, começada em 1915, foi terminada em 1917; pôs-se então a escrever a música, que estaria inteiramente pronta em 1919.

No mesmo ano, Berg se ocupa ativamente com a Verein für musikalische Privataufführungen (Sociedade Privada de Execução Musical) para a qual redige um prospecto interessante por várias razões: entre outras, o conhecimento de suas concepções sobre a relação entre a obra musical e o público. Nessa Sociedade ele pode fazer executar suas *Quatro Peças para Clarinete e Piano*, *opus* 5.

Em 1921, terminada a partitura para orquestra de *Wozzeck*, ele manda a redução que fez para piano e canto para os diversos teatros de ópera da Alemanha e da Áustria; nenhum se ofereceu para montar a obra. O regente Hermann Scherchen lhe sugere, então, no verão de 1923, fazer uma versão de concerto com alguns trechos da ópera; embora pouco inclinado a sacrificar a estrutura da obra, organizada com tamanha minúcia e realizada com tanta profundidade, Berg construiu um pequeno ciclo do qual Marie é a personagem central. Estes fragmentos, em número de três, comportam a *Marcha Militar* e a *Berceuse* do primeiro ato; a leitura da Bíblia que abre o terceiro ato; o grande interlúdio que precede a cena final, e a própria cena final. A execução destes fragmentos, dirigidos por Hermann Scherchen em Frankfurt em 11 de junho de 1924, vale imediatamente uma certa fama para Berg. O regente Erich Kleiber encontra-se entre os entusiastas e é por iniciativa sua que a Berliner Staatsoper se decide a montar a obra: a primeira representação realizou-se no dia 14 de dezembro de 1925, depois de ensaios longos e minuciosos que asseguraram uma execução de alta qualidade; foi um dos maiores acontecimentos do mundo musical alemão daquela época; desencadeou polêmicas que atingiram um incrível grau de violência. Os principais artigos da imprensa foram reunidos graças à Universal Edition de Viena (editores de Berg), e encerram um verdadeiro bestialógico, digno das insanidades que até hoje se leem em certo tipo de crítica: bolchevismo, arte degenerada, barbárie, caos, são palavras que acorrem com frequência sob a pena de críticos tão ranzinzas quanto incompetentes.

Apesar dessa onda de furor, *Wozzeck* encontrou defensores e admiradores apaixonados; em pouco tempo a ópera foi montada em todos os principais teatros do mundo e em todas as cidades importantes da Alemanha: Viena, Dusseldorf, Amsterdam, Colônia, Rotterdam, Darmstadt, Filadélfia, Frankfurt, Leipzig, Zurich, Bruxelas, Londres, Nova York. Até o fim de 1936, *Wozzeck* foi executada 170 vezes em 29 diferentes cidades, e Berg assistiu pessoalmente a um grande número de estreias na Alemanha e na Suíça.

A Biblioteca do Congresso de Washington adquiriu o manuscrito da partitura para orquestra em 1934; este manuscrito é dedicado à Alma Mahler, viúva de Gustav Mahler muito ligado a Berg. No entanto, o sucesso de *Wozzeck* limitou-se aos países anglo-saxões: foi preciso esperar até 1955 para que o Scala de Milão se dignasse a montar esta obra-prima; quanto à Ópera de Paris, até o presente momento está ausente dessa competição, e se foi possível assistir a *Wozzeck* nesta capital foi graças a dois grupos estrangeiros: o da Ópera de Viena em 1952 e o da Ópera de Hamburgo em 1955[1].

Depois de *Wozzeck*, Berg voltou à música de câmara e compôs duas de suas obras mestras: *Kammerkonzert* (*Concerto de Câmara*) escrito entre 1923 e 1925, e *Suíte Lírica* para quarteto de cordas e cuja realização data de 1925-1926.

O *Kammerkonzert* coloca em destaque dois instrumentos solistas, piano e violino, contra um grupo de treze instrumentos de sopro. Dedicado a Schoenberg por ocasião de seu quinquagésimo aniversário, tem o material temático de base extraído dos nomes dos três amigos: Arnold Schoenberg (*lá-ré-mi♭-dó-si-si♭-mi-sol*), Anton Webern (*lá-mi-si♭-mi*), Alben Berg (*lá-si♭-lâ-si♭-mi-sol*), assim reunidos no *Motto* que encabeça a obra. Nesta ocasião, Berg escreveu uma longa carta aberta a Schoenberg na qual analisava a estrutura do *Kammerkonzert* e as razões da composição; é um dos escritos de Berg que melhor revelam seus métodos de trabalho bem como os fins que tinha em vista nesse período da vida; no *Motto*, como epígrafe, lê-se o provérbio *alle gute Dinge*..., equivalente alemão do provérbio *jamais deux sans trois**, mas o humor de Berg não perdia nunca o controle sobre essa mística bastante primária.

A *Suíte Lírica* é – com exceção de *Wozzeck* – a obra mais popular de Berg, de qualquer modo a que mais contribuiu para firmar seu renome mundial; foi na *Suíte Lírica* que ele utilizou pela primeira vez o *Zwölfton System*, ou seja, a técnica dodecafônica formulada por Schoenberg em 1924; pode-se constatar aí uma vontade de opor ao emprego desta técnica estrita (baseada na série) uma organização cromática mais livre não codificada. Essa obra para quarteto de cordas compreende seis movimentos cujo caráter dramático está implicado o próprio título de cada um; vamos citá-los por serem particularmente reveladores da estética de Berg: *Allegretto gioviale*, *Andante amoroso*, *Allegro misterioso* (*Trio estático*), *Adagio appassionato*, *Presto delirando* (*tenebroso*), *Largo desolato.* Como se vê, há um entrecruzar de movimentos cada vez mais rápido (*allegretto*, *allegro*, *presto*) com movimentos cada vez mais lentos (*andante*, *adagio*, *largo*); por outro lado, a obra que começa na alegria, termina no desespero, depois de paroxismos de grande violência no *Presto.* Sob o ponto de vista da escrita puramente instrumental, a *Suíte Lírica* é uma das maiores obras-primas que jamais existiram; nunca as sonoridades de um quarteto de cordas haviam sido tão genialmente exploradas: *o Allegro misterioso* talvez seja, neste ponto de

1. *Wozzeck* foi, finalmente, representada na Ópera de Paris em novembro de 1963, sob a direção de Pierre Boulez (N. do E.).

* Ditado francês que significa, literalmente: "nunca dois sem três" (N. dos T.).

vista, o movimento mais marcante da obra, e a sonoridade do *Tenebroso* é incomparável.

Berg experimentou, então, a necessidade de compor uma nova ópera; depois de ter hesitado entre muitos projetos (dentre os quais o mais importante foi um esboço de colaboração com Gerhart Hauptmann), decidiu-se por dois dramas geminados de Frank Wedekind: *Erdgeist* e *Die Büchse der Pandora*. Berg os reuniu modificando-os profundamente sob o título de *Lulu*; esta obra deveria ocupá-lo até a morte: terminou a música, mas só pôde terminar a orquestração dos dois primeiros atos.

Até este momento ainda não se conseguiu orquestrar o terceiro ato, e nenhuma representação completa pôde ser levada à cena*. Os fragmentos terminados foram executados, pela primeira vez, em Zurich em 1937; só foram apresentados novamente em 1949, na Bienal de Veneza, desta vez com a representação. *Lulu* é uma ópera completamente dodecafônica e sua estrutura difere fundamentalmente da de *Wozzeck*; o papel de *Lulu*, confiado a um soprano coloratura, é extraordinariamente difícil. Contudo, como o texto de Wedekind é de qualidade infinitamente inferior ao de Büchner, o poder dramático da música de Berg perde parte de sua força; muito marcada pela estética "expressionista", essa ópera talvez não marque época, produto típico que é de um momento determinado.

Enquanto prosseguia na composição dessa obra de envergadura, Berg interrompeu por duas vezes seu trabalho para escrever duas composições encomendadas por intérpretes desejosos de valorizar seu virtuosismo. A primeira é a cantata *Der Wein* (O *Vinho*), feita a pedido da cantora Ruzena Herlinger na primavera de 1927: trata-se de uma grande ária de concerto para soprano e orquestra, e que se situa próxima de *Lulu*: apresenta as mesmas características, utiliza as mesmas técnicas, e tem idêntica sonoridade de orquestra. O texto escolhido consiste em três poemas de Baudelaire na tradução alemã de Stefan Georg; Berg escreveu uma linha vocal capaz de se adaptar tanto ao alemão quanto ao francês (na verdade, a prosódia francesa não é sempre respeitada). A segunda dessas produções é o *Concerto para Violino e Orquestra* encomendado pelo violinista Louis Krasner; este concerto foi composto num prazo extremamente curto se comparado com o tempo médio de elaboração de todas as obras de Berg. Traz como dedicatória a frase "À memória de um anjo" e apresenta-se como homenagem fúnebre a Manon Gropius, filha de Alma Mahler e do arquiteto Walter Gropius, e que morreu com a idade de dezoito anos. Esse concerto é a última obra de Berg. Terminado a 11 de agosto de 1935, foi apresentado em pri-

* *Lulu* foi levada à cena, na íntegra, pela Ópera de Paris, em 1978, tendo como regente Pierre Boulez (N. dos T.).

meira audição a 15 de abril de 1936, depois da morte do autor, em um festival da Sociedade Internacional de Música Contemporânea, em Barcelona; a execução, que deveria ter sido dirigida por Anton Webern, esteve finalmente a cargo de Hermann Scherchen. Nessa obra, Berg ensaia uma tentativa de conciliar série e tonalidade; para isto emprega uma série em que terças maiores e menores se sucedem, o que cria uma espécie de oscilação e de ambiguidade entre os tons relativos de sol menor e si bemol maior. Quatro movimentos se sucedem, encadeados dois a dois e o último consiste em variações sobre o coral *Es ist genug*: Berg faz alternar a sua própria harmonia serial com aquela empregada por Bach na cantata *O Ewigkeit du Donnerwort*.

Alban Berg viu-se forçado a interromper suas atividades porque um abcesso de origem mal conhecida enfraqueceu consideravelmente sua saúde, obrigando-o a se desligar dos compromissos em setembro de 1935. Em novembro, porém, deixou o campo e voltou para Viena a fim de se ocupar com a execução de *Lulu Symphonie* extraída de sua segunda ópera – que teve como modelo os três fragmentos de *Wozzeck* – durante o verão de 1934; a primeira audição foi dada em Berlim no fim desse ano, sob a regência de Erich Kleiber. A apresentação vienense ocorreu a 11 de dezembro de 1935; a despeito de sua enfermidade, Berg pôde acompanhar os ensaios e assistir ao concerto: foi a última vez que ele deveria ouvir sua própria música, e a única ocasião que teve de ouvir a orquestra de *Lulu*.

O cansaço causado por esse esforço agravou seu estado de saúde; manifestou-se uma leucemia que não pôde ser remediada com transfusão de sangue; suportou a doença com calma e não sem senso de humor; durante alguns dias acreditou-se que estava salvo, mas seu estado piorou no dia 22 de dezembro; morreu na véspera do Natal de 1935 no hospital para onde fora transportado.

Na época, apenas seus amigos mais próximos reconheceram plenamente a qualidade do músico que desaparecia. Como o nazismo havia praticamente proibido toda música "degenerada", a obra de Berg deveria sofrer um eclipse de dez anos. Só por volta de 1945 ela ressurgiu do silêncio em que estava mergulhada e adquiriu rapidamente uma notoriedade universal; a tal ponto que *Wozzeck* é considerado atualmente como o protótipo da ópera contemporânea.

No dizer de seus amigos e de testemunhas de sua vida, Berg foi um homem de excepcional sedução. De alto porte e fisionomia aristocrática, via-se nele um dos representantes da alta burguesia vienense. Os retratos que dele ficaram revelam uma inegável afabilidade. O traço dominante de seu caráter foi a fidelidade como amigo; demonstrou sempre uma apaixonada deferência por Schoenberg que soubera despertar nele os dons de compositor e valorizá-los do modo mais convincente. Suas relações com Webern foram muito próximas, desde o período de aprendizagem comum até a sua morte; embora a estética de ambos tivesse poucos pontos em comum, é curioso notar o quanto eles se tinham reciprocamente em alta estima. Feliz no casamento, levou vida retirada, dedicada acima de tudo a seu trabalho como compositor; ensinando composição desde 1919 teve numerosos alunos. Estes o consideravam não apenas como professor, mas como verdadeiro amigo, dedicado a conduzi-los na procura de sua própria personalidade.

Precisamos nos deter, ainda que rapidamente, no talento de Berg como polemista. Escreveu um certo número de artigos num estilo brilhante, ao qual não podemos deixar de nos referir se desejamos compreender a personalidade tão atraente de seu autor. Esses artigos ora são análises, ora polêmicas virulentas conduzidas com espírito sarcástico, ora explicações, justificações ou dados sobre suas próprias obras. Escreveu, em particular, uma resposta "Contra Hans Pfitzner", que se mantém como modelo do panfleto de oposição ao academismo ressequido. Concluído o *Kammerkonzert*, enviou a Schoenberg a análise desta obra, na qual se pode verificar a sólida formação clássica recebida do mestre.

Já se disse que a obra de Berg não é senão uma imensa ópera; é verdade que, no conjunto, pode-se acentuar seu caráter eminentemente dramático, paroxístico, mesmo. Contudo, essa tendência pós-romântica é contrabalançada por uma preocupação de levar a forma a um tal grau de complexidade que não é possível pensar em avançar mais neste sentido. Estudando-se a evolução de Berg é difícil separar sua obra dramática de sua obra instrumental, já que ambas apresentam as mesmas tendências trágicas e as mesmas preocupações formais. Já se disse que, dentro da trilogia vienense, Schoenberg representaria, de certo modo, o centro, Webern estaria sempre atraído pelas soluções mais radicais, enquanto Berg se teria consagrado, por gosto e por temperamento, a uma espécie de ligação com o passado.

De fato, a obra de Berg é marcada do começo ao fim pela tradição pós-romântica; ela sofre, em particular, a influência de Mahler e das obras da juventude de Schoenberg. Berg conservou-se muito preso à corrente vienense da música, podemos dizer mesmo à sua expressão vienense. De mais a mais, encontra-se nele uma obsessão pelas citações tanto de um texto musical (primeiros compassos de *Tristão*, canções populares) quanto de uma forma determinada de orquestra (orquestra da *Sinfonia de Câmara* de Schoenberg para uma das principais cenas de *Wozzeck*); enfim, ao escrever variações sobre um coral de Bach ele tentou uma síntese do mundo tonal com o mundo não tonal usando um recurso bastante engenhoso que consistia em fazer coincidir as quatro primeiras notas do coral com as quatro últimas da série que serve de base ao *Concerto para Violino*.

Parece, por todos esses motivos, que Berg chega a alcançar, neste momento, uma popularidade incomparavelmente maior que a de Webern e que chega a eclipsar mesmo a fama de Schoenberg. Em muitos círculos musicais de todo refratários à Escola de Viena em geral, e sobretudo ao pensamento teórico que a anima, Berg foi considerado como o único gênio suficientemente "musicar' que consegue fazer "música" partindo de princípios que nada têm de "musical"; daí a proeminência constatada da liberdade sobre o rigor, do gênio sobre a escolástica, descobertas estas como se vê muito simpáticas da parte de observadores que não sabem distinguir os mecanismos psicológicos e técnicos de uma obra tão complexa. Resumindo, fizeram desse compositor um refém de pessoas bem-pensantes que se divertem às vezes em brincar na vanguarda, mas que voltam, comovidos, porém tranquilizados, dessas incursões por países distantes. Portanto, apesar do ouvido do público, não foi tanto para Berg que se voltaram os músicos jovens no momento em que tomaram conhecimento do conjunto das obras dos três músicos vienenses. Para eles Webern aparece como possuidor de qualidades estilísticas poderosas, enquanto Berg carrega um fardo estético por demais heterogêneo para servir-lhes de ponto de partida para a criação de seu próprio instrumento de trabalho. Alguns compositores da geração anterior (Dallapiccola, particularmente) sofreram nítida influência de Berg, mas esta é superficial, e o expressionismo se dissolve facilmente para dar lugar a um apego inesgotável a referências tradicionais. Fato curioso, a profunda personalidade de Berg (e por isto entendemos seu gênio no estabelecimento de relações formais altamente individualizadas em sua complexidade) não logrou formar uma descendência espiritual. Talvez, em nossos dias, a procura estilística seja muito aguda para poder absorver, desde agora, essa proliferação de relações que, em Berg, têm o privilégio de se exercer sobre uma linguagem que já existia. Mas, antes de se tirar certas conclusões, devemos analisar o percurso de Berg ao longo de toda a sua vida de compositor e ver como ele chegou a preferir e a escolher tais soluções ao invés de outras.

Para maior comodidade, podemos de modo geral separar a obra de Berg em três grupos que correspondem a três períodos de sua existência: 1. período de preparação que vai da *Sonata para Piano*, *opus* 1 até *Peças para Orquestra*, *opus* 6, o que abrange os anos de 1907 a 1914; 2. período de realização em que figuram suas três obras-primas mais importantes: *Wozzeck*, *Kammerkonzert* e *Suíte Lírica*; estende-se de 1917 a 1926; 3. período de pesquisas que vai de 1928 a 1935; e que marca o encontro de Berg com o sistema serial e as hesitações que experimentou para transpor essa etapa também definitiva; é o período de *Lulu*, da cantata *O Vinho* e do *Concerto para Violino.* A nós, pessoalmente, o segundo período parece, de longe, o mais importante e o que alcançou maior êxito no domínio da criação; é aí que devemos buscar, aparentemente, uma certa essência da arte da composição, tal como Berg desejava entender e praticar.

Na *Sonata para Piano*, *opus* 1, e até os *Cartões Postais*, *opus* 4, Berg vai dissolvendo, progressivamente, as constantes da linguagem tonal. A *Sonata* ainda é escrita em si menor, mas o *Quarteto*, *opus* 3, já escapa totalmente às leis da tonalidade. Na *Sonata*, em que a influência da *Sinfonia de Câmara* de Schoenberg é manifesta, encontra-se um sentido da construção cíclica fortemente enraizado em proposições temáticas utilizadas de maneira completamente funcional. Todos os temas, todos os desenvolvimentos importantes demonstram grande preocupação com a unidade e também com a variação. O *Quarteto*, *opus* 3, marca um aprofundamento nestas mesmas preocupações; completamente fora das funções tonais, sua harmonia se prende mais estreitamente à noção de intervalo. Do ponto de vista da continuidade dos desenvolvimentos, o trabalho dos motivos é aí muito mais sutil do que nas primeiras obras; enfim, quanto à expressão, esse *Quarteto* não está tão distante da *Suíte Lírica* que só viria uns quinze anos mais tarde. Certas formas de escrita instrumental já trazem tão forte a marca de Berg que serão encontradas, sem grandes mudanças, em obras posteriores. Enquanto a *Sonata* era em um só movimento, o *Quarteto* comporta dois, que se opõem tanto no caráter quanto no andamento; vê-se que ainda estamos longe da multiplicidade e da complexidade da *Suíte Lírica.* Devemos assinalar que só no correr desse período se encontra a única tentativa de "pequena forma" que jamais ocorreu em sua obra, excetuando-se os *Lieder.* Enquanto, nessa época, a grande preocupação de Schoenberg era precisamente a "pequena forma" (*Peça*, *opus* 19, e mais tarde *Pierrot lunaire*), enquanto Webern encontrou nela, e para toda a vida, seu meio de expressão mais adequado, acredita-se que Berg nunca se sentiu muito à vontade nesse campo, uma vez que a experiência começada em *Peças para Clarineta e Piano* nunca se repetiu. Além do mais estas não se enquadram verdadeiramente na noção de "pequena forma" e são, antes, uma redução, uma condensação de um tipo formal mais amplo.

As *Peças para Orquestra*, *opus* 6, marcam, ao lado dos *Cartões Postais de Altenberg*, *opus* 4, o primeiro contato de Berg com a grande orquestra. Encontramos, tanto na sua escrita como no seu modo de instrumental uma irreprimível tendência à complexidade. Sua orquestra não é o que se pode chamar de "clara"; ele antes apela para uma tradição Wagner-Mahler diferente da de Strauss. Nas *Peças*, *opus* 6, a densidade sonora chega ao ponto de saturação por acumular e superpor todas as categorias de timbres. Não se trata, no caso, de uma densidade ilusória, devida a simples duplicações, mas a uma acumulação de partes reais, o que não acontece sem que, às vezes, haja incompreensão dos diversos desenhos atribuídos a grupos instrumentais diferentes.

A execução se revela muito difícil – atendo-se ao propósito de evitar uma opacidade nociva ao discurso – tanto pelo peso e pela falta de maleabilidade da dinâmica quanto por uma repartição inadequada dos motivos principais e dos secundários. Nas *Peças*, Berg cria uma sonoridade orquestral que deixa transparecer aquela que irá empregar, anos mais tarde, em *Wozzeck*; a terceira peça é característica neste sentido. Com essa obra se encerra o período que chamamos de preparação e no qual vemos o compositor tomar consciência tanto de suas necessidades pessoais quanto do contexto histórico em que se encontra; ele também consuma o rompimento com o mundo tonal e consolida os meios de criar uma hierarquia fora da tonalidade pelo emprego adequado do material temático. Essa primeira evolução se produz sem choques: por ela, e por seu trabalho, Berg estará naturalmente preparado para escrever suas principais obras-primas.

Tanto na evolução de Berg, quanto na história da música, *Wozzeck*, *Kammerkonzert* e *Suíte Lírica* são marcos capitais; estas obras constituem pontos de contato da maior importância dentro dos três campos a que pertencem: a ópera, a formação de câmara e o quarteto de cordas. Ali se encontram as mesmas preocupações formais, quase as mesmas manias: por exemplo, o uso de formas simétricas em que uma parte é o retrógrado exato da outra. Já vimos que, para *Wozzeck*, Alban Berg precisou dar forma definitiva aos fragmentos de Büchner; reduziu o número de cenas de 26 para 15 e deu-lhes um esquema dramático mais tradicional do que aquele tentado por Büchner, a julgar pelas duas obras terminadas que nos deixou. Esse esquema por ser assim descrito: a) *exposição*, que com as cinco primeiras cenas forma o primeiro ato; b) *peripécia*, que comporta as cinco cenas seguintes e constitui o segundo ato; c) *catástrofe*, com as cinco últimas cenas reunidas no terceiro ato. Num resumo do enredo, diremos que se trata da história de um pobre soldado: seus superiores abusam de sua simplicidade, e sua amante Maria, o engana; ele a mata e depois se suicida. A armação formal que Berg deu ao texto iria servir para que estabelecesse fortemente a arquitetura de sua música. Encontra-se um certo paralelismo entre os atos I e III que enquadram o ato II, mais longo e mais importante; deste modo chega-se a um esquema A-B-A. Além disso, o ato II emprega formas mais rigorosas do que as formas livres utilizadas nos dois outros atos; enfim, cada ato termina por uma cadência sobre o mesmo acorde, apresentando, porém, modificações em sua disposição.

As cinco cenas do primeiro ato são assim dispostas: uma *Suíte*, uma *Rapsódia*, uma *Marcha Militar*, a que se seguem uma *Berceuse*, uma *Passacale* e um *Rondo*. Estas cinco cenas podem ser descritas como peças características (*Charakterstücke*), cada uma delas descrevendo as relações da personagem central, Wozzeck, com as outras personagens do drama, à medida que eles vão aparecendo. As cinco cenas do segundo ato constituem os cinco movimentos de uma sinfonia: *movimento de sonata*, *fantasia e fuga*, *largo*, *scherzo*, *rondo con introduzione*. As cinco últimas cenas do ato III podem ser consideradas como *invenções*: primeira cena, invenção sobre um tema; segunda cena, invenção sobre um som (trata-se da famosa cena do assassinato de Marie, com um *si* repetido constantemente até que toda a orquestra se transforme em uma ampliação monstruosa dessa única nota; o efeito é considerável); terceira cena, invenção sobre um ritmo; quarta cena, invenção sobre um acorde (em que se encontra um efeito sonoro referente ao afogamento de Wozzeck, que dá a impressão de algo tragado pelas águas) seguida de outra invenção sobre uma tonalidade (interlúdio da orquestra em ré menor); quinta cena, invenção sobre um movimento regular de colcheias (que encerra a ópera num clima de indiferença musical comparável à indiferença das crianças, no drama, em face da morte dos dois protagonistas).

Segundo o que foi exposto poderíamos acreditar que Berg retorna à antiga forma de ópera com números separados, como se fazia antes de Wagner; na realidade, seu gênio se revelou ao resolver a antinomia que existe entre uma concepção compartimentada e o drama musical contínuo, tal como Wagner nos legou. *Wozzeck* marca, por isto, uma síntese da ópera como tal, e pode ser que neste sentido tenha terminado definitivamente a história desta forma; depois de semelhante obra, tudo indica que o espetáculo musical deve buscar outros meios de expressão. Do ponto de vista temático, o *leitmotiv* desempenha um papel muito mais diferenciado do que em Wagner; serve, de fato, para elaborar as formas, integrando assim, do modo mais satisfatório e adequado possível, o pensamento dramático ao pensamento musical. Embora seja impossível, num breve resumo, expor as inúmeras utilizações desse processo – o motivo submetido a múltiplas variações, dando ao conjunto total das quinze cenas de *Wozzeck* a maior coerência, sentimos necessidade de insistir sobre esse emprego das formas musicais na ópera, porque Berg conferia a ele a maior importância. Escreveu sobre o assunto um artigo em que defendia sua concepção e usava de agressiva virulência contra seus detratores.

Podem acreditar no que digo – escreve –, todas as formas musicais encontradas no curso da obra são bem-sucedidas. Posso demonstrar, do modo mais profundo e mais persuasivo, sua exatidão e seu fundamento. Quem quiser se certificar disto que venha me procurar. Atenderei de boa vontade.

Em outro texto, sempre a respeito de *Wozzeck*, Berg diz ainda:

A cada cena, cada música de entreato devia-se, portanto, atribuir uma feição musical própria e identificável, uma autonomia coerente e claramente delimitada. Esta exigência imperiosa teve como consequência o emprego tão discutido de formas musicais antigas e novas, que geralmente não são utilizadas em *música pura*. Só elas podem garantir o sentido implícito e a nitidez das diferentes partes.

E acrescenta algo de importante:

Tendo algum conhecimento da multiplicidade das formas musicais contidas nessa ópera, bem como do rigor e da lógica com que foram elaboradas, e da perícia aplicada até em seus mínimos detalhes, ninguém no público, capaz de distinguir essas diversas *fugas* e *invenções*, *suítes* e *sonatas*, *variações e passacale* – desde que se levanta o pano até o momento em que se fecha pela última vez – deixaria de ter a atenção absorvida pela própria ideia da ópera, transcendente ao destino individual de *Wozzeck*. – Creio que consegui.

Assim vemos Berg perseguir a eficiência – dramática neste caso –pela mais requintada elaboração formal; é esta mesma tendência que encontramos integralmente – sob forma puramente instrumental – no *Kammerkonzert* e na *Suíte Lírica*. Assinalemos ainda em *Wozzeck* o emprego reiterado da voz em *Sprechstimme* (ou *Sprechgesang*), do mesmo modo que Schoenberg o havia feito em sua ópera *Die Glückliche Hand* e em *Pierrot lunaire*. Essa utilização da voz faz parte da atitude de Berg com relação aos problemas vocais em geral: ele não faz questão apenas de utilizar a voz sob a forma de *bel canto*, introduz a "declamação rítmica" que salvaguarda todas as prerrogativas de uma "estruturação" musical absoluta, o que o recitativo não lograria alcançar. Por outro lado, tal emprego facilita a compreensão do texto e enriquece consideravelmente os recursos teatrais da voz que pode passar por todos os estágios intermediários entre a *pura fala* e *o puro canto*. Em artigo sobre o assunto, Berg se refere, aliás, não sem senso de humor, a um *bel parlare*.

O *Kammerkonzert* se situa sob o signo de uma "ordenação ternária dos acontecimentos". Esta obra é, talvez, a mais rigorosa jamais escrita por Berg; comporta três movimentos: 1. *Thema scherzoso con variazioni*, 2. *Adagio*, 3. *Rondo rítmico con introduzione* (cadência). Comporta, igualmente, três famílias instrumentais: 1. instrumento de teclado: piano; 2.

instrumento de arco: violino; 3. instrumento de sopro: o conjunto da formação instrumental. O primeiro movimento é confiado ao piano e ao conjunto de sopros; o segundo ao violino e ao conjunto de sopros; o terceiro ao piano, ao violino e ao conjunto de sopros; este movimento é precedido por uma cadência para os dois instrumentos solistas. Na concepção formal propriamente dita, vemos Berg se aproximar progressivamente da técnica serial: no primeiro movimento utiliza largamente as quatro formas contrapontísticas de um tema como base de desenvolvimento para as quatro primeiras variações, voltando a quinta ao tema original (essas formas são o original, a inversão, o retrógrado, e a inversão do retrógrado). Assim também, a frase melódica do violino no segundo movimento é composta das quatro formas de uma série; este movimento é, além disto, retrogradado a partir da metade. Enfim, o terceiro movimento é uma combinação da música dos dois primeiros, com modificações rítmicas e modificações de registros; essa combinação se efetua de três maneiras diferentes. Uma análise que chegasse aos pormenores nos conduziria a uma concepção da forma baseada inteiramente sobre um caráter ternário, enquanto recorre a estruturas gerais seriais, embora o vocabulário não seja inteiramente preso à série. O emprego das formas seriais provém, portanto, de uma elaboração mais ampla que a normal, sobre o próprio material temático, sendo este, por sinal, escolhido para tal fim.

Na *Suíte Lírica* Berg emprega, pela primeira vez em sua obra, a técnica dos doze sons estrita. Aplica essa técnica exatamente à metade da obra, em oposição a uma fatura "livre" da outra metade. Não é preciso dizer que as partes, seriais ou não, estão estreitamente imbricadas no curso de um movimento, nem tampouco que no quadro geral da obra os movimentos, seriais ou não, se respondem e formam simetrias muito bem concertadas. Já assinalamos a progressão dramática e o entrecruzamento de andamentos demonstrados no conjunto dos movimentos. A *Suíte Lírica* procura, mais uma vez, esquemas bem-estabelecidos; o primeiro movimento é uma *Sonata*; o segundo, um *Rondo*; o terceiro um *Scherzo*; o quarto, um *Lied*; o quinto, um *duplo Scherzo*; o sexto, uma *Rapsódia*. Do ponto de vista serial assinalamos o *Allegro misterioso* como o movimento mais acabado; ele comporta, de fato, um emprego das permutações da série que cria uma espécie de estatismo harmônico no interior de um movimento perpétuo; e, ainda, no que concerne à instrumentação, o emprego dos diferentes modos de usar o *arco* ou o *pizzicato*, alternando-se de maneira funcional, cria uma sonoridade essencialmente movediça e constantemente diferenciada. As relações temáticas entre um movimento e outro são extremamente sutis e formam uma cadeia ininterrupta do princípio ao fim do quarteto. É este, aliás, um dos aspectos mais originais de Berg, essa constante preocupação com um encadeamento temático que percorra toda a obra.

Na história do quarteto para cordas, a *Suíte Lírica* é, sem dúvida, um dos marcos mais importantes; tudo contribui para fazer desta obra um monumento privilegiado: a abundância e a diversidade da inspiração, a segurança e o domínio da forma, o acabamento e a perfeição da realização instrumental concorrem para a síntese que Berg buscava ao escrever esta obra. Tinha chegado a um ponto de equilíbrio extremamente raro e não iria mantê-lo nas obras posteriores.

Em *Lulu*, Berg não logra reencontrar a conjuntura excepcional concebida com tanta felicidade para *Wozzeck*. O texto não pode ser comparado com o de Büchner nem em teor poético nem em força dramática. A música se ressente com a estética bastante grosseira de Wedekind, que não é isenta de mau gosto, muito pelo contrário. O emprego das formas fixas, que tinha dado tão bons resultados em *Wozzeck*, aparece aqui bastante preso. No entanto, estava bem nas intenções do autor acentuar a síntese entre números separados e drama contínuo. Todos os episódios musicais da ópera derivam de uma única série de doze sons ligada à personagem Lulu; outras séries são extraídas desta série original para formar figuras temáticas relativas às diversas personagens ou a certas ações dramáticas. Assim as personagens de Aiwa, do Doutor Schoen, da Condessa Gschewitz, são delineadas por séries derivadas. Acontece, também, que o colorido instrumental é suficiente para caracterizar certas personagens: o atleta, em particular, é sempre associado à alternância de teclas brancas e pretas tocadas ao piano. (Assinalamos, além do mais, o primeiro emprego importante do vibrafone na orquestra.) Como em *Wozzeck*, encontramos outra vez, segundo as necessidades teatrais, verdadeiras músicas de cena; mas enquanto em *Wozzeck* eram marchas militares e valsas, aqui a ação exige danças modernas, entre outras um tango e uma valsa inglesa*. Diante desta observação, nos vemos tentados a estabelecer uma aproximação com a *Histoire du Soldat* de Stravínski, na qual é levada a efeito a mesma estilização de danças populares; em Stravínski o humor é talvez mais incisivo e mais virulento, pondo em evidência o lado risível de tal estilização, enquanto em Berg a escrita é de tal modo complexa que a paródia torna-se às vezes empastada. Por outro lado, as passagens mais "expressivas" da obra mostram uma nítida degenerescência em relação à qualidade a que Berg nos havia habituado. É fácil descobrir no texto musical como que um inegável intumescimento e, em outros momentos, um preciosismo desen-

* O autor parece referir-se ao bóston (N. dos T.).

xabido. Em *Lulu* a parte vocal é ainda mais trabalhada do que em *Wozzeck*; todos os recursos da voz são utilizados; Berg cuida com minúcia da notação dos diversos efeitos que vão da fala ao canto e isto em suas acepções extremas. Certos fragmentos são representados sem música, e em outros a coloratura desenvolve um virtuosismo quase tradicional. Vemos aparecer, igualmente, o recitativo, enquanto em *Wozzeck* este recurso só é usado em alguns compassos. Quanto ao emprego das formas, está ligado ao caráter das personagens e não apenas à organização das cenas; uma forma pode, portanto, circular em todo o curso da obra: a forma sonata e a forma rondo estão ligadas à vida e à evolução das duas personagens masculinas principais. É esta, por certo, a inovação mais interessante que Berg apresenta nessa obra; aí se encontra mais uma vez sua profunda necessidade de conceber conjuntos amplos e ramificados.

Não nos resta muita coisa a dizer sobre a cantata *O Vinho*, depois de termos falado sobre *Lulu*; a obra não é, aliás, da melhor inspiração de Berg, e traz estigmas de mau gosto e de preciosismo; nela encontramos, também, um tango que tem conexão direta com *Lulu*. Além disso, o compositor não se utilizou dos melhores poemas de Baudelaire. Ele não parece estar à vontade empregando a série, e tenta reencontrar as possibilidades tonais que não necessitam da técnica serial.

O *Concerto para Violino*, última obra de Berg, marca esse mesmo desejo de "conciliação"; contudo ele é mais bem-sucedido do que todas as outras obras desse período. Talvez isto se deva à escolha particularmente feliz da série utilizada, e talvez também a uma espécie de inspiração espontânea, já que sabemos que o concerto foi escrito em muito pouco tempo, fato excepcional para o autor. Como sempre, a forma demonstra visíveis preocupações de simetria; a primeira parte comporta dois movimentos, *Andante* e *Allegretto*, movimentos de andamento vizinho num nível médio; a segunda parte comporta, igualmente, dois movimentos *Allegro o Adagio*, dois andamentos extremos numa escala mais ampla. E ainda, os movimentos são dispostos em sentido contrário, dois a dois, ou seja, pode-se observar uma espécie de arco formado pelos andamentos. Mais uma vez, aqui, Berg entrega-se à sua tendência para a citação, ouvindo-se uma canção popular no segundo movimento, enquanto o quarto apresenta-se em forma de variações sobre um coral de Bach. É neste quarto movimento que podemos encontrar de modo mais vistoso a divisão de Berg entre o mundo tonal que desejaria conservar, e o mundo serial cuja necessidade ele pressente. Infelizmente, mesmo sendo engenhosamente tratadas, as relações entre esses dois universos não são nem um pouco conclusivas; e a lenda criada em torno dessa obra (foi sua última composição e o coral escolhido é um adeus ao mundo) não consegue, apesar de tudo, nos emocionar a ponto de justificar, em matéria de estilo, essa tentativa de síntese.

Digamos que este foi, talvez, o gesto dramático mais espetacular de Berg. A tonalidade desse concerto oscila entre os dois tons relativos de sol menor e si bemol maior; forçoso é reconhecer que esta volta a uma tonalidade vaga, diluída, obteve melhores resultados do que as obras em que Schoenberg procede de modo similar, como, por exemplo, na *Ode a Napoleão*.

Pelo estudo da obra de Berg, deduz-se facilmente que ele foi um dos compositores mais marcantes de seu tempo. Pela profunda complexidade orgânica que imprime a suas obras, pelo intenso poder dramático que a elas comunica, consegue dar a uma forma o máximo de sua força de significação. Os meios técnicos de que se serviu – em *Wozzeck*, por exemplo, para descrever as situações mais tensas – recorrem aos mais rigorosos processos de elaboração. Pode-se citar, em particular, a fuga do segundo ato que tão bem descreve a falta de entrosamento da conversa entre Wozzeck e os outros dois protagonistas. Por outro lado, já nos referimos muitas vezes à sua necessidade de fazer citações; citação de um trecho musical, de uma forma de orquestração, de uma canção popular etc. Esta exigência não decorre unicamente do que se chamou um gesto dramático; focaliza, ao contrário, a "discrepância" que existe no espírito de Berg entre a música que é composta e uma espécie de clichê musical; neste ponto ele está próximo de um certo aspecto de Stravínski. As músicas de cena encontradas em profusão tanto em *Wozzeck* quanto em *Lulu* devem ser compreendidas como clichês integrados organicamente, em bloco, nos desenvolvimentos musicais; assim nos encontramos em presença de uma noção de valor mais ou menos intrínseca que se concede ao texto musical segundo a qualidade estética que lhe seja atribuída e o poder emotivo, anedótico, de que seja dotado. Estamos diante de uma arte poética voltada para a instalação de um estilo heterogêneo. Se relacionarmos Webern e Berg a seus equivalentes poéticos, poderemos dizer que a pesquisa de Webern se identifica, de bom grado, com a de Mallarmé nos *Sonetos*, enquanto a de Berg estaria próxima do espírito de Lautréamont. É nisto que a influência de Berg se manifesta atualmente menos decisiva que a de Webern, apesar do maior alcance imediato de sua música. Pode ser que, quando a estilística de nossa época estiver mais sólida, a influência de Berg se faça sentir de modo mais vantajoso. De qualquer forma, seria inconsistente encarar Berg como um herói despedaçado por contradições, ou considerá-lo apenas como resultado último do romantismo, exemplo inútil no presente. Mas ao contrário, transpondo-se a chave mesma de sua obra para além dos fenômenos que lhe deram origem, pode-se retirar de Berg a mais proveitosa das lições. Essa obra guarda ainda intacto todo seu potencial de influência; e isto lhe confere um valor insubstituível no campo da música de nossa época.

Debussy, Claude (Achille)

Compositor francês (Saint-Germain-en-Laye, 22 de agosto de 1862 – Paris, 25 de março de 1918)

Oriundo de uma família de pequeno-burgueses, nada o destinava à música. Os irmãos e a irmã, com quem, aliás, teve pouco contato no correr da existência, não tiveram dotes artísticos; nele, ao contrário, tais dotes manifestaram-se bem cedo: contam diversas anedotas sobre os primeiros contatos de Debussy com a música; a mais conhecida descreve a criança que executa ao piano velhas marchas militares ouvidas na rua... A carreira que seus pais planejavam para ele era a da marinha; uma temporada em Cannes, que marca seu primeiro encontro com o mar, ficou gravada por muito tempo em sua lembrança; foi também em Cannes que tomou as primeiras lições de piano com um certo Cerutti. Um pouco mais tarde, Madame Mauté de Fleurville, aluna de Chopin (e sogra de Verlaine), ouviu-o ao piano e ficou impressionada com suas qualidades: deu-lhe lições que constituíram sua verdadeira iniciação na aprendizagem musical. Incutiu nele o amor ao piano tal como ela mesma havia recebido de Chopin e, talvez, tenha sido a lembrança dessa iniciação decisiva que levou Debussy a compor, no fim da vida, os *Estudos para Piano* dedicados à memória de Chopin. Madame Mauté de Fleurville favoreceu de tal modo os progressos de seu aluno que em 1873 ele pôde entrar para o Conservatório, para a classe de solfejo de Lavignac e dois anos mais tarde, em 1875 (tinha então treze anos), para a de piano de Marmontel. O solfejo sempre foi uma disciplina estudada com muito cuidado no Conservatório de Paris, era uma espécie de introdução à escrita propriamente dita: dá ao ouvido a formação mais adequada. Lavignac parece ter se entendido muito bem com seu aluno; professor ainda moço nessa época, interessava-se de bom grado pelas considerações de Debussy sobre certos reparos quanto ao ensino daquela matéria. Mais forte no ditado musical do que em teoria, Debussy obteve a primeira medalha de solfejo em 1876. As lições de Marmontel foram mais tempestuosas: o professor, muito menos jovem, não compreendia que o aluno negligenciasse os exercícios para se dedicar às alegrias da leitura à primeira vista. Contudo, não deixava de perceber as qualidades excepcionais desse discípulo fora de série, como confidenciou uma vez a Ernest

Guiraud: "Este diabo de Debussy não gosta nada do piano, mas gosta muito da música". Guiraud iria desempenhar um papel decisivo nos futuros estudos de Debussy. Os progressos pianísticos deste não mereciam destaque; em 1877 obteve, porém, um segundo prêmio de piano, concedido mais ao músico do que ao virtuose: e daí não passou, guardando, por toda a vida, os gostos e desgostos experimentados na sua passagem pela classe de Marmontel. Não tocava bem Beethoven, segundo dizem, mas sentia-se muito à vontade com o *Cravo bem Temperado*, as sonatas de Schumann ou as peças de Chopin; tinha a seu favor um *toucher* cativante. Em aula, tinha o hábito de preludiar com arpejos e acordes cujo "barroquismo" muito espantava seu professor; tanto assim que, no dia em que Debussy obteve o prêmio de Roma, Marmontel se referiu a ele para Massenet e Delibes nestes termos: "Ah! Esse patife! Ainda na minha classe ele se regalava com as harmonias de Chopin! Meu medo é que agora não as ache mais bastante apimentadas..." A estas "harmonias apimentadas", não se pode dizer que Debussy tenha encontrado inspiração com seu professor de harmonia, Emile Durand; Maurice Emmanuel, em seu estudo sobre *Pelléas et Mélisande*, descreve tal personagem como alguém que não amava nem a música, nem a profissão, nem os alunos: Debussy guardou uma recordação nada amena de seu ensino, no qual o automatismo competia com a sensaboria. Tinha horror especialmente aos *cantos dados*; quanto às *marchas – rosalies* na gíria dos estudantes – eram elas a mania desse pedagogo e Debussy se rebelava contra esta forma tola de vulgaridade: não obteve prêmio algum em harmonia, deixando esta honra a discípulos melhores. Com o correr do tempo melhoraram as relações entre professor e aluno, uma vez que o jovem Debussy dedicava a seu mestre um *Trio para Piano*, *Violino e Violoncelo* com estas palavras até simpáticas: "Muitas notas, acompanhadas de muita amizade". Durante sua passagem pelo Conservatório ele suscitou animosidades duradouras: a mais notória foi a de Camille Bellaigue, o rival feliz da classe de piano e que, alguns anos mais tarde, haveria de ser um de seus mais acirrados detratores. Em 1879, Marmontel recomendou Debussy a uma senhora da sociedade, Nadedja Filaterovna de Meek, que procurava um pianista para fazer com ela a leitura à primeira vista de novas partituras: ela era ferozmente apaixonada por Tchaikóvski, e, apesar de nunca ter se aproximado dele pessoalmente, dedicava-lhe verdadeira veneração. Na abundante correspondência que manteve com seu compositor preferido, encontram-se algumas referências ao jovem *Bussy*, como ela o tratava. Graças a esse encontro, Debussy pôde ter contato com o cosmopolitismo europeu; percorreu a Europa, detendo-se em Florença, Veneza, Viena e Moscou; em Veneza, por intermédio de Madame de Meck, encontrou Wagner, e em Viena ouviu *Tristão* pela primeira vez: assim saiu de seu meio parisiense, bastante estreito. Depois de um verão tão brilhante, a volta ao conservatório não foi nada agradável. Em 1880, na classe de Bazille, Debussy obteve o primeiro prêmio em acompanhamento, prêmio este que exigia, a um tempo, conhecimento e habilidade. Pode-se avaliar o quanto eram desenvolvidos os dotes naturais do jovem músico: ele podia executar um baixo cifrado à primeira vista, acompanhar uma melodia improvisando, reduzir uma partitura de orquestra, transportar qualquer peça musical, o que representa, por certo, algo de mais interessante do que fazer as medíocres lições de harmonia. Quando chegou o momento de abordar a composição, Debussy preferiu a classe de Ernest Guiraud; no entanto, Massenet, titular da cadeira e mais famoso do que nunca, era a figura que verdadeiramente se destacava no momento (estamos em 1880). O respeito que Debussy manifestou por Massenet foi sempre um pouco distante. Mas ele se entendia muito bem com Guiraud, tanto como professor quanto como pessoa humana. Maurice Emmanuel conta com detalhe certas conversas de Debussy e Guiraud que provam como, muitas vezes, a previsão de um gênio se antecipa a suas realizações: já expunha verbalmente certos pontos de vista sobre o teatro lírico, que deveriam mais tarde resultar em *Pelléas*. Debussy passou o verão seguinte com Madame de Meck, e, segundo o testemunho dos filhos desta, teria passado três verões seguidos com essa família; muito se discutiu sobre a importância dessas temporadas na evolução do compositor e sobre os contatos que ele teria tido com a música no meio moscovita: alguns imaginam Debussy ouvindo cantos ciganos nos cabarés da cidade; outros acreditam que date dessa época a sua descoberta de Mussorgski e de *Boris Godunov.* Os contatos de Debussy com a música russa foram estudados longamente por André Schaeffner, que fez sobre o assunto considerações decisivas; a influência russa incidiu sobre ele de modo caprichoso, e tais viagens alargaram consideravelmente o horizonte familiar do compositor, qualquer que tenha sido a importância dos ciganos ou de Mussorgski: esse foi o ponto de partida para o interesse que ele manifestou durante toda a vida pela arte russa, interesse este reavivado quando Diaghilev veio à França com suas companhias de ópera e depois de ballet. O encontro de Debussy com os Vasnier foi, sem sombra de dúvida, um acontecimento importante para sua cultura geral e musical. Vasnier era um arquiteto culto, grande apreciador da arte de seu tempo; graças a ele Debussy conheceu a poesia e a pintura que mereciam consideração. Para Madame Vasnier, por quem esteve mais ou menos apaixonado, ele escreveu numerosas canções e assim adquiriu conhecimentos do *vocal* que se pode julgar excepcionais. (Conhecera Madame Vasnier no curso de canto de Madame Moreau-Sainti, onde era acompanhador. Era também repetidor do Coral Concordia, cujo presidente, Gounod, imediatamente se interessou por ele e proclamava seu gemo a quem quisesse ouvir.) Os Vasnier possuíam uma casa de campo em Ville-d'Avray que Debussy gostava muito de frequentar, pois ali encontrava o requinte e a independência que até então lhe haviam faltado. Desse período datam as primeiras músicas para canto de Debussy de que temos conhecimento, escritas para soprano ligeiro (Madame Vasnier); ficou-nos uma primeira versão de *Fêtes galantes* (sobre poemas de Verlaine); a célebre *Mandoline* foi composta nessa ocasião. Vasnier encorajou-o muito a preparar-se para o prêmio de Roma, nesse tempo chave de toda carreira musical. Debussy o obteve em 1884 com *l'Enfant prodigue*, cantata que revela seus dons dramáticos e líricos, mas também forte influência de Lalo e Massenet. Contam uma historinha bem curiosa e que revela a influência consentida, ou melhor, convencionada, de Massenet sobre as obras de um jovem compositor, cuja agressiva independência era notória; segundo Louis Laloy, Debussy havia mostrado a Guiraud uma partitura para *Diane aux bois* de Théodore de Banville. Guiraud lhe disse, então: "É preciso que você reserve isso para mais tarde, ou então você nunca irá obter o prêmio de Roma". Foi assim que Debussy, habilmente, polvilhou de Massenet a sua cantata a fim de agradar aos membros do Instituto, entre os quais a voz de Gounod foi, aliás, preponderante. Mais tarde, em uma página de *Monsieur Croche*, *anti-dilettante*, Debussy relatou com melancolia as impressões do dia em que foi declarado vencedor do concurso:

> Alguém me bateu no ombro e me disse com voz ofegante "você ganhou o prêmio!..." Acreditem ou não, porém posso afirmar que toda minha alegria ruiu! Vi com clareza os aborrecimentos, toda a confusão que traz fatalmente o menor título oficial. Além disto, senti que não mais estava livre...

Considerou sua estada em Roma como um verdadeiro suplício; decididamente, os prêmios de Roma *hors classe* não apreciam a vida na Villa Médicis (lembram-se das inúmeras anedotas ligadas à passagem de Berlioz?). Na correspondência com Vasnier ele critica fartamente a Villa Médicis; instalado num quarto conhecido como *túmulo etrusco*, ele se aborrece e sente falta do meio brilhante que frequentava em Paris. Os colegas, músicos, pintores ou escultores, inspiram-lhe, em geral, repulsa; acha-os grosseiros, incultos e nada interessados naquilo que para ele conta. Várias vezes ameaça pedir demissão, achando a vida em Roma totalmente "abominável"; diz-se incapaz de trabalhar, acha que suas faculdades de invenção estão em vias de se aniquilar, em suma, não consegue suportar tanto tédio. Entrementes trabalha nas "remessas" que o justifiquem: empreende uma ode sinfônica intitulada *Zuleïma*, segundo *Almanzor* de

Heine, volta *a Diane aux bois*, começada em Paris, por fim, compõe *Printemps*. O Instituto não ficou nada encantado com estas três remessas; os relatórios da Academia de Belas-Artes o demonstram; não se vê simpatia pelo jovem músico. A propósito de *Zuleïma*, lê-se o seguinte: "O senhor Debussy parece atormentado pelo desejo de realizar o bizarro, o incompreensível, o inexequível". Quanto a *Printemps*, vê-se a denúncia: "Esse impressionismo vago que é dos mais perigosos... nas obras de arte". Bem parece que é esta a primeira vez que se emprega o termo impressionismo para a música de Debussy; termo que então estava no auge da voga, uma vez que os pintores assim catalogados tinham tido acesso à celebridade através do escândalo.

Essas três partituras tiveram o mesmo destino, e só as conhecemos por ouvir dizer: de *Zuleïma*, Debussy diz laconicamente: "Ela se lembra muito de Verdi e de Meyerbeer"; *Diane aux bois* tampouco o satisfaz: desistiu de concluí-la; de *Printemps*, conhece-se uma versão sinfônica publicada muito mais tarde e cuja orquestração não é de Debussy: a partitura original estava prevista para coro e orquestra e só resta uma versão coral com redução para piano. Nunca foi dito claramente se Debussy havia, espontaneamente, desistido de realizar a orquestração antes de apresentar sua partitura aos membros do Instituto. *La Demoiselle élue* é, afinal de contas, a única obra acabada que data do período romano; esta "remessa" devia ser executada numa sessão organizada pelo Instituto para apresentar as obras do jovem compositor, mas só ficaram com *La Demoiselle élue*, e rejeitaram *Printemps*: Debussy, desgostoso por esta seleção arbitrária, retirou as duas obras, tanto que a primeira audição só ocorreu muito mais tarde; *La Demoiselle élue*, elaborada em 1887-1888, só foi executada pela primeira vez em 1893, pela Société Nationale. Ela marca o encontro de Debussy e, de modo geral, do meio simbolista francês com os pré-rafaelitas ingleses; trata-se, com efeito, de um poema lírico "d'après Dante-Gabriel Rossetti" em tradução francesa de Gabriel Sarrazin. A partitura ressente-se muito do lado "decadente" da estética pré-rafaelita; é uma música um tanto pálida, de um preciosismo às vezes insípido; em seus melhores trechos faz pressentir o que se irá encontrar, em outro nível de musicalidade muito mais rica e evoluída, em *Le Martyre de saint Sébastien*. Outra obra escrita nessa época, a *Fantaisie pour piano et orchestre*, só se tornou conhecida depois de sua morte: a Société Nationale deveria estreá-la a 21 de abril de 1890; não se sabe por que razão Debussy retirou a partitura no último momento e a obra não se executou; talvez a julgasse por demais escolar. Parece que a técnica sinfônica e o trabalho temático obedecem muito estreitamente aos imperativos da "grande" música de concerto tal como era concebida então, particularmente no círculo de Vincent d'Indy.

De volta a Paris no princípio de 1887, Debussy terminou ou até mesmo compôs suas remessas de Roma; reencontrou a atmosfera que lhe convinha, e sentiu-se imediatamente mais à vontade. Sabemos pouca coisa de seus primeiros anos em Paris depois de voltar de Roma: sempre revelou tal discrição sobre o assunto que não se pode esperar ultrapassar o mistério. Segundo informações de várias fontes, nem sempre concordantes, sabemos que começou uma *Chimène* sobre libreto de Catulle Mendes, obra que pouco depois não o satisfez; desistiu de apresentá-la ao público. Em 1887, conheceu Mallarmé e frequentou o apartamento da rua de Rome, então famoso entre a juventude intelectual por suas *mardis*; se apareciam muitos escritores, parece que dos músicos, Debussy teria sido um dos poucos a se aproximarem de Mallarmé; sabe-se que este último tinha um verdadeiro culto por Wagner, como, aliás, todos os simbolistas: Debussy não faltou à regra, e durante alguns anos foi um admirador fervoroso do mestre de Bayreuth, considerando-o o maior músico de seu tempo. Foi em 1888 que fez a primeira viagem a Bayreuth; voltou em 1889 e assistiu, com grande emoção, a *Parsifal*, *Tristão* e *Os Mestres Cantores*; em 1887 teria visitado Brahms, encontrado por ocasião de uma estada em Viena; teria tido a honra de com ele almoçar, e, sempre em sua companhia, de assistir à *Carmen*. A peregrinação a Bayreuth deixou-lhe maiores lembranças do que a suposta visita a Brahms: não seria de espantar. Sua descoberta de *Boris Godunov* situa-se em 1889 através de uma partitura emprestada por seu amigo Jules de Brayer; era, acredita-se, uma versão original ainda não retocada por Rimski-Korsakov. Esses diversos achados mostram-nos Debussy em plena formação: se não é possível detectar o sinal imediato e preciso das influências, podemos supor que elas foram profundas conforme atestam as produções dos anos que se seguem.

Em 1888, Debussy tinha publicado seis pequenas árias, as futuras *Ariettes oubliées* (título de conotações irônicas se pensarmos na indiferença com que foi acolhida sua primeira audição). Em 1890, apareceram os *Cinq Poèmes de Baudelaire*, também para canto e piano e nesta obra manifesta-se mais claramente a influência de Wagner; as *Ariettes oubliées* são "mais debussystas" que os poemas de Baudelaire. Em *Le Jet d'eau* pode-se mesmo encontrar certa influência russa – não Mussorgski, mas de Borodin. *Cinq Poèmes de Baudelaire* é uma das obras mais importantes de Debussy, mesmo que lhe tenha servido apenas como exorcismo. Liberado de uma pesada influência, poderia dirigir-se a outros horizontes que não conseguiria atingir sem antes "liquidar" a herança wagneriana. A exposição de 1889 revelou a Debussy o teatro javanês cuja estética de cena e cujas sonoridades musicais deveriam provocar nele um choque dos mais duradouros, e sobre o qual vamos encontrar referências muito mais tarde em sua correspondência; foi talvez graças a este teatro do Extremo Oriente que Debussy pôde se desprender da dominação wagneriana; e não é sem ironia que anota:

> Os anamitas mostram o embrião de uma ópera onde se encontra a fórmula tetralógica. Apenas com mais deuses e menos cenários. Um pequeno clarinete piccolo irritado dirige a emoção. Um tantã organiza o terror... e isto é tudo. Nada de teatro especial, nada de orquestra escondida. Apenas uma instintiva necessidade de arte, engenhosa em se satisfazer a si mesma...

O choque dessa tradição codificada de modo diferente, mas tão poderosa quanto a tradição do Ocidente, vai sem dúvida precipitar a ruptura da nova música com os elementos tradicionais europeus: podemos perguntar se tamanha impressão de liberdade não foi provocada pela ignorância das convenções rigorosas da música asiática. É verdade que as escalas sonoras eram mais ricas e mais específicas do que as usadas na Europa naquela época, as estruturas rítmicas formavam um complexo muito mais flexível; a própria capacidade acústica dos instrumentos era completamente diferente da dos nossos, mas foi sobretudo a poética que se impôs de maneira corrosiva (vale lembrar a aventura de Van Gogh e dos pintores japoneses mais ou menos na mesma época).

Nesta Paris de 1890 Debussy travou conhecimento com Satie; muito se falou da influência deste sobre aquele (o emprego dos acordes de nona encadeados paralelamente e os de quarta superpostos); dizem mesmo que as *Sarabandes* de Satie, suas *Gymnopédies* mostraram a Debussy o caminho das descobertas harmônicas que ele iria levar a um alto grau de requinte. Se essa influência por acaso se deu, não é menos certo que é mesmo a Debussy, e só a ele, que se deve a descoberta de um vocabulário harmônico: Satie ficou no estágio do colecionador de objetos raros; não conseguiu integrar suas "descobertas" num vocabulário coerente. Ao orquestrar duas *Gymnopédies*, Debussy fê-lo mais para pagar uma dívida de gratidão a um amigo do que para prestar a Satie uma verdadeira homenagem. Já neste tempo a originalidade de Debussy era manifesta: a elaboração do célebre *Prélude à l'Après-Midi d'un Faune* data de 1892-1894. Antes de tocar nesta obra primordial, é preciso citar o *Quarteto para Cordas* em sol, composto em 1893 e interpretado pela primeira vez pelo Quarteto Ysaye na sexta-feira, 29 de dezembro do mesmo ano. É difícil compreender, hoje em dia, as reticências com que foi recebida essa primeira audição: como música de câmara, o quarteto de cordas passava por ser a quintessência da arte musical, mas o espírito das pessoas mais capazes de apreciar essa obra estava repleto de preconceitos ligados à lembrança da escola vienense (Haydn, Mozart e mais especialmente Beethoven, cuja descoberta na França era relativamente recente). Surpreenderam-se por encontrar uma obra que não era um verdadeiro quarteto, isto é, que não obedecia aos esquemas tradicionais extraídos das obras-primas vienenses. Os modelos na época eram César Franck e Vincent d'Indy; mesmo *o Andantino* do quarteto não deixa de ter umas reminiscências de César Franck. Apesar da construção "cíclica" adotada, o quarteto de Debussy, por sua liberdade formal, pela harmonia nova em sua essência, pela escrita instrumental, que nas melhores páginas nada devia aos predecessores conhecidos, desnorteou o amador esclarecido: o próprio Ernest Chausson, então amigo íntimo de Debussy, não podia aceitar integralmente uma obra que, na sua opinião, ia contra os cânones estéticos considerados como intangíveis; entretanto, Paul Dukas logo fez justiça à obra de Debussy reconhecendo nela uma "essência melódica... concentrada, mas de rico sabor", um "tecido harmônico de uma poesia penetrante e original", uma "harmonia nem conflitante nem dura... apesar de grandes ousadias"; acrescentava: "O senhor Debussy se compraz particularmente com a sucessão de acordes abafados, de dissonâncias desprovidas de crueza, mais harmoniosas em sua complexidade do que as próprias consonâncias..." Mesmo que não seja a obra-prima de Debussy, esse quarteto marca uma renovação inegável no espírito da música de câmara, liberta-a da estrutura rígida, da retórica imobilizada e da estética rigorista em que os sucessores de Beethoven mantinham-na prisioneira; essa obra introduz a "modernidade" numa das formas da literatura musical menos propensas a aceitá-la, quando mais não fosse pelo número restrito e as exigências de uma casta: a dos "amadores esclarecidos".

Essa "modernidade" iria triunfar com facilidade junto a um público menos restrito, menos prevenido sobretudo, que não elevava suas pretensões a ponto de se acreditar privilegiado, "especialista" num campo fechado e proibido ao mais comum dos amadores; o *Prélude à l'Après-Midi d'un Faune*, apresentado em primeira audição no dia 22 de dezembro de 1894 na Société Nationale sob a direção de Gustave Doret, obteve sucesso imediato: foi tão aplaudido que tiveram de bisá-lo. Inegavelmente o *Prélude* demonstra uma audácia muito maior do que o *Quarteto para Cordas*: sem dúvida, isto se deve em grande parte ao poema cujos prolongamentos incitavam o pensamento a se libertar de todo entrave escolástico. Essa obra-prima de Debussy tornou-se logo sua peça de concerto mais popular; marca o advento de uma música que fora apenas pressentida por Mussorgski. Muitas vezes se escreveu: a flauta do *Faune* instaurou uma nova respiração na arte musical; aí, não é tanto o desenvolvimento que se desorganiza, quanto o próprio conceito de forma, liberado dos limites impessoais do esquema, e dando livre curso a uma expressividade móvel e flexível que exige técnica de adequação perfeita e instantânea. O emprego dos timbres aparece essencialmente novo, de uma delicadeza e de uma segurança de execução excepcionais; o emprego de certos instrumentos como a flauta, a trompa ou a harpa já se reveste das principais características da maneira de Debussy em obras mais tardias; a escrita para as madeiras e os metais, de incomparável leveza, realiza um milagre de dosagem, de equilíbrio e de transparência. Essa partitura contém um potencial de juventude que é um desafio ao desgaste e à decadência; e assim como a poesia moderna tem suas raízes em certos poemas de Baudelaire, podemos dizer, com fundamento, que a música moderna desperta com *L'Après--Midi d'un Faune*. Note-se que Debussy teve, de início, a intenção de escrever um prelúdio, um interlúdio e uma paráfrase final para o poema de Mallarmé; mas não conservou senão a ideia do prelúdio. Mallarmé agradeceu ao jovem compositor dedicando-lhe um exemplar de seu poema com a seguinte quadra:

Sylvain d'haleine première
Si la flûte a réussi
Ouïs toute la lumière
Qu'y soufflera Debussy*.

Em 1893, a peça *Pelléas et Mélisande*, de Maeterlinck, foi representada no teatro Bouffes-Parisiens; como todos os jovens intelectuais de então, Debussy ficou vivamente impressionado por esta manifestação, uma das mais importantes do simbolismo e, encorajado por seus amigos daquele momento, resolveu musicar esse drama. Foi visitar Maeterlinck na Bélgica, a fim de pedir sua autorização. Pierre Louys tomou parte nessa viagem; em uma de suas cartas, faz um relato bastante divertido desse encontro, e nela não se pressente a atmosfera de incompreensão e mau humor que iria envenenar as primeiras representações. O lançamento de *Pelléas* nas livrarias deu-se nesse ano de 1892, em que se situa a história que descreve Debussy, no curso de um passeio sem destino, topando de repente com um exemplar recém-aparecido e adquirindo-o, sem demora; ora, como a ópera só foi representada em 1902, afirmou-se muitas vezes que sua composição levara dez anos para ser concluída. O fato é que Debussy trabalhou três ou quatro anos na elaboração da obra (uma primeira versão foi terminada por volta de 1896); a forma definitiva exigiu um esforço de maior fôlego que se estendeu esporadicamente pelos anos seguintes. Até a data da estreia, ele estava sempre retocando a partitura; e no último momento ainda teve de acrescentar os interlúdios necessários para as mudanças de cenário.

* Fauno de hálito sem par / Se a flauta tão bem soou / Ouve toda a luz brilhar / Ao sopro de Debussy (tradução livre) (N. dos T.).

De qualquer modo, sua atividade não se limitava a *Pelléas*. Musicou *Trois Chansons de Bilitis* (1897), de Pierre Louys; elas participam de sua maior preocupação no momento: a voz. Escritas como que à margem da ópera, marcam a eclosão do gênio melódico de Debussy situando-se muito além das primeiras criações, quer as *Ariettes oubliées*, quer os *Cinq Poèmes de Baudelaire*.

Os três *Nocturnes*: *Nuages*, *Fêtes*, *Sirènes*, datam de 1897-1899; o último, que precisa de um coro feminino, é desastradamente suprimido em muitas execuções por razões econômicas. (A mutilação desse tríptico, praticada tantas vezes, é um verdadeiro contrassenso que prejudica as outras duas peças, destruindo o equilíbrio global e quebrando toda a proporção do conjunto. A significação de *Fêtes* fica particularmente prejudicada.) Os *Nocturnes* foram primeiro planejados como obra sinfônica para violino principal e orquestra, destinada ao violinista Ysaye; mas como as relações com Ysaye se tornaram ásperas, não se sabe por quê, Debussy afinal escreveu a obra só para orquestra sem que se possa imaginar qual a ideia inicial. Os dois primeiros *Nocturnes* foram executados a 9 de dezembro de 1900 por Lamoureux que dirigiu também a 27 de outubro 1901 a estreia da obra em sua totalidade. O título se deve à influência do pintor Whistler, amigo de Mallarmé, que tem alguns quadros assim denominados; em um comentário breve, o próprio Debussy descreve suas intenções:

> O título *Nocturnes* visa adquirir aqui um sentido mais geral, e, sobretudo, mais decorativo. Não se trata, portanto, da forma habitual do Noturno, mas de tudo que esta palavra contém de impressões e de luzes especiais. *Nuages*: o aspecto invariável do céu com a marcha lenta e melancólica das nuvens acabando numa agonia cinzenta docemente manchada de branco. *Fêtes*: o movimento, o ritmo dançante da atmosfera com seus lampejos de luz brusca, também o episódio de um cortejo (visão deslumbrante e quimérica) que passa pelo meio da festa, confundindo-se com ela; mas o fundo permanece, obstina-se e é sempre a festa e sua mistura de música, de poeira luminosa participando de um ritmo total. *Sirènes*: o mar e seu ritmo incontável, depois, entre as ondas prateadas pela lua, ouve-se o canto misterioso das sereias, que ri e passa.

Nos *Nocturnes* Debussy prossegue a busca de liberdade empreendida com *Prélude à l'Après-Midi d'un Faune*, renuncia aos esquemas sinfônicos tradicionais e à temática obrigatória das obras para grande orquestra, com tal maturidade que vai afirmar a sedução de uma textura harmônica mais complexa e de um colorido instrumental mais rebuscado: o corne-inglês de *Nuages* prolonga a flauta de *Faune*, dentro da nova respiração suscitada pelo compositor; sua ambição estética obriga-o a uma nova sintaxe que foge dos cânones e das proibições da escola de César Franck. Os *Nocturnes* se mantêm com um frescor e uma beleza de inspiração que os colocam bem no primeiro plano do repertório contemporâneo.

Fala-se ainda da primeira representação *de Pelléas et Mélisande* e do escândalo que provocou, escândalo este precedido pelo de *Tannhäuser* e seguido de perto pelo de *Sacre du Printemps*. Desde muito que os amigos de Debussy vinham tentando fazer com que um diretor de teatro aceitasse *Pelléas*; André Messager, admirador convicto da obra de Debussy, conseguiu, em 1898, que fosse aceita a sua apresentação na Opéra-Comique, graças a Albert Carré, então diretor do estabelecimento. Sobreveio uma rusga entre Debussy e Maeterlinck a respeito do papel de Mélisande, desejando, este último, que o papel fosse dado a Georgette Leblanc: Debussy recusou; a escolha de Mary Garden desencadeou a cólera de Maeterlinck e ele, na sua fúria, chegou a desejar o malogro da ópera. O público, prevenido por inúmeras notícias da imprensa e por informações duvidosas, reagiu da pior maneira possível, no ensaio geral e na estreia (27 e 30 de abril de 1902): raramente um público deu provas de tamanha tolice e tão agressiva. Quanto à crítica, esmerou-se, nesse dia, com Camille Bellaigue à frente, acumulando incompreensão, incompetência, pretensão, tolice, ridículo, imbecilidade; uma antologia dos comentários publicados depois da representação de *Pelléas* ficaria bem ao lado de outros consagrados a *Sacre du Printemps* ou a *Wozzeck*. Quais as principais queixas? Ausência de melodia, de ritmo, cacofonia da orquestra. Esses comentários não seriam dignos de atenção, se a coisa não se repetisse a cada geração. Apesar dos vivos ataques de que foi objeto, *Pelléas* se revelou um sucesso: o interesse crescia por esta obra revolucionária, e a prova está nas receitas da Opéra-Comique. Tanta gente se vangloriou, mais tarde, de ter assistido à estreia de *Pelléas*, que ela deveria ter sido um triunfo, foi, porém, das mais vaiadas.

Atualmente as duas ou três representações medíocres que a Opéra--Comique apresenta anualmente não dão lucro, são destinadas a poucos, e sua mediocridade não consegue desviar o público de inveteradas idolatrias. Se a música de *Pelléas* tem categoria de obra-prima, não se pode dizer o mesmo do texto de Maeterlinck, que envelheceu muito e seu simbolismo fora de moda chega muitas vezes até a caricatura.

Debussy instaurou uma nova forma de arte lírica que contrasta violentamente com a estética de Wagner; a escrita vocal, radicalmente diferente, apresenta-se – exceto em certas efusões – como um recitativo discretamente sustentado pela orquestra. Debussy valorizou não só a característica vocal, como a prosódia francesa: as vozes francesas usam, em geral, uma tessitura assaz restrita, segundo o âmbito da língua e segundo, também, uma certa tradição; ele queria se aproximar o mais possível da pura declamação que evolui dentro de um registro excessivamente restrito. Hoje em dia, vêm à luz certos defeitos de *Pelléas* (talvez estejamos enganados, mas não podemos deixar de expressar certas críticas); a forma musical não utiliza ao máximo seu poder de expressão e de construção, certas cenas nos parecem visivelmente fragmentos emendados, em que repetições e progressões da harmonia (de dois em dois compassos) acentuam a simetria simplista de ideias musicais cuja real força emotiva se evapora por este tratamento. Não se entende, também, o fundamento dessa obstinação em aproximar a linha vocal da declamação falada, uma vez que as convenções "artificiais" da ópera cantada são aceitas: mais valeria esgotar abertamente suas possibilidades do que tentar dissimulá-las por alusões demasiado discretas e procurar torná-las "naturais", disfarçando-as; é assim que certas cenas de *Pelléas* nos parecem de uma "verdade" tão refutável quanto os delírios fabricados do *bel canto*; elas revelam uma estética pouco consciente das ambiguidades da convenção. É na medida em que a estrutura musical – tanto vocal quanto instrumental – assume a plena responsabilidade cênica, que vemos, hoje, em *Pelléas* uma obra-prima insubstituível; em compensação, a ingenuidade do *recitativo infinito* (fazendo provavelmente uma brincadeira com a *melodia infinita*) transforma-se rapidamente em maneirismo e, longe de atingir a declamação natural a que o autor se propunha, desemboca na superficialidade: a nosso ver é neste sentido que *Pelléas* envelheceu, que não se pôde impor sem restrições e sobretudo não pôde, devido às contradições que deformam, regenerar, por seu estilo, a forma desgastada em que a ópera se transformou.

Depois de *Pelléas et Mélisande*, o nome de Debussy adquiriu sentido rapidamente aos olhos do grande público, e sua fama tornou-se mundial; cada uma de suas obras passou a ser esperada, se bem que só trouxesse decepção em relação à obra anterior, a qual, por sua vez já tinha também decepcionado. (Este método de crítica é bastante monótono: destrói sucessivamente cada obra nova favorecendo a obra anterior que já havia sido anteriormente demolida.)

No dia 11 de janeiro de 1902, Ricardo Vines alcançou grande sucesso com a suíte *Pour le piano* e sua notável *Sarabande*, *Estampes* (1903), *Masques* e *L'Isle joyeuse* (1904), os dois cadernos de *Images* (1905-1908) marcam o desabrochar de uma certa forma de escrita pianística em Debussy, em que *Children's Comer* (1906-1908) constitui interlúdio de descanso. Período extremamente brilhante na evolução do compositor: nunca foi mais longe na utilização dos recursos do piano, no emprego específico de seu timbre e de seus coloridos. Com essa série de coleções, inaugurou ele uma nova maneira de escrever para o instrumento, a qual passou a ser chamada, pela maioria dos ouvintes, de impressionismo musical: nunca a escrita para piano tinha sido tão fluida, tão variada, tão surpreendente mesmo, embora se pudesse encontrar a origem precisa delas em certas páginas de Chopin ou de Liszt; o próprio jovem Ravel, discretamente inspirado em Liszt, influenciou, sem dúvida, certos aspectos dessa escrita pianística, e muitas vezes se disse que *Soirée dans Grenade* devia muita coisa à famosa *Habanera* de Ravel (orquestrada mais tarde na *Rhapsodie espagnole*). Algumas semelhanças em nada diminuem o gênio de Debussy; ele soube transformar de um modo todo pessoal aquilo que, talvez, tivesse concebido na leitura da página de Ravel. Essa série de peças para piano, escritas entre 1902 e 1908, é monumento da literatura pianística: é inconcebível que um compositor não as leve em conta, nem que um pianista deixe de tomar conhecimento da técnica exemplar que elas exigem.

Das duas grandes obras orquestrais que se seguiram, *La Mer* foi composta em 1904-1905 (primeira audição nos Concertos Colonne a 19 de janeiro de 1908, sob a direção de Debussy) e *Images* para orquestra, entre 1910 e 1913; esta compreende três partes: *Gigues* (primeira audição nos Concertos Colonne a 26 de janeiro de 1913), *Ibéria* (primeira audição nos Concertos Colonne a 20 de fevereiro de 1910), *Rondes de Printemps* (primeira audição nos Concertos Colonne a 2 de março de 1910).

Quanto a *La Mer*, a reação inicial manifestou-se por uma decepção, uma desilusão; Debussy tratava o assunto de maneira que não era habitual aos amantes de marinhas hiperboreais; nada mais próprio para desorientar do que o segundo movimento, que é, no entanto, de grande felicidade; tanto a sintaxe, toda feita de elegância, de concisão, de elipse, quanto a concepção do timbre, audaciosa e radical, deixam antever o mundo de *Jeux*, assim como, aliás, a perfeição formal alcançada por meio de uma espécie de divisionismo estrutural.

À exceção de *Ibéria*, *Images* manteve-se desconhecida e nunca se toca *Gigues* ou *Rondes de Printemps*. Considera-se essas três obras como um tríptico folclórico em que a imaginação enfraquecida de um Debussy que "perdia velocidade" teria tido necessidade de recorrer a temas de inspiração popular para tentar reencontrar o impulso perdido – vagas censuras por falta de originalidade ou academismo nascente feitas pelos apologistas das obras da juventude de Debussy – ; esse tríptico prova, ao contrário, uma evolução contínua, que tende sempre a renovar o sentido poético: *Gigues* e *Les Parfums de la Nuit* (segundo movimento de *Ibéria*) parecem-nos representar o ponto mais alto da arte de Debussy naquele período de seu desenvolvimento.

Por essa ocasião aparecem novas coleções de canções, entre outras *Trois Chansons de France* (1904), a segunda série de *Fêtes galantes* (1904), *Le Promenoir des deux Amants* (1904-1910), e por fim *Trois Ballades de Villon* (1910). O estilo tem um desenho mais incisivo do que o das obras de juventude; por vezes austero, anuncia a intenção das últimas obras. Debussy escreveu, entre 1910 e 1915, as duas coleções de *Préludes pour le piano*, transição entre *Estampes* e *Images*, de um lado, e *Études*, de 1915, do outro; todos não têm valor igual, certas peças humorísticas saíram de moda e o humor evaporou-se; mas encontram-se páginas que se igualam aos mais belos poemas da literatura pianística.

Foi nessa época que ele fez o projeto de uma nova obra teatral, mas sentia-se instável e hesitante face às diversas possibilidades que lhe ocorriam; aquela que o ocupou mais longamente foi *La Chute de la Maison Usher*, a partir de Edgar Poe, um conto feito para seduzi-lo pelo lado raro e fantástico de sua inspiração; outro aspecto do humor de Edgar Poe o atraiu furtivamente para *Le Diable dans le Beffroi*. Pensou também num *Tristan et Yseult* (adaptado por Josphe Bédier), num *Orphée* (sobre texto de Victor Segalen); nenhum desses projetos se realizou. Fixou-se afinal, mais pelo acaso súbito de uma encomenda do que por premeditação e convicção amadurecida lentamente, no *Martyre de saint Sébastien*, música de cena para o drama de Gabriele d'Annunzio. A primeira representação foi na segunda-feira 22 de maio de 1911 no teatro de Châtelet, com Ida Rubinstein, que lhe fez a encomenda, como principal intérprete; mesmo antes da estreia, a obra foi posta no index pelo arcebispo de Paris a quem desagradou o fato de se associar o culto de Adônis ao de Jesus, o paganismo e o cristianismo. O sucesso foi medíocre; Ida Rubinstein tinha mais recursos financeiros do que dotes teatrais. A obra se ressente, também, de sua genealogia: a habilidade de d'Annunzio e o gênio de Debussy são estranhamente díspares, já que um texto faiscante, balofo e feito para ostentação não se pode aliar em profundidade uma música de raro requinte e distinção. A música, porém, necessita do texto como suporte; por conseguinte, não se pode conceber uma execução sem essa confusão verbal dita poética: ele é em geral reduzido ao mínimo indispensável por meio de cortes draconianos. Os fragmentos sinfônicos também suprimidos depois disto – provavelmente por desejo do editor e sem a participação direta de Debussy – deformam o pensamento do autor, já que a supressão do elemento vocal (coro e solistas), tão importante na versão original, só se justifica por conveniências publicitárias. Assim é que o *Martyre* sofre sempre por sua heterogeneidade; Jacques Rouche sugeriu a Debussy refazer a partitura, dando-lhe coerência e independência e também supremacia sobre um texto que se reduz a um amálgama petrificado; mas ele morreu antes de ter realizado o que quer que seja.

As tentativas recentes de reapresentação provam, sem dúvida, que só Debussy poderia levar a bom termo uma revisão inevitável.

Em 1912, Diaghilev pediu a Debussy, no auge da glória, para compor um ballet para sua companhia; propôs um enredo e uma coreografia de Nijinski sobre o tema do ciúme entre duas jovens e um rapaz, parceiros de tênis; partindo dessa *Après-Midi d'un Faune* de roupa esporte, Diaghilev sonhava um ballet que fosse uma "apologia plástica do homem de 1913". A obra se intitulou *Jeux* [*Jogos*]: "Isto expressa, de modo bem comportado, os 'horrores' que se passam entre essas três personagens", escreve Debussy a Stravínski. (Os dois compositores estiveram em contato entre 1911 e 1914.) A primeira representação realizou-se a 15 de maio de 1913, exatamente duas semanas antes da estreia de *Le Sacre du Printemps* (29 de maio de 1913). *Le Sacre* obscureceu a partitura de Debussy, tanto mais que não parece que Nijinski tenha realizado uma interpretação satisfatória: depois dessa estreia falha, pesa uma espécie de "maldição" sobre *Jeux* e a partitura foi executada raramente até o momento recente em que se percebeu que ela é uma das mais notáveis do autor. Basta ler certos comentários da época para se observar o quanto as apreciações eram falsas: fala-se de concorrência com o jovem Stravínski, de esvaziamento das ideias musicais, de incapacidade para desenvolvê-las e taxa-se o compositor de uma penosa diminuição de suas faculdades criadoras. Ora, longe de ser doentiamente retalhada, a estrutura, rica em invenções, e de uma ondulante complexidade, instaura uma forma de pensamento extremamente flexível, baseada na noção do tempo irreversível; para *ouvi-la*, só submetendo-se a seu desenvolvimento, já que uma evolução constante das ideias temáticas afasta qualquer simetria na arquitetura (em música, a memória dos pontos de referência auditivos determinantes representa um papel mais ou menos semelhante ao do campo de visão na apreciação perspectiva). *Jeux* marca o aparecimento de uma forma musical que, renovando-se *instantaneamente*, implica um modo de audição não menos *instantâneo*. A instrumentação traz uma consequência lógica das pesquisas realizadas em *La Mer* ou *Images* quanto à individualização do timbre, e à concepção acústica do conjunto orquestral. A orquestração-vestimenta, esta noção primária, desaparece em benefício de uma orquestração-invenção; a imaginação do compositor não se limita a compor sucessivamente o texto musical para depois adorná-lo com mágicas instrumentais; o próprio ato de orquestrar dará a direção não só das ideias musicais como do modo de escrita destinado a expressá-las; alquimia original, e não química posterior. Enfim, a organização geral da obra é, a um tempo, mutável no momento e homogênea no desenvolvimento; ela precisa de um único andamento de base para regular a evolução das ideias temáticas, o que torna a interpretação muito difícil, uma vez que se deve conservar essa unidade fundamental e ao mesmo tempo pôr em relevo os incidentes que não cessam de intervir. Em termos morfológicos, mesmo que a linguagem não seja tão "avançada" quanto o vocabulário usado pela geração seguinte, *Jeux* nem por isso deixa de ser um marco capital na história da estética contemporânea. E, mesmo não coincidindo com o questionamento radical da morfologia tradicional, essa renovação estética prossegue nas últimas obras compostas entre 1913 e 1917: *Trois Poèmes de Mallarmé* (1913), *Douze Études pour piano* (1915), *En blanc et noir* para dois pianos (1915), por fim as *Sonate*: *pour piano et violoncelle* (1915), *pour flûte, alto et harpe* (1915), *pour piano et violon* (1917). Nesse último grupo de obras consagradas exclusivamente à música de câmara – gênero a que não se havia dedicado desde a composição de *Quatuor à cordes* – constata-se um esforço do compositor para uma arte mais tensa, mais austera, despojada de seduções imediatas, mas de uma riqueza de inspiração inigualável; elas são uma continuação de *Jeux* no aprofundamento de uma verdade estética sem precedente visível. Essas últimas obras de Debussy encerram algumas páginas entre as mais notáveis que inventou; grande é a distância entre *Prélude à l'Après-Midi d'un Faune* e os *Études pour piano*, bem como entre o *Prélude* e as obras que o antecederam.

Desde 1910, Debussy sofria de um câncer cuja evolução foi lenta e contínua: morreu no dia 25 de março de 1918 numa Paris desconfortável, na qual a guerra e os bombardeios preocupavam em primeiro lugar. O acontecimento passou quase despercebido e ele foi enterrado no Père-Lachaise a 28 de março de 1918, e um ano mais tarde transferido para o cemitério de Passy.

Debussy não é, seguramente, esse "músico francês" caro aos adeptos desejosos de reduzi-lo a suas modestas dimensões, embora seu patriotismo tardio aceitasse de bom grado essa qualificação; não é, tampouco, um "impressionista", apesar de ter ele mesmo fornecido os pretextos para esta limitação: o mal-entendido vem de seus títulos, e do fato de que "Monsieur Croche falava de uma partitura de orquestra como se fosse um quadro"; simples questão de antidiletante. Por outro lado, ele se mantém como a grande força de contestação que se opõe à Schola: coloca-se a favor da "alquimia sonora", contra a "ciência de castor". Recusa as heranças e persegue um sonho de improvisação vitrificada; repugnam-lhe os jogos de construção que tantas vezes transformam o compositor numa criança brincando de arquiteto; para ele, a forma nunca é dada; sua procura do não analisável foi constante, e também de um desenvolvimento que, em seu curso, admitiu os direitos da surpresa e da imaginação; não tem senão desconfianças pelo monumento arquitetônico, ao qual prefere as estruturas em que se misturam rigor e livre-arbítrio: com ele, todas as palavras, todas as chaves, todo o aparato escolar perde o sentido e a pertinência; as categorias habituais de uma tradição que se esgota não poderiam ser aplicadas à sua obra, mesmo se procurássemos ampliá-las. Teria sofrido ao ver o desregramento do "classicismo" que medrou depois de sua morte; existiram, mesmo, traços de pré-rafaelismo numa tendência que o levou de volta a Villon e Charles d'Orléans, mas este desvio poético é em nada comparável aos abusos de seus sucessores: nenhuma consideração de estilo justifica o título *Hommage à Rameau*, já que a obra se diz "no estilo de uma Sarabanda, mas sem rigor". *O fato Debussy* exclui todo academismo; incompatível com qualquer ordem estereotipada, com qualquer organização cuja criação não resulte do momento, é um fato isolado na música do Ocidente, a qual mostrou-se impermeável à sua influência no curso de sua evolução posterior. O que provocou esse isolamento é muito claro: Debussy recusa qualquer hierarquia alheia ao próprio momento musical. Para ele, o tempo musical muda muitas vezes de significação, sobretudo nas últimas obras. Ao querer criar sua técnica, criar seu vocabulário, criar sua forma, foi levado a transformar completamente noções que, até ele, tinham permanecido estáticas: o movimento, o instante irrompem na música. Não é só a impressão do instante, do fugidio a que procuraram reduzi-lo, mas, no fundo, uma concepção relativa e irreversível do tempo musical e, indo mais longe, do universo musical. Na organização dos sons, essa concepção traduz-se por uma recusa das hierarquias harmônicas existentes como sendo dados únicos do mundo sonoro. As relações de objeto a objeto estabelecem-se no contexto, segundo funções não constantes. Quanto à escrita rítmica, não é menos participante de uma tal manifestação, de uma tal vontade de movimento na concepção métrica; assim também, as pesquisas de timbres modificam profundamente a escrita, as combinações instrumentais, a sonoridade da orquestra. Uma coragem de autodidata voluntário obrigou Debussy a repensar todos os aspectos da criação musical; ao fazê-lo, ele conseguiu uma revolução radical, mesmo que não fosse sempre espetacular. Os dois retratos de Monsieur Croche são testemunhas: em preto – "você é saudado com epítetos suntuosos, e você não passa de um sujeito esperto! algo entre o macaco e o criado"; em branco – "é preciso procurar a disciplina na liberdade, e não nas fórmulas de uma filosofia que se tornou caduca e boa para os fracos". Erro chocante aos olhos dos construtores: nada foi promulgado. Eis, no entanto, a mais fascinante das quimeras. Debussy ainda é um dos músicos mais isolados que existiram: se sua época o forçou a encontrar, às vezes, soluções fugidias, felinas, por sua experiência incomunicável e por sua suntuosa reserva, ele é o único músico francês que é também universal, pelo menos nos séculos XIX e XX. Guarda um poder de sedução misterioso, envolvente; sua situação, no início do movimento contemporâneo é uma posição de flecha, mas solitária. Movido por esse "desejo de ir sempre mais longe e que para ele substituía o pão e o vinho", negou antecipadamente qualquer tentativa de se prender à antiga ordem. Não podemos esquecer que o tempo de Debussy é também o de Cézanne e de Mallarmé: tripla conjunção que se encontra, talvez, na raiz de toda modernidade, embora não se possa encontrar aí nenhum ensinamento discursivo; mas não há dúvidas que Debussy quis dar a entender que era preciso não só construir, como sonhar sua revolução.

Schoenberg, Arnold

Compositor austríaco (Viena, 13 de setembro de 1874 – Los Angeles, 13 de julho de 1951)

Foi um autodidata da música. Bem cedo, as circunstâncias obrigaram-no a interromper os estudos. Primeiro cultivou a música como amador: aprendeu violoncelo, escreveu duos, trios e quartetos para conjuntos de música de câmara de que participava com os colegas. Essa atração espontânea pela música de câmara, tão cedo manifestada, marcaria sua atividade de compositor. Schoenberg deixou o ginásio sem ter concluído os estudos secundários; desde então, consagrou-se inteiramente à música. O único professor responsável por sua educação é Alexandre von Zemlinsky, dois anos mais velho do que ele, e que tinha, na época, reputação pouco recomendável. Este ensino, na base da amizade, foi o único que Schoenberg recebeu; mais tarde ele reivindicava, de bom grado, os privilégios de autodidata.

As primeiras obras de Schoenberg, na tradição Wagner-Brahms, inserem-se numa determinada corrente histórica: a tonalidade é empregada de maneira mais ampla, embora tradicional; as relações são muito cromáticas, mas as estruturas tonais em geral são respeitadas. Nessa época podemos situar o sexteto, *opus* 4, intitulado *Verklärte Nacht* [*Noite Transfigurada*], composto durante o verão de 1899. Pouco depois, em março de 1900, começou Schoenberg a escrever *Gurre-Lieder*, vasta partitura que só irá terminar em 1912; obra gigante, tipicamente pós-wagneriana em todas as suas características. Damos, a título de curiosidade, o efetivo vocal e instrumental: cinco violinos solistas, um recitante, três coros masculinos a quatro vozes, um coro misto a oito vozes, quatro flautins, quatro flautas, três oboés, dois cornes-ingleses, duas requintas, três clarinetes, dois clarinetes baixos, três fagotes, dois contrafagotes, dez trompas, seis trompetes, um trompete-baixo, sete trombones, uma tuba, seis tímpanos, percussão numerosa, quatro harpas, uma celesta e um quinteto de cordas cujo efetivo está em proporção com esta enumeração.

A composição dos *Gurre-Lieder* demorou um ano, mas a instrumentação só foi terminada, depois de inúmeros períodos de interrupção, em 1911, época em que Schoenberg já havia, de há muito, ultrapassado a estética desta obra. A simples enumeração do aparato vocal e instrumental mostra que Schoenberg havia levado ao limite da desmedida a orquestração romântica em que os efeitos de massa têm um lugar preponderante. Mahler já se tinha engajado por este caminho, espécie de exasperação de um romantismo que se extinguia em barroco flamejante.

Evidentemente, essa composição não permite formar um julgamento sobre o talento de Schoenberg; ela pode se confundir facilmente com tal ou qual obra de Richard Strauss e com o volume vazio de seu pensamento. Mas já então Schoenberg propunha uma suíte para orquestra, *Pelléas et Mélisande*, inspirada na peça de Maeterlinck e que datava de 1902, ano da estreia em Paris de *Pelléas et Mélisande* de Debussy. Logo nos vem ao espírito a ideia de comparar as duas partituras, mesmo que tal comparação não se justifique; basta-nos dizer que a estética de Debussy era muito mais nova do que o *phatos* romântico em que mergulhava a obra de Schoenberg; ainda lhe faltavam muitos anos para sair do círculo pós-wagneriano. No entanto, ele vai permanecer impregnado, durante toda a vida, pela tradição e pelo gosto da época vienense 1900, da qual irá conservar a nostalgia, apesar de certos aspectos abruptos de seu vocabulário.

Depois de *Pelléas et Mélisande*, vem uma série de obras entre as quais vamos citar o *Primeiro Quarteto* em ré menor, *opus* 7 (1904-1905), a *Sinfonia de Câmara*, *opus 9* (1906) e o *Segundo Quarteto* em fá sustenido menor, *opus* 10 (1907-1908): estas obras marcam o fim da linguagem tonal de Schoenberg; a partir daí, ele irá transpor uma etapa decisiva em sua carreira de criador.

A *Sinfonia de Câmara* se abre com um motivo célebre, composto unicamente de quartas e que mostra a preocupação de Schoenberg em encontrar um outro sistema que não o de terças até então adotado; contudo esse tema de quartas reduz-se, antes, a uma constante temática, fator gerador da harmonia da obra. Mais interessante nos parece a elaboração formal da *Sinfonia*, que condensa os quatro movimentos tradicionais em um só, e faz assim coincidir a noção de desenvolvimento com a de esquema estrutural. Notemos que o *opus* 9 está escrito para quinze instrumentos solistas, e que, sendo a escrita dos sopros muito carregada, é muito difícil fazer soar as cordas, reduzidas ao estado de quinteto solo: é por isto que às vezes se toca uma adaptação em que as cordas são reforçadas; ora, como as partes para cordas exigem uma grande virtuosidade, não é de esperar que se consiga uma execução coletiva que satisfaça. Observamos aqui que a escrita instrumental do *opus* 9 requer virtuosismo do intérprete: quase todas as obras de câmara de Schoenberg apelam para uma habilidade rara por parte do instrumentista ou do regente; eis por que suas obras foram muitas vezes deturpadas quanto ao estilo, mais do que com relação à técnica.

Quanto ao *Quarteto*, *opus* 10, em fá sustenido menor, pode ser considerado como ponto de interseção entre a escrita propriamente tonal de Schoenberg e uma escrita em que as funções tonais seriam evitadas pelo emprego de intervalos "anarquizantes", impedindo toda relação "classificada": o quarto movimento do *opus* 10 é particularmente sintomático neste sentido, o intervalo tem precedência sobre a dependência harmônica. Nele vemos surgir como privilegiados os intervalos de maior tensão, a sétima maior, a nona menor, a quinta diminuta; estes intervalos "dissonantes" são associados a intervalos "consonantes", como a terça maior ou menor, de tal modo que não resulta um acorde classificado; a quinta justa vai ser desde logo evitada, devido a seu grande poder de atração tonal.

Agora estamos abordando o período mais importante da atividade criadora de Schoenberg. Depois de deixar Viena, provisoriamente, passou várias temporadas em Berlim, onde ensinava; em Berlim serão compostas e estreadas as suas obras mais importantes. Inúmeros alunos começam a se agrupar à sua volta: Berg e Webern, os dois primeiros discípulos, seriam os únicos a alcançar a celebridade.

Schoenberg dedicou-se constantemente ao ensino, exercendo, aliás, verdadeiro fascínio sobre os alunos, conforme eles próprios o atestam. Escreveu diversas obras didáticas, entre as quais o famoso *Harmonielehre* [*Tratado de Harmonia* – 1909-1911]; no fim da vida, nos Estados Unidos, publicaria ainda várias obras teóricas, entre as quais *Models for Beginners in Composition* e *Structural Functions of Harmony*, além disso, certo número de artigos, cursos e conferências foram reunidos sob o título geral de *Style and Idea*. Poderíamos dizer que, na medida em que a idade avança, as preocupações didáticas de Schoenberg vão pesando sobre sua obra, sendo que sua influência nem sempre será das mais felizes: ouvindo-se as *Variações*, *opus* 31, por exemplo, tem-se a impressão não de estar diante de variações, mas sim da maneira de fazê-las. Talvez este ponto de vista seja por demais cáustico, mas não nos parece destituído de um fundamento sério.

Voltemos à atividade criadora de Schoenberg a partir do ano de 1908: já consideramos este período como da maior importância e, de fato, entre 1908 e 1915, sucedem-se todas as obras mais marcantes, e mais significativas também. São elas: *Três Peças para Piano*, *opus* 11 (1908) *Das Buch der hängenden Gärten* [*O Livro dos Jardins Suspensos*], ciclo de canções para piano e canto sobre poemas de Stefan George, *opus* 15 (1908), *Cinco Peças para Orquestra*, *opus* 16 (1909), duas obras em um ato: *Erwartung* (*Espera*), *opus* 17 (1909) e *Die Glückliche Hand* (*A Mão Feliz*), *opus* 18 (1909-1913), *Seis Peças para Piano*, *opus* 19 (1911), *Herzgewächse* (*Folhagens do Coração*), para canto e três instrumentos, *opus* 20 (1911), o *célebre Pierrot lunaire* para recitante e cinco instrumentos, *opus* 21 (1912) e, por fim, *Quatro Melodias para Canto e Orquestra*, *opus* 22 (1913-1915).

Através destes títulos, todos gloriosos, acreditamos resumir a personalidade criadora de Schoenberg; foi nesse universo não tonal, mas ainda não serial, que ele mostrou seus dons mais brilhantes, sua maior vitalidade; a força de renovação contida em sua linguagem manifesta-se muito mais nessas obras do que nas composições posteriores em que ele adota o princípio serial. Ali a escrita é da maior complexidade, não tanto quando escreve para um só instrumento, mas sim quando se trata de conjuntos de câmara; o contraponto, livre da sujeição tonal, pode se desenvolver com a riqueza barroca nunca atingida pela música romântica, isto porque se permitem todas as relações que não as tonais; vale dizer o quanto esse universo é rico, mas também o quanto ele é anárquico. A única preocupação de Schoenberg é manter a permanência das relações cromáticas, o que não deixa de influenciar as diversas linhas melódicas entre si, bem como a construção harmônica dos acordes, em que, não se podendo duplicar as notas, tem-se a acumulação de intervalos divergentes. Aliás, pode-se afirmar que esse hipercromatismo está relacionado com o temperamento dramático e expressionista de Schoenberg: os grandes intervalos, as "dissonâncias" que tanto impressionaram seus contemporâneos integram-se perfeitamente num contexto intelectual e literário que satisfaz; musicalmente, eles não têm menos justificativas: a noção de consonância tornou-se caduca; no entanto, conservam-se as oposições entre tensão e distensão, mas por outros meios e outras funções.

A tensão virá, por exemplo, do valor do intervalo, da qualidade deste intervalo mais ou menos "anarquizante", da acumulação mais ou menos densa dos intervalos anárquicos, ou ainda da mistura ou da dosagem de intervalos fortes e intervalos fracos, associando-se essa noção de forte e fraco à complexidade variável de suas relações. As *Cinco Peças para Orquestra*, *opus* 16, demonstram a preocupação de Schoenberg em tratar a grande orquestra quase como uma orquestra de câmara ampliada. Ao contrário da escrita de Debussy, que tratava a orquestra "acusticamente", a de Schoenberg destina-se a um conjunto de solistas, utiliza os grupos de orquestra por meio de grandes conjuntos homogêneos que fazem mais ou menos o papel de um instrumento ampliado; esta tendência vai se acusar no *opus* 22, que a nosso ver marca um dos pontos altos da escrita orquestral de Schoenberg, já que a utilização de grupos homogêneos não foi praticamente explorada desde então.

A terceira peça do *opus* 16 apresenta, também, o emprego muito especial do timbre, no sentido de que Schoenberg coloca em jogo a ambiguidade de um timbre relacionando-o com outro; o começo dessa terceira peça consiste num acorde de cinco sons, cujo colorido se renova constantemente por processos de encadeamentos que se fundem – essa ambiguidade dos timbres é, por outro lado, funcional, ou seja, assume a estrutura global: pela primeira vez, portanto, vê-se um timbre utilizado por si mesmo, funcionalmente, e não como resultado de um instrumento.

Não foi sem intenção que Schoenberg intitulou sua peça *Farben* (*Cores*) pois pela primeira vez se trabalhou com a cor, com o timbre, de modo tão eficaz. Na terceira peça do *opus* 16, o princípio da cor é aplicado a um acorde, conforme dissemos; na quinta, intitulada *Recitativo Obbligato*, esta noção se adapta precisamente ao recitativo: significa que os diferentes períodos de uma frase terão sua instrumentação renovada. Schoenberg dá a este processo o nome de *Klangfarbenmelodie*, o que se poderia definir como uma mudança contínua de timbre, aplicada à dimensão horizontal da música.

No *opus* 16, Schoenberg empregou uma orquestra por assim dizer normal; no *opus* 22, em compensação, a orquestra irá comportar uma nomenclatura muito excepcional: em consequência desta instrumentação por grupos, certas famílias de instrumentos serão ampliadas acima da medida, enquanto outras serão atrofiadas até deixarem de existir.

Vamos citar, por exemplo, a nomenclatura da primeira dessas quatro peças: utiliza seis clarinetes, um trompete, três trombones, uma tuba, campainhas, uma percussão composta de tímpanos, xilofone e tanta, 24 violinos, doze violoncelos e nove contrabaixos. Observa-se, de pronto, que os 24 violinos não estão divididos em primeiros e segundos violinos, como na tradição clássica: podem tocar em uníssono, mas são também divididos, com mobilidade, entre duas e seis partes; não existem violas; os doze violoncelos podem também evoluir constantemente entre o uníssono e a divisão em seis partes; os clarinetes – um dos fenômenos acústicos mais marcantes dessa peça – tocam algumas vezes em uníssono, mas podem, subitamente, abrir-se em acordes de dois, três… seis sons, dando à linha uma espessura brusca, "leque aberto e fechado"; disto resulta a impressão de que esses acordes são mais do que um fenômeno de timbre, e têm mais um resultado acústico do que uma função determinada, enquanto acordes; são, de certo modo, efeitos comparáveis aos jogos de mistura do órgão. A única dificuldade inerente a essas obras está em encontrar os executantes necessários, pois seu número não coincide com o das orquestras tradicionais e torna-se dispendioso contratar muitos músicos suplementares além do efetivo normal da orquestra; eis por que o *opus* 22, excepcional em todos os sentidos, é ouvido tão raramente.

O primeiro contato de Schoenberg com o teatro foi com *Erwartung* e *Die Glückliche Hand*. Infelizmente os libretos destas obras não primam pelo gosto: o texto de *Erwartung* ficou muito fora de moda e põe em jogo um expressionismo de qualidade bastante duvidosa; também o de *Die Glückliche Hand*, que oscila entre um realismo com preocupações sociais e um misticismo de segunda mão, envelheceu consideravelmente. Infelizmente Schoenberg nem sempre foi feliz na escolha dos textos; *Pierrot lunaire* é também construído sobre um texto cuja poética está bastante ultrapassada, mas a mediocridade dos textos não consegue anular a extraordinária qualidade dramática da música.

Erwartung é certamente o ponto de partida de *Wozzeck*. Tendo Schoenberg se limitado a uma forma mais curta, sua obra não teve os prolongamentos estruturais da de Berg, mas nela encontramos, levada ao paroxismo, uma invenção em perpétuo vir-a-ser e que se liberta de todos os quadros formais determinados; pode-se considerar *Erwartung*, de fato, como um ciclo de *Lieder* escritos para o palco: este lado improvisado é, sem dúvida, o que dá o maior impulso ao gesto dramático então intentado por Schoenberg.

Pierrot lunaire é a sua obra mais célebre, o ponto central em torno do qual se ordenam todas as outras; embora estas sejam importantes, aquela constitui um verdadeiro centro de gravidade. A inovação salienta dois pontos principais: a utilização de *Sprechgesang* e da pequena forma em relação com um grupo instrumental restrito. Depois dos excessos nos instrumentais a que Schoenberg costumava se entregar, excessos que se manifestavam também na concepção de grande forma, encontramos aqui uma concentração no pensamento e na realização que marcam uma renovação profunda de sua própria maneira de ver. *Pierrot lunaire* comporta três ciclos de sete peças cada um, sendo que a mais curta tem só treze compassos. É uma obra escrita para um pequeno conjunto que consta de um piano, uma flauta (também toca o flautim), um clarinete, que se alterna com o clarinete baixo, um violino, que se alterna com a viola, e um violoncelo; cada peça apela para uma combinação instrumental diferente (nisto Schoenberg retorna à concepção de Bach para as diferentes partes das *Cantatas*, das *Paixões* e da

Missa): não se lida com uma formação homogênea e contínua, mas com agrupamentos de organização diferente. E que dizer *do Sprechgesang*? Não esqueçamos que a obra foi escrita por encomenda de uma atriz; os poemas deviam ser ditos sobre um fundo musical, em suma, uma espécie de "cabaré" superior, cujo lado humorístico foi muitas vezes esquecido. É certo que existe uma dimensão trágica em certas peças de *Pierrot lunaire*, mas mesmo este trágico não deixa de ter uma segunda intenção ou ironia: parece-nos um erro tomar os textos ao pé da letra, erro que provocou os maiores mal--entendidos na interpretação desta obra.

A estética de *Pierrot lunaire* não está tão distante – pondo-se de lado toda a questão de temperamento, e mesmo de caracterologia musical – de certas obras de Debussy como a *Sonate pour piano et violoncelle*. (André Schaeffner observa que o título do segundo movimento desta sonata era *Pierrot fâché avec la lune*, partindo da mesma mitologia literária.)

O *Sprechgesang* propõe problemas teóricos e práticos. Parece que Schoenberg não estudou como devia as relações entre o registro vocal cantado e o registro falado, nem do ponto de vista da tessitura, nem da duração da emissão; só se pode falar numa altura dada por um período de tempo muito curto, se não o falar se transforma em canto; além disto, para a voz feminina, o registro falado é mais grave e restrito do que o cantado. Se se quiser falar *Pierrot lunaire*, chega-se a uma espécie de redução – *kjivaro* – da linha escrita: os intervalos mais agudos diminuem no sentido do grave, enquanto os graves quase não mudam; daí uma contradição formal entre o texto musical escrito e sua realização sonora. Não conhecemos, até agora, nenhuma solução satisfatória para resolver essa contradição, e tudo faz crer que Schoenberg devia julgar o problema insolúvel, uma vez que, nas obras posteriores em que utilizou o *Sprechgesang*, adotou uma outra notação diferente como na *Ode to Napoleon Buonaparte* ou *A Survivor from Warsaw*.

No que diz respeito à escrita instrumental em si, Schoenberg chega ao ápice de sua invenção e de sua originalidade utilizando uma linguagem livre, organiza-a em função das figuras sonoras de tendências mais ou menos temáticas, empregando, às vezes, ao mesmo tempo, as formas mais severas do contraponto. Estranhamente foi a utilização destas formas o que mais impressionou aqueles que primeiro "registraram" a obra, ou outros fazedores de notícias; não quiseram reter dessa escrita senão seus aspectos mais rigorosos, embora eles estejam longe de predominar na obra. Especialmente em *Pierrot lunaire*, destaca-se uma plenitude de concepção que Schoenberg não atingirá de novo senão raramente, e também uma utilização perfeitamente coerente dentro de sua liberdade de uma linguagem sem funções determinantes, tanto tonais como não tonais. *Pierrot lunaire* tornou célebre o nome de Schoenberg, e suscitou um grande número de polêmicas das quais pouco restou, considerando-se a fraqueza dos pontos de vista e o desconhecimento dos textos que lhes serviram de origem; contentemo-nos em lembrar que essa foi a oportunidade para um encontro fugidio, muito mais "impressionista" do que pensado, de Stravínski e de Ravel com Schoenberg.

A partir de 1915, a atividade criadora de Schoenberg se interrompe: não publicara nada até 1923. Este silêncio de oito anos foi interpretado de diversos modos. Ele não é devido a uma crise de esterilidade como se insinuou; entretanto, Schoenberg devia superar o lado "anarquizante" de sua escrita, dar-lhe uma nova coerência, destinada a substituir a antiga.

De qualquer modo, esse intervalo de oito anos foi consagrado a intensa atividade didática; Schoenberg ampliou seus cursos de composição; organizou também concertos para divulgar a música nova; com a Verein für musikalische Privataufführungen (Associação para Execuções Musicais Privadas). As obras eram não só executadas, como também apresentadas e discutidas; o público podia, se desejasse, assistir a certos ensaios; como se vê, esses concertos não deixavam de ter também uma intenção didática. Esse período foi, para o Schoenberg compositor, cheio de experiências e tentativas; começou a escrever uma obra que ficou inacabada, *Die Jakobsleiter* (*A Escada de Jacó*) em que, pela primeira vez, se acerca de uma técnica mais rigorosa da repartição dos sons; esta obra foi encontrada entre seus papéis depois de sua morte, e certos fragmentos foram apresentados recentemente.

A primeira composição publicada por Schoenberg depois dessa interrupção será *Cinco Peças para Piano*, *opus* 23, escrita em 1923. Nesta obra aparece, pela primeira vez, a disciplina serial estrita; no seu curso ela se estabelece, de modo cada vez mais consciente, primeiro sob o aspecto de "ultratematismo" para chegar, por fim, à série propriamente dita de doze sons; na quinta peça – *Walzer* –, ela já aparece de maneira simples. No *opus* seguinte, o 24, *Serenade*, a técnica se afirma no movimento central, sobretudo o quarto, em que ele trabalha sobre um soneto de Petrarca, e que comporta uma voz; com o *opus* 25, *Suíte para Piano*, ela realmente começa a ser dominada.

Surpreende bastante que Schoenberg, à proporção que vai precisando seus pontos de vista teóricos, utiliza cada vez mais formas recebidas e que, de certo modo, controlam, provam a viabilidade da nova técnica: a *Suíte para Piano* é, de fato, concebida em estilo pré-clássico; assim também mais tarde, a *Suíte para Sete Instrumentos*, *opus* 29, vai comportar o emprego de formas consagradas do classicismo vienense.

Temos o direito de achar que esta volta a uma certa noção de classicismo, tão próxima do academismo, é assaz decepcionante, tratando-se de um espírito tão inovador quanto o de Schoenberg. De onde vem esta nostalgia? Só nos seria possível explicá-la por meio de considerações puramente pessoais ou sentimentais em que a razão de ser musical dificilmente se enquadraria. Tomamos como referência um exemplo que nos parece típico: nas três *Sátiras*, *opus* 28, Schoenberg estigmatiza as composições neoclássicas e emprega uma linguagem que recorre a formas, reminiscências, clichês clássicos; se a intenção satírica não fosse expressamente anunciada no texto, seria difícil separar o academismo caricaturado no *opus* 28 do "classicismo" posto em prática no *opus* 29.

Por isto, essas operações de verificação da técnica serial por meio de formas antigas constituem o aspecto mais rapidamente ultrapassado em Schoenberg, e que, de nossa parte, julgamos passível de restrições formais na apreciação da obra a partir do *opus* 25. Constatam-se, então, diferentes metamorfoses, diferentes etapas no "classicismo", cujo momento de maior importância ainda é o *opus* 31, *Variações para Orquestra* (1927-1928). Estas variações, concebidas num estado de espírito próximo de Brahms, são mais interessantes por certos aspectos técnicos de sua escrita do que por sua estética.

Pouco depois, as perseguições nazistas iriam obrigar Schoenberg a abandonar a Europa e a refugiar-se nos Estados Unidos, onde deveria, depois de algumas dificuldades, obter uma classe na Universidade da Califórnia (Los Angeles), posto que conservou até os setenta anos. Sua atividade americana é estranhamente dividida entre certas obras puramente seriais e outras de "conciliação" nas quais se esforça por operar uma síntese entre os dados tonais e as exigências da série, do mesmo modo que Berg tinha tentado em seu *Concerto para Violino*, por exemplo; por isso as últimas obras de Schoenberg aparecem poluídas por uma certa inconsistência: não são absolutamente homogêneas. Contam-se algumas exceções, como o *Concerto para Piano*, *opus* 42, ou o *Trio para Cordas*, *opus* 45; mas é preciso reconhecer que, comparadas ao conjunto brilhante que se estende do *opus* 11 ao *opus* 23, estas obras não podem desencadear um entusiasmo irrestrito. Assim é que, como o essencial sobre Schoenberg já foi dito, não nos vamos estender sobre esse ponto. O que pode influenciar as futuras gerações, ou mesmo, apenas permanecer e ocupar um lugar privilegiado na história da música, parece-nos, repetimos, resumido ao período que vai de 1908 a 1915.

A partir de 1946, a saúde de Schoenberg torna-se frágil. A vida musical oficial dos Estados Unidos não era absolutamente feita para um homem como ele: sua integridade e sua coragem eram postas à prova cruelmente por um conformismo desanimador. Ali, ele viveu em grande isolamento, compensado pela grande solicitude de seus familiares e dos emigrados da Alemanha e da Áustria que tinham reconstituído em torno dele um brilhante círculo intelectual. Morreu em Los Angeles a 13 de julho de 1951, deixando inacabada a ópera *Moses und Aron*, cuja estreia só haveria de ocorrer alguns anos mais tarde. Esta obra é a manifestação mais importante do último período de sua vida; infelizmente, ainda aqui, a qualidade literária do libreto está abaixo da qualidade musical da partitura: o próprio Schoenberg o redigiu, e nele se encontra uma oposição simplista entre o materialismo, representado por Aarão, e o idealismo de Moisés. O aspecto mais feliz da obra parece-nos o emprego simultâneo dos papéis cantados e dos falados – tanto para solistas como para coros – emprego de inegável qualidade dramática apta a vencer a oposição clássica entre recitativo e ária; quanto à qualidade estilística, nada acrescenta de novo à evolução neoclássica de Schoenberg.

Resumindo, a personalidade de Schoenberg é fascinante na medida em que ele foi livre em relação à linguagem e em que sua estética pós-romântica coincidia perfeitamente com esta liberdade; mas, a partir da descoberta da série, e não nos esqueçamos de que devemos a ele esta descoberta, parece que se desenvolve nele uma distorção entre a técnica propriamente dita e uma certa limitação acadêmica, espécie de garantia. Entretanto, poucos homens influenciaram com tal força o destino da música quanto ele: é uma das principais figuras da música do século XX dentre as que imprimiram à linguagem contemporânea os contornos atuais.

A Obra para Piano de Schoenberg

No catálogo de Schoenberg, a bagagem pianística é de uma importância primordial, uma vez que compreende cinco coleções, três das quais de dimensões apreciáveis: *opus* 11, *opus* 19, *opus* 23, *opus* 25 e *opus* 33 (*a* e *b*). Estas coleções marcam no tempo, com surpreendente precisão, as pesquisas do autor; cada uma representa uma etapa importante na evolução de sua escrita e de seu pensamento, evolução esta que descreve bastante bem uma parábola cujo ápice seria o *opus* 23. O *opus* 11 e o *opus* 19 se propõem a negar o universo tonal tanto na linguagem quanto na forma; as pesquisas de vocabulário fazem-se mais agudas no *opus* 23 em que surge a primeira peça em doze sons; o *opus* 25 e o *opus* 33 recorrem às formas clássicas para escorar a construção morfológica baseada na série.

A bem dizer, é curioso constatar que uma das obras mais importantes no percurso criador de Schoenberg, o *opus* 23, foi escrita para o teclado: de fato, Schoenberg não era pianista, tendo tocado violino e depois violoncelo, instrumento que serviu para iniciá-lo, muito jovem, na música de câmara. O piano solo parece ter sido menos tentador para Berg e para Webern, já que para esse instrumento cada um deles escreveu apenas uma peça: *Sonata*, *opus* 1, o primeiro; e *Variações*, *opus* 27, o segundo. Não se pode por isto deduzir que consideravam menor essa forma de escrita, já que empregaram abundantemente o instrumento em formações de câmara ou em ciclos de canções, assim como Schoenberg, aliás.

Se nos colocamos do ponto de vista da escrita pianística, não devemos esperar fórmulas de sucesso que "saltam dos dedos", nem qualquer novidade característica de uma utilização imprevista dos recursos do instrumento. Se Debussy e Ravel, de um lado, e Stravínski e Bartók, de outro, puderam fazer evoluir radicalmente, em direções opostas pela própria natureza, a concepção sonora e manual do teclado, o pensamento de Schoenberg, neste campo, prende-se diretamente ao de Brahms: varia o vocabulário, o material musical, os tipos de acordes e arpejos, por exemplo, mas não modifica nem o aspecto nem a apresentação pianística. Mas, tal como é feita, a escrita de Schoenberg para o teclado não deixa de marcar o apogeu de um estilo pianístico extremamente eficaz graças à amplitude e à segurança dos meios utilizados. Talvez seja um dos últimos exemplos deste "grande piano" tal como o conceberam os melhores compositores, desde Schumann até Brahms, apanágio da mais brilhante e mais sólida tradição instrumental alemã.

*

* *

O *opus* 11 foi escrito em 1908, entre a composição do *opus* 15 e do *opus* 16, porque os números dos *opus* correspondem às datas de publicação e não de elaboração; foi executado pela primeira vez em 1909, durante um espetáculo organizado pela Verein für Kunst und Kultur (Sociedade para Arte e Cultura). Mais tarde, Busoni fez uma transcrição de "concerto". Essa obra consta de três peças que marcam, do mesmo modo que o ciclo de canções do *opus* 15, *Das Buch der hängenden Gärten*, o desaparecimento da tonalidade na escrita de Schoenberg. Uma harmonia *não funcional* utiliza acordes impossíveis de se classificar, através do recurso de uma escrita constantemente cromática. O acorde perfeito é totalmente evitado, e a oitava não é utilizada senão para duplicar; por outro lado, encontram-se em profusão intervalos de maior tensão como a sétima maior, a nona menor e quarta aumentada; além disto, ele apela para a complementaridade dos intervalos com o fim de obter, quase a cada momento, o total cromático. As três peças são de caráter muito diferente. A primeira opõe uma frase melódica, num andamento moderado, a passagens mais animadas em que se fundem arpejos rápidos e amortecidos. A segunda, a mais longa da coleção, desenvolve um tema lento e sombrio, sobre um *ostinato* de colcheias e, depois de dois desenvolvimentos que levam a um paroxismo no registro agudo do teclado, volta-se ao primeiro tema. A terceira peça acusa contrastes violentos num movimento agitado; é muito rapsódica e, do ponto de vista da escrita, é seguramente a mais interessante de todas. Pode-se ver nesse recitativo muito livre uma das primeiras, e mais concludentes, tentativas de Schoenberg para criar uma forma em constante evolução.

*

* *

O *opus* 19, escrito em 1911, contrasta, pela brevidade, com a dimensão da obra lírica *Die Glückliche Hand*, composta na mesma época; mas se o relacionamos com *Herzgewächse*, *opus* 20, exatamente concomitante, pode-se bem dizer que estamos diante de um "ensaio geral" que antecipa *Pierrot lunaire*, *opus* 21. Nas seis peças do *opus* 19, Schoenberg inaugura a "pequena forma" que já é, nessa época, tão característica da produção de Webern. É certo que são as obras mais curtas que jamais escreveu. Sua concisão demonstra uma preocupação principal, ou seja, a de evitar, de todo, qualquer repetição por meio de um desenvolvimento que iria pôr em jogo figuras musicais idênticas. Extremamente expressivas, raramente chegam à violência, restringindo-se a uma sonoridade essencialmente íntima, numa contenção intencional e numa concentração exemplar. A sexta peça, muito lenta, que superpõe dois acordes como efeito de um dobre fúnebre, foi inspirada pela morte de Mahler (18 de maio de 1911) que foi para ele um protetor benévolo e um amigo fiel.

*

* *

Com o *opus* 23, e o ano de 1923, chegamos a uma fase capital na evolução de Schoenberg. Não havia publicado nada durante oito anos; a última obra levada a bom termo fora a coleção de *Canções para Canto e Orquestra*, *opus* 22. Durante muito tempo houve dúvidas sobre o longo silêncio em que o compositor se fechou, e atualmente se verifica que, se no correr desses oito anos nenhuma obra foi terminada, esse período encerra, não obstante, uma significação capital para o prosseguimento da criação em Schoenberg. Em uma carta a Nicolas Slonimski, ele próprio escreve:

> O método de composição com doze sons é fruto de toda uma sucessão de experiências [...] Eu poderia citar, entre estas tentativas, as peças para piano *opus* 23 [...] Contrariando o modo com que se utiliza normalmente um motivo musical, já empreguei ali o método da série dos doze sons. Retirei também outros motivos e temas, apresentações diferentes, acordes também, sem que o tema, no entanto, fosse composto de doze sons [...] Contudo [...] a prioridade absoluta no tempo cabe a certos movimentos da *Suíte para Piano [opus* 25] compostos no outono de 1921. Foi naquele momento que, de repente, tive consciência da verdadeira importância do fim a que eu visava, unidade e regularidade, para as quais eu tinha sido inconscientemente conduzido.

A terceira e a quinta peças da coleção – que consta de cinco – são, desse ponto de vista, as mais notáveis. Na terceira, é verdade, uma sequência de cinco sons assume um caráter *ultratemático* e, de fato, dá origem a todas as figuras da obra, tanto as harmônicas como as melódicas por diferentes inversões e transposições: é a primeira vez que se faz uso dessa técnica com tamanha coerência; a série de cinco sons é mesmo manipulada com mais requinte do que as séries de doze sons nas obras que se vão seguir imediatamente, talvez devido a uma simplicidade mais prática e a uma maleabilidade maior. Quanto à quinta peça, ela se baseia numa série completa de doze sons, mas não a emprega senão na forma original, isto é, sem que a sucessão dos sons sofra qualquer modificação; embora seja ela o primeiro exemplo real e estritamente "dodecafônico", revela, no entanto, um nível de escrita menos elevado do que as outras quatro – é este pelo menos nosso pensamento; mas, historicamente falando, nem por isso ela deixa de ter uma grande importância.

*

* *

A *Suíte*, *opus* 25, editada em 1924, e cuja composição estendeu-se por três anos – desde 1921 –, marca um recuo em relação ao *opus* 23. Ao assegurar a supremacia da série para dar coerência e solidez ao contraponto e à harmonia que emergiam, assim, de quinze anos de anarquia, Schoenberg sentiu necessidade de consolidar as forças desse novo instrumento e recorreu às formas clássicas e pré-clássicas. Assim é que essa *Suíte* comporta um *Prelúdio*, uma *Gavota* seguida de uma *Museta*, um *Intermezzo*, um *Minueto* com *Trio* e uma *Giga*. Pode-se afirmar que existe uma intenção arcaizante na escolha de formas abandonadas e caídas em desuso. É evidente que essas formas não são servilmente retiradas da tradição, e que sofrem uma revitalização inegável; no entanto, os esquemas rítmicos são, talvez, as arestas mais aguçadas em que se prende a discrepância entre o vocabulário novo e as formas antigas. A *Giga*, porém, conclui brilhantemente este brilhante exercício de mestre.

*
* *

As duas peças do *opus* 33 foram publicadas por dois editores diferentes, por isto estabelece-se uma distinção acrescentando-se uma letra a cada uma delas; a primeira, *opus* 33 *a*, foi editada em 1929 pela Universal Edition em Viena; a segunda, *opus* 33 *b*, apareceu na edição de abril de 1932 de *New Music*, em Nova York. Estas duas peças foram compostas na mesma época que *Von Heute auf Morgen* [*De Hoje até Amanhã*], estreada em Frankfurt em 1930, e *Moses und Aron*, que só foi executada depois da morte do compositor, em 1954. Entre estas duas óperas, dás quais a segunda, sobretudo, é de grande envergadura, as duas peças aparecem como desafogo. Não se revestem da importância que assinalamos a propósito de outras obras pianísticas de Schoenberg. Na *opus* 33 *a*, a técnica dodecafônica é tratada com evidente flexibilidade posta a serviço de um pensamento em repouso; é praticamente um movimento de sonata, com um primeiro tema vigorosamente afirmado, ao qual responde um segundo tema cantante e flexível. A *opus* 33 *b* é de uma estrutura nitidamente mais complexa, construída igualmente sobre dois temas, prendendo-se o primeiro a uma divisão binária, o segundo a uma divisão ternária com a mesma unidade de tempo; no segundo tema a força é preponderante, opondo-se à doçura que domina o primeiro. Música distendida e curta, as duas peças constituem a antepenúltima etapa da obra pianística de Schoenberg, porque o instrumento será utilizado como solista uma última vez dez anos mais tarde – em 1942 – no *Concerto para Piano e Orquestra*, *opus* 42.

*
* *

A interpretação dessas diversas coleções coloca o virtuose diante de dificuldades que não são fáceis de vencer numa primeira leitura; muitas vezes a complexidade da escrita polifônica exige uma grande clareza no estabelecimento dos diversos planos sonoros. Schoenberg era, por sinal, muito meticuloso na escolha das indicações, e quando se reportava a certos sinais gráficos era, em cada caso, com uma absoluta precisão. Todas as obras são precedidas de um prefácio explicativo muito detalhado, e que termina com esta frase significativa: "Os melhores dedilhados são aqueles que permitem a realização exata do texto sem o recurso do pedal. Por outro lado, o pedal de surdina poderá prestar, muitas vezes, excelentes serviços". Mas, além das dificuldades de virtuosismo, as obras de Schoenberg – especialmente a *opus* 23 – requerem do executante uma compreensão clara da forma, cuja tradução implica ao mesmo tempo "unidade e regularidade". Quando se consegue transpor este duplo obstáculo, a beleza tem oportunidade de se expor amplamente; o ouvinte sente-se submerso: algumas dessas peças – a terceira do *opus* 11 em particular – figuram entre os maiores êxitos jamais executados no teclado.

Webern, Anton von

Compositor austríaco (Viena, 3 de dezembro de 1883 – Mittersill, 15 de setembro de 1945)

Foi em Viena que Webern passou os primeiros anos de sua vida, morando depois em Graz e Klagenfurt. Voltou a Viena para estudar musicologia com Guido Adler, estudos que terminaram em 1906; graduou-se como doutor pela Universidade de Viena com uma tese sobre o *Choralis Constantinus* de Heinrich Isaac. Já se tinha encontrado com Schoenberg anteriormente, em 1904, segundo consta depois de ter tentado, sem sucesso, tomar lições com Pfitzner!

As primeiras composições de Webern revelam forte ligação com a tradição pós-romântica, especialmente com Mahler de quem irá conservar, por toda a vida, uma lembrança fiel. Assim é que a *Passacaglia opus* 1, em ré menor, apresenta-se num estilo que pode espantar o ouvinte familiarizado com outras obras suas. Escrita numa tonalidade expandida, tal como se concebia no período vienense 1890-1900, a obra se coloca sob um signo estético que Webern em pouco tempo fará desaparecer de sua música; neste caso, especialmente, a estética se expressa com aspectos muito diretos.

Contudo já se observa, pelo emprego da forma passacaglia, uma tendência a utilizar as formas mais rigorosas, da escrita musical, embora não as mais escolásticas. Podemos constatar, outrossim, que no *coro a capella*, *opus* 2, imediatamente posterior à *Passacaglia*, e cujo título é *Entfliecht auf liechten Kähnen* [*Fujam Leves Barcos*], Webern emprega a forma do cânone como princípio organizador da estrutura da peça; este cânone, muito embora utilize ainda intervalos fortemente ligados ao mundo tonal e a ele relacionados sem muita ambiguidade, constitui o começo de um universo não centrado exclusivamente em relações estritamente tonais.

É a partir do *opus* 3 e do *opus* 4 que se constata, em Webern, um progresso imenso no sentido de uma "liberação" para fora da tonalidade. Curiosamente essas duas obras são dois grupos de *Lieder*, observamos, aliás, quase sempre o mesmo fato no percurso de Webern; os principais períodos de sua vida criadora são marcados no início de sua evolução pelo emprego frequente, quase exclusivo, da música vocal.

Pode-se dizer que, com os dois ciclos, *opus* 3 e *opus* 4, começa o estilo weberniano propriamente dito, no sentido em que hoje o entendemos. Além disto, compostos, ambos, sobre poemas de Stefan George (o *opus 2* já utilizou um texto deste poeta), são reveladores do gosto literário de Webern naquela época.

Mas, a partir do *opus* 5, o gênio de Webern se revela sem precedentes tanto pelo radicalismo dos pontos de vista quanto pela sensibilidade inovadora: amálgama raro do qual é testemunha uma série de obras que não esgotaram ainda a faculdade de nos surpreender. Esse grupo compreende as *Cinco Peças para Quarteto para Cordas*, *opus* 5, as *Seis Peças para Orquestra*, *opus* 6, e as *Peças para Piano e Violino*, *opus* 7. Vê-se aí como já se define sua predileção pela "pequena forma"; por esta expressão não pretendemos indicar uma forma curta, mas uma forma concentrada em tão alto grau que não é capaz de suportar um desenvolvimento prolongado no tempo, devido à riqueza dos meios empregados e à poética que as orienta.

As *Peças*, *opus* 5, e as *Seis Peças para Orquestra*, *opus* 6, tornaram-se, hoje em dia, as composições webernianas mais acessíveis; cada vez que são executadas, seduzem o público, por mais prevenido que possa estar. De fato, Webern nunca foi tão sedutor, e nunca o será, talvez, novamente; porque o encanto barroco – no sentido estilístico da palavra – que emana dessas peças constitui um fenômeno perfeitamente transitório na obra de Webern, que irá dirigir seus esforços para um rigor não menos belo, mas menos inteligível diretamente.

Pode-se então, de modo geral, organizar os elementos de seu estilo e estabelecer suas características fundamentais: as linhas individuais são excessivamente flexíveis, e sua curva, seu imprevisto, sua graça e sua ausência total de peso são cativantes; a própria polifonia é raramente complexa, reduzindo-se a uma melodia – adotado, para este termo, um sentido amplo – acompanhada de acordes que se não têm mais função tonal são, no entanto, estreitamente ligados (cromaticamente) com a melodia; por outro lado, o universo cromático em que a música se movimenta é ainda formado por intervalos conjuntos ou disjuntos, mas dispostos num registro tão próximo que o ouvido possa perceber imediatamente a continuidade; enfim, uma sensibilidade extremamente próxima da de Debussy pelo requinte, pelo gosto da elipse, pela delicadeza, cria uma atmosfera quase familiar ao ouvido; o emprego da cor instrumental é de uma beleza tão direta que não há nenhuma dificuldade para o ouvinte apreciá-la, por mais estranha que lhe pareça, ao primeiro contato, a rarefação da atmosfera musical: nenhuma agressividade na sonoridade, mas, ao contrário, salvo um caso excepcional, doçura e transparência são as qualidades determinantes desse grupo de obras.

Estamos agora em 1911, época dos primeiros grandes ballets de Stravínski. (Não esqueçamos que as *Peças*, *opus* 6, são contemporâneas de *Petrouchka.*) Nesse ano Webern deixa Viena por algum tempo, para assumir os encargos de mestre-de-capela sucessivamente em Dantzig, Berlim e Stettin. A propósito, lembremos que Webern, contrariamente a histórias muito contadas, sempre foi um músico de alta consciência profissional; que teve constantemente uma ligação pragmática com a profissão musical: queremos dizer que conhecia perfeitamente as possibilidades, tanto vocais, como instrumentais, postas à sua disposição pela tradição ocidental. Não era apenas um teórico notável – exemplo excessivamente raro de compositor que tenha feito estudos de musicologia –, mas também um músico de *métier* que nunca deixou durante toda a vida de dirigir em teatros ou concertos obras do repertório clássico e contemporâneo. E disto encontramos sinais em sua música: Webern nunca é impossível de se executar, pode ser difícil (mais exatamente "delicado"), antes pelas qualidades estilísticas que o intérprete se vê obrigado a desenvolver do que pela dificuldade instrumental propriamente dita. Não existem, por assim dizer, obras de virtuosismo em tudo o que compôs, salvo, talvez, certas concepções vocais que poderíamos aproximar pela dificuldade de certos papéis de *Cosi fan tutte* ou do *Rapto do Serralho.*

Mas voltemos à própria evolução de Webern como compositor. Nesse período, que vai de 1910 a 1914, mais ou menos, Webern avança até quase a asfixia na exploração desse microcosmo pelo qual já se sentia atraído por seu próprio temperamento. É a época das composições mais curtas: *Seis Bagatelas* para quarteto de cordas, *opus* 9, *Cinco Peças para Orquestra de Câmara*, *opus* 10, *Três Peças para Piano e Violoncelo*, *opus* 11. Nestas últimas, estabelece-se claramente um paralelo com o *hai-kai* japonês: basta uma frase para estabelecer um universo que é firmemente imposto. A terceira peça do *opus* 11, por exemplo, restringe-se a dez compassos curtos; a quarta do *opus* 10 dura cerca de vinte segundos. (É bem difícil apresentar tais obras em concertos devido à sua brevidade, e mais do que isto, por sua dinâmica sonora muito serrada, utilizando gradações até o limite do audível.) Às vezes aparece um problema elementar de percepção: numa sala grande, por exemplo, o próprio ruído ambiente tende a cobrir o nível dinâmico da música. A relação psicológica com o público, por outro lado, não se pode estabelecer num espaço amplo, se não se dispõe de margem de tempo e de ouvido suficientes; do contrário, o contato nem bem é estabelecido e já se rompe, e, a cada peça, deve-se recomeçar o esforço para recriar um "circuito de audição". Daí resulta, para o intérprete, a impressão penosa de que não "prende": não tem possibilidade, quase material, de absorver a atenção do público; porque uma outra dificuldade dessas obras é saber ouvi-las. Talvez nossa tradição ocidental não nos predisponha a isto o bastante; o Ocidente sempre teve necessidade de um gesto largamente explícito para entender o que se quer dizer. Se se compara, no teatro, o estilo de nossos atores com o dos atores japoneses, por exemplo, o estilo de nossos bailarinos com o dos indianos, se verificará imediatamente do que se trata. Webern é inovador, como se vê, na estética de suas obras e também no tratamento físico e no gesto do concerto.

Assim, move-se ele num universo cada vez mais rarefeito; agora, vai tentar metamorfosear sua experiência para não se condenar à esterilidade da repetição, ou mesmo à esterilidade total. Podemos constatar que, mais uma vez, a música vocal terá um papel importante em sua produção. O período que se estende de 1914 a 1927 – período, portanto, muito importante no desenvolvimento de seu pensamento – não comporta nada além de ciclos de *Lieder*, são os *opus* 13, 14, 15, 16, 17, 18 e 19. Poderíamos dizer que, para organizar a música segundo estruturas novas, Webern experimenta a necessidade de se apoiar sobre um texto que lhe proporcione pontos de referência formais alheios à funções propriamente musicais; e isto, aliás, permite-lhe constituir ciclos mais longos, apesar da brevidade de cada um dos poemas, em que as características se respondem de uma peça a outra.

Enfim, ele se livra definitivamente desta concepção típica do século XIX: piano e canto, para amalgamar como um todo orgânico a voz e os diferentes grupos instrumentais; estamos diante de um conjunto no qual a voz organiza e "supervisiona" a distribuição, e não mais diante da melodia acompanhada. É fácil notar, bem entendido, a influência de *Pierrot lunaire* de Schoenberg sobre este tratamento dos grupos instrumentais em relação à voz, uma vez que essa obra, naquele momento, resplandecia em novidade. Deve-se, no entanto, observar que Webern nunca empregou a voz como Schoenberg o fez em *Pierrot lunaire*, visando a um efeito mais especificamente dramático: o *Sprechgesang*. Ele a utiliza num domínio severamente restritivo, o puro "cantado", voluntariamente ignorando todos os recursos para-musicais em que é pródigo o emprego mais geral. Nem por isto deixa de se ligar a Schoenberg o fato de a voz se integrar numa pequena formação instrumental, e de que Webern retomou e transcendeu esta fórmula dramática inventada por seu mestre. Também é nessa fase de sua evolução – no *opus* 17 – que Webern vai adotar como princípio organizador de sua música a série de doze sons inaugurada por Schoenberg. (Lembremo-nos de que a série foi empregada pela primeira vez na quinta das *Peças para Piano*, *opus* 23, de Schoenberg.) Vale, aqui, precisar nosso ponto de vista sobre a anterioridade de uma "descoberta". Tudo prova que Schoenberg foi o primeiro a codificar verdadeiramente o emprego da série de doze sons, e que Webern, neste plano estrito, não fez senão seguir-lhe o exemplo, mas sua originalidade nos parece grande no sentido de que sua obra não perde a continuidade apesar da mudança trazida pela adoção de uma nova forma de escrita.

Em Schoenberg, o advento da série também não marca descontinuidade: encontram-se as características pós-românticas e neoclássicas de seu estilo – com ou sem série – porque, em suma, ele empregou a série como princípio unificador em âmbito morfológico; a semântica de Schoenberg não sofreu modificação decisiva na redação das obras posteriores à série.

No caso de Webern, também pode-se constatar que o emprego da série unifica o vocabulário e lhe dá maior coesão, mas não muda fundamentalmente seu pensamento criador: sua estilística era revolucionária antes da série, e assim continua depois dela. Desde logo devemos observar que, se todos os antecedentes estilísticos de Webern são mantidos, eles passam a se organizar de modo definitivo por uma coerência maior, um emprego mais rigoroso, um controle mais desenvolvido dos meios de escrita. Queremos assinalar, também, sem entrar em detalhes técnicos, que a evolução de Webern explorou essa ambiguidade primordial, a assimilação do contraponto rigoroso às formas seriais fundamentais; ambiguidade que arriscava criar uma escolástica vazia se justamente não tivesse, além desta escolástica, conduzido definitivamente o futuro da música por prolongamentos que não estavam inclusos de início com precisão; referimo-nos especialmente à abolição, que antes existia, entre os fenômenos horizontais e verticais da música tonal. Webern criou uma nova dimensão que poderíamos chamar dimensão diagonal, espécie de repartição dos pontos, dos blocos ou das figuras, não mais no plano, mas no espaço sonoro. Daí por diante vai se prender ao problema da forma na música pura, ou seja, sem a mediação de um texto; entramos no período mais ascético de sua existência que tem como obras principais o *Trio para Cordas*, *opus* 20, a *Sinfonia opus* 21, o *Quarteto para Clarineta*, *Saxofone Tenor*, *Violi-*

no e Piano, *opus* 22 e o *Concerto para Nove Instrumentos*, *opus* 24, compostos de 1927 a 1934.

As obras citadas acima são, dentro da produção de Webern, as que chocam mais violentamente o amador de música contemporânea, enquanto elas influenciaram profundamente os compositores jovens da geração seguinte. E por que isto? Porque, ao que parece, Webern estabeleceu sua linguagem – premissa de uma linguagem futura – do modo mais claro que se possa apresentar; poderíamos, de certo modo, assimilar algumas composições à *Oferenda Musical* ou *à Arte da Fuga* no sentido de que elas não são menos didáticas, no conceito mais elevado do termo, que propriamente musicais; se quisermos definir a técnica serial em seus primórdios, estas obras constituem uma "suma" indispensável e que deve ser conhecida, analisada, ouvida. No *Trio para Cordas* encontramos, talvez, uma preocupação exagerada de referências às formas clássicas, tais como a sonata ou a forma rondo; Webern, com efeito, não tinha deixado de sofrer a influência de Schoenberg que considerava que era preciso "verificar" um método novo de organização da linguagem por meio de critérios fortemente estabelecidos, e de vivificar formas estabelecidas por um novo meio de investigação.

No *Trio* de Webern, estamos em presença de uma construção formal e de estruturas rítmicas que não estão completamente de acordo com o vocabulário em si; é, por certo, a obra em que se observa maior autonomia dos diversos componentes da linguagem e, diríamos, a maior "discrepância" entre os meios adotados no campo da semântica e da retórica.

Em compensação, na *Sinfonia*, *opus* 21, vê-se, particularmente no primeiro movimento, no qual se utiliza a forma sonata, que Webern superou essas divergências com rapidez para chegar a uma coesão de estilo absolutamente notável; está-se diante de uma concepção em que características seriais, forma clássica, rigor de escrita pré-clássica, encontram-se combinados numa mistura única, lançando os fundamentos de uma linguagem totalmente desapegada de referências.

À primeira audição, o que aparece como mais característico é o emprego quase constante de grandes intervalos disjuntos, a instrumentação por cores puras, a presença de pausas de comprimento incomum. Os intervalos disjuntos são usados a fim de evitar qualquer relação tonal que se possa estabelecer fortuitamente, uma vez que os intervalos conjuntos têm tendência a se aglomerar segundo "relações de hábito", mesmo se essa relação propriamente tonal não exista; cada som torna-se, por si mesmo, um fenômeno, preso aos outros, é claro, por meio de um contexto poderoso; a atenção é atraída pelo lugar único que ele ocupa no registro em que está situado; estamos diante de inter-relações entre fenômenos autônomos bem mais do que de relações globais que se exercem sobre um grupo em função de certos dados.

Neste sentido, a maior inovação do vocabulário weberniano é de considerar cada fenômeno de uma vez como autônomo e como interdependente, modo de pensar radicalmente inovador na música do Ocidente. Para colocar em destaque esta característica ele dá uma grande importância não só ao registro em que se encontra um som dado, mas também ao lugar temporal que lhe cabe no desenrolar da obra, um som cercado de silêncio e que adquire, por seu isolamento, uma significação muito mais forte do que um som mergulhado num contexto imediato: assim é que a inovação de Webern no domínio da pausa parece muito mais derivar da própria morfologia das alturas, de seu encadeamento, do que de um fenômeno rítmico que nunca foi para ele preocupação primordial; faz circular o ar nas disposições que adota tanto no tempo e no espaço como no seu contexto instrumental: renuncia à sedução das primeiras obras, ao emprego do colorido de um ponto de vista puramente hedonista, para fazer com que a instrumentação assuma uma função puramente estrutural.

Não se trata do emprego dos instrumentos concebido sobre uma base acústica, no sentido em que a acústica pode engendrar fenômenos estruturais – caso particular do Debussy da última fase –, mas estamos diante de uma escrita contrapontístico-instrumental em que cada timbre desenha um caractere estrutural da obra.

Observemos que Webern em suas obras "para orquestra" não emprega as cores puras, no sentido de que uma linha contrapontística pura é retomada por diversos instrumentos que se revezam, enquanto em sua "música de câmara" um instrumento assume e permanece numa única linha contrapontística (*Trio*, *opus* 20, *Quarteto para Clarineta*, *Saxofone Tenor*, *Violino e Piano*, *opus* 22); nas obras "para orquestra" ele persiste no emprego da *Klangfarbenmelodie*, mas desenvolve este princípio de modo muito mais rigoroso do que nas primeiras composições, em que a preocupação decorativa era mais manifesta do que a preocupação estrutural.

Se analisarmos, por exemplo, o cânone duplo que abre o primeiro movimento da *Sinfonia*, *opus* 21, constataremos que cada voz passa de um instrumento ao outro, acusando, pelo fato mesmo dessa mudança, os caracteres propriamente estruturais da frase melódica "abstrata"; contrariamente ao que a maior parte dos ouvintes imaginaram no começo e ainda imaginam frequentemente, quanto mais Webern pareceu hermético, quanto mais isto se tornava evidente, mais ele procurava sê-lo (poderíamos, aliás, citar como ponto de referência o caso de Mallarmé).

Contudo, é no *Concerto para Nove Instrumentos*, *opus* 24 que iremos encontrar o exemplo mais caro e mais diretamente compreensível no emprego weberniano da série de doze sons; para isto Webern não escolheu uma série dissimétrica, ou seja, anarquizante, em que os diversos intervalos possuem tensões próprias, mas uma série fortemente hierarquizada, em que um fenômeno orgânico de base se reproduz várias vezes, e por isto mesmo é mais facilmente discernível: a série do *opus* 24 não comporta doze sons, mas quatro vezes três sons, e a relação que existe entre os três sons de uma célula é exatamente a mesma nas quatro células, engendrando tanto relações harmônicas e contrapontísticas quanto funções estruturais.

Uma arte que atinge um tal grau de despojamento da evidência pode parecer pobre; muitas vezes se disse, especialmente desta obra, que nela falta substância ou "massa": censura-se, de certo modo, a ausência de espessura que contrasta com toda a música harmônica do século XIX.

Fazia-se necessário, porém, para descobrir funções estruturais novas e evidentes por sua inovação, que a série se limitasse a um pequeno número de relações de intervalos, de tal sorte que a forma aparecesse claramente articulada sobre princípios de base simples. É bem certo que a exposição do primeiro movimento do *opus* 24 praticamente engendrou o pensamento serial pelo fato de que todas as relações são controladas, mesmo se, atualmente, estas relações nos parecem simplificadas em excesso; elas já trazem o germe de um pensamento específico que poderá ser ampliado, difundido, mas que permanece, não obstante, fundamental.

Depois deste período propriamente "didático", Webern vai dar maior amplitude ao universo que acaba de conquistar e, fato significativo, reaparecem as obras vocais. Assinalemos como primordiais neste período de sua vida, as três cantatas escritas sobre poemas de Hildegard Jone: *Das Augenlicht, opus 26* (1935) *Primeira Cantata, opus* 29, Segunda Cantata, *opus* 31 (1943). Nestas obras está menos preocupado em organizar do que em utilizar: sentindo-se mais à vontade com o vocabulário por ele mesmo criado, vai tornar mais flexível o seu uso; mas um espírito como o seu não pode ficar inativo no rumo da descoberta: eis por que vão surgir novos meios de escrita.

Neste período, entretanto, não se contam apenas obras vocais; vamos citar, também, obras instrumentais importantes como as *Variações para Piano*, *opus* 27 (1936), o *Quarteto para Cordas*, *opus* 28 (1938) e as *Variações para Orquestra*, *opus* 30 (1940); mas achamos que estas obras, por mais geniais que sejam, não enriquecem tanto o fenômeno Webern quanto as três cantatas nas quais ele não mais se apoia sobre um texto para construir uma forma, mas sim organiza sua forma nela integrando o texto: posição bem diferente, em que o músico retoma confiança em suas forças apenas, e impõe a sua vontade ao poema.

Acrescentemos que os textos poéticos se prestam, porque têm um valor literário bem inferior aos que Webern escolhera quando mais jovem – não se pode comparar Hildegard Jone com Georg Takl ou mesmo a Stefan George. Por sinal, parece que Webern escolheu esses textos, com os quais estava muito satisfeito, por seu misticismo bastante ingênuo, seu panteísmo otimista, mais do que pelas qualidades propriamente literárias: em suma era uma substituição de Goethe. Por isto vamos encarar estas cantatas não sob o plano das relações entre a poesia e a música, mas antes como música organizada sobre o verbo. Não nos estenderemos sobre *Das Augenlicht* nem sobre a *Primeira Cantata*, porque achamos que a *Segunda Cantata*, última obra de Webern, leva ao máximo as consequências de uma tal elaboração, marca um ponto limite de sua invenção e resume as duas outras obras. A *Segunda Cantata* parece uma obra destinada a um futuro rico porque coloca em jogo um novo modo de pensar e de conceber as relações musicais que nada têm de didático; como já dissemos, a técnica é mais maleável e é, por isso, capaz de maior rendimento.

Nesta cantata estão contidas muitas noções novas:

1. Harmonia funcional, fora dos critérios adotados até então.
2. Criação pela série de blocos sonoros com vida autônoma.
3. Utilização das formas clássicas do contraponto controladas segundo uma pura repartição de intervalos.
4. Fronteira abolida entre a dimensão horizontal e a vertical, considerando que a função horizontal se reduz, no tempo zero, à função vertical.
5. Utilização de séries de funções simétricas num estágio muito menos "ingênuo" do que nas obras precedentes.
6. Utilização das funções de "mistura" (empregando-se o termo no sentido aplicado aos jogos do órgão), nas quais a série é, de certo modo, levada a se tornar mais densa pela presença de um ou vários intervalos de base.
7. Função temporal única distribuindo toda a obra.

Poderíamos prolongar ainda esta lista; mas vamos nos limitar a estas características mais importantes que deveriam influenciar todo o futuro da música de modo decisivo. Às vezes a consciência do passado ainda é forte, incidentalmente: pode-se citar como exemplo o sexto movimento da *Segunda Cantata*, que não é senão uma revivescência da escrita *a capella* do século XVI; não é isto o que pode marcar mais a obra, naturalmente, mas sendo Webern um ponto de interseção capital, nele as referências ao passado são tão fortes quanto são audaciosas as projeções sobre o futuro. Neste sentido, sua posição é única na história da evolução contemporânea, uma vez que recorre a bom número de elementos retirados de obras do passado, mesmo de um passado bem distante, para projetá-los sobre um futuro que seus autores jamais poderiam prever. Constatou-se acima que aí reside a ambiguidade maior de sua obra: esta ambiguidade é o eixo que permitiu à linguagem musical efetuar uma rotação "histórica" e inaugurar um período de sua evolução fundamentalmente irredutível ao período precedente.

Depois do *opus* 31, Webern começou a escrever um concerto de câmara; mais tarde transformou este projeto instrumental e preparava uma nova cantata sobre um texto de Hildegard Jone quando se viu obrigado a deixar Viena para se pôr a salvo dos bombardeios extremamente violentos e mortíferos que a cidade sofria. Refugiou-se numa pequena localidade da província de Salzburg, Mittersill, onde pensava encontrar sossego até o fim da guerra; devido a um engano estúpido, foi morto por uma sentinela americana no dia 15 de setembro de 1945; tem-se o hábito de falar em perda irreparável quando desaparece um homem célebre, mas esta expressão perde todo sentido quando se trata de Webern e de uma morte tão absurda.

Pouco nos estendemos sobre sua vida porque, salvo este fim trágico, ela não foi fértil em acontecimentos "biográficos". Lembramos suas diversas atividades como mestre-de-capela até 1913, em Stettin. Incorpora-se ao exército austríaco em 1915, mas é reformado no ano seguinte por deficiência visual; passa em Praga a estação musical 1917-1918, como regente do Deutsches Landestheater, para o qual será contratado em 1920. A partir de 1923, ocupa-se com uma associação coral de trabalhadores, e apresenta, ao lado de obras do repertório clássico, outras de Mahler e de Schoenberg. Por duas vezes, em 1924 e 1932, recebe o prêmio musical da Cidade de Viena. Durante esse período, Webern faz algumas viagens ao estrangeiro (Alemanha, Suíça, Inglaterra) para dirigir suas próprias obras. Mais tarde, tendo o regime nazista sustado praticamente qualquer vida cultural na Áustria, sua existência tornou-se difícil; fica muito isolado porque Berg morre em 1935 e Schoenberg foge da Áustria devido às perseguições raciais. A luta do nazismo contra o *Kulturbolchevismus*, as perseguições incessantes, as humilhações impostas a todos os propagadores da música "decadente", quase o impedem de exercer qualquer atividade profissional. Não sendo o público vienense, por índole, particularmente voltado para a aventura, Webern não encontra na cidade, afora a compreensão de um pequeno grupo, senão silêncio e obstrução. É de crer que tal sorte é reservada à maioria dos vienenses ilustres, sejam eles Mozart, Beethoven, Schubert, Mahler, Berg, Schoenberg ou Webern.

A última parte de sua vida passou-se, assim, na obscuridade mais completa, e ele subsistiu graças à Universal Edition, para a qual fazia trabalhos de leitura e de revisão.

Fato bastante notável: a obra de Webern não provocou nenhum escândalo notório durante a sua vida, nenhuma reprovação marcante como, por exemplo, *Le Sacre du Printemps*, *Pierrot lunaire* ou *Wozzeck*. Mesmo no período em que as composições de Webern foram executadas com regularidade na Alemanha (1919-1933), elas passaram sempre por uma solução extremista, sem futuro, como se fossem um domínio fechado, isolado, que se pode ignorar, que não se precisa combater – mais ou menos um Kamtchatka da música.

Foi depois da Segunda Guerra Mundial, em 1945, que essa obra foi vista como portadora, para os jovens músicos, precisamente daquilo que lhes faltava na música da geração que os precedeu; estamos nos referindo não só às qualidades musicais, mas também às qualidades intelectuais e morais que, a bem dizer, ali se encontram. O nome de Webern saiu da sombra: seu brilho não tem necessidade, não tem mais necessidade de ser explicado ou justificado.

Agora, os elementos de seu vocabulário propriamente dito são assimilados pela geração atual; e não é menos importante que seu rigor intelectual, sua probidade, sua coragem, sua linha de conduta, sua perseverança, permaneçam como modelo único em nossa literatura musical contemporânea.

Já afirmamos, e mais do que nunca assim pensamos: Webern está no limiar da música nova; todos os compositores que não sentiram e compreenderam profundamente a inevitável necessidade de Webern são perfeitamente inúteis. Pode ser que a música de Webern – assim como a poesia de Mallarmé – nunca se torne tão "popular" como a de certos contemporâneos seus; ela irá guardar, no entanto, uma força de exemplo, uma pureza na exceção que obrigarão sempre os músicos a tomá-la como ponto de referência e isto de modo muito mais agudo do que em relação a qualquer outro músico.

Webern foi o *maître à penser* de toda uma geração, desforra póstuma sobre a obscuridade que lhe encobriu a existência. Desde hoje pode-se considerá-lo como um dos maiores músicos de todos os tempos, homem indelével.

Posfácio

Neste volume encontram-se reunidos textos escritos por Pierre Boulez entre 1948 e 1962. Vale dizer que os mais antigos são contemporâneos de suas primeiras composições: *Première Sonata*, *Sonatine pour flûte et piano*, *Soleil des Eaux*, e que os mais recentes datam da época em que terminava o segundo caderno de *Structures* e seu *Portrait de Mallarmé.* Ao mesmo tempo que realizava seu trabalho de compositor, Pierre Boulez sentiu-se levado a apreender a sua significação; se, para ele, adquirir o domínio de sua técnica era uma necessidade evidente, não lhe parecia menos essencial realizar o aprendizado do pensar musical. Por isto dedicou-se à crítica, uma crítica levada, às vezes, até a polêmica.

Produz-se infalivelmente uma crise, já nos ensinou Baudelaire: *todos os grandes poetas tomam-se naturalmente, fatalmente, críticos.* Baudelaire dizia "poeta", mas falava de Wagner como de um poeta e pode-se entender "músico" com facilidade. Essa crise *em que eles* (poetas, músicos) *querem raciocinar sua arte, descobrir as leis obscuras em virtude das quais eles produziram, e retirar deste estudo uma série de preceitos*, essa crise começava a encontrar solução pelos anos de 1954-1957. Isto é expresso, ao mesmo tempo, nas criações do *Marteau sans Maître*, do *Livre du Quatuor*, da *Terceira Sonata* e em quatro artigos agrupados sob o título geral de *Com Vistas a uma Estética Musical.* Muito embora eles se encontrem entre os textos mais tardios do presente volume e possam ser considerados como a súmula, foram colocados na abertura da obra, não porque sejam o resultado de anos de aprendizagem, mas antes para assinalar as etapas vencidas, e também à guisa de introdução a uma futura estética musical da qual são, com "O Momento de Johann Sebastian Bach", os primeiros escalões.

Apontamentos de Aprendiz comporta três outras seções. "Para uma Tecnologia" reúne análises musicais e estudos técnicos. Em "Alguns Clarões" Pierre Boulez mostra-se mais panfletário. No interior destas duas partes a ordem cronológica parecia a mais natural e, assim, foi respeitada. Uma exceção: a "Nota sobre o *Sprechgesang*" foi acrescentada a "Trajetórias", que ela completa.

Enfim, na última parte, vamos encontrar verbetes escritos por Pierre Boulez para a *Encyclopédie musicale*, publicada pelas Éditions Fasquelle; primeiro definições de termos técnicos gerais e estudos de certas disciplinas escolares encaradas de um ponto de vista menos estratificado, mais atual; depois os artigos dedicados a alguns grandes compositores do fim do século XIX e do princípio do século XX. Como acréscimo ao texto sobre "Arnold Schoenberg", o estudo relativo à sua obra para piano traz algumas precisões suplementares.

Não há por que se espantar se, às vezes, encontram-se num determinado texto ideias já anunciadas em outro. Circunstâncias bem-determinadas provocaram a maior parte desses artigos; "Proposições": um número especial (O *Ritmo Musical*) da revista *Polyphonie*; "*Incipit*: uma homenagem a Webern; "morreu Schoenberg", o desaparecimento de um compositor. Era natural que ele voltasse cada vez a certas noções maiores, que fizesse novamente certas observações importantes. Por que, por exemplo, em "Eventualmente...", Pierre Boulez deveria deixar de assinalar que um certo domínio rítmico não é quase suspeitado pelos três vienenses, sobre pretexto de que ele já tinha abordado o assunto ao estudar, em "Stravínski Permanece", o fenômeno da rítmica neste compositor? Da mesma forma, não pode surpreender que ele se tenha lembrado de "Corrupção nos Incensórios" no "Claude Debussy" *da Enciclopédia*.

Poderia se objetar que a reunião desses textos em volume seria justamente a oportunidade de reescrever parte desses artigos. O livro teria então perdido seu valor essencial de flagrante.

No curso desses *quinze* anos, o pensamento de Pierre Boulez se refinou, se aprofundou. Vamos ler estes *Apontamentos* com cuidado, e vamos ver como se transformam. Sua predileção marcada por Webern, acrescida de sua persistência em fazer com que seja aceito, fê-lo, a princípio inconscientemente, parcial com relação a Berg, muito cedo endeusado, pelas piores razões, por certa categoria de músicos que pretendiam anexá-lo como refém. Espontaneamente, ele irá reformar esses juízos severos e, afinal de contas, render ao compositor a mais apreciável homenagem ao dirigir em 1963, a estreia de *Wozzeck* na Ópera de Paris. Aliás, ele já pressentia o fato, em 1948, quando declarava: "Eu me pergunto – ao ter remorsos passageiros! – por que sou tão intransigente para com Berg".

Quanto à severidade apaixonada com relação a uma parte da obra de Stravínski, ela será pouco a pouco nivelada por uma admiração mais lúcida, *o conhecimento, depois o reconhecimento.*

N. B. – Na página no 71 encontra-se um exemplo extraído de uma *Sinfonia* de Pierre Boulez. Desejamos assinalar que não se trata de uma obra inacabada ou abandonada, mas, o que é mais triste, de uma obra composta em 1947 e que se perdeu em 1954, durante uma viagem.

Paule Thévenin

Datas da primeira publicação dos textos contidos neste volume

- "O Momento de Johann Sebastian Bach" ("Moment de Jean-Sébastien Bach"): *Contrepoint*, nº 7,1951.
- "Pesquisas Atuais" ("Recherches Maintenant"): *la Nouvelle Revue française*, nº 23,1º de novembro de 1954.
- "Corrupção nos Incensórios" ("La corruption dans les Encensoirs"): *la Nouvelle Revue française*, nº 48,1º de dezembro de 1956.
- "Aléa": la Nouvelle Revue française, nº 59,1º de novembro de 1957.
- "Som e Verbo" ("Son et Verbe"): *Cahiers de la Compagnie Madeleine Renaud-Jean-Louis Barrault*, 22º e 23º cadernos, maio de 1958.
- "Proposições" ("Propositions"): *Polyphonie*, 2º caderno, 1948.
- "Stravínski Permanece" ("Stravinsky demeure"), *in* volume I de *Musique Russe*, Presses Universitaires de France, 1953. (A redação do texto foi terminada em 1951.)
- "Eventualmente..." ("Éventuellement..."): *Revue musicale*, 1952.
- "... *Auprès et au loin*": *Cahiers de la Compagnie Madeleine Renaud--Jean Louis Barrault*, 3º caderno, 1954.
- "No Limite da Região Fértil" ("A la limite du pays fertile"): *Die Reihe*, *ns 1,1955.*
- "Tendências da Música Recente" ("Tendances de la musique récente"): *Revue musicale*, 1957.
- "Incidências Atuais de Berg" ("Incidences actuelles de Berg"): *Polyphonie*, 2º caderno, 1948.
- "Trajetórias: Ravel, Stravínski, Schoenberg" ("Trajectoires: Ravel, Stravinsky, Schönberg"): *Contrepoint*, *nº* 6,1949.
- "Nota sobre o *Sprechgesang*" ("Note sur le *Sprechgesang*"), *in* capa do disco *Pierrot lunaire* gravado por Pierre Boulez, 1962.
- "Morreu Schoenberg" ("Schönberg est mort"): *The Score*, fevereiro de 1952.
- "*Incipit*": *Domaine musical*, nº 1,1954.

- "De uma Conjunção – Em Três Clarões (*D'une conjonction – en trois éclats*"), *in* capa do disco *Domaine musical* contendo *Canticum Sacrum* de Stravinsky, 1957.
- "Acorde, Cromatismo, Música Concreta, Contraponto, Bela Bartók, Alban Berg, Claude Debussy," *in* volume A-E de *Encyclopédie de la Musique*, Fasquelle, 1958.
- "Série, Arnold Schoenberg, Anton Webern," *in* volume L-Z de *Encyclopédie de la Musique*, Fasquelle, 1958.
- "A Obra para Piano de Schoenberg" (*L'oeuvre pour piano de Schönberg*"), *in* capa do disco gravado por Paul Jacobs, 1958.

COLEÇÃO SIGNOS MÚSICA

Para Compreender as Músicas de Hoje	H. Barraud	[SM01]
Beethoven: Proprietário de um Cérebro	Willy Corrêa de Oliveira	[SM02]
Schoenberg	René Leibowitz	[SM03]
Apontamentos de Aprendiz	Pierre Boulez	[SM04]
Música de Invenção	Augusto de Campos	[SM05]
Música de Cena	Livio Tragtenberg	[SM06]
A Música Clássica da Índia	Alberto Marsicano	[SM07]
Shostakóvitch: Vida, Música, Tempo	Lauro Machado Coelho	[SM08]
O Pensamento Musical de Nietzsche	Fernando de Moraes Barros	[SM09]
Walter Smetak: O Alquimista dos Sons	Marco Scarassatti	[SM10]
Música e Mediação Tecnológica	Fernando Iazzetta	[SM11]
Música Grega	Théodor Reinach	[SM12]
Estética da Sonoridade	Didier Guigue	[SM13]
O Ofício do Compositor Hoje	Livio Tragtenberg (org.)	[SM14]
Música, o Cinema do Som	Gilberto Mendes	[SM15]
Música de Invenção 2	Augusto de Campos	[SM16]
Pensando as Músicas do Século XXI	João Marcos Coelho	[SM17]

MÚSICA NA PERSPECTIVA

Balanço da Bossa e Outras Bossas – Augusto de Campos (D003)
A Música Hoje – Pierre Boulez (D055)
O Jazz, do Rag ao Rock – J. E. Berendt (D109)
Conversas com Igor Stravínski – Igor Stravínski e Robert Craft (D176)
A Música Hoje 2 – Pierre Boulez (D217)
Jazz ao Vivo – Carlos Calado (D227)
O Jazz como Espetáculo – Carlos Calado (D236)
Artigos Musicais – Livio Tragtenberg (D239)
Caymmi: *Uma Utopia de Lugar* – Antonio Risério (D253)
Indústria Cultural: *A Agonia de um Conceito* – Paulo Puterman (D264)
Darius Milhaud: *Em Pauta* – Claude Rostand (D268)
A Paixão Segundo a Opera – Jorge Coli (D289)
Operas e Outros Cantares – Sergio Casoy (D305)
Filosofia da Nova Música – Theodor W. Adorno (E026)
O Canto dos Afetos: *Um Dizer Humanista* – Ibaney Chasin (E206)
Sinfonia Titã: Semântica e Retórica – Henrique Lian (E223)
Música Serva d'Alma: Claudio Monteverdi – Ibaney Chasin (E266)
A Orquestra do Reich – Misha Aster (E310)
A Mais Alemã das Artes – Pamela M. Potter (E327)
Música Errante – Rogério Costa (E345)
A Ópera Barroca Italiana – Lauro Machado Coelho (HO)
A Ópera Romântica Italiana – Lauro Machado Coelho (HO)
A Ópera Italiana após 1870 – Lauro Machado Coelho (HO)
A Ópera Alemã –Lauro Machado Coelho (HO)
A Ópera na França – Lauro Machado Coelho (HO)
A Ópera na Rússia – Lauro Machado Coelho (HO)
A Ópera Tcheca – Lauro Machado Coelho (HO)
A Ópera Clássica Italiana – Lauro Machado Coelho (HO)
A Ópera nos Estados Unidos – Lauro Machado Coelho (HO)
A Ópera Inglesa – Lauro Machado Coelho (HO)
As Óperas de Richard Strauss – Lauro Machado Coelho (HO)
Rítmica – José Eduardo Gramani (LSC)

Este livro foi impresso na cidade de Cotia,
nas oficinas da Meta Brasil,
para a Editora Perspectiva.